Anneli Jones

VOR DEM OVALEN SPIEGEL

Kindheitserinnerungen an Ostpreußen
1923 – 1945

Übertragung aus dem Englischen von

Christiane Oltmanns-Müller

Vor dem ovalen Spiegel – Kindheitserinnerungen an Ostpreußen 1923–1945
Originaltitel: "Reflections in an oval mirror"
Englische Text von Anneli Jones, bearbeitet von Adam Jones
Text & Fotos © Anneli Jones, 2008
Karten & Diagramme © Gisela Wittner, 1989
Übersetzt ins Deutsche (MTPE) von Christiane Oltmanns-Müller, © 2021

Dieses Buch entstand unter Zeitdruck, aus dem Wunsch heraus, des 10. Todestages von Anneli zu gedenken, und in dem Bewusstsein, dass die Zahl der deutschsprachigen Überlebenden der Evakuierung aus Ostpreußen naturgemäß von Jahr zu Jahr abnimmt. Wir sind uns bewusst, dass das Buch Fehler enthalten kann, haben uns aber dennoch entschlossen, es jetzt zu veröffentlichen – in der Hoffnung, dass unsere Leser uns auf wesentliche Fehler hinweisen, damit wir sie in künftigen Ausgaben korrigieren können. Zum Glück können sowohl Print on Demand als auch eBooks schneller geändert werden als bei herkömmlichen Verlagsmodellen. Wir bitten um Ihr Verständnis und danken Ihnen im Voraus für Ihre Mitarbeit.

Es wurden alle zumutbaren Anstrengungen unternommen, um die Inhaber der Urheberrechte für alle in dieser Publikation verwendeten Inhalte ausfindig zu machen. Bitte kontaktieren Sie uns, wenn Sie auf unzulässig verwendetes urheberrechtlich geschütztes Material aufmerksam werden.

Alle Rechte vorbehalten. Kein Teil dieses Dokuments darf ohne vorherige schriftliche Genehmigung des Urheberrechtsinhabers in irgendeiner Form oder mit irgendwelchen Mitteln, elektronisch oder mechanisch, einschließlich Fotokopien, Aufzeichnungen oder durch ein Informationsspeicher- oder -abrufsystem, vervielfältigt, kopiert, verteilt, übertragen, modifiziert oder übermittelt werden; auch darf es nicht in einer anderen Form der Bindung oder des Einbands als derjenigen, in der es veröffentlicht wurde, in Umlauf gebracht werden, ohne dass ähnliche Bedingungen, einschließlich dieser Bedingung, einem späteren Käufer auferlegt werden. In keinem Fall haftet der Herausgeber für Schäden, die in irgendeiner Weise durch die Verwendung dieses Dokuments entstehen.

Herausgeber: Ōzaru Books (einem Imprint von BJ Translations Ltd)
Street Acre, Shuart Lane, St Nicholas-at-Wade, BIRCHINGTON, CT7 0NG, UK
www.ozaru.net

Erste deutsche Ausgabe: 29. Oktober 2021
Auch auf Englisch erhältlich: ISBN: 978-0-9559219-0-2

INHALT

VORWORT 1
JAHRE DER SORGLOSEN UNSCHULD: 1923–1933 5
   Eine Geburtstagsfeier 10
   Alischken 13
   Angerapp 16
   Unser Bauernhof: Mikalbude 20
   Schafe, Schweine und ihre Hüter 26
   Der Kutscher 28
   Unten 29
   Schule 32
   Kommunisten 35
   Neue Freundschaften 36
JAHRE DES SCHOCKS UND DES ZWEIFELS: 1933–1939 38
   Ein Schulwechsel 43
   Sommer 1933 45
   Besucher aus dem Reich 50
   Gisela 58
   Winter 1933–34 61
   Weihnachten 65
   Neujahr 71
   Ostern 73
   Exkursion nach Rossitten 75
   Störche 78
   Auf dem Weg zum Dritten Reich 80
   Drohender Ausschluss 84
   Konfirmation 86
   Meine letzte Schule 88
   Zeichen der Zeit 92
   10. November 1938 93
   Männer in Uniform 96
   Besucher aus Skandinavien 97
   Furcht und Hoffnung 100
JAHRE DER VIELEN FRAGEN: 1939–1944 103
   Polnische Häftlinge 105
   Krieg in Skandinavien 106
   Gefangene aus dem Westen 108
   Letzte Wochen in der Schule 112
   Arbeitsdienst 114
   Krieg an zwei Fronten 119
   Arbeit für den Staat und für meinen Vater 121
   Helmut 122
   Russische Gefangene 128

    Berlin 129
    Einführung in Wien 130
    Studentenleben 133
    Zeitungswissenschaft 137
    Ostpreußisches Zwischenspiel 140
    Exkursionen von Wien aus 143
    Unsere Häftlinge 147
    Vitja 151
    Prag 154
    Begegnung mit einem Künstler 160
    Verbrüderung mit dem Feind 164
    Wieder Prag 167
    Abschied von Prag 169
JAHR DES VERSTÄNDNISSES: 1944–1945 170
    Schlachtgeräusche 171
    Freier 172
    Das Attentat vom 20. Juli 174
    Weglaufen – aber wovor? 176
    Kurze Rückkehr 180
    Gräben 182
    Letzte Tage in Ebersbach 185
    Sechs Russen, ein Deutscher: Der erste Tag 187
    Die erste Nacht 188
    Der zweite Tag 190
    Der dritte Tag 192
    Der vierte Tag 194
    An den Ufern der Weichsel 196
    Danzig 200
    Pommern 202
    Mecklenburg 206
    Westlich der Elbe 210
    Freyersen 211
    Der letzte Monat 215
    8. Mai 1945 217
APPENDIX I: Ein Brief von Anna 222
APPENDIX II: Geänderte Ortsnamen seit 1938 225
APPENDIX III: Karl Stratil 226
APPENDIX IV: Weiterführende Literatur und Filme 227
    Werke in englischer Sprache: 228
Andere Publikationen 229

ILLUSTRATIONEN

Ein paar Monate alt 6
Omut, Mutti, Anneli und Omi 7
Omuts „Contra" Liste als Ansagerin beim Tanz 9
Omut mit vier ihrer sieben Urenkelkinder 12
Das Anwesen Alischken 13
Haus Alischken 14
In Angerapp, 1925 18
Blick von der Mikalbude auf die benachbarte Aussicht 20
Die Scheune in Mikalbude zur Dreschzeit 21
Blick aus meinem Fenster auf den Haupthof in Mikalbude 22
Wie man Kutscher wird 29
Rodeln bei Mikalbude 37
Spielen auf der Veranda 42
Carl Gottlieb Herings „C·A·F·F·E·E" 44
Väti hoch zu Ross 47
Marlene beim Fahren des Pferderechens 52
Auf dem Weg zum Schwimmen mit den Kühen 54
Mit dem Einspänner nach Skirlack 57
Gisela 59
Schlittschuhlaufen mit Akkordeon und Grammophon 63
Segelregatta auf dem Eis 65
Ortlef, Helmut und Claus auf Vollmacht, Silhouette und Loki 68
Elch bei Cranz 78
Frisch konfirmiert, und leider erwachsen 87
Spaziergang entlang der Birkenallee 90
Tanzen bei den von Skepsgardhs im Januar 1939 96
Minenräumer in der Ostsee 101
Belgische Kriegsgefangene 109
Lebrun 111
Mit Serevis & Albertine nach dem Abitur 113
Arbeitsdienst 1941; ich bin in der Mitte der mittleren Reihe 116
Tanzparty bei den Nieters; ich bin die zweite von links 123
Mit Helmut in Mikalbude 126
Er hat Veilchen verschenkt 135
Nazi-Vortrag am Institut für Zeitungswissenschaft 138
Galja und Nicolai 143
Berchtesgaden 146
Iwan, Hilde, Galja 148
Claussin 150
Wolodja, Vitja und Dyeda 152
Innenraum-Café-Skizze (Karl Stratil) 161
Skizze Außencafé (Karl Stratil) 162
Opernhaus Wien (Karl Stratil) 163

Hermann	173
Karl-Heinz	174
Der Treck beginnt	178
Belgische Kriegsgefangene und Polen auf dem Treck	191
Der Treck kommt zum Stillstand	198
Vitja	220

KARTEN UND DIAGRAMME

Verwandte, die im Text erwähnt werden	3
Ostpreußen	4
Mikalbude	23
Mitteleuropa im Jahr 1939	103
Der Treck, Januar bis April 1945	177

VORWORT

„Du solltest das alles aufschreiben" war ein Satz, den ich nach dem Krieg immer wieder hörte. Ich habe ihn so oft gehört, dass ich nicht mehr weiß, wie oft und von wem ich ihn gehört habe.

Aber ich erinnere mich, dass ich mich extrem gehemmt fühlte, irgendetwas zu schreiben, wenn ich das Gefühl hatte, dass ich keine Sprache hatte, in der ich schreiben konnte: Je mehr sich mein Englisch verbesserte, desto weniger fühlte ich mich in der Lage, in irgendeiner Sprache zu schreiben.

Ich hatte Artikel für den News Guardian, eine britische Armeezeitung, geschrieben, und es gab immer weniger Korrekturen durch den Redaktionsassistenten. Später schrieb ich auch den einen oder anderen Artikel für den Nachrichtendienst The Observer und ließ meine Berichte vor allem in australischen Zeitungen drucken.

Aber ich glaubte immer noch nicht, dass ich schreiben könne.

Herr E.F. Schumacher, ein in Deutschland geborener Wirtschaftswissenschaftler, der viele Jahre in Großbritannien gelebt hatte und der vom Berliner Presseclub eingeladen worden war, bei einer unserer Veranstaltungen einen Vortrag zu halten, überzeugte mich fast, dass es nicht notwendig sei, völlig in einer Sprache aufzugehen, um zu schreiben; dass sogar er selbst, obwohl er viele Bücher geschrieben hatte und viele Vorträge hielt, auf Deutsch noch bis 20 zählen würde, bevor er ins Englische wechselte! Also machte ich ein paar sehr vorsichtige Versuche, einige meiner Erfahrungen zu Papier zu bringen.

Robert Stephens und seine Frau Taqui haben mich sehr ermutigt. Taqui selbst hat ihre Kindheitserinnerungen in einem Buch mit dem Titel *In Aleppo Once* aufgeschrieben – und veröffentlicht – und dachte, dass ich das auch tun sollte.

Aber erst als ich das Bedürfnis verspürte, meinen eigenen fünf Kindern etwas von ihren Wurzeln zu vermitteln, und als ich außerdem entdeckte, dass meine Mutter alle Briefe, die ich ihr jemals geschrieben hatte, aufbewahrt hatte (obwohl ich sie dazu gedrängt hatte, sie zu verbrennen) und anfing, diese zu lesen, begann ich ernsthaft, alles aufzuschreiben, was ich aus dem Gedächtnis erinnern konnte, aus meinen alten Briefen, aus alten Fotoalben und vor allem aus meinem eigenen Tagebuch, das mir meine Großmutter gegeben hatte… und das ein kleines Schloss mit einem Schlüssel hatte, um zu verhindern, dass andere Leute meine Geheimnisse entdecken!

Hier ist sie also, hauptsächlich als Informationsquelle für meine Kinder, aber auch für mich, um in Nostalgie zu schwelgen. Ich hoffe, dass andere Menschen Freude daran haben, meine ostpreußische Familie, meine Tiere, meine Wälder kennenzulernen.

Die Krähen schrei'n
Und ziehen schwirren Flugs zur Stadt:
Bald wird es schnei'n –
Wohl dem, der jetzt noch Heimat hat!

                                                    Nietzsche

Verwandte, die im Text erwähnt werden, mit Geburtsjahren

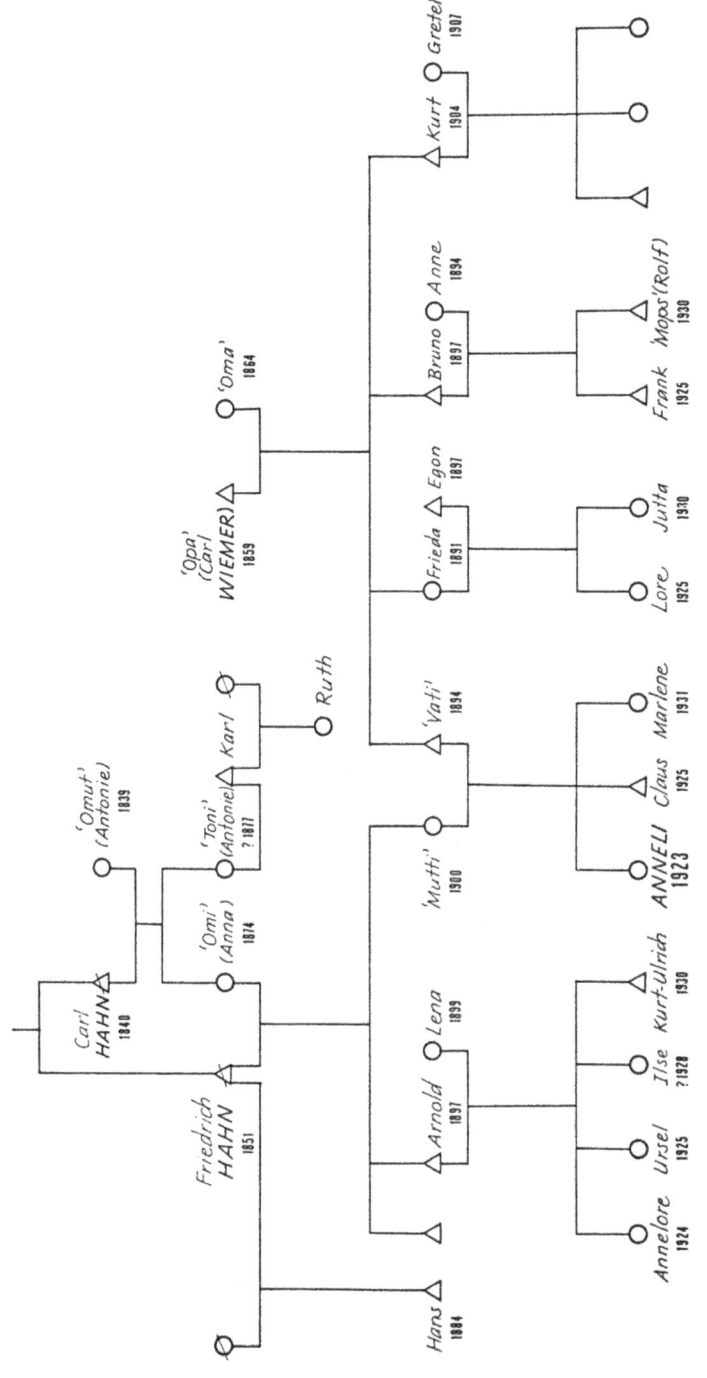

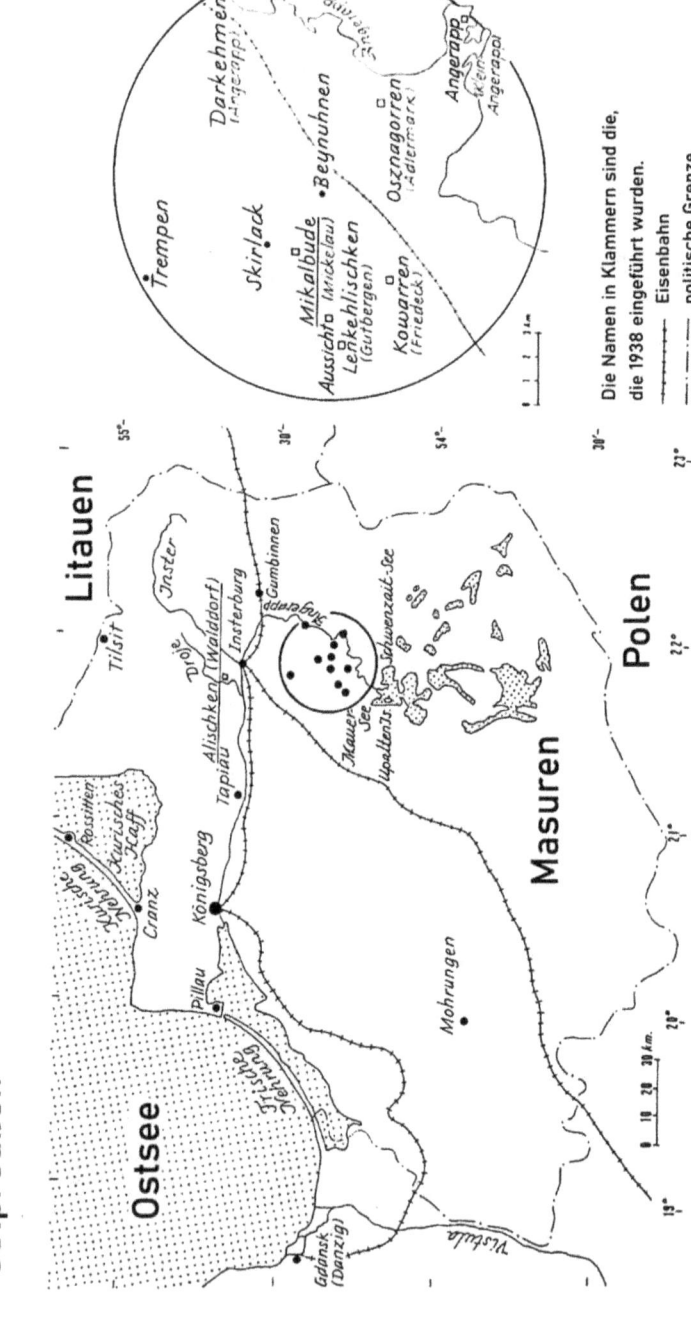

JAHRE DER SORGLOSEN UNSCHULD: 1923–1933

Meine erste klare Erinnerung ist die an den deckenhohen Spiegel im Ankleidezimmer meiner Mutter. Aus seinem verzierten ovalen Rahmen starrte mich ein zweieinhalbjähriges Mädchen bewundernd an, nicht wegen meiner dünnen blonden Locken oder meiner großen blauen Augen, auch nicht wegen des hübschen hellen Schottenkleides mit dem großen weißen Kragen und der roten Schleife, das meine Großmutter Omi gekauft hatte, die eher an die Qualitätsmarke Bleyle glaubte als an die selbst gewebten und gestrickten Kleidungsstücke, auf die mein Vater[1] bestand. Was ich in meinem Spiegelbild bewunderte, war das Tablett, das ich so vorsichtig hielt und auf dem ein Glas mit sehr heißem Zitronensaft stand. Dadurch wurde mein neu erworbener Status als das große Kind in der Familie bestätigt.

Hinter mir, im Schlafzimmer meiner Eltern, stand ein Korb auf einem Ständer mit einem Baldachin aus weißen, von winzigen Vergissmeinnicht übersähten Vorhängen, die bis zum Boden reichten. Der gleiche weiche Stoff säumte die Innenseite des Kinderbettes, in dem mein kleiner Bruder schlief oder vor sich hinbrummte. Seit er aus dem Krankenhaus nach Hause gekommen war, hatte Mutti, meine Mutter[2], mich oft auf Zehenspitzen stehen lassen, um ihn zu betrachten, und ich tat das ganz gerne. Wahrscheinlich hatte ich ihn an Weihnachten gesehen, aber ich habe nur eine sehr vage Erinnerung an raschelnde gestärkte Schwestern, an einen großen, polierten, kastanienfarbenen Tisch neben Muttis Bett und einen Weihnachtsbaum, den man durch die Tür des Nebenzimmers sah.

Mutti hatte mir ein Foto gezeigt, als ich noch so klein war wie jetzt mein Bruder Claus, und eine gestärkte Krankenschwester im Haus wohnte, die auf mich aufpasste. Nach ihr hatte ich ein Kindermädchen, das ich „Blum-Blum" nannte, wegen der Blumenmuster auf all ihren Kleidern. Ich erinnerte mich noch an ihre Kleider, hatte aber ihr Gesicht vergessen. Ich brauchte kein Kindermädchen mehr: Ich war jetzt ein großes Mädchen.

Der Dampf des Zitronensaftes begann die bessere Hälfte meines Spiegelbildes zu verwischen. Darunter befanden sich zerknitterte Strümpfe und Schnürstiefel; diese hatten keinen Anteil an meinem Glücksmoment, sondern waren ein konstantes und ständig irritierendes Bild für viele kommende Winter, Winter mit juckenden Beinen, mit vergeblichen Versuchen, die Strümpfe festzuziehen und, schlimmer noch, mit wachsender Frustration beim Manövrieren der Schnürsenkel durch die Ösen, am schlimmsten, wenn sich die Metallteile an den Enden der Schnürsenkel gelöst hatten. Warum nur, warum, fragte ich mich wütend, diktierte die Mädchenmode Ösen, während die Stiefel der Jungen einfache Haken hatten? Und warum eigentlich sollten meine liebe Mutter und Omi, meine Großmutter, sich der Kindermode anpassen?

Aber abgesehen von den Schuhen war meine Omi wunderbar, und ich war sehr stolz darauf, ihr heißen Zitronensaft zu servieren. Sie hatte ihren üblichen Widerwillen, den eigenen Hof zu verlassen, nur deshalb überwunden, weil sie Mutti mit dem Baby helfen wollte; und nun fand sich Omi mit ‚Grippe' an das Ersatzbett im

---

[1] Meinen Vater nannte ich in ostpreußischer Mundart meist ‚Väti'
[2] Ich sprach sie die meiste Zeit mit dem russischen Wort „Mamuschka" an

Ankleidezimmer gefesselt. Trotz meines sehr jungen Alters konnte ich ihre Depression und ihr Heimweh nachempfinden, weil ich mir ihr Alischken als Paradies vorstellte.

Alischken, wo meine Mutter aufgewachsen war, war kleiner als unser Hof in Mikalbude. Er war an ein gleichnamiges Dorf angeschlossen. Omi lebte dort mit ihrer Mutter, meiner Urgroßmutter Omut und, bis seine Frau einen eigenen Hof erbte, meinem Onkel Arnold und seiner Familie. Als er wegging, führte Omi den Hof mit Hilfe eines „Inspektors", eines Bauernsohns, der als bezahlter Aufseher auf einem fremden Hof eine mehrjährige praktische Ausbildung durchlief.

Sie war erst in ihren Vierzigern, als ich geboren wurde, obwohl sie für mich immer sehr, sehr alt aussah. Sowohl Omut als auch Omi waren Witwen und trugen die Eheringe ihrer früheren Ehemänner an ihre eigenen gelötet. Beide trugen Trauerkleidung, schwarze Kleider, schwarze Schürzen, schwarze Strümpfe, schwarze Schuhe. Nur an Sonntagen und bei Geburtstagsfeiern wurde das Schwarz durch weiße Spitzenfichus aufgelockert, die an den Ausschnitt gesteckt wurden, wobei Omuts Fichu das rüschenreichere und aufwändiger bestickte von beiden war, während Omi eine dekorativere Goldbrosche trug, um ihres an Ort und Stelle zu halten.

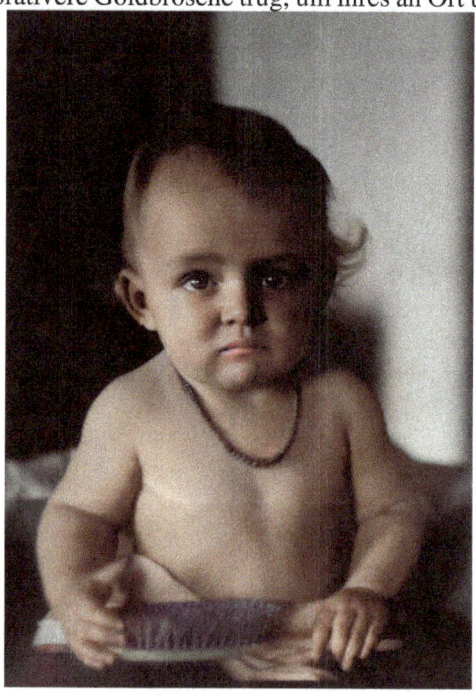

Ein paar Monate alt

Mutti dachte immer, das zeige mein „Eva-Naturell". Mich selbst erinnerte es eher an das falsche Hamlet-Zitet „Eitelkeit, dein Name ist Weib"

Mein Urgroßvater war 1885 nach einem Konkursschock an einem plötzlichen Herzinfarkt gestorben. Damals war Omi noch nicht elf und ihre Schwester Antonie erst acht Jahre alt. Letztere, die ich als Tante Toni kannte und sehr liebte, heiratete später den Witwer Karl Krumm, der eine Tochter namens Ruth hatte, die ich hasste. Onkel Karl mochte ich auch nicht besonders; er war ein intelligenter Beamter im Finanzministerium in Gumbinnen und ein glühender Sozialdemokrat, was ihn bei unseren erwachsenen Verwandten unbeliebt machte; sein ebenso glühender Glaube, dass Kinder gesehen, aber nicht gehört werden müssen, sorgte dafür, das die jüngere Generation Angst vor ihm hatte. Ich nahm ihm übel, dass er seinem dummen gelben Kanarienvogel erlaubte, ununterbrochen zu plappern, während er den Kindern verbot, sich zu den Gesprächen der Erwachsenen zu äußern.

Omi selbst hatte auch einen Witwer geheiratet, dessen Sohn, unser netter Onkel Hans, mit seiner Frau und zwei Jungen auf einem Bauernhof namens Gendrinnen lebte. Über Omis Bett hing ein gerahmtes Foto meines Großvaters, darunter ein gesticktes Christusbild, auf dem mit Goldfaden die Worte „ECCE HOMO" geschrieben waren. Ich war traurig, dass ich den prächtigen buschigen Bart und die freundlichen, lächelnden Augen von Omis Vater nie im wirklichen Leben gesehen hatte. Er war 1918, ein paar Wochen vor Kriegsende, ganz plötzlich und unerwartet gestorben. Der Briefträger hatte am Morgen die Nachricht gebracht, dass ihr älterer Sohn Kurt in der, wie sich herausstellte, letzten Schlacht des Krieges gefallen war. Mein Großvater ritt wie immer auf die Felder, sprach mit seinen Arbeitern und fiel tot vom Pferd.

Omut, Mutti, Anneli und Omi

Manchmal, wenn wir Blumen zu seinem Grab auf dem Hügel oberhalb der Farm brachten, fragte ich mich, was er wohl zu mir gesagt hätte, und wie warm und tief seine Stimme geklungen haben mag.

Omi blieb mit ihren beiden verbliebenen Kindern und ihrer Mutter Omut in Alischken. Keine der beiden Frauen hätte jemals eine erneute Heirat in Erwägung gezogen, obwohl Omi schon zu meinen Lebzeiten viele attraktive Verehrer hatte. Beide Frauen waren voller Spaß, Musik, Poesie und Geschichten, aber sie waren von sehr unterschiedlichem Charakter. Omi spielte eine begrenzte Anzahl von halb-erzieherischen Spielen der Art ‚Ich sehe was, was du nicht siehst'. Sie liebte es, lange Balladen in Gesang oder Worten zu rezitieren, die sie sich selbst beigebracht hatte, nachdem ihre Schulbildung durch den Bankrott ihres Vaters ein jähes Ende gefunden hatte. Ich lernte gerne Gedichte auswendig, was meiner Großmutter sehr gefiel. Goethes *Erlkönig* und Schillers *Glocke* gehörten zu meinem Repertoire, noch bevor ich eingeschult wurde. Mit den Worten „Lernen ist das Schönste auf der Welt", beeindruckte mich Omi: „Ich habe meine Chance verpasst, Lehrerin zu werden, aber vielleicht wirst du eine, wenn du hart arbeitest." Sie brachte mir auch die drei Phrasen bei, die sie in ihren nur zwei Englischstunden gelernt hatte: "Good morning, Mr Teacher", "Take the slate pencil" und "Go to the blackboard".

Abends las Omi Märchen aus einem Buch vor oder erzählte in ihren eigenen Worten jene Bibelgeschichten, die sie am liebsten mochte. Nachdem wir gebetet hatten, gab sie mir einen Gute-Nacht-Kuss und sang ein Lied, bevor sie die Tür schloss: „Kennst du das Land, wo die Zitronen blühn?" (mit einem Text von Goethe), oder das Volkslied „Weißt du, wie viel Sternlein stehen?" Vor allem Schuberts „Der Lindenbaum" wird mich immer an sie erinnern, vielleicht weil vor ihrem Haus, zwischen den Kastanienbäumen, eine Linde mit einem großen Stamm stand.

Auch Omut rezitierte Verse, aber ich konnte sie nie auswendig lernen, weil sie es nicht schaffte, sie wortwörtlich zu wiederholen. Ich merkte bald, dass sie sie sich nach und nach ausdachte. Sie waren immer lustig und manchmal ziemlich frech. Die Geschichten, die sie erzählte, waren aus ihrem eigenen Leben, eine Aschenputtel-Geschichte in umgekehrter Form. Sie begannen mit rauschenden Bällen und Prinzen, die sich in Omuts Jugend von königlich-preußischen zu kaiserlich-deutschen verwandelt hatten. Es gab Kronleuchter und Krinolinen „in Seiden, die so weich waren, dass sie sich wie Ballons blähten, wenn sie sich zur Musik drehten". Es gab auch Gutsbesitzer, die Pinguinanzüge statt mit Goldtressen besetzter Uniformen trugen. Einer der letzteren wurde Omuts Ehemann, allerdings nicht ohne heftigen Widerstand ihrer Familie, weil er kein Salzburger war, oder, wie Omut es ausdrückte, „nicht aus einem jener Bergstämme, die sich alljährlich in Gumbinnen versammelten, um zu feiern, dass ihre Vorfahren jodeln konnten".

Der preußische König Friedrich Wilhelm I. hatte den im frühen 18. Jahrhundert verfolgten und aus dem Salzburger Land vertriebenen Protestanten Asyl und Land zur Kolonisation angeboten. 20.000 von ihnen ließen sich jenseits der Weichsel nieder. Hugenotten waren schon vorher, nach der Aufhebung des Edikts von Nantes 1685, dorthin gekommen; andere verfolgte Gruppen folgten – Mennoniten, schottische Presbyterianer und andere, ganz zu schweigen von Abenteurern und religiösen Kreuzfahrern, die im Mittelalter von einem polnischen Erzbischof zur

Omuts „Contra" Liste als Ansagerin beim Tanz

Kolonisierung des Landes aufgerufen worden waren. Viele waren vor der Salzburger Einwanderung an der Pest gestorben. Die meisten hielten ihre ethnische Identität mit heftigem und oft absurdem Stolz hoch. Fast 200 Jahre nach der Ankunft ihrer Vorfahren erkannte man die echten Salzburger an den „-er"-Endungen ihrer Nachnamen. Als meine Großmutter Antonie Schneller einen Hahn heiratete, verletzte sie das Anstandsgefühl ihrer Gesellschaftsschicht sehr; aber nach ein paar Jahren wurde ihr verziehen. Als die Cousine meines Vaters einen Mann mit dem sehr undeutschen, nasal klingenden Namen Jean Guerlin heiratete, zuckte die Familie kaum noch mit den Achseln.

Die Hahns hatten viele Kinder und waren angenehm wohlhabend, aber nicht reich, erzählte mir Omut. Tanzen war und blieb ihre große Leidenschaft, und ein großer Ballsaal mit drei Fenstertüren, die zu einer breiten Gartenterrasse führten, war ihr sehnlichster Traum gewesen. Der Traum ging in Erfüllung, als die preußische Regierung den Bau einer Eisenbahn nach Ostpreußen plante und mein Urgroßvater den Auftrag für die Lieferung von Kies erhielt. Aufgrund dieser Zusage lieh er sich eine große Summe Geld und baute die Traumvilla. Nur leider, als herauskam, dass er ein Liberaler war, zog die Regierung den Vertrag zurück.

Omut bezeichnete diese Leute mit Begriffen, die ich gut verstehen konnte, und nannte Regierungsbeamte „die Städter", was das schlimmste mir bekannte Schimpfwort war. Sie waren noch verachtenswerter, weil sie aus Berlin kamen, einem Ort aus Stein und Zement in einem Land namens Reich, irgendwo jenseits eines gefährlichen Ortes namens Polnischer Korridor. Mir wurde heiß vor Empörung, als Omut zu diesem Teil ihrer Geschichte kam. Wie konnten sie so etwas ausgerechnet einem Liberalen antun! Omut hatte mir erklärt, dass der Begriff „Liberal" eine Person beschrieb, die wollte, dass alle Menschen die gleichen Chancen auf ein glückliches Leben haben.

Als der Geldverleiher die Schulden sofort einforderte, erlitt mein Urgroßvater einen Herzinfarkt, und nach seinem Tod wurden Omut und alle ihre Kinder von verschiedenen Verwandten in Obhut genommen, die manche von ihnen kaum besser behandelten als billige junge Dienstboten. Aber Omut tanzte weiter, die Dame in Schwarz zwischen all den bunten Seidenstoffen. Sie war oft die Ansagerin für einen Tanz, der Contre hieß, und musste sagen: « *Messieurs à gauche, les dames à droite* ». Ich liebte es, diese seltsamen Worte zu wiederholen, aber « *carnet de bal* » mit allem, was es bedeutete, war mein Favorit. Meine Onkel und Tanten fanden es „ganz entzückend", wenn ich die seltsamen Laute ausstieß, und das brachte Omut auf die Idee für ein wunderbares Spiel. Sie, die Cousinen Annelore und Ursel, Tante Toni und ich saßen auf dem lila Plüschsofa und den lila Plüsch-Rokokosesseln im mittleren Zimmer, um einen Tisch mit einer lila Plüschtischdecke und einem kleineren Spitzentuch darauf. Wir mussten imaginäre Kaffeetassen ganz zierlich halten, mit dem kleinen Finger ausgestreckt, wie Omis Freundin Frau Becker. Und dann mussten wir Smalltalk machen, immer wieder mit zwei Namen, die Omut erfunden hatte: „Das ist ein sehr guter Kaffee, Frau Itzenplitz"; „Sie müssen mir das Rezept für diesen Kuchen geben, Frau Kribbelbibbelbimski"; und „Der Spargel wächst gut, Frau Itzenplitz" – eine besonders erwachsene Bemerkung, denn Kinder mögen keinen Spargel; und so weiter, bis unsere Zungen nicht mehr um Kribbelbibbelbimski herumgehen wollten.

Eine Geburtstagsfeier

Ich erinnere mich gut an Omuts neunzigste Geburtstagsparty. Es war der 8. November 1929, ein Tag vor Onkel Arnolds Geburtstag, und die beiden Jubiläen wurden zusammen gefeiert. Wie immer im Winter hing die Schaukel drinnen, aufgehängt an Haken zwischen Esszimmer und Mittelzimmer; und Omut genoss es sehr, mit uns auf dem Schoß zu schaukeln und machte sich zum Ärgernis der Mägde, die uns mit ihren Tellern und Bestecken ausweichen mussten, wenn sie den Tisch für das Mittagsmahl vorbereiteten.

Unser Mittagessen war wie alle Geburtstagsessen in Alischken, beginnend mit einer Mandelsuppe, einer dünnen weißen Suppe, süß und gewürzt mit gehackten Mandeln, die in der Milch gekocht worden waren, und dekoriert mit „Eisbergen", einer ungekochten Baisermischung, die obenauf schwamm und manchmal mit Zimt bestreut war. Ich kann mich nicht mehr genau daran erinnern, wie das an Omuts Geburtstag war, da dieselbe Suppe viele Jahre lang zu ähnlichen Anlässen serviert wurde. Danach gab es gebratenen Truthahn, gefüllt mit einer Mischung aus Leber, Kräutern und Semmelbröseln serviert mit Kartoffeln, Karotten und Erbsen, Essiggurken und eingelegten Birnen. Das Dessert war eine Zitronenmousse, allerdings mit Sahne statt Eischnee, da letzterer für die Eisberge verwendet worden war. Zu der Zitronenmousse wurden Omis Flaschenerdbeeren und noch mehr Schlagsahne gereicht. Die Erwachsenen tranken Wein, die Kinder bekamen selbstgemachten Johannisbeersaft.

Wenn die Gäste aus der Nachbarschaft zum Kaffee kamen, dämmerte es bereits und die elektrischen Lichter wurden eingeschaltet. Wir Kinder gingen gerne mit einem Dienstmädchen um das Haus, um die dunkelgrünen Fensterläden der Erdgeschossfenster zu schließen. Sie wurden von Klammern in der Wand gelöst – zuerst der linke Rollladen, dann der rechte, der ein zusätzliches Brett hatte, das überlappte, damit er festsaß. Wir drückten fest, bis wir das Klicken hörten und wussten, dass sie sich jetzt nur noch durch das Lösen einer Feder an der Innenseite des Fensterrahmens öffnen ließen. Kutschen hielten an der Haustür, Mäntel und Hüte wurden im Flur aufgehängt, die Fensterbänke begannen mit Azaleen und Alpenveilchen überzuquellen, und auf dem Nähtisch im Salon stapelten sich Flaschen mit Eau-de-Cologne und Schachteln mit Pralinen.

Nur Annelore und ich schafften es, all die verschiedenen Torten auf dem Esstisch zu zählen. Omi war immer besonders stolz auf ihre Hefe- und Blätterteigkuchen, aber ich bevorzugte die weichen, cremigen, und Omut mochte am liebsten Mohnkuchen, die Art, die aus einer Mürbeteigkruste bestand, die mit einer dicken Schicht aus gemahlenem Mohn, gehackten Mandeln, Zucker und natürlich Eiern gefüllt war, damit die Masse beim Backen fest wurde – wie ich herausfand, als ich erwachsen wurde.

Später, beim Abendessen, gab es für uns Kinder Sekt wie für die Erwachsenen, damit auch wir mit Omut anstoßen und ihr alles Gute wünschen konnten. Es wurde nie ein Schluck genommen, bevor man sich nicht vor mindestens einer anderen Person am Tisch verbeugte und „Zum Wohle!" sagte. Diese Regel galt für alle Anlässe, nicht nur für Geburtstage. Der Inspektor füllte während des gesamten Essens ständig Gläser nach.

Da ein neunzigster Geburtstag ein besonderer Anlass war, hatten wir alle ein Exemplar einer Jubiläumszeitschrift, etwa acht oder zehn Seiten lang – solche Hefte wurden oft zu Feierlichkeiten wie Hochzeiten, Taufen, Konfirmationen, dem Ende eines Schuljahres oder später dem Ende einer Kriegsdienstzeit erstellt. Die zahlreichen Beiträge von Karl Krumm waren sehr witzig, aber vielleicht zu sarkastisch und zu lang. Onkel Arnold hielt zu Beginn des Essens eine Stegreifrede, nach der er und andere Verse aus der Zeitung vorlasen, einige ernst, aber die meisten lustig, mit Anspielungen auf Ereignisse der letzten 90 Jahre. Über einigen stand „Zu singen nach der Melodie von..." – bekannte Lieder, bei denen jeder mitsingen konnte, wie das Lied von der Loreley, „Eine Seefahrt, die ist lustig", „Horch, was kommt von draußen rein" oder „Muß i' denn".

Zum Abendessen gab es Wildbraten, serviert mit Flaschenbirnen, die halbiert und mit Preiselbeeren gefüllt waren. Das traditionelle Gemüse zum Wild war heißer Rotkohl, lange gedünstet mit Äpfeln, Zwiebeln und ein wenig Essig, gewürzt mit Kümmel. Hausgemachtes Eis nach Fürst Pückler Art, mit Fruchtstückchen oder Nüssen, war der letzte Gang vor Pumpernickel und Käse. Mokka wurde im Mittelzimmer für die Damen und im Salon für die Herren serviert, die dazu stärkere Liköre tranken als ihre Frauen.

Omut mit vier ihrer sieben Urenkelkinder

Abgesehen von den Freuden der Schaukel war meine lebhafteste Erinnerung an Omuts letzten Geburtstag die Art, wie sie zu den Melodien von Strauss-Walzern tanzte und wirbelte.

Ein paar Monate später starb sie. Onkel Arnold sagte, dass sie tanzend starb. Der Pfarrer konnte mit der letzten Ölung nichts ausrichten, da sie ihm immer wieder sagte, er solle *« à gauche »* gehen und die Damen *« à droite »* gehen lassen. Omi bestand darauf, dass sie gehört hatte, wie sie ganz zum Schluss frommere Sätze flüsterte, aber ich hoffte, dass Onkel Arnold Recht hatte.

Mutti hätte mir gewünscht, Omut in ihrem Sarg zu sehen, aber wir kamen zu spät, als der Deckel schon zugenagelt war. Ich konnte nicht glauben, dass sie wirklich in dieser kleinen Holzkiste lag, die die Männer so leicht bergauf zum Friedhof trugen. Zwischen dem Grab meines Großvaters und dem Loch, das sie für Omut gegraben hatten, hatten sie Platz für Omis zukünftiges Grab gelassen.

Als alle Leute bei Kaffee und Kuchen im Speisesaal saßen, ging ich allein in den mittleren Raum. Dort stand ein goldenes Pferd auf einem niedrigen Sims, das den großen Rokokospiegel hielt. Es war ein so schweres Pferd, dass selbst Omut es nicht geschafft hatte, es ohne Hilfe des Inspektors oder eines Dienstmädchens zu heben. Aber dieses Mal schaffte ich es, es selbst herunterzuziehen und zu Omuts Stuhl zu schleppen. Dann setzte ich mich auf das Pferd, wie ich es schon so oft getan hatte, und tat so, als ob Omut mir erzählte, dass ihr *« carnet de bal »* so voll mit Namen war, dass das Orchester zusätzliche Tänze einbauen musste.

Alischken

Neben Mikalbude, dem Gehöft, auf das meine Eltern nach ihrer Heirat gezogen waren, konzentrierte sich mein frühes Leben auf zwei Orte: Alischken, wo meine Mutter geboren wurde, und Angerapp, die Heimat meines Vaters.

Ich war die Älteste unter der stetig wachsenden Zahl von Cousins und Cousinen und war wohl bei allen Taufen dabei, aber ich erinnere mich nur an die von Ilse und Kurt-Ulrich. Das lag an den Gänsen. Sie marschierten im Gänsemarsch direkt in die Lindenlaube, als der Pfarrer gerade Ilses Köpfchen mit Wasser besprengte. Ich fand das süß, weil da flauschige Gänseküken zwischen den Beinen der Gäste herumwatschelten, aber Omi meinte, das hätte den Pastor gestört. Also wurden die Gänse bei Kurt-Ulrichs Taufe eingesperrt – aber nicht zum Schweigen gebracht! Das Geschrei der eingesperrten Vögel war vom Hühnerstall bis zur großen Gartenlaube auf dem Rasen zu hören. Annelore hatte so viel Mitleid mit den Vögeln, dass sie durch lautes Schluchzen für zusätzliche Unruhe sorgte, und Tante Lena musste das neue Baby auf einem Arm balancieren, während sie mit dem anderen ihre älteste Tochter tröstete.

Das Anwesen Alischken

„Wenn du die Gänse für meine Hochzeit zum Schweigen bringst, werde ich nie heiraten", drohte Annelore ihrer Großmutter später.

„Du könntest dich immer für eine kirchliche Trauung entscheiden", lächelte Omi.

Allein der Gedanke daran! Die wichtigste Zeremonie des Lebens in einem geschlossenen Gebäude zu erleben? Ich dachte, der Pakrausch wäre noch besser als eine Gartenlaube und begann, seine Eignung mit meinen Cousins zu testen. Eine der Attraktionen des Ortes war sein seltsamer Name, anders als alle anderen, die wir kannten. Solange ich mich erinnern konnte, wurde er Pakrausch genannt. Einige Leute dachten, es könnte eine Verballhornung eines litauischen oder polnischen Namens sein, konnten aber in keiner der beiden Sprachen auch nur annähernd ähnliche Wörter finden.

Dieses etymologische Mysterium war keineswegs der einzige Reiz des Pakrausches, der das steile und wilde rechte Ufer der Droje war, wo sie sich um den Alischken-Park schlängelte. Im Winter war es ein gefährlicher Ort, unzugänglich vom Garten aus, weil der Steg entweder rechtzeitig abgebaut und eingelagert oder von den schnell ansteigenden Fluten weggeschwemmt worden war.

Im Sommer war in der Biegung der Droje das Flussbett seicht mit ruhigen, glasklaren Tümpeln, schmalen Bächen und sprudelnden Bächlein, die sich zwischen und über Steine schlängelten, unter denen sich Krebse versteckten. Onkel Arnold fing diese Kreaturen mit seinen bloßen Händen, während wir ängstlich ihren Krallen auswichen, wenn wir mit bloßen Füßen auf die andere Seite wateten.

Dann krabbelten wir im Unterholz von Farnen, Haselsträuchern, wilden Himbeeren, einigen Brombeeren nach oben, hielten inne, wenn wir uns an einem größeren Baum festhalten konnten, oder wenn wir zu einem Fleck Erde kamen, den wir mit unseren Spaten eingeebnet hatten. Wir bauten Häuser, indem wir aus Sträuchern Mauern flochten, die wir mit Schnüren befestigten. Die schönsten Scherben aus Glas oder Porzellan von der Müllhalde des Bauernhofs dienten als Schalen für Himbeeren oder Schlammkuchen. Wir waren Flitterwochenpaare, oder Mütter und Väter, oder Kribbelbibbelbimskis, oder einfach nur wir. Manchmal waren wir alle Leute, die für eine Hochzeit nötig waren, und dazu gehörte auch Anna, die ein paar Jahre älter war als ich. Sie wohnte „oben", wie wir die Insthäuser nannten, weil sie auf einem Hügel oberhalb des Hofes gebaut waren, an einer Straße auf der anderen Seite der Droje. Ihr Vater war der Vorarbeiter, ihre Mutter half Omi oft in der Küche, z. B. beim Schlachten und Gänserupfen oder beim Backen und Spülen an Geburtstagen.

Das Wichtige an Anna war, dass sie wusste, was Pastoren bei Hochzeiten zu tun hatten. In einen dunklen Vorhang aus einer der Kisten auf Omis Dachboden gehüllt, führte sie die Prozession an, die wie bei allen Hochzeiten und Taufen von der Terrasse aus über den breiten Kiesweg zwischen den Rasenflächen begann. Ich erinnere mich immer an Alischken wegen des schweren Dufts von Phlox. Omi züchtete Blumen hauptsächlich wegen ihres Duftes in einem Staudenbeet, das wie ein langes, breites Feld die Rasenflächen vom Gemüsebereich trennte.

Haus Alischken

Ursel und Ilse folgten unserem ‚Pastor', in gewöhnlichen Sommerkleidern und mit Kronen aus Gänseblümchen-Ketten um den Kopf. Sie trugen kleine Körbchen, die wir sonst zum Ostereiersuchen benutzten, und streuten daraus Blütenblätter. Annelore trug ein Nachthemd und eine Spitzengardine, die sie in ihr dunkles Haar gesteckt hatte, und ich trug meinen marineblauen Trainingsanzug, wobei meine Zöpfe unter einem alten Zylinder versteckt waren.

Wir bogen nicht zur Laube auf der linken Seite ab, sondern gingen geradeaus, in den offiziellen Park. Die Bäume standen in ordentlichen Reihen wie Säulen einer Kirche, viel größer als unsere Dorfkirche, die ich von Erntedankfesten kannte. Wo ein Sonnenstrahl durch das Tannendach fiel, reflektierten die Stämme einen rotbraunen Schimmer. Wir zogen in stattlicher Pracht bis zum Steg, wo die Brautjungfern den Pfarrer baten, anzuhalten. Sie wollten Blütenblätter flussaufwärts werfen und sehen, wie sie unter den Planken hindurchrauschen. Wir alle riefen unseren Lieblingsfarben Ermutigung zu und jammerten, wenn sie untergingen. Als die Körbe leer waren, zogen wir widerwillig in den Pakrausch, um die Zeremonie hinter uns zu bringen.

Annelore und ich trugen metallene Fingerringe, die aus den Mäulern von rosa Kaugummischlangen stammten und die wir jedes Mal, wenn Omi uns für das Johannisbeerpflücken bezahlte, für zehn Pfennige pro Paar kauften. Der Lebensmittelladen war am anderen Ende des Dorfes Alischken, gleich gegenüber der Mühle. Die Ringe trugen wir an der linken Hand, der Verlobungshand, mit den funkelnden Glassteinen in der Handfläche. Als wir beide „Ja" zu dem gesagt hatten, was auch immer unser Pastor gemurmelt hatte, steckte uns Anna die Ringe an die rechte Hand und erklärte uns zu Mann und Frau.

Wenn die Essensglocke des Bauernhofs vom Turm läutete, ließen wir immer sofort alles fallen, mit dem wir spielten, und rannten ins Haus, damit Omi und der Inspektor nicht warten mussten: Wir liebten sie beide und jeder liebte Pünktlichkeit. Zerrissene Kleidung, blutige Knie oder verfilzte Haare machten nichts aus, aber wir mussten uns vor dem Essen die Hände waschen. In Alischken war das einfach, denn Omi hatte einen Wasserhahn mit fließendem Wasser und die Mägde mussten keine Krüge zu den Waschtischen tragen. Wir warteten hinter unseren Stühlen, bis Omi „Mahlzeit" sagte; wir antworteten alle mit demselben Wort, was mir absurd vorkam, bis ich entdeckte, dass es eine Abkürzung für „Gesegnet sei unsere Mahlzeit" war.

Wir aßen mittags oft in der Halle, weil sie neben der Küche lag und mit der weit geöffneten Haustür zur Einfahrt und der Mittagssonne ein heller, warmer Raum war. Während des Essens erzählte Herr Puffhahn, der Inspektor, lustige Geschichten; danach berichtete er Omi über landwirtschaftliche Angelegenheiten, während wir auf unsere Baisers warteten. Diese waren das Nebenprodukt von Koggel-Moggel, mit Zucker aufgeschlagenes Eigelb, das Omi uns jeden Morgen ans Bett brachte. Mutti nannte sie „Zuckereier", die deutsche Entsprechung des ursprünglichen, viel lustiger klingenden polnischen Namens. Die Baisers wurden in hohen zylindrischen Dosen im Schrank unter der Treppe aufbewahrt, gleich neben dem Eingang zum Hauskeller.

Ein größerer Keller für Wurzelgemüse lag in der Mitte des Hofes und war oberirdisch mit einem langen, runden Dach mit dicken Torfschichten bedeckt. Das war das „Zuhause" für die Fangspiele, die wir „Wilder Bube und Engel" nannten. Ilse, die immer die genaue Bedeutung von Wörtern wissen wollte, fragte, was ein Bube sei. Ich sagte ihr, es sei ein altes Wort für einen Jungen.

„Warum nennen wir es dann nicht einfach Junge?", erkundigte sie sich.

„Weil es nicht zu den Engeln passt." Die Erklärung stellte sie zufrieden.

Cäsar, der Bernhardiner, war an einer Kette unter einem Kastanienbaum der Einfahrt angebunden, damit wir nicht über ihn stolperten, wenn wir im Hof herumtollten. Omi saß neben ihm auf einer Bank und strickte Wollunterröcke auf einer Rundnadel. Manchmal war auch Tante Toni dabei, die ebenfalls Unterröcke strickte.

Den Besuch von Muttis Cousine Annchen begrüßten wir mit gemischten Gefühlen. Sie war sehr geschickt im Bauen von Sandburgen mit kunstvollen Serpentinenstraßen, die nach oben führten; und oben, auf einem Sandturm, war ein Nest aus Moos, in dem ein Storch stand. Dieser Vogel wurde aus der Blüte eines Tränenden Herzens gemacht, von der eine Hälfte vorsichtig abgetrennt wurde, so dass die Staubgefäße herausgezogen werden konnten, die dann wie Beine aussahen, während der Stempel in die schlanke Spitze des Herzens eingesetzt wurde, um den Effekt eines Schnabels zu erzeugen. Sie manipulierte auch Ritterspornblüten so, dass sie wie Kutschen aussahen, die die Straße entlangfuhren. Aber all diese Phantasie und dieses Geschick verlor für uns völlig an Bedeutung durch die Art und Weise, wie sie darauf bestand, mit uns in der Babysprache zu sprechen. So sprachen auch die anderen Erwachsenen in der Familie oder die Landarbeiter nicht einmal mit echten Babys.

„Wir alle wissen, dass Kühe ‚muh' sagen, warum muss sie sie also ‚muh-Kühe' nennen?" beschwerte ich mich bei Mutti.

„Du bist wirklich ungerecht", verteidigte meine Mutter ihre nette Cousine. „Annchen ist eine ausgebildete Kindergärtnerin, leitet einen Kindergarten auf dem Gut des Grafen von Finkenstein und ist außerdem Gouvernante seiner eigenen Kinder. Du glaubst doch nicht, dass sie jemanden behalten würden, der nicht ausgezeichnet ist?"

„Der Himmel helfe diesen Kinderlis und vor allem diesen Gräfelchens", spottete ich.

Am unerträglichsten war die Liebenswürdigkeit dieser Tante an Omis Geburtstag im Februar, als man keine Sandburgen bauen konnte, aber Annchens Kraft nicht für Iglus ausreichte. Wir vermuteten, dass sie sich sogar Sorgen um unsere Gesundheit machte, wenn wir uns bei eisigen Temperaturen draußen beim Spielen aufhielten. Sie versuchte, uns dazu zu verleiten, vom Wohnzimmerfenster aus ruhig zu beobachten, wie „süße kleine Rentierchen" (sie sahen für uns aus wie perfekt ausgewachsene Rentiere) aus dem verschneiten Wald kamen, um das für sie ausgelegte Heu zu fressen.

Zum Glück gab es in dieser Geburtstagswoche in Alischken viel anderes zu erleben, und Tante Annchen blieb ohnehin nie länger als einen Tag.

Angerapp

Die Eltern meines Vaters wohnten nur 20 km. von unserem Hof entfernt, und wir konnten sie besuchen, ohne bei ihnen übernachten zu müssen. Wir nannten sie

Opa und Oma. Es waren ehrenwerte Menschen aus einer langen, reinen Salzburger Linie, die sich langsam, gewissenhaft, sparsam und undramatisch vom Stand der Landpfarrer und Lehensbauern zu dem der Feudalherren oder zumindest der Pächter von Feudalgütern hochgearbeitet hatten. Opa war der erste in seiner engsten Familie, der einen eigenen großen Hof pachtete; seinem ältesten Sohn, meinem Vater, half er zu einem noch größeren Besitz.

Mehrere Brüder meines Vaters waren vor meiner Geburt gestorben, einige im Krieg, einer durch Ertrinken im Fluss Angerapp, der durch den Park ihres gleichnamigen Anwesens floss. Sein Tod war wahrscheinlich der Grund für all die Zäune, Mauern, verschlossenen Tore und allgemeinen Verbote, die uns daran hinderten, den möglicherweise sehr spannenden Alischken zu erkunden.

Tante Frieda war das einzige Mädchen in der Familie und eine sehr gute Pianistin. Jungen durften das, was mein Großvater Opa als „überflüssigen Unsinn" bezeichnete, nicht lernen, so sehr mein Vater auch darum bettelte. Viele Jahre später, als Opa starb, entdeckten wir, dass er selbst privaten Lateinunterricht genommen hatte und die glänzenden Zeugnisse seines Lehrers in einem Koffer unter seinem Bett aufbewahrte, zusammen mit Milliarden von Mark Papiergeld aus der Zeit der großen deutschen Inflation.

Tante Frieda war Mitglied des Luisenbundes, einer Frauenorganisation, die nach der preußischen Königin benannt war, die Napoleon auf einem Floß in der Memel verzaubert hatte. Die Lieblingsblume der Königin soll die Kornblume gewesen sein, und ich erinnere mich, wie sie in leuchtend blauen Kleidern zwischen den weißen Statuen des Parks in Beynuhnen spazieren gingen, wo der Luisenbund seine jährlichen Treffen abhielt. Ich kann mich an eine solche Gelegenheit erinnern, weil es das einzige Mal war, dass ich jemals Menschen in Ohnmacht fallen sah. Ich verstand nicht, dass dies an sehr heißen Tagen nicht ungewöhnlich war – und die Temperaturen konnten im Sommer auf über 40 Grad Celsius steigen, so wie sie im Winter auf 40 Grad unter Null sanken.

Tante Frieda heiratete einen schneidigen jungen Versicherungsvertreter namens Egon Kowalewski, der selbst ein sehr guter Musiker war. Sie hatten zwei Töchter – Lore, die ich nicht mochte, und Jutta, eine gute Freundin meiner kleinen Schwester Marlene.

Vätis Bruder Bruno war Ingenieur in Königsberg. Er und seine Frau Anne hatten zwei Söhne – Frank, im Alter halbwegs zwischen mir und Claus, und Rolf, Spitzname Mops, ein Jahr älter als Marlene. Sie wurden oft auf unseren Hof geschickt, um Urlaub auf dem Land zu machen.

Claus und ich waren immer misstrauisch bei der Ankunft von Stadtcousins und rannten, um uns auf einem Strohstapel zu verstecken. Da wir dies immer wieder taten, kannten die Cousins den Ort und bekämpften uns verbal von unten, während wir sie mit Kugeln aus gedrehten Strohsträngen bewarfen. Normalerweise gelang es Mops lange vor seinem Bruder, sich mit uns anzufreunden.

In Angerapp, 1925

Opa & Oma mit Adolf, Bruno & Frieda und deren Ehegatten, und je einem Kind

Onkel Kurt war der jüngste von Vätis überlebenden Brüdern, ein lebhafter, fröhlicher Tausendsassa. Wenn man den weltlichen Erfolg als Maßstab nimmt, war er das schwarze Schaf der Familie. Aber er heiratete ein wunderschönes Mädchen mit einer herrlichen weichen Stimme, eine Gastwirtstochter. Lore und ich waren ihre Brautjungfern und verstreuten Blumenblätter auf dem ganzen Weg vom Gasthaus zur Kirche. Wir fühlten uns so wichtig, dass es nicht allzu schwierig war, bis Mitternacht wach zu bleiben, als der Tanz eine neue Wendung nahm. Der Bräutigam musste seine Knopfloch-Nelke mit verbundenen Augen allein inmitten von Junggesellen-Solotänzern wegtanzen, bis die Musik plötzlich aufhörte und er sich – immer noch mit verbundenen Augen – den Mann schnappte, der ihm am nächsten stand, um ihm die Blume ins Knopfloch zu stecken. Danach war die Braut an der Reihe, die auf die gleiche Weise ihren Schleier wegtanzte, „denn der Schleier ist ein Symbol der Jungfräulichkeit, das bald überflüssig wird", erklärte mein Vater.

Man erwartete, dass das auserwählte Paar heiraten würde, bevor ein weiteres Jahr vergangen war – obwohl sich diese Erwartung selten erfüllten. Wie auch immer, sie tanzten, während Onkel Kurt und meine neue Tante Gretel für ein paar Augenblicke zusahen. Dann wurden die Frischvermählten plötzlich von ihren Gästen umringt und mit gespielten Drohungen und Gelächter gejagt, bis sie die Treppe hinaufliefen und in einem Schlafzimmer eingesperrt wurden. Wir warteten alle in der Nähe der Tür, bis wir Schreie des Ekels und Kichern hörten. „Jetzt haben ihre Füße den mit Wasser gefüllten Schweinemagen berührt", sagte Väti, „und das bedeutet: Schlafenszeit für euch." In späteren Jahren kopierten wir oft die Idee mit dem Schweinemagen, um unsere Besucher zu erschrecken, wenn sie die Nacht in Mikalbude verbrachten.

Als Kind beeindruckten mich weder die steifen Oberlippen, mit denen meine Angerapp-Großeltern persönlichen Kummer verbargen, noch bewunderte ich ihren materiellen Erfolg. Ich sah nichts als langweilige Sparsamkeit, Moral, strenge Umgangsformen, Verbote, verschlossene Türen.

Angerapp, die „Wiese von Rapp", hatte nur zwei Dinge, die ich mochte: das eine war ein gläserner Löffel, um den klebriger, frischer Honig wie flüssiger Bernstein glitzerte; das andere war Ida, die Zimmermagd. Sie hatte den 500 Jahre alten Geist des Raubritters von Rapp gesehen, in dessen altertümlicher, bröckelnder Burg sich jetzt die Mangelkammer und verschiedene Lagerräume befanden. Die Türen waren verschlossen, um die Kinder vor den Gefahren der statisch unsicheren Mauern zu schützen. Aber Ida nahm mich einmal mit in die Rumpelkammer und zeigte mir die Falltür, durch die der Ritter seine ahnungslosen Gäste à la Sweeney Todd mit Bett und allem Drum und Dran beseitigt haben soll. Ida versprach auch, mich den Geist sehen zu lassen, wenn ich jemals in Angerapp übernachten würde. Es war ein verlockendes Angebot, aber sie wusste wohl, dass ich einer solchen Versuchung widerstehen konnte. Selbst nach Geburtstagsfeiern, die bis in die frühen Morgenstunden dauerten, fuhren wir noch nach Hause.

Die Partys selbst waren für Erwachsene wahrscheinlich sehr unterhaltsam. Das Essen war nicht sehr einfallsreich, aber gut und wohl recht teuer. Das zentrale Element des Geburtstagskaffees war ein Baumkuchen, ein hoher Kuchen in Form eines Baumstammes. Er musste eigens bei einem Bäcker in der Stadt bestellt werden, denn normale Backöfen waren nicht für die komplizierte Prozedur geeignet: Schicht um Schicht einer mit Rum aromatisierten Madeira-Kuchenmischung wurde um einen Kern gelegt, so dass der Baum in Ringen wuchs. Für jedes Lebensjahr des Zelebranten gab es einen Ring, was Oma einen beachtlichen Durchmesser bescherte. Allerdings erlaubte sie schließlich, dass ein wenig geschummelt wurde. Die letzte Schicht hatte Noppen, kleine Äste und eine Karamellglasur. Wie die Erwachsenen bewunderte ich das Aussehen der Querschnitte (die Torte wurde immer in waagerechte Scheiben geschnitten); aber ich mochte den Geschmack von Sahne, frischem Obst und Nüssen der anderen Torten wesentlich lieber.

Ein Aspekt von Angerapp schien überhaupt nicht zu dem üblichen Pragmatismus meiner Großeltern zu passen. Mein Großvater hatte ein Gartenhaus gebaut, nur ein paar Meter von der langen, glasüberdachten Veranda des eigentlichen Hauses entfernt. Das Gartenhaus war komplett rund, hatte Bänke an den Wänden und einen riesigen runden Tisch in der Mitte. Oma hatte dafür Bankkissen und eine Tischdecke selbst gehäkelt und bestickt, und Opa arrangierte die Pflanzen in den Beeten vor dem Gartenhaus immer so, dass sie eine Augenweide waren. Vielleicht war das alles wirklich geschmackvoll; aber da ich mir vorgenommen hatte, dass Opa und Oma öde waren, konnte ich die Schönheit nicht sehen.

Unser Bauernhof: Mikalbude

Alischken – Angerapp – Mikalbude, unser eigener Bauernhof: Diese und Hunderte wie sie, in der Größe von tausend bis zehntausend Morgen, waren die Mikrokosmen der einzigen Welt, die wir kannten; andere Welten, Städte, das Reich, der Mond und die Sterne waren schemenhafte Ideen an der Peripherie des Lebens.

Unser Hof stand fast in der Mitte unseres Landes. Das nächstgelegene Dorf lag zwei Kilometer entfernt, unsichtbar hinter den Bäumen. Das Bauernhaus und der Hof standen auf einem niedrigen Hügel, und es gab Obstgärten am nördlichen Hang bis hinunter zu den Insthäusern. Am Südhang befanden sich die Schreinerei, die Mangelkammer und die Schmiede. Vor der Schmiede lief ein Pferd im Kreis um einen Brunnen und trieb das Wasser bergauf zu einer Pumpe im Hof und einer weiteren in unserer Küche.

Blick von der Mikalbude auf die benachbarte Aussicht

Wir gingen gerne zu den Wäscherinnen in den Mangelraum – obwohl dies im Nachhinein betrachtet eine eher masochistische Vorliebe gewesen zu sein scheint. Es gab eine robuste Holzkiste, etwa so groß wie ein Bett, aber mit schweren Steinen statt Daunendecken beladen. Sie lief auf Rollen, eine an jedem Ende, auf einem Tisch, der etwa so groß war wie die Kiste. Wenn die Kiste an einem Ende gekippt wurde, konnte die Frau am anderen Ende einen Stapel Laken unter ihrer Rolle zusammenlegen. Wir mochten es, unser Gewicht auf die gekippte Seite zu legen, damit die schwere Kiste nicht plötzlich auf die Hände fiel, die gerade die Wäsche ordneten. Aber am liebsten ließen wir uns, nachdem beide Enden beladen waren, auf harten Steinen hin und her rollen, rumpel, rumpel.

Der Getreidespeicher am westlichen Ende und die große Scheune am anderen Ende begrenzten die Südseite des eigentlichen Hofes. Vom langen, heißen Dach der Scheune fiel im Sommer Teer in Klumpen herab, die am Boden erstarrten, aber noch vor dem Erkalten zu kunstvollen Formen geformt werden konnten.

Gegenüber der Scheune beherbergte ein teilweise gekalktes Steingebäude Geflügel, Pferde und die Milchviehherde. Ochsen, Färsen, Schafe und Kühe der Landarbeiter bevölkerten ein rotes Backsteingebäude entlang der östlichen Begrenzung; an der westlichen Seite des Hofes stand unser Haus.

Eine hölzerne Veranda, die auf Stelzen aus Stein gebaut war, bildete den Haupteingang. Am anderen Ende erstreckten sich die Gebäude über den Kücheneingang hinaus in geringerer Höhe und halber Breite: Hier lagen das Backhaus, die Spülküche, der Holz- und Torfschuppen und die Schweineställe. Hinter der gesamten Länge dieser Gebäude befanden sich die terrassenförmig angelegten Rasenflächen, Staudenrabatten, Fliederhecken und Lauben unseres Hauptgartens, der sich bis zur Höhe der Schmiede in den Gemüsegarten erstreckte.

Die Scheune in Mikalbude zur Dreschzeit

Auf dem untersten Wiesenstück stand ein Gestell mit spiralförmigen Eisenhaken für unsere Schaukel, die mit einem Sitz, einer Stange oder lederbezogenen Ringen versehen war und auf jede beliebige Höhe gebracht werden konnte. Aber diese ausgeklügelten Vorrichtungen, die im Winter sogar an einen Türrahmen unseres Esszimmers geschoben werden konnten, waren langweilig im Vergleich zu den richtigen Schaukeln aus dickem Seil, die am höchsten Balken in der Scheune befestigt waren, wo die Mutigsten Trapeznummern aufführen und weich auf Stroh landen konnten.

Für unsere Spielplätze musste man kein Spielzeug in Geschäften kaufen. Ich konnte zwar nicht verstehen, warum mir so viele wohlmeinende Verwandte schöne Puppen der Marke Käte Kruse schenkten, aber nach der Lektüre des Buches *Puppe Wunderhold* achtete ich wenigstens darauf, nie eine Puppe schlecht zu behandeln, nur für den Fall, dass sie über mich schreiben könnte wie die Puppe in der Geschichte. Aber Puppenwagen und Puppenbadewannen taugten viel mehr zum Spielen mit lebenden Bernhardinerwelpen.

Blick aus meinem Fenster auf den Haupthof in Mikalbude

Felder und Wälder boten unendlich viel Raum für Bewegung und Fantasie. Das Forsthaus, tief im Wald, war das Hexenhaus aus Hänsel und Gretel, wie wir unseren Stadtcousins und -cousinen erzählten. Erst als sie vor Angst zu weinen begannen, nahmen wir sie mit ins Haus, um Lisa, Hubert und ihre freundliche Mutter kennenzulernen, die uns Schwarzbrot und Honig statt Lebkuchen schenkte.

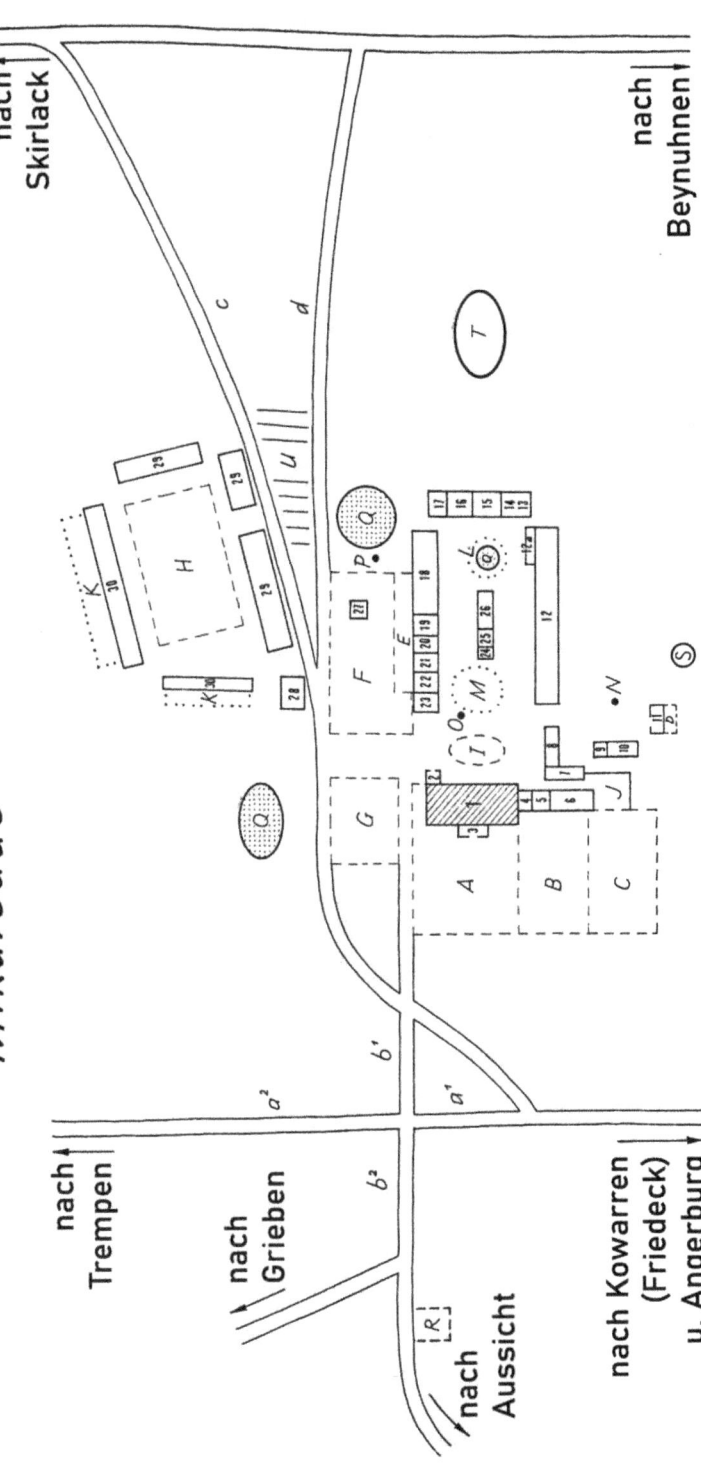

Hinweis: nicht maßstabsgetreu gezeichnet

23

STRASSEN

a Hauptstraße von Trempen über Kowarren nach Angerburg. In den frühen 1930er Jahren wurde diese Straße teilweise asphaltiert und daher als Chaussée bezeichnet; den Pferden zuliebe blieb jedoch eine Hälfte der Breite ein einfacher Erdweg.

b Birkenallee, die vom Bauernfriedhof führt; an der Stelle, wo sie die Chaussée kreuzt, wurde ein Wartehäuschen für mich errichtet

c unbefestigte Straße nach Skirlack (Dorfschule, Postamt, Laden und Molkerei)

d unbefestigte Straße nach Beynuhnen, dem Hauptbahnhof und dem Gut von Fahrenheid; sie kreuzte die Hauptstraße nach Darkehmen, aber der Postbus nach Darkehmen fuhr über Kowarren entlang der Chaussée

GEBÄUDE

1 Hauptgebäude
2 Kurfürstliche Veranda
3 Gartenveranda
4 Eingang zu dem Raum, in dem Schweinebrühe gekocht wurde; von hier führte eine Treppe rechts hinauf in die Küche, eine andere Treppe ging geradeaus hinunter in den Keller, und eine Tür links führte in die Backstube und später in den Speisesaal der Häftlinge.
5 Holz- und Torfschuppen; Wohnbereich für die Hofkatzen
6 Schweinchen (Sauen und Ferkel)
7 Schweine (Wildschweine, entwöhnte Tiere und Mastschweine)
8 Kornspeicher
9 Schreinerwerkstatt, die auch die Mangeln enthält
10 Lagerraum für landwirtschaftliche Geräte, Räder und reparaturbedürftige Fahrzeuge
11 Schmiede mit angrenzendem Schlafzimmer
12 Scheune mit separatem Hundezwinger am westlichen Ende / 12a Spreuschuppen mit Häcksler
13 Ochsenstall
14 große Fleischrinder (wie Ochsenstall, unterteilt)
15 junge Fleischrinder
16 Schäfchen-Stall
17 Milchkuhstall (wie Schafstall, unterteilt)
18 Hauptmilchviehstall; Bullen in abgeteilten Ständen
19 Stall für Arbeitspferde (vier Vierer)
20 Stall für zwei Vierer und abgetrennte Boxen für Stuten mit Fohlen
21 Kutschenpferde und Reitpferde
22 Einjährige und Zweijährige
23 Geflügelstall; später wurde ein separater Geflügelstall gebaut und junge Pferde wurden hier untergebracht
24 junge Kälber
25 Wagenhaus
26 Stand für landwirtschaftliche Fahrzeuge (offen bis auf West- und Ostwand); auf dem Stockwerk über 24, 25 und 26 stand ein weiterer Getreidespeicher
27 Schuppen zur Lagerung von mit Torf bedeckten Eisblöcken (zur Kühlung im Sommer)
28 älteste Insthäuser; später dienten sie als Katen für eine vertriebene litauische Familie und als Gefangenenlager
29 Insthäuser
30 Schweineställe, Hühnerställe und Toiletten für Insthäuser

EINRICHTUNGEN IM AUSSENBEREICH

A obere Rasenflächen mit Staudenrabatten, Rosen etc.
B untere Rasenfläche mit Schaukeln etc., auch zum Trocknen von Wäsche genutzt
C Garten für Gemüse und Schnittblumen
D kleiner Garten für Frühgemüse unter Glas (geschützt durch einen massiven Holzzaun)
E Gemüse, Beerenobst, Bienenstöcke
F Hauptobstgarten

G Streuobstwiese und wilde Himbeeren
H Gärten der Arbeiter (Gemüse und Blumen)
I Kleiner, ovalförmiger Garten mit vier Zypressen, einem zentralen Beet für einjährige Pflanzen und einigen Rosenbeeten
J Schweinezwinger
K Schweineställe der Arbeiter
L Eingezäunter Garten und Teich für Gänseküken und Entenküken
M Gehege zum Trainieren und Anreiten von Pferden
N Tretmühle zum Hochpumpen von Wasser auf den Hof und Küchenpumpen
O Hofpumpe
P Pumpe der Insthäuser
Q Teiche
R Bauernhoffriedhof
S Kiesgrube
T Torfmoor
U Aushubbereiche, in denen Wurzelgemüse durch Anhäufungen von Torf, Stroh und Erde vor Frost geschützt wurde

Die Hälfte unseres Landes bestand aus Weideland für etwa zweihundert Rinder und fünfzig Pferde. Die Zuchtbullen wurden in ihrem Stall angebunden gehalten und nur zum täglichen Auslauf an einer langen Stange geführt, die an einem Ring in ihrer Nase befestigt war. Die anderen Tiere waren harmlos, wenn auch etwas beunruhigend durch ihre Angewohnheit, uns zu folgen, wenn wir ihr Feld überquerten. Es machte keinen Eindruck auf sie, wenn wir „Buh!" riefen. Nur wenn wir uns umdrehten, um sie anzusehen, blieben sie stehen. Ich bin mir sicher, dass an der Vorstellung, eine Kuh sei dumm, etwas dran ist, denn Pferde und Schafe verhielten sich nicht so. Sie reagierten auf menschliche Stimmen, wenn auch vielleicht nicht immer so, wie wir es uns erhofften.

Unser Hauptanbau war Roggen; im Sommer sah man endlose Weiten, die sich wie das Meer bewegten, mit Wolken von Pollen, die wie Gischt dahintrieben. An den Rändern wuchsen Kornblumen und Mohnblumen. Wir bauten auch Hafer, Gerste, Flachs, Kartoffeln, Rüben und verschiedene Futterpflanzen an, aber nur ein paar Hektar Weizen, der als Luxus galt, weil er nur gedieh, wenn der frühe Schnee eine dicke, schützende Decke bildete, bevor die harten Fröste kamen. Der Sommerweizen, der im Frühjahr gesät wurde, hatte niedrige, unwirtschaftliche Erträge.

Schafe, Schweine und ihre Hüter

Die Schafe halfen beim Beschneiden der Setzlinge im Herbst, was für alle Getreidesorten außer Weizen ausreichend war. Die Schafherde war aus wirtschaftlicher Sicht ein Luxus, auf den mein Vater aber nicht verzichten wollte. Ihre Wolle lieferte Kleidung, die in der Herstellung wahrscheinlich teurer war als die in den Geschäften der Stadt verkaufte, aber heilig im Namen der Selbstversorgung und einer romantischen ländlichen Atmosphäre mit brummenden Spinnrädern und klappernden Webstühlen. Ihr Fleisch war nicht beliebt, aber wir aßen den gelegentlichen irischen Eintopf, wenn einem alten Mutterschaf ein Gnadenstoß verabreicht werden musste. Die Schafe der Arbeiter lebten in unserer Herde, hatten aber verschiedenfarbige Bänder um den Hals, damit sie bei der Schur identifiziert werden konnten.

Unser Hirte hütete die Herde auf den eher mageren Weiden oder auf dem Land, das eine Saison lang brach lag. Wir nannten den Mann Scheschel; sein richtiger Name hatte zu viele Konsonanten, um ihn aussprechen zu können. Er war plötzlich aus dem Nichts zu Fuß in Mikalbude aufgetaucht und trug nur ein kleines Bündel Kleidung und eine Bibel bei sich. Niemand wusste, woher er kam, und niemand fragte nach: Die Vergangenheit eines Mannes war seine eigene Angelegenheit. Als er starb, wurde er auf dem Gutsfriedhof auf dem Hügel am Ende der Birkenallee begraben. Auf seinem Grabstein stand sein unbekannter richtiger Name, sorgfältig aus seinen Papieren abgeschrieben.

Scheschel mag siebzig, achtzig oder sogar neunzig Jahre alt gewesen sein, als er zu uns kam. Seinem faltigen Gesicht, das halb unter einem buschigen Bart und einem Schnauzbart verborgen war, konnte man sein Alter nicht ansehen. Seine hellblauen Augen wirkten immer jung und freundlich. Ich liebte es, neben ihm auf einem Grasstreifen zu sitzen und ihm dabei zuzusehen, wie er Weiden- oder Haselnusszweige schnitzte, um Körbe zu machen, oder aus anderem Holz Ornamente und Pfeifen schnitt. Er sprach selten, fragte aber gelegentlich, ob ich ein Gedicht hören wolle. Er lachte, wenn ich in die Rezitation derjenigen einstieg, die ich von Omi gelernt hatte, aber wenn er Gedichte auf Französisch oder Polnisch vortrug, schaute er mich ernst an, als ob er herausfinden wollte, was ich dachte. Er hätte wissen müssen, dass ich an nichts dachte und nur zuhörte.

Das einzige Mal, dass ich das Zimmer von Scheschel gesehen habe, war, als Frau Schwarz uns sagte, dass er krank zu sein schien. Er wohnte auf dem Dachboden der Kate der Familie Schwarz, und Mutti wollte ihm eine heiße Suppe bringen. Ich durfte ihm die Schüssel an den Mund halten, weil er zu schwach war, sie selbst zu halten. Sein Bett war eine Strohmatratze auf dem Boden, daneben lag die Bibel. In einer Ecke stand ein kleiner eiserner Herd und an der Wand hingen ein paar Utensilien und Kleider an Wäscheklammern.

Ich hätte ihn am nächsten Tag gerne noch einmal gesehen, als er tot war, aber Mutti sagte mir, dass mein erster Anblick eines Toten der von jemandem sein müsse, den ich liebe. Ich habe Scheschel zwar geliebt, aber anscheinend war das nicht die wahre Liebe, die meine Mutter meinte.

Der alte Schwarz war ein Mann, den ich nicht lieben konnte. Er stieß mich ab wie die Stinkbomben meiner Vettern und zog mich an wie ein Magnet. Er war nicht so alt wie Scheschel und hatte keinen Vollbart, nur einen üppigen Bismarck-Schnurrbart, an dem viele gelblich-bräunliche Schnupftabakklumpen klebten. Einmal verleitete er Claus und die Königsberger Vettern dazu, das Zeug zu probieren, und ihnen wurde schlecht. Ich wurde nie in Versuchung geführt, es zu probieren.

Schwarz kümmerte sich um etwa sechzig Schweine, die er liebte und von denen er jedes einzelne kannte. Mein Vater bestand darauf, dass über jedem Sauenstall die wichtigsten Zuchtinformationen deutlich auf Tafeln eingetragen wurden, was für den alten Schwarz eine mühsame Aufgabe war; und sobald ich schreiben gelernt hatte, bot ich mich an, diese Aufgabe für ihn zu übernehmen. Er hatte alle Einzelheiten im Kopf und machte viel Aufhebens um Geburtstage und andere wichtige Ereignisse im Leben eines Schweins.

Geburtstage wurden mit einem Blumenstrauß begangen, der in einem Gefäß an einem Nagel über dem Stall des betreffenden Schweins hing. Am Vorabend des Tages, der die Endstation im Leben eines Schweins war, wurde ein spezieller Stall nicht nur gründlich gereinigt – manchmal sogar frisch gekalkt – und mit frischem Stroh ausgekleidet, sondern auch üppig mit Blumen geschmückt. Schwarz wählte das beste Schwein für die Schlachtung aus und tröstete die, die nicht ausgewählt wurden, indem er ihnen den Rücken massierte und mit ihnen über die nächste Gelegenheit sprach. Dann machte er sich daran, die ausgewählte Sau selbst zu schrubben. Das tat er mit übermäßigem Elan, und als das Tier quiekte, schrie ich: „Du würdest es nicht mögen, wenn das jemand mit dir macht!" Ich wusste von dem Ärger, den die Familie Schwarz mit der Abneigung des alten Mannes gegen jede Hygiene hatte. Er lebte und schlief in denselben Kleidern, die er zum Ausmisten trug, und musste bestochen werden, bevor er seiner Schwiegertochter erlaubte, sie zu waschen. Ich glaube schon, dass er sich manchmal die Hände mit Wasser abspülte, er versuchte allerdings, sie an seiner Hose abzuwischen, wann immer er damit durchkam. Ich hoffte also, dass meine Worte eine Wirkung haben würden – und ich hoffte vergeblich.

„Wenn meine Zeit gekommen ist, wird sich die Frau des Sohnes kümmern", antwortete er ganz ruhig, und ich wurde plötzlich traurig bei dem Gedanken an den alten Schwarz, der in ein reines weißes Leichentuch gehüllt war.

Er hatte sich seit seinem vierzehnten Lebensjahr um die Schweine von Mikalbude gekümmert, und irgendwann in den dreißiger Jahren, als ich schon in der Stadtschule war und Hitler über uns alle herrschte, sollte der alte Schwarz für fünfzigjährige Verdienste um die deutsche Landwirtschaft geehrt werden. Dazu sollte er sich in Hindenburgs Mausoleum bei Tannenberg einfinden. Es war ein Befehl von oben, und seine Schwiegertochter zwang den alten Mann zu diesem Anlass in einen Anzug und Lederschuhe. Mein Vater nahm ihn zu der Zeremonie mit, die für eine große Anzahl ähnlich verdienter Menschen abgehalten wurde, die alle in das Gebäude einzogen und alle Schuhe trugen, außer unserem Mann, der seine in den Händen trug und mühsam in Socken dahinstapfte. Ich hätte ihn dafür umarmen können.

Der Kutscher

Otto, der Kutscher, war der andere Mann, mit dem ich Zeit verbringen konnte, weil er nicht den ganzen Tag auf den Feldern unterwegs war.

Der Schreiner zählte nicht, denn er mochte keine Kinder in der Nähe von Hämmern, Sägen und Äxten. Der Schmied zählte auch nicht; denn obwohl er mir erlaubte, den Blasebalg zu bedienen, herrschte in der Schmiede ein solcher Lärm, dass es keinen Sinn hatte, mit dem Mann zu reden. Aber Otto hatte viel Zeit für mich. Er hatte unregelmäßige Arbeitszeiten: oft wollten meine Eltern noch spät in der Nacht zu Nachbarn gefahren werden; bei anderen Gelegenheiten, wenn Nachbarn uns besuchten, bewirtete Otto ihre Kutscher in der Küche. Sie hätten auch im Zimmer daneben essen können, taten es aber selten. Die Kutscher hatten eine wunderbare Art, auf dem Holzkasten zu sitzen, die Beine weit gespreizt und fest auf dem Boden, einen Krug Bier in der einen Hand und in der anderen – mit beneidenswerter Geschicklichkeit – eine Scheibe Brot in der vollen Breite eines Laibes, etwa so lang wie mein Unterarm. Claus und ich nannten solche Scheiben das „Meisterbrot", und es war eines unserer größten Ziele im Leben, wie Kutscher essen zu können.

An den meisten Tagen fütterte und striegelte Otto lediglich die Kutsch- und Reitpferde, gab ihnen frisches Stroh zum Einstreuen und polierte die Reitstiefel meines Vaters. Er freute sich, wenn ich beobachtend und plaudernd auf der großen Holzkiste saß, in der die Wochenration Hafer aufbewahrt wurde.

Wie man Kutscher wird

Ottos Tochter Anna, die fast so alt war wie ich, kam nie zu ihm, um mit ihm zu sprechen. Sie trug nicht einmal den Namen ihres Vaters, denn als Ottos Frau bei der Geburt starb, warfen ihre Eltern dem Mann vor, eine kranke Frau geschwängert zu haben, und bestanden darauf, das Kind als ihr eigenes aufzuziehen. Otto sah sie jeden Tag, doch jahrelang wusste das kleine Mädchen nicht, dass er ihr Vater war. Ich wusste es; aber Mutti sagte mir, ich solle es geheim halten und besonders nett zu Otto sein.

Unten

„Unten" war der gebräuchliche Name für den Bereich, der die Insthäuser, ihre Gärten und separate Gebäude für Schweine, Geflügel und Toiletten umfasste. Dort kümmerten sich die Großmütter um die Babys, wenn die Mütter auf den Feldern arbeiteten. Ein warmer, schläfriger Geruch von trocknendem Holz erfüllte die Luft, wo Kinder mit Puppen zwischen kegelförmigen Holzstapeln spielten und Hühner Löcher für Staubbäder in den sandigen Boden kratzten. Die Frauen saßen auf Bänken vor den Türen, strickten, flickten, schälten Kartoffeln. Frühmorgens hatten sie jedem ihrer Hühner einen Finger in den Hintern gesteckt und die Eierlosen und die Hähne zur Tür hinausgeschickt. Im Inneren des Hühnerstalls befanden sich Nester mit Klappen, die beim Eintreten eines Vogels zufielen und zu gegebener Zeit wieder geöffnet werden mussten. Ab und zu verkündete ein gackernder Schrei, dass diese Zeit gekommen war; also stand eine Oma auf und ging in den Stall; Augenblicke später kam eine Henne herausgeflattert und es war wieder Ruhe. Die Eier wurden in den Nestern gelassen, bis alle Vögel ihre Legearbeit erledigt hatten und auf der Suche nach Würmern und anderen Leckerbissen um die Katen herumspazierten.

Gänse und Enten hielten sich nicht bei den Häusern oder in den Höfen auf. Jeden Morgen zog der große Teich sie wie ein Magnet in geraden Linien von unserem

Hof und von den Katen an, laute Gänse führten ihre Bruten an, nicht so laute Erpel die ihren. Den ganzen Tag über hielten sie sich am Teich auf, schwammen, tauchten unter, fraßen Gras an den Rändern oder saßen einfach im Schatten der großen Bäume am Nordrand des Teiches. Schlafquartiere interessierten sie nicht, sie ignorierten die Gefahr durch nächtliche Raubtiere und widersetzten sie sich heftig den Versuchen, sie zurückzutreiben.

Zwei unserer Mägde mussten sie jeden Abend aus dem Wasser treiben. Sie benutzten eine lange Schnur, die an beiden Enden um kurze Stangen gewickelt war, die sie losließen, während sie die Schnur hinter den Gänsen auf dem Wasser flattern ließen und sie so zum anderen Ende trieben. Es war schwierig, die Schnur um Bäume zu führen, die dicht am Wasser auf der steilen Seite des Teiches standen; nicht selten nutzten die Vögel diese kurzen Momente einer fast bewegungslosen Schnur aus und zogen sich dorthin zurück, wo sie hergekommen waren, so dass der ganze Vorgang von vorne beginnen musste. Selbst nachdem sie erfolgreich an Land manövriert worden waren, war es ein Kampf der Geschicklichkeit und des Verstandes zwischen Frauen und Kindern auf der einen und den Vögeln auf der anderen Seite, bis die Gänse in die Enge getrieben und nach Hause gejagt wurden. Das Zischen und Schnappen der Gänse konnte beunruhigend sein, aber die meisten Landkinder sind recht mutig, wenn es um Tiere geht. Die Weibchen eilten immer ihren Gänserichen hinterher; dasselbe taten die Gänseküken, die beim Rennen stolperten; oft wurden sie von Kindern eingefangen und getragen.

Nicht viele Gänseküken blieben bei ihrer eigenen Familie, als sie sehr klein waren, denn brütende Gänse waren selten gute geduldige Mütter. Oft verließen sie die Nester kurz vor dem Schlüpfen, und dieser Mangel an Instinkt für die bevorstehende Geburt erstaunte mich. Normalerweise war es einfach, eine brütende Gans zu finden, die die Leihmutterschaft übernahm. Aber in einem Fall war einfach keine solche Gans verfügbar, und so zog sich Frau Schalonka selbst mit ihrem verlassenen Gelege ins Bett zurück. In der Wärme ihres Körpers und der Gänsefedereinstreu kamen die Gänseküken zur Welt; sie wurden schnell dazu erzogen, ihrer leiblichen Mutter zu folgen.

Ich verstand nicht, warum die anderen Leute auf dem Hof das lustig fanden und Witze darüber machten.

„Hättest du das nicht auch getan?" fragte ich meine Mutter.

„Sicherlich nicht", lachte sie. Und das, dachte ich, war wirklich lustig.

Frau Schalonka war die mitteilsamste aller Bauernhof-Matriarchinnen. Ihre Größe zeigte sich meines Erachtens am eindrucksvollsten in der Art, wie sie jeden Schluckauf sofort kurierte, indem sie die Art von Schock erfand, die uns zum Keuchen bringen würde. Mütterliche Fürsorge und mütterliches Know-hows bewies sie auch mit ihren Kartoffelpuffern. Sie waren so fettig, dass der Zucker in dicken Schichten an ihnen klebte, und das alles sei „gut zum Abhusten", sagte sie, als Mutti schon bei dem Gedanken daran schlecht wurde. Mutti hat sie natürlich nie gegessen, sie hat nur gezittert, als Claus und ich uns auf den Weg zur Schalonka-Kate machten, weil wir rochen, dass gekocht wurde.

Alle Insthäuser hatten eine sehr kleine Eingangshalle, eine Speisekammer und zwei ziemlich große Zimmer, aber niemand konnte sein Haus so gemütlich einrichten wie die Schalonkas. Die Speisekammer war das Schlafzimmer für Frau Schalonkas unverheiratete Schwester Auguste und ihre Tochter Frieda, unser späteres Dienstmädchen. Das Schlafzimmer hatte ein riesiges Himmelbett für die Eltern, ein Einzelbett für ihren Sohn Fritz, einen Kleiderschrank, eine Kommode, einige Stühle. Das andere Zimmer wurde vollständig beherrscht von einem riesigen Webstuhl, der den Küchenherd an einer Wand und den Tisch daneben klein erscheinen ließ.

Um diesen Tisch saßen wir, aßen, spielten Karten oder hörten im Winter Auguste zu, die uns traurige oder beängstigende Geschichten erzählte und viele melodramatische Lieder sang. Sie hatte eine dünne, hohe Stimme, die sich bei den melancholischsten Passagen zitternd zum Vibrato verbreitete: „Auf einem polnischen Teich schwamm eine Leiche, die schönste Leiche Polens; eine Hand trug ein Stück Papier, auf dem stand: ‚Ich habe einmal geküsst und Buße getan'." Augustes Augen füllten sich mit Tränen, aber sie versicherte uns mühsam, dass der Kosake, der sie vergewaltigt hatte, eines Tages zurückkommen würde.

„Was ist Vergewaltigung?" fragte ich Mutti, als ich etwa fünf Jahre alt war. Meine arme Mutter wurde rot, stammelte und sagte, dass Väti es erklären könne.

Aber als mein Vater sagte: „Wie ein Hengst, der eine Stute bespringt, bevor sie bereit ist" – was für mich durchaus Sinn ergab – war Mutti noch peinlicher berührt. Sie mochte es nie, dass man uns Zugang zu allen Aspekten der Landwirtschaft verschaffte. „Kinder sollten so lange wie möglich Kinder bleiben", war einer ihrer Lieblingssprüche. Und Väti erwiderte, dass die Auseinandersetzung mit der Natur schon bei der Geburt beginnt.

Das Leben auf dem Bauernhof bedeutete für uns ganz in der Natur aufzugehen. Dr. Hassenstein, unser Tierarzt, erklärte mir, was er tat, wenn er Hengste, Bullen oder Wildschweine kastrierte. Es war mir immer klar, dass es für das Überleben der Art notwendig war, die Anzahl der männlichen Tiere in Grenzen zu halten. Einmal hatte ich mich gefragt, warum das nicht auch für den Menschen gilt, und mein Vater erklärte mir, dass der Krieg eine gewisse Kontrolle über eine zu große Zunahme der männlichen Bevölkerung ausübt. Auf jeden Fall, fügte er hinzu, behielten die menschlichen Männchen ein Gefühl für Proportionen und dominierten ihre Weibchen nicht wie in der Tierwelt.

Hähne wurden nie kastriert, und der Gedanke an Kapaune war eine Beleidigung für den Gaumen der Landleute. Bis an ihr Lebensende konnte meine Mutter – und auch die meisten Deutschen – nicht akzeptieren, dass ein Huhn, das ein Jahr oder noch älter war, für etwas anderes als Suppe gut war. Also wurden die Hähne geschlachtet, solange sie noch jung und knackig waren. Der alte Schwarz hackte ihnen mit einer Axt die Köpfe ab und versicherte mir, dass sie sofort völlig tot waren, obwohl irgendein seltsames Nervensystem dafür sorgte, dass kopflose Hühner wie wild im Kreis liefen, bevor sie umkippten und ausgeblutet, ausgenommen und gerupft werden konnten.

All dies geschah am Holzhackblock in der Nähe unseres Hauses; meine Eltern konnten solche Spektakel nicht vor mir verbergen, so gern sie es auch getan hätten. Auch dem frisch geschlachteten Schwein, das im Vorraum zwischen Küchentreppe und Backstube hing, konnte ich nicht ausweichen. Es war an einem Haken aufgehängt, damit das Blut, das später zu Blutwurst verarbeitet wurde, schnell abfließen konnte.

Aber ich wurde nie Zeuge, wie ein Tier geschossen wurde, obwohl Väti mich gerne auf die Pirsch mitnahm. Abend für Abend gingen wir zu den Wiesen in der Nähe des Waldrandes und saßen, nur mit Ferngläsern bewaffnet, leise im Windschatten der Stelle, wo die schönen Tiere bald auftauchen würden. Manchmal, wenn mich eine Mücke stach und ich leise „Oh!" sagte, blieben die Rehe starr stehen und blickten in unsere Richtung; dann sprangen sie entweder zurück in den Wald, oder sie merkten, dass sie einen Fehler gemacht hatten und begannen wieder zu grasen. Es schien mir, dass die Hirschkühe nervöser waren als die Böcke, und ich wünschte mir oft, ich könnte ihnen sagen, dass es nur ein bestimmter Bock war, den mein Vater zum Erlegen ausgesucht hatte. Ich wünschte mir auch, dass mein Vater mich in dieser seiner letzten Nacht mitnehmen würde, und dass ich lauter „Oh!" sagen könnte, um die Beute zu warnen, aber es war mir nicht vergönnt und ich akzeptierte das Wildbret als einen natürlichen Teil unserer Ernährung.

Dasselbe galt für Hasen- und Rebhuhnbraten, die allerdings ohne Unterschied des Geschlechts geschossen wurden, hauptsächlich, um die Zahl der Tiere gering zu halten, aber auch, wie ich glaube, als Vorwand für ein großes Fest mit Erbsensuppe aus einer großen Kupferpfanne und mit Schnaps.

Meine Eltern waren der festen Überzeugung, dass Angst kein Bestandteil im Leben von Kindern sein sollte und warnten uns mit rationalen Worten davor, ins Moor zu gehen. Aber ein Leben ohne Angst machte nicht so viel Spaß. Auguste erzählte uns die schreckliche Geschichte eines Reiters, der sich in einer dunklen und stürmischen Nacht verirrt hatte und mitsamt seinem Pferd in den Sumpf gesogen wurde, bevor er begriff, was mit ihm geschah. „Und dort, tief unten, steht er heute noch, gut konserviert im Torf. Aber sag deinen Eltern nicht, dass du es weißt", beendete Auguste ihre Geschichte. Wir liebten die Geschichte, aber jedes Mal, wenn ich den Männern beim Torfstechen zusah, hatte ich ein seltsames Flattern in der Magengegend und wartete ein bisschen darauf, dass sie mit abgehacktem Kopf auf ihren langen Klingen auftauchen würden.

Schule

Wenige Wochen vor meinem sechsten Geburtstag durfte ich mit einer Sondergenehmigung des Schulmeisters im nächstgelegenen Dorf zur Schule gehen. Normalerweise durften Kinder erst nach ihrem sechsten Geburtstag in die Schule gehen, und da der Einschulungstermin der Beginn des Schuljahres, also Ostern, war, bedeutete das häufig, dass die Kinder bei der Einschulung fast sieben Jahre alt waren. Mutti wäre damit ganz zufrieden gewesen; eigentlich hätte es sie überhaupt nicht gestört, wenn die Schulbildung erst im Teenageralter begonnen hätte. Wenn es schon früher sein musste, hätte auch eine Gouvernante den Unterricht übernehmen können, wie in den Häusern aller unserer Verwandten und Nachbarn zu dieser Zeit, außer denen, die in einer Stadt wohnten. Aber wie immer zog Väti die Erkundigungen ein und tat dann genau das, was er ohnehin vorhatte zu tun. Herr Ziegler, der Rektor der Dorfschule, fühlte sich geschmeichelt, und ich war sehr zufrieden.

Wir waren alle aufgeregt, als wir in unserer Kreisstadt Darkehmen die Einkäufe tätigten. Claus starrte mich bewundernd an, als ich den ledernen Schulranzen für den Rücken und die kleine lederne Butterbrotdose, die an einem langen schmalen Riemen um den Hals hing und auf meinem Bauch hin und her hüpfte, ausprobierte. Die interessantesten Gegenstände im Schulranzen hatten wir in der Buchhandlung gekauft. Da war die *Fibel*, das erste Lesebuch für jedes Kind, sei es in der Schule oder bei einer Erzieherin zu Hause. Ich liebte die bunten Illustrationen, die jedem Buchstaben in alphabetischer Reihenfolge zugeordnet waren, und ich versuchte, die meisten der wichtigen Wörter zu lernen, wenn Mutti nicht hinsah. Dann war da noch die Schiefertafel mit einem kleinen Loch in ihrem Holzrahmen, durch das Mutti eine Schnur mit einem kleinen Schwamm an einem Ende und einem selbstgenähten Bausch zum Abtrocknen am anderen Ende steckte. Die hölzerne Bleistiftbox hatte zwei Lagen, die durch den Deckel gehalten wurden, der über das obere Fach geschoben wurde und so die langen Rillen mit einem kleinen Raum für den Radiergummi verband – den wir eigentlich erst in einem Jahr brauchten. Ich hatte einen normalen Bleistift in der Schachtel; alle anderen waren Stifte für die Schiefertafel. Buntstifte wurden in einem eigenen Metallbehälter gekauft.

Väti trug ein Päckchen, das fast so lang war wie ich. Ich tat so, als wüsste ich nicht, was es war, und als wäre ich neugierig, während er so tat, als würde ich nicht so tun. Natürlich kannten wir alle die Schultüte, die jedes Kind am ersten Schultag bei sich trug – eine Tüte aus Pappe, die mit glänzendem Papier überzogen und mit glänzenden Bildern verziert war; sie war mit Seidenpapier ausgekleidet, das oben mit einer Schnur zusammengezogen wurde. Der Inhalt der Tüten variierte von selbstgemachten Bonbons und Lutschern aus dem Dorfgasthaus bis hin zu teureren Pralinen und „Russisch Brot" – knuspriges, buchstabenförmiges Gebäck.

Unser Einkaufsbummel endete mit einem Essen im Hotel Reimers Hof, wo wir unsere Pferde untergebracht hatten. Mutti, Claus und ich aßen Frankfurter und Brötchen (beides gab es auf dem Land nicht), und Väti aß Kutteln mit ganz viel Majoran, ein Gericht, das man auch zu Hause hätte machen können, das dort aber nie so lecker war wie im Hotel (das war zumindest sein Kommentar). Otto wählte Bier und Schinken in der Kutscherstube.

Unsere Schule hatte zwei Klassenräume an einem Ende des Gebäudes. Daneben befand sich eine Garderobe, von der eine Treppe zur Wohnung des Hilfslehrers hinaufführte; und am anderen Ende des Hauses lagen die Räume des Schulleiters. Die Toiletten befanden sich auf der anderen Seite des Hofes, neben den Schuppen und Ställen des Schulleiters.

Wir spielten auf der dicken Sandschicht der Straße, die an der Schule vorbei und hinunter zum Dorf Skirlack führte, oder auf dem großen Feld hinter den Nebengebäuden. Letzteres hatte Parallelbarren, Reckstangen, Schaukeln, Balken und andere Turngeräte auf dem abgeflachten Hügel, und der Grashang zog sich bis zur Post hinunter, oder besser gesagt bis zu dem kleinen Bauernhof, wo irgendein Großvater einmal die Arbeit des Postboten übernommen hatte. Wie die Jungs auf einem solchen Feld Fußball spielen konnten, war mir unbegreiflich, ebenso wie das Spiel selbst, also spielte es für mich keine Rolle. Anstatt um die Positionen zu würfeln, sagten die beiden Mannschaftsführer „az, paz, tri" und bildeten dabei eine Faust (was Stein bedeutete), zeigten die flache Handfläche (was Papier bedeutete) oder den ausgestreckten Mittel- und Zeigefinger (was Schere bedeutete); die Schere schnitt das Papier, das Papier wickelte den Stein ein, der Stein zertrümmerte die Schere, aber der Vorgang musste dreimal wiederholt werden, um sicher zu gehen, dass nicht geschummelt wurde.

Jeder Morgen begann mit dem Eintreten des Lehrers, der laut sagte: „Guten Morgen, Kinder", woraufhin wir alle aufsprangen und unisono zurückriefen: „Guten Morgen, Herr Lehrer." Dann begann der Unterricht, bis zur Spielzeit um 10 Uhr, dann wieder Unterricht bis zum Mittag, also knapp vier volle Arbeitsstunden. Der Schultag endete jeden Tag mit dem gleichen Lied: „Ist die Schule endlich aus, rennen fröhlich wir nach Haus. Mutter freut sich wirklich sehr, löffelt ihre Suppe leer."

Mutti war in der Tat immer überglücklich, wenn ich zurückkam; und da sie unter der Wahnvorstellung litt, dass ich großen Strapazen ausgesetzt war, kochte sie immer meine Lieblingsspeisen.

Nach dem Mittagessen musste ich jeden Tag Hausaufgaben machen, sechs Tage die Woche. In den ersten Wochen war das äußerst langweilig, und Mutter war den Tränen nahe, wenn sie mir dabei zusah, wie ich mich stundenlang mit säuberlichen Linien eines einzigen Buchstabens pro Tag auf einer Seite der Schiefertafel abmühte: Die großen A's passten in die beiden oberen Felder der Dreiergruppen; auf der Rückseite passte die Ziffer Eins in die kleinen Quadrate; es gab so viele Quadrate für so viele säuberliche Einsen.

Wenn ich bis zur Vesperzeit (16 Uhr) nicht fertig war, bot mir Mutti an, den Rest der Buchstaben oder Zahlen für mich zu machen, so dass ich zu den anderen Kindern gehen konnte. Wir nahmen alle belegte Brote und ein heißes Getränk in ganz normalen Flaschen mit, die durch mehrere Lagen Stoff, die um sie gewickelt waren, warmgehalten wurden. Die Arbeiterkinder trugen Körbe für ihre eigenen Familien; ich trug meinen für Claus, den Elèven (ein Landwirtschaftslehrling, der schlechter bezahlt wurde als der Inspektor und nicht so lange blieb) und manchmal für einen Saisonarbeiter. Die Nachmittagspause war immer ein besonderes Ereignis auf den Feldern, ganz besonders während der Maisernte, wenn wir uns an die Maisstangen lehnen und plaudern, singen und zusehen konnten, wie man aus Stroh Ringe und Armbänder herstellte.

Nach der sechsundzwanzigsten Hausaufgabe in Sütterlinschrift – dem Buchstaben „z" – begannen wir wieder mit dem „a" in lateinischer Schrift. Zum Glück ist die deutsche Sprache so phonetisch, dass ich mir Wörter einfach durch das Aussprechen der Buchstaben beibringen konnte, und ich lernte lesen, lange bevor wir beim lateinischen „z" ankamen.

Der Unterricht in der Schule entschädigte mich für das Trauma der Hausaufgaben bei weitem. Ich habe jede Minute in jedem Fach genossen, am meisten den Gartenbauunterricht, der Mutti entsetzte. Es war genau so, wie sie es erwartet hatte: Schüler dienten als billige Arbeitskräfte für den Kleinbetrieb des Schulmeisters. Aber ich fand, dass das nicht alles war. Wir lernten etwas über Pflanzen und Unkraut. Wir mussten sie zeichnen, ihre Namen identifizieren, die Funktionen ihrer verschiedenen Teile entdecken, Staubgefäße und Stempel sowie die Teile, die wir bereits kannten. Ich liebte es, zwischen den süß duftenden Maiglöckchen Unkraut zu jäten; es war ein sehr großes Beet, denn Maiglöckchen waren Frau Zieglers Lieblingsblumen.

Wir kletterten auch auf die kurze, klapprige Leiter zum Hühnerstall und sammelten Eier. In der Küche des Schulleiters ließen wir sie im Wasser schwimmen, um die fruchtbaren von den unfruchtbaren auszusortieren; erstere bekam eine brütende Henne, letztere konnte man essen.

Die Jungen lernten etwas über Schweine und Rinder, auch das Ausmisten, aber nicht das Melken; das lernten sie erst einige Jahre später, wenn ihre Hände stärker geworden waren.

In Mathematik machten wir schnellere Fortschritte als im Lesen und Schreiben. Ich konnte Durchschnittswerte, Prozentsätze, Flächen und Volumen berechnen, bevor ich zehn Jahre alt war, und das gefiel meinem Vater.

Außerdem lernten wir eine Fülle von Gedichten, Liedern und Geschichten. Die Liebe des Hilfslehrers zu Griechenland hat mich fürs Leben geprägt. Wir hatten das Glück, dass das von Fahrenheid'sche Gut Beynuhnen in der Nähe lag, so dass wir mit dem Zahnradwagen, der Bänke hatte, für einen Tagesausflug dorthin gebracht werden konnten. Wir wanderten durch den Park und bekamen eine Führung durch das Haus. Das Herrenhaus war im klassizistischen Stil gebaut, mit einer langen Halle, die an einer Seite von dorischen Säulen getragen wurde. Im Park befand sich unter anderem ein dorischer Tempel, und überall sahen wir Statuen aus Marmor oder Gips, gut verteilt zwischen Säulen und Sträuchern. Es war alles so schön, dass ich fast geweint hätte.

Wir lernten lange Passagen aus der Ilias in Übersetzung, und gelegentlich rezitierte der Lehrer ein paar Zeilen auf Griechisch. Wie sehr wünschte ich mir, diese Sprache lernen zu können! Aber der Lehrer sagte, er kenne sie nicht gut genug, um mich zu unterrichten, und dass ich die Chance haben würde, alles später zu lernen, an einer anderen Schule.

Allein der Gedanke an eine andere Schule entsetzte mich. Nein, nicht einmal um des Altgriechischen willen würde mich jemand vom Landleben verdrängen dürfen! Ich würde bleiben, so wie die anderen Leute auf unserem Hof blieben, acht Jahre lang zur Schule gehen und dann die ganze Zeit gesunde Arbeit im Freien verrichten. Ich würde weiterhin mit Omi Urlaub machen und die eine oder andere Woche an der Ostseeküste in Cranz verbringen, aber nicht weiter weggehen. Woher also die plötzliche heimliche Sehnsucht nach Griechenland und Sibirien, die ich mir selbst nur ungern eingestehen wollte?

Kommunisten

So sehr sich meine Eltern auch wünschten, dass ich mir Wissen aneignete, so sehr besorgte sie meine Liebe zum Lesen. Kindergehirne waren für sie – oder zumindest für Mutti – wie zarte Pflanzen, die sanft und langsam gepflegt werden mussten und niemals überfordert werden durften. Vor allem fürchteten sie um meine Augen, die durch das exzessive Lesen überanstrengt wurden.

Natürlich haben sie mir nie wirklich das Lesen verboten, und auch sonst nichts. Oma, Opa und Onkel Egon stellten allerdings Regeln auf, und es war für uns schwierig, sie zu umgehen oder regelrecht ungehorsam zu sein. Meine Eltern haben das sehr gut verstanden. Sie formulierten ihre Wünsche in Form von „Es wäre schön, wenn..." und ihre Befürchtungen mit „Es wäre wirklich traurig, wenn..." oder, stärker in den Worten meines Vaters, „Es wäre absolut sinnlos und dumm..." Das machte es schwer, ihre Erwartungen zu enttäuschen. Ich fühlte mich schrecklich schuldig, wann immer ich dem frönte, was Mutti „die Vulgarität der Zeitungen" nannte. Warum, so fragte ich mich, hatten sie dann die Zeitungen? Sicherlich nicht nur, um sie in Viertelblätter für die Toilette zu zerschneiden? Ich nahm die Blätter vom Haken und legte sie geordnet auf den breiten, hölzernen Sitzplatz. Am liebsten wollte ich die Fortsetzungsromane lesen, aber ich muss dabei auch irgendwelche kryptischen politischen Informationen aufgeschnappt haben, oder aber es waren meine Eltern selbst, die mir von Kommunisten erzählt hatten. Oder hatte ich vielleicht ein Gespräch zwischen Erwachsenen belauscht? Egal, woher die Ideen kamen, sie entwickelten sich zu unserem spannendsten Bauernhofspiel überhaupt. Jemand musste schreien: „Die Kommunisten kommen!" und anfangen zu rennen. Die anderen folgten und lachten zuerst, weil es nur ein Spiel war; aber allmählich, als wir anfingen, schneller zu laufen, hörten sich unsere eigenen Schritte wie die von jemandem an, der uns folgte, und wir wagten es nicht mehr, zurückzuschauen. Wir erschreckten uns bis zur Raserei, rannten um die Rückseite der Scheune – „Die Kommunisten kommen, die Kommunisten kommen!" – über das Gatter eines Feldes, rannten hinter den Ochsenstall, den Färsenstall, den Schafstall, konnten kaum bremsen, als wir zum großen Teich kamen, bogen scharf in den Hof ein, suchten verzweifelt nach einem Erwachsenen, der uns retten könnte; und immer noch kamen die Kommunisten... bis endlich ein Mann oder eine Frau kam, in deren Arme wir uns retten konnten.

Und dann, als wir wieder zu Atem gekommen waren, fragte jemand: „Sollen wir noch mal anfangen?" Es war wunderbar, etwas zu haben, wovor man sich wirklich fürchten konnte. Die Erwachsenen sagten, wir seien dumm, aber als wir sie baten, zu erklären, was Kommunisten wirklich waren, konnten sie es nicht in einfache Worten fassen, sie sagten nur, dass sie Rote waren. Es war eine perfekte Erklärung. Rot wie rote Teufel, mit Hörnern, Hufen und allem. Was für ein wundervolles Spiel!

Neue Freundschaften

Meine Freundschaften hatten sich von Erwachsenen auf Kinder verlagert. Otto fuhr uns nach meiner ersten Woche nur noch selten zur Schule, und wir Kinder hatten viel Zeit zum Reden auf dem langen Weg nach Skirlack – im Sommer, wenn wir auf dem Rückweg Walderdbeeren pflückten, oder im Winter, wenn wir unsere Schlitten zum Spielen mitschleppten. Aber wir alle freuten uns, wenn Otto auf einem einspännigen Schlitten saß und wir unsere Schlitten an einer langen Kette hinter uns herziehen durften.

Diese Art von Rodeltour war zu unserer Faschingstradition geworden. Otto wartete draußen vor der Schule, weil er wusste, dass er nicht lange warten musste. Drinnen gab es die Randale, die am Faschingsdienstag erlaubt war: Wir verbarrikadierten uns in den Klassenzimmern, lachten, schrien, sangen, bis die Lehrer uns austricksten, sich in den Klassenzimmern verbarrikadierten und uns so nach Hause gehen ließen.

Das bedeutete wilde Zickzack-Fahrten durch die Gassen, das Pferd im Galopp, wir fielen herunter, wälzten uns im Schnee und schrien „Wartet, wartet!" Wir rannten hinter Otto her, stolperten, bis wir außer Atem waren und Otto wirklich anhielt, kurz, um uns einen Moment Zeit zu geben, unsere Schlitten wieder aufzurichten; und so weiter und so fort, bis das Pferd erschöpft war und wir bereit waren für die traditionellen Faschingsdienstagstreffen mit Krapfen und Schmalzgebäck in unserem Haus und in allen Insthäusern. Meistens musste Mutti diese Leckereien allein backen, weil die Mägde ihr Recht auf einen Aufstand, das sie am Faschingsdienstag hatten, ausnutzten; aber manchmal wollten sie tatsächlich helfen, sowohl beim Kochen als auch beim Essen.

Rodeln bei Mikalbude

Schulfeste im Sommer waren fast so gut wie unser Winterspaß. Ich werde nie vergessen, wie aufgeregt wir waren, als wir uns immer zu zweit auf dem Sandweg vor unseren Klassenzimmern aufstellten, bergab in Richtung Dorf schauten, warteten und lauschten, bis wir endlich die Musikkapelle der örtlichen Feuerwehr hörten. Sie marschierten auf uns zu, die Musik wurde immer lauter, bis sie kurz vor uns zügig abdrehten und ohne Pause wieder abwärts marschierten. Prompt folgten wir ihnen ebenso geordnet und nickten stolz den Eltern und Freunden zu, die die Straße vom Fuß des Hügels bis zum großen Garten des Dorfgasthauses säumten. Es gab Stände, an denen man ausgefallene Dinge kaufen konnte, Wettrennen, um noch ausgefallenere Dinge zu gewinnen, Volkstänze, um Applaus zu ernten.

Meine allerbeste Skirlack-Schulfreundin war nicht aus Mikalbude. Hanne war die Tochter eines kleinen Dorfbauern. Sie teilte mein mittelmäßiges Können bei Ballspielen und meine Verliebtheit in Gedichte. Während der Spielzeit waren wir immer zusammen, schlossen uns den Spielen der anderen an oder saßen einfach im Gras und tauschten flüsternd Geheimnisse aus. Ich freute mich, als Hanne mich zu ihrer Geburtstagsfeier einlud, und kam voller Bewunderung für die Kochkünste von Hannes Mutter nach Hause.

„Sie hat grünes Gelee gemacht, richtig hellgrün!" erzählte ich Mutti, völlig ahnungslos, wie sehr sie das erschrecken könnte.

„Hellgrün"? Was in aller Welt könnte sie benutzt haben? Es muss künstlich gewesen sein. Im November gibt es keinen Waldmeister, und hell ist er sowieso nicht."

Väti beruhigte sie, dass es eine ganz natürliche Erklärung geben könnte: Sie könnte Waldmeister in einem Eiskasten aufbewahrt haben, oder so ähnlich. Aber

Mutti war keineswegs zufrieden und untersuchte tagelang mein Gesicht und meinen Körper, um Anzeichen von Krankheit zu finden.

Ich selbst hatte mich aus Gründen, die ich nicht ganz benennen konnte, bei Hannes Mutter ein wenig unwohl gefühlt. Sie behandelte mich mit einer gewissen Ehrerbietung, die mir bisher nicht begegnet war. Aber das tat meiner Liebe zu Hanne keinen Abbruch. Ich schwor mir, dass ich nie eine andere Freundin haben würde, was auch immer meine Eltern sich erhofften, als sie beschlossen, mich auf eine Stadtschule zu schicken.

Ich habe mich immer wieder gefragt: Warum ich? Warum nur ich und nicht all die anderen Bauernkinder? Frau Schalonka sagte, es sei, weil der gnädige Herr, wie sie meinen Vater nannte, mehr Geld habe als andere Männer. Ich habe ihr nicht geglaubt. Die einzigen Leute, die ich jemals mit großen Geldbeträgen in ihren Lohnumschlägen herumlaufen sah, waren unsere Arbeiter am Samstagabend. Und doch konnte ich nicht glauben, dass Frau Schalonka log.

JAHRE DES SCHOCKS UND DES ZWEIFELS: 1933–1939

„Wenn ich Eva gewesen wäre, hätte ich den Apfel genommen, noch bevor die Schlange mich in Versuchung führte", sagte ich zu Claus wütend, als wir in der Nacht zum 1. Mai 1933 die Treppe hinaufgingen. Es war eine Art neue Lebensmotto, das mir gekommen war, als ich spürte, dass die Gäste unserer Eltern darauf warteten, dass wir gingen, damit sie reden konnten.

Sie waren zur traditionellen Maibowle mit Waldmeister und Champagner gekommen, so wie sie es immer am ersten Mai taten. Eine Kutsche nach der anderen war vorgefahren, Frieda wartete auf der Verandatreppe, um den Gästen die Mäntel abzunehmen. Die Männer küssten meiner Mutter die Hand und schenkten ihr Blumen. Wir schüttelten uns alle die Hand, Claus mit einer tiefen Verbeugung, ich mit einem Knicks, wobei ich mich wie auf einer Feder wippend fortbewegte. Herr Lau zog an meinen Zöpfen und scherzte über die Schule – was für mich in diesem Stadium kein Scherz war – und Fräulein Mia plauderte mit Claus über Pferde. Väti schenkte den grünen Punsch in Gläser ein, während Frieda Heringssalat, Käsestangen und verschiedene kalte Speisen anbot. Sie präsentierte das schwarze Kleid und die gestärkte weiße Schürze, die sie bei solchen Anlässen trug, und fühlte sich sehr wohl bei den wichtigen Leuten, während die Küchenmädchen mit den Kutschern in der Küche kicherten.

Doch trotz all dieser beruhigenden Normalität war dieses Jahr etwas anders. Ich spitzte meine Ohren, um Bemerkungen aufzufangen, die die Ereignisse des Tages erhellen könnten: „Ich habe eure Wagen in Darkehmen nicht gesehen..." – „Ich war beschäftigt, ich hatte schon andere Pläne gemacht..." – „War das klug?" – „Letztendlich ist das die einzige Alternative zum Kommunismus..." Aber obwohl ich auf Zeit spielte, bevor ich meine Runde der Gute-Nacht-Knicks machte, sammelte ich keine wirklichen Informationen.

Hanne hatte mir schon vor Jahren von Mai-Umzügen berichtet, aber Väti nannte sie damals „rüpelhafte sozialistische Angelegenheiten, bei denen anständige Leute nichts zu suchen haben". Jetzt, plötzlich, schienen sie respektabel geworden zu sein; der 1. Mai war in diesem Jahr zu einem Feiertag erhoben worden, dem Tag der nationalen Arbeit, was an sich schon ein wenig rätselhaft war, da an diesem Tag niemand arbeiten sollte.

„Er ist nicht für die Arbeit, sondern zu Ehren der Arbeit", erklärte Väti. Ich kannte das Wort „Ehre" aus billigen Zeitungsromanen im Zusammenhang mit galanten Offizieren oder Mussheiraten; es bedurfte also einiger Anpassung, um es auf die Arbeit und die schönen, bunten Wagen zu beziehen, die sie offenbar repräsentierten. Diese waren wunderschön geschmückt mit Tannenzweigen, ein paar Vorfrühlingsblumen wie Schneeglöckchen und Leberblümchen und anderen Blumen aus buntem Seidenpapier, die wir sonst nur im November bastelten, um das Moos zwischen den Doppelfenstern zu schmücken.

Väti hatte Claus und mich mitgenommen, um den Festumzug zu beobachten. Wir standen nicht weit vom Rathaus, an der Ecke, wo sich der Festzug die Gudwaller Straße hinaufbewegte; da waren Festwagen, Musikkapellen, Fahnen, ungeheuer viele Fahnen. Ich kannte die schwarz-weißen preußischen Fahnen und die schwarz-weiß-roten, die mein Vater „kaiserliche" oder „Hindenburg"-Fahnen nannte und die immer zu den Novemberfeiern den Kowarren-Kriegsfriedhof gesäumt hatten.

Dann sah ich eine Masse roter Fahnen, ergriff die Hand meines Vaters und drängte ihn dazu, weg zu rennen. „Kommunisten!" flüsterte ich.

Väti lachte nicht einmal. „Schau genauer hin, Radieschen." Er nannte mich immer Radieschen, wenn ihn meine mangelnde Beobachtungsgabe störte. „Die haben keine Hämmer und Sicheln." Als ob ich hätte wissen müssen, dass kommunistische Fahnen genau dieses Muster hatten!

Diejenigen, die auf uns zu marschierten, hatten weiße Kreise mit schwarzen Hakenkreuzen in der Mitte, und die Männer, die sie trugen, hatten Miniaturfahnen mit demselben Muster am Arm. Sie wurden von den Zuschauern mit lauten Rufen begrüßt, und ich begann mir einzubilden, dass die Leute „Heil Hitler" riefen. Aber ich wusste, dass das nicht so sein konnte, denn mein Vater zeigte keine Anzeichen von Wut. Es war noch kein Jahr her, dass Claus sich mit einem Jungen namens Arno geprügelt hatte, weil er diese Worte in der Schule gerufen hatte. Väti war damals stolz auf seinen Sohn gewesen, auch wenn er der Verlierer gewesen war und Mutti seine blauen Flecken und Schnitte hatte behandeln müssen.

Und doch – für einen kurzen Moment hatte ich den Eindruck, dass Väti im Begriff war, diese Fahnen auf die gleiche Weise zu begrüßen wie die anderen Schaulustigen. Er hob langsam seinen Arm… und legte ihn dann um Claus und hielt ihn fest.

Wir folgten dem Festzug nicht zu den Feierlichkeiten auf dem Sportplatz, auf die ich mich gefreut hatte, sondern wurden über den Platz zurückgeführt, sobald der letzte Wagen vorbeigezogen war. Väti schaute so böse, dass wir uns nicht trauten, zu widersprechen. Er spendierte uns im Hotel Reimers Hof keine Leckerbissen, sondern befahl Otto, sofort anzuspannen.

Auf dem Rückweg wagte ich zu fragen: „Waren das Hitler-Leute?"

„Ja, ja", schnauzte Väti, „aber zerbrich dir nicht deinen kleinen Kopf darüber. Die Hauptsache ist, dass die Kommunisten erledigt sind."

Es gab so viel mehr, was ich gerne gewusst hätte…

Claus hielt meine Hand und sah zu mir auf, er wartete auf weitere Erklärungen nach meiner Bemerkung über Eva und den Apfel. Mitleid mit meinem kleinen Bruder und Frustration über das Leben im Allgemeinen erstickten mich fast.

„Würdest du das Wissen dem Paradies vorziehen?" rief ich. Er zögerte, bevor er mit leiser Stimme antwortete: „Eigentlich nicht"…., mit der Betonung auf „eigentlich", womit er die Frage halb bejahte und womit er in seiner gutmütigen Art einer Verneinung so nahe kam wie es nur möglich war.

„Dann lebe einfach weiter im Paradies; es ist sowieso alles unecht. Und ich werde viele Dinge herausfinden."

„Was für Dinge?", wollte er wissen.

„Wenn ich das wüsste, müsste ich nichts herausfinden, oder?"

Wir zogen uns schweigend aus; die Tür, die unsere Zimmer verband, stand wie immer offen. Wir fühlten uns immer noch ein wenig ängstlich in unserer Isolation hier oben, doch wir waren auch stolz auf unsere Unabhängigkeit und darauf, dass wir seit mehr als einem Jahr in diesen neuen Zimmern lebten, seit unsere kleine Schwester aus dem Stubenwagen herausgewachsen war. Die kleine Marlene schlief nun in einem richtigen Bett, aber neben unseren Eltern, denn Oma und Opa waren nach Mikalbude gezogen und brauchten ein Zimmer im Erdgeschoss. Das Zimmer der Dienstmädchen war auch unten, in der Nähe der Küche. Die Köchin, der Inspektor und der Elève hatten ihre Zimmer oben, aber am anderen Ende des Hauses, jenseits einer Reihe von Lagerräumen, der Rauchkammer, des Brutkastenraums; dieser Teil des Hauses war rundum dunkel und unheimlich und er war voller alter Möbel. Eine Tür am Ende unseres Korridors trennte uns von diesem anderen Teil, der einen separaten Eingang durch eine Treppe von einem Raum in der Nähe der Küche hatte. Gelegentlich konnten wir das Grammophon des Inspektors hören, aber im Allgemeinen fühlten wir uns vom Rest des Hauses außer Hörweite. Also hatten wir sicherheitshalber vereinbart, dass keiner von uns jemals zuerst einschlafen sollte.

Wir unterhielten uns, wenn wir in unseren Betten lagen, und wenn wir zu müde waren, um unsere Stimmen zu benutzen, signalisierten wir unsere Wachsamkeit, indem wir an der Daunendecke kratzten.

„Hat es dir heute gefallen?" rief ich meinem Bruder zu.

„Oh ja", rief er begeistert zurück, „besonders die Feuerwehr".

Ich hätte wissen können, dass er sich nur an die Kapellen erinnern würde. Jede, die vorbeimarschierte, hatte er dirigiert, kräftig mit den Armen gewedelt und mit den Füßen den Rhythmus gestampft.

„Welches Spiel sollen wir jetzt spielen, wenn es die Kommunisten nicht mehr gibt?" Ich versuchte, das Gespräch wieder aufzunehmen.

„Wölfe?", gähnte er.

Hm, dachte ich, vielleicht. Es waren keine Wölfe mehr gesichtet worden seit dem Jahr, in dem sie den an der Wand in Osznagorren hängenden Wolf erschossen hatten – und das war in dem Jahr, in dem ich geboren wurde; aber man wusste ja nie… Andererseits, wenn die Erwachsenen sagten, Hitler sei die einzige Alternative zu den Kommunisten… Würden wir rennen, wenn jemand „Hitler kommt" rief? Ich wartete auf Claus' Antwort, aber er kratzte nicht einmal mehr an seiner Daunendecke.

Ich beschloss, meine Gedanken dort fortzusetzen, wo sie normalerweise besser funktionierten als im Bett, auf meinem Schreibtischstuhl, am Fenster. Ich schleppte meine Daunendecke dorthin und wickelte sie um mich, während ich auf dem Stuhl kniete, die Ellbogen auf der Fensterbank, die Hände stützten mein Kinn.

Es roch nach Frühling in der kühlen Nachtluft; der Duft von frisch umgegrabener Erde stieg aus dem Rosenbeet auf, wo die Winterabdeckung aus Stroh und Mist erst kürzlich entfernt worden war. Stiefmütterchen zeigten immer ihre Blüten, sobald der Schnee geschmolzen war, und blühten wahrscheinlich den ganzen Winter über unter einer weißen Decke. Ich konnte die gelben jetzt im Licht sehen, das von den Fenstern des Salons unten auf den Garten in der Mitte der Auffahrt fiel. Die vier Lebensbäume in den Ecken sahen aus wie bucklige Kreaturen, die die ganze Jahreszeit hindurch Wache halten.

Ich konnte die Umrisse der Bauernhofgebäude sehen und ab und zu das Rasseln von Ketten hören. Hinter den kahlen Ästen der Apfelbäume bemerkte ich, dass die Katen alle dunkel waren. Auch ich sollte schlafen; es gab nichts, worüber ich mir Sorgen machen musste. Alles, was ich tun musste, war zu da zu sitzen, zu atmen und das Paradies noch ein wenig zu genießen.

Die Kutscher stampften über den Hof und lachten. Dann das Knirschen der Kutschenräder in der Einfahrt, das Flackern der Kutschenlampen, eine Petroleumlampe, die auf der Veranda unter meinem Fenster auftauchte, das Klirren der Münzen auf dem Teller für die Mägde. Ich hörte Verabschiedungen und Gelächter, über allem die hohe Stimme von Herrn Lau: „Komm, Weibsstück!" Als ob sie keinen Namen hätte, dachte ich ärgerlich. Aber die mausgraue Frau schien das nicht zu stören.

Bald war alles still, und nach und nach gingen die Lichter in den Fenstern unten aus. Eine Stalllampe schlängelte sich durch die Gebäude rund um den Hof; der Inspektor machte eine letzte Kontrolle der Tiere, bevor auch er zu Bett ging. Auch ich beschloss, ins Bett zu gehen und darauf zu warten, dass mich die Störche am Morgen mit ihrem üblichen fröhlichen Schnabelgeklapper weckten.

Sie waren dieses Jahr, wie jedes Jahr, pünktlich an dem Tag gekommen, den wir den Tag der Störche nannten, den 24. März. An diesem Tag hatte Mutti auf den Stufen der Hofveranda gesessen und Strümpfe gestopft. Marlene hatte im Sand neben der Treppe gespielt und ich half ihr, Kuchen aus Metallformen auf Holzbretter zu klopfen. Claus hatte sich mit Kieselsteinen in seinem Katapult vergnügt, hatte aber diesmal tatsächlich beschlossen, die Kellerfenster zu meiden, die seine Lieblingsziele waren. Wir alle schielten ab und zu in den Himmel, jeder von uns hoffte, der Erste zu sein, der die Vögel kommen sah.

Da waren sie endlich: die unverwechselbaren langen Linien mit gestreckten Hälsen und langen Beinen dahinter, Körper, die auf breiten Flügeln getragen wurden, am Himmel gleitend, kaum je schlagend. Welches der beiden Bauernhofnester hatten sie wohl im Visier? Wir liefen hinunter zur alten Bauernkate und erreichten es gerade noch rechtzeitig, um zu sehen, wie die Vögel auf dem alten Nest oben auf einem alten Wagenrad landeten, das vor Jahren für die Störche auf dem Dach befestigt worden war. Dort standen sie einen Moment lang stolz, reckten ihre Hälse in die Höhe und beugten sie dann über den Rücken, um ihre Grüße zu klappern – zueinander? oder zu uns? Wir klatschten als Antwort in die Hände.

Spielen auf der Veranda

Als ich klein war, stellte ich mich immer auf die Zehenspitzen, damit die Vögel sehen konnten, wie groß ich seit dem letzten Herbst geworden war; ich war sicher, dass sie mich anlächelten.

Das neu zurückgekehrte Paar begann sofort, das alte Nest aufzuräumen. Sie sahen sich beide so ähnlich, dass ich ihr Geschlecht nicht erkennen konnte, aber Väti sagte mir, dass es immer das Weibchen war, das die eigentliche Aufräumarbeit leistete, während das Männchen neue Zweige, Moos, Gras, sogar Papier und Lappen für die jährliche Säuberung und mögliche Erweiterung des Nests trug. Aber an diesem ersten Tag nach einer langen Reise von etwa 10.000 km stand das Männchen einfach still, beobachtete seine Umgebung und wartete auf einen guten Schlaf.

Während wir noch voller Freude ganz unter dem Eindruck der Neuankömmlinge standen, hörten wir plötzlich ein Klappern aus dem Nest auf dem Glockenturm des Bauernhofs (gegenüber meinem Schlafzimmerfenster) und eilten auf den Hof, um uns dafür zu entschuldigen, dass wir es versäumt hatten, das zweite Paar rechtzeitig zu empfangen. Sie klapperten weiter, als ob sie wütend wären, aber vielleicht war es nur eine verlängerte Begrüßungszeremonie gewesen.

All diese schöne frühlingshafte Stimmung hatte gerade einmal vor einem Monat vorgeherrscht und jetzt? Ich vermutete, dass die Störche Eier bewachten, vielleicht sogar neue Babies? Also beschloss ich, dass dieser erste Mai nur ein Hirngespinst gewesen war, ein Albtraum, der nicht wirklich stattgefunden hatte. Und ich schlief friedlich und glücklich ein, und als ich an einem sonnigen Maimorgen erwachte, lachte ich über die klappernden Störche von meinem Schlafzimmerfenster aus.

Ein Schulwechsel

Eine Woche nach dem Maifeiertag schenkte mir Omi zu meinem zehnten Geburtstag ein Tagebuch; es war in rotes Leder gebunden und hatte ein Schloss. Ich vertraute meine Maifeiertagssorgen den sauberen weißen Seiten an und drehte den Schlüssel um. Dann schlug ich das Buch wieder auf und fügte hinzu: „Ich bin jetzt allein. Die Tür der Schule in Skirlack ist nun verschlossen."

Hanne zu meiner Geburtstagsfeier einzuladen, hatte sich als Desaster erwiesen. Ich hatte auf meinem „Thron" gesessen, meinem Stuhl, der liebevoll mit Blumen geschmückt worden war, die hinten und an den Seiten angebunden waren. Vor mir lag der fröhliche rote Holzring mit zehn Kerzen; im Inneren des Kreises, auf einem hölzernen Glückspilz vom Typ Fliegenpilz, stand die große „Lebenskerze". Der Tisch war voll mit Kuchen und Keksen. Alles war wie an allen anderen Geburtstagen, und meine Freunde vom Hof plauderten wie immer. Aber Hanne, mein Ehrengast, Hanne, die meine Freundin fürs Leben bleiben sollte und die direkt neben mir saß, wusste nicht, was sie sagen sollte und konnte nur fragen: „Wie läuft es in der Schule? Lernst du auch, richtige Handschuhe mit Fingern zu stricken?" Ich errötete und stotterte, dass wir im Moment gar keinen Handarbeitsunterricht hätten. Ich traute mich nicht, ihr zu sagen, dass das Fach in meiner neuen Schule in Darkehmen verachtet wurde wie eine minderwertige Sache, die mit Hausarbeit zu tun hatte, und dass wir, Jungen und Mädchen zusammen, überflüssige Serviettenringe aus Bast herstellten und vielleicht bald Porzellan bemalten, wofür wir teure Materialien kaufen mussten. Würde sie verstehen können, dass ich das Erlernen der französischen Sprache spannend fand? Ich glaubte es nicht. Ich teilte ihr auch nicht den Titel des Aufsatzes mit, mit dem ich zu kämpfen hatte, so lustig er auch war: „Ein Wassertropfen fällt aus dem Wasserhahn". Ich hatte bereits Stunden damit verbracht, unseren einzigen Wasserhahn zu beobachten, und wusste noch nicht, was ich sagen könnte; aber da Hanne noch nie einen Wasserhahn gesehen hatte, war es unwahrscheinlich, dass sie es lustig finden würde.

So erzählte ich ihr, dass der Spielplatz von einem soliden Holzzaun umgeben war, dass der größte Teil aus hartem Beton bestand, auf dem die Jungen raue Spiele spielten, und dass es eine kleine Ecke mit Kieswegen zwischen Sträuchern gab, wo die Mädchen spazieren gingen. Ich erzählte Hanne nicht, dass sie zu zweit oder zu dritt gingen, während ich allein ging; auch nicht, dass sie mich Schlusslicht nannten, obwohl ich an einem so kleinen Ort wirklich keine andere Möglichkeit hatte, als hinter jemandem zu sein.

Diese Dinge habe ich nicht einmal meiner Mutter erzählt. Ich hasste es, die Fragen in ihren Augen zu sehen, wenn ich von der Schule zurückkam. Um sie zum Lachen zu bringen und stolz zu machen, versuchte ich es mit lustigen kleinen Geschichten: von Georg, Helmut und Joachim, die am Schultor warteten, damit sie meine Mathe-Hausaufgaben zum Abschreiben auf die Toilette bringen konnten. Das gefiel meiner Mutter, zumal Helmut der Sohn des Leiters der An-und-Verkaufsgenossenschaft war, einer Art Agrargenossenschaft, in der Väti seine Überschüsse verkaufte und sein Saatgut einkaufte.

Ich mochte den Musikunterricht in der Schule nicht, da er das formale, akademische Studium von Themen wie der Struktur einer Fuge betonte, wobei die Buchstaben A-B-A die verschiedenen Themen repräsentierten. Ich mochte viel lieber die Zeiten, in denen wir Reigen sangen, besonders einen lustigen, der lautete: „C-A-F-F-E-E, trink nicht so viel Kaffee! Nicht für Kinder ist der Türkentrank, schwächt die Nerven, macht dich blass und krank. Sei doch kein Muselmann, der ihn nicht lassen kann". Die ersten zwei Takte verwenden geschickt die Notennamen, um den Titel zu buchstabieren; erst viel später, als ich erwachsen war, ging ich freiwillig zu einem Klavier, um die Melodie auszuprobieren.

Carl Gottlieb Herings „C-A-F-F-E-E"

Mutti kochte wieder viele meiner Lieblingsgerichte, diesmal mit gutem Grund: Es war nicht so, dass Kirschsuppe mit Pfannkuchen oder Grießnockerln oder Erbsensuppe mit Schinken und Zwiebeln die soziale Misere der Stadtschule wirklich ausgleichen konnten, aber es war angenehm zu spüren, wie sehr sie sich sorgte. Gleichzeitig machte ihre Sorge um mich meine eigenen Sorgen noch schlimmer. Wenigstens musste ich nie die drei Gerichte essen, die ich wirklich hasste: Sauerampfersuppe mit einem flüssigen pochierten Ei in der Mitte, oder klebrige, milchige Kürbissuppe, oder – und das war das schlimmste – eine andere Milchsuppe namens „Klunkermus", in der Klumpen von klebrigem Mehl wie Schleim herumschwammen.

Ich erwähnte nie ein dunkeläugiges Mädchen mit einem wilden Schopf brauner Locken, das immer in der Mitte der lebhaftesten Gruppe stand. Wie eine Zigeunerin ohne Armreifen, dachte ich und bewunderte sie aus der Ferne. Sie nannte mich nie

Schlusslicht, weil sie mich nicht einmal bemerkte. Als ich auf dem Weg zum Bus zufällig hinter ihr ging, bemerkte ich mit Erstaunen, dass sie den Schulhut unter dem Arm trug, was gegen die Vorschriften war. Diese Hüte in ihrer fröhlichen türkisen Farbe mit silbernen Borten waren die einzige Art von Uniform, die wir hatten, und sie waren eine völlig sinnlose, etwas versnobte Art, zu zeigen, dass wir als Mitglieder einer gebührenpflichtigen Schule etwas Besonderes waren. Die Jungen trugen Schirmmützen, die Mädchen eine Art Baskenmütze, bei der die rechte Seite über das Ohr heruntergezogen war, so dass man unsere mit silbernen Borten versehene Klassennummer sehen konnte, in unserem Fall VI für Sexta, die niedrigste Klasse. Ich setzte meine Mütze immer auf, sobald ich um 7 Uhr morgens in unseren gelben Postbus stieg, und behielt sie auf, bis ich auf dem Schulgelände war. Alle städtischen Regeln waren so verwirrend für mich, dass ich weit entfernt von irgendwelchen Gedanken an eine Auflehnung war, zumindest in diesen ersten Wochen.

Sommer 1933

Im Mai waren die Birkenblätter noch jung und hellgrün und schaukelten an schlanken, weißen, gesprenkelten Ästen. Am Morgen des Pfingstsonntags waren viele von ihnen an das Geländer genagelt und bildeten einen festlichen Laubengang bis hinunter zur Verandatreppe. Mein Vater trank mit unserem Schreiner ein Glas Schnaps, um ihn für seine Arbeit zu belohnen, und wir wünschten uns alle ein frohes Pfingstfest.

Die Flügel von Hunderten von Maikäfern klapperten laut in den Rosskastanienbäumen. Manchmal kletterten wir hinauf und schüttelten die Äste und lachten, wenn die Insekten wie Hagelkörner zu Boden plumpsten. Schnell standen sie wieder auf und knabberten an den saftigen Knospen. Es gab reichlich Futter für sie, und es blieben immer genug Knospen übrig für die Kastanien im Herbst, die für uns Kinder Pferde waren, mit denen wir handelten und deren Wert nach der Schönheit ihrer dunklen Sattelflecken bestimmt wurde. Die am wenigsten schönen schnitzten wir zu kleinen Körbchen.

Aber zu Pfingsten gehörten die Kastanienbäume den Maikäfern, die Glück bringen sollten. Schokoladenversionen dieser Insekten krabbelten an unserem Esstisch entlang, einige sehr groß mit gespaltenen Bäuchen, in denen sich verschiedene Schokoladenteile befanden, und mit verschiedenfarbigen Bändern, die die beiden Teile zusammenhielten.

Sonntage waren Familientage. Gelegentlich fuhren meine Eltern morgens in die Kirche; immer taten sie dies an besonderen Festen wie Karfreitag, Pfingstsonntag, Buß- und Bettag. Nachdem die Betten gemacht und das Gemüse vorbereitet waren, hatten die Mägde einen Ruhetag, während Mutti unser Mittagessen kochte – das an den meisten Sonntagen einen Nachtisch enthielt, allerdings nicht am zweiten Sonntag der Wintermonate, der der offizielle Eintopfsonntag war, an dem wir das gesparte Geld, angeblich freiwillig, an das Winterhilfswerk abgeben mussten, das sich in der kalten Jahreszeit um Bedürftige kümmerte. Während Mutti kochte, ritt Väti fort, um ein paar Nachbarn zu besuchen; er freute sich immer, wenn Claus und ich ihn begleiteten. Claus, obwohl fast drei Jahre jünger, war ein viel besserer Reiter als ich und Väti brauchte nicht zu sagen „Fersen runter, Knie rein, Po rein". Ich bemühte mich sehr, diese Befehle zu befolgen. Meine Belohnung war, dass ich als alt genug angesehen wurde, um mit Väti und einem Nachbarn einen Abschiedstrunk einzunehmen. Claus beneidete mich nicht: Allein der Geruch von Alkohol machte ihn fast krank.

Oft ärgerte ich mich über den überlegenen Blick der anderen Bauernkinder, wenn sie mir beim Reiten zusahen. Also wollte ich ihnen zeigen, dass ich genauso gut bin wie Claus, und als ich die Straße zwischen dem großen Teich und den Arbeiterkaten entlangritt, trieb ich mein Pony zum Galopp an. Es nahm meine Aufforderung nur zu gut an. Ich wusste nicht, wie ich es bremsen sollte und zog kräftig am Zügel… aber der Zügel hatte sich gelöst, und ich hielt ihn nur noch mit der rechten Hand. Und so zog ich das Pony nach rechts, was es in den Teich führte, wo es mich ins Wasser warf. Meine Zuschauer brüllten vor Lachen. Geschieht mir ganz recht, dass ich damit angegeben habe, dachte ich, während ich in meinen tropfenden Kleidern zurück zum Haus lief.

Herr Bagdahn tätschelte seiner Dogge den Kopf, als er auf der breiten Terrasse des Gutshofs Lenkehlischken stand und mit Väti über Landwirtschaft und Politik sprach. Claus fand ihn sehr langweilig und versnobt; ich stimmte ihm in Bezug auf Letzteres zu, war aber trotzdem fasziniert. Seine Arbeiter und Mägde mussten Bagdahn mit „Herr Rittmeister" anreden, seinem militärischen Rang als Hauptmann der Reserve, und nicht mit „Gnädiger Herr", wie mein Vater. Selbst als er dort in seiner legeren britischen Tweedkleidung stand, sah er ganz wie ein alter Kavallerieoffizier aus, viel mehr als Väti auf seinem Pferd, obwohl auch mein Vater während des Krieges Rittmeister gewesen war.

Väti hoch zu Ross

Ich hörte die beiden Männer über Seldte und Duesterberg reden, den beiden Anführern des paramilitärischen Stahlhelms, auch über „übriggebliebene Hohenzollern" und über den „kleinen Gefreiten", dem es vorläufig nicht allzu schlecht ging, solange er zu stoppen war. Auf dem Heimweg versuchte ich herauszufinden, was das alles bedeutete, aber Väti sagte nur, dass es viel zu kompliziert für meinen jungen sei. Nach einer Weile fügte er hinzu:

„Aber du bist alt genug, um zu verstehen, dass ich Bagdahns fanatische Ansichten über eine bescheidene Herkunft nicht teile, und ein guter kleiner Korporal ist manchmal einfach besser sein als ein schlechter großer Aristokrat – so wie Opa in fünfzig Jahren mehr erreicht hat als Bagdahns Vorfahren in Jahrhunderten. Wir müssen abwarten und sehen."

Ich gab mich damit zufrieden.

Nach dem Mittagessen half ich Mutti, das Geschirr abzutragen. Väti saß in einem Sessel im Salon mit Marlene auf dem Schoß. Er betrat nie die Küche, und Mutti hätte es als grobe Einmischung betrachtet, wenn er es getan hätte. Oma und Opa gingen in ihre getrennten Zimmer, um einen Mittagsschlaf zu halten. Manchmal gingen wir zu den Nachbarn zu Kaffee und Kuchen und blieben zum Abendessen (wobei Claus und ich uns manchmal in Strohhaufen versteckten, damit wir nicht mitkommen mussten); aber an den meisten Sonntagen machten wir nur einen langen Spaziergang. Claus, Mutti und Väti, mit Marlene hoch auf den Schultern, inspizierten die Felder, besprachen ihren Zustand und versuchten, mich für botanische Details zu interessieren.

Ab Juni, als die Tiere draußen lebten, zählten wir ihre Anzahl und kontrollierten ihre Zäune. Wir lauschten den Vögeln und Grashüpfern. Harras, der Retriever, jagte

Rebhühner, aber nur zum Spaß. Er kam immer sofort zurück, wenn Väti ihn zu sich rief.

Humpel, unser Bernhardiner, hat nie gelernt zu gehorchen und konnte nur für kurze Zeit in unserem Garten losgelassen werden. Er war so ein wunderschönes, warmes, verschmustes Tier mit einem freundlichen Knurren und sonorem Bellen, faul und allem Anschein nach zufrieden damit, in der Nähe seines Zwingers zu liegen, angebunden an einer langen Kette; er hatte allerdings einen unwiderstehlichen Drang, flatternde Dinge anzugreifen. Dumme Hühner, die Humpels Futternapf untersuchten, taten dies auf eigene Gefahr; viele bezahlten ihre Neugierde mit dem Leben.

Eine kleine Dackelhündin ging auch ständig kläffend mit uns. Sie war Muttis eigenes Haustier, ziemlich verwöhnt und nicht dazu ausgebildet, Dachsen nachzuspüren; die Dachspopulation der Farm war zu klein, um die Art von Schaden zu verursachen, die Dachsabschüsse rechtfertigen würde.

An warmen Sommerabenden saßen wir auf der sonnigen, offenen Gartenveranda zum Abendessen: Schwarzbrot, Butter, verschiedene Wurstsorten, Tilsiter Käse aus der Molkerei und Kümmelkäse, den Mutti selbst hergestellt hatte. Sie wusch auch Radieschen und hackte feinen Schnittlauch, den wir auf unsere Brot- und Butterscheiben häuften. Normalerweise tranken wir zum Abendessen frische Milch oder Buttermilch.

Als die Schatten länger wurden, zeigte ein sanftes Leuchten die Felder in dem, was mein Vater „das Schwiegermutter-Beleuchtung" nannte. Die Gartendüfte vertieften sich: Fliederhecken auf den oberen Terrassen und eine Menge Fasanenaugen-Narzissen im untersten Garten, wo Gemüse und Schnittblumen wuchsen. Im Juni belud Mutti den Wagen mit Eimern voller Narzissen und brachte sie zur Hausfrauen-Genossenschaft nach Darkehmen. Damit verdiente sie sich ein Taschengeld, das sie für besondere Leckereien wie Zitrusfrüchte oder Sardinendosen aus Portugal sparte.

Das Lieblingsspiel der Bauernkinder war damals Völkerball, ein Ballspiel für zwei Mannschaften, bei dem die kleinen Kinder durch Ausweichen ebenso glänzen konnten wie die stärkeren und bisweilen geübten Älteren durch Werfen und Fangen; ein Spiel, das wir selten so lange spielten, bis eine Mannschaft gewonnen oder verloren hatte, weil wir alle unentschiedene Ausgänge bevorzugten. Wir spielten auf dem großen, flachen Platz zwischen unserer Einfahrt und dem Gehege, in dem Jährlinge trainiert oder Reitpferde eingeritten wurden. Der Rest des Hofes war weniger interessant geworden, seit wir unser Kommunisten-Spiel aufgegeben hatten.

Ich hatte nie die Hitler-Alternative erwähnt, denn sie war ganz offensichtlich falsch. Der Mann sah viel zu freundlich aus, um jemandem Angst zu machen. Wir sahen Bilder von ihm, wie er sich lächelnd bückte, um Wildblumensträuße von kleinen Mädchen in Dirndln entgegenzunehmen.

Meine Eltern hatten keine Sorge mehr, dass Kinder Zeitungen lesen, und ich konnte das nun offen und bequem tun, statt mich hinter verschlossene Türen auf die Toilette zurückzuziehen, die im vergangenen Jahr ohnehin ungemütlich geworden war: Das große hölzerne Plumpsklo war durch ein WC ersetzt worden, das nun nicht mehr unter dem einigermaßen hellen Fenster, sondern in der hintersten Ecke des Flures lag und die ehemalige Dunkelkammer meines Vaters miteinschloss. Es hingen nun acht Blätter an der Wand, weil das U-förmige Rohr mit Viertelblättern nicht zurechtkam; das machte die Montage der Seiten äußerst mühsam. Ich sah mich gezwungen, auf billige Romane und das Zeitgeschehen zu verzichten; aber als sich meine Eltern über meine mangelnde Begeisterung für die Modernisierung wunderten, klagte ich nur darüber, dass Dung verloren ging.

Ein Teil der großen Renovierung hat mir jedoch sehr gut gefallen – das Bad. Es war ein wahrer Genuss, Wasser aus einem Wasserhahn laufen zu lassen, besonders wenn es heiß herauskam, nachdem Frieda den Ofen am Boden des langen, zylindrischen Tanks an einer Seite des Bades angezündet hatte.

Alles in allem war alles gut. In jenem Sommer 1933 herrschte Aufbruchstimmung, und mein Vater bemühte sich, Kontinuität und Normalität zu betonen.

Claus, der schon lange vor mir aus der Stadt von der Dorfschule nach Hause kam, verschlang sein Mittagessen schnell, sobald im Juni die Heuernte begonnen hatte. Er eilte aufs Feld, wo Kinder gebraucht wurden, um die Plätze der Männer auf den Sattelpferden einzunehmen und die Wagen von Schober zu Schober zu fahren. Zwei Männer hoben das Heu hoch, zwei Frauen ordneten es zu ordentlichen, kastenförmigen Ladungen. Ein glatt geschorener Baumstamm wurde an einem kurzen Seil hinterhergezogen, bis der Wagen voll war und die Männer es für angebracht hielten, ihn zwischen den beiden Zinken einer Gabel in die horizontale Mitte der Ladung zu heben. Die Frauen oben halfen beim Anheben und setzten sich dann darauf, während an beiden Enden Seile hinübergeworfen wurden, die gleichzeitig an den Geländerseiten des Zahnradwagens befestigt wurden. „Hau ruck!", riefen die Männer, als sie zogen, um das Seil straff zu machen. Dann rutschten die Frauen ab, der Junge stieg vom Pferd, und sie bewegten sich zum leeren Wagen dahinter, während der volle zurück zum motorisierten Aufzug auf dem Hof gebracht wurde. Es dauerte genauso lange, das Heu auf die Dachböden über den Ställen und Kuhställen zu schieben, wie es gedauert hatte, den Wagen auf dem Feld zu füllen, und die Gesamtzeit der Fahrten vom und zum Feld entsprach auch ungefähr der Ladezeit. So zirkulierten drei Wagen in einem gleichmäßigen Rhythmus, und drei weitere bauten auf die gleiche Weise einen Freiluftstapel hinter der Scheune auf.

Für Claus war das alles ein fesselndes Abenteuer, trotz – oder gerade wegen – des monotonen, sich wiederholenden Rhythmus. Deshalb war ich überrascht, als er eines Tages nicht zum Feld rannte, sondern mich an der Bushaltestelle aufsuchte. Er hüpfte von einem Fuß auf den anderen, und seine Worte kamen in seiner Aufregung völlig durcheinander.

„Arno hat uns zu seiner Geburtstagsparty eingeladen!"

Das war in der Tat eine Überraschung. Die Einladungen des Gastwirtssohns waren das begehrteste jährliche Ereignis in der Dorfschule. Ich hatte diese Feste immer geliebt: Der große Saal hallte vom Aufschlag der Kinderfüße wider, und wir stampften und sprangen mit bedächtigem Elan von der Bühne, denn der Lärm auf den Dielen war fast so gut wie der auf der Promenade an der Ostsee. Wir genossen es, die für uns zu großen kaiserlichen Offiziersstiefel zu tragen und über die zu langen Säume der Reifröcke zu stolpern. Wir schrien nach Herzenslust, wenn wir uns anrempelten, weil uns die gepuderten Perücken über die Augen gerutscht waren.

Die Schränke in den beiden Bühnenräumen waren voller Kleider, die für das Laientheater für Erwachsene gedacht waren.

An Arnos Geburtstag spielten seine Gäste den ganzen Nachmittag lang das Erwachsensein. Wir saßen an geschrubbten Holztischen, klopften mit dem Elan von Skatspielern auf die Spielkarten und riefen ab und zu „Trumpf!", ohne die Spielregeln zu kennen. Der Wirt servierte uns farblose Limonade in kleinen Schnapsgläsern, und Orangenlimonade, die mit Hilfe von Kohletabletten schäumte, kam in Biergläsern. Arnos Mutter servierte Kuchen und belegte Brötchen auf Tabletts. Aus Trompeten und Jagdhörnern, die auch zu den Bühnenrequisiten gehörten, konnten wir Geräusche machen oder zu richtiger Musik aus einem Grammophon mit einem riesigen rosa Trichter tanzen.

Ich hatte oft von Arnos Partys geschwärmt, aber Claus war nie eingeladen worden. Erst war er zu jung gewesen, dann war er nach dem Faustkampf über Hitler zu Arnos Feind geworden. Auch ich war durch Assoziationen in Ungnade gefallen. Warum in aller Welt wurden wir also jetzt eingeladen?

„Na, weil wir jetzt alle Nazis sind", sagte Arno. Claus strahlte mich fröhlich an.

„Wie kann er es wagen!" Ich schrie vor Wut, während die erste Freude über die Einladung verflog. „Wie kommt er nur dazu, so etwas zu sagen?"

„Er sagte, dass der Stahlhelm in Hitlers Partei eingetreten ist", stammelte Claus.

„Sag ihm lieber, dass es neben Seldte auch Duesterberg gibt", sagte ich, ohne wirklich zu wissen, was es mit der Doppelspitze des Stahlhelms auf sich hatte.

Claus' Lippen kräuselten sich, aber er hielt seine Tränen tapfer zurück, als er flüsterte: „Ich dachte, du wärst so glücklich."

Ich hätte selbst weinen können und fühlte mich gemein und angewidert von meinem dummen Ausbruch. Ich wollte Claus umarmen und sagen, dass es mir leidtut, aber ich wusste nicht, wie ich seine anfängliche Begeisterung zurückholen sollte. Ich freute mich wirklich aufrichtig über die Einladung, sagte ich, und war so froh, dass auch Claus das endlich erleben könne. Nur diese politische Bemerkung hatte mich geärgert. Claus nickte zustimmend, aber ich wusste, dass ich ihm die Freude verdorben hatte und dass die Party schon im Vorfeld schiefgelaufen war.

Es entsprach auch nicht den Erwartungen. Es lag nicht so sehr daran, dass Arno uns in Hitlerjugend-Uniform begrüßte: viele Männer mögen es, sich mit Krawatten zu verkleiden, so wie Mädchen Bänder benutzen, und ich hatte sicherlich keine politischen Einwände, so oder so; aber irgendwie wurde mir klar, dass ich nicht mehr zu einer Gruppe gehörte, die ich erst vor ein paar Monaten verlassen hatte. Es gab kein Zurück mehr; auch schien es zu diesem Zeitpunkt keinen Weg nach vorne zu geben. Die einzigen Konstanten blieben meine Familie, unsere Leute auf dem Land und das Landleben.

Besucher aus dem Reich

Meine Eltern reisten in diesem Sommer nicht ins Reich, aber alle drei Personen aus fremden Gegenden, die wir kannten, kamen der Reihe nach zu uns.

Punktroller Putti von Paderborn war die erste. Sie war eine Freundin von Mutti aus ihrer Schulzeit. Sie wohnte in Paderborn, aß gern – und reichlich – und, ja, sie brachte ihren Punktroller mit. Wir waren absolut fasziniert von dem rollenden, mit

Gummispikes besetzten Gerät, das Putti nach jeder Mahlzeit in alle Furchen und in jeden Winkel ihres riesigen Körpers trieb. Wenn sie ihre Fettschichten ausreichend bearbeitet hatte – und uns damit enorm beeindruckt hatte – war sie bereit, zum Erdbeerpflücken mitzukommen.

Die besten Walderdbeeren wuchsen an den hohen Ufern der Gräben entlang der Chaussée, und sie waren dort am dichtesten, wo diese Straße im Halbschatten des Waldes verlief. Wir pflückten sie in kleinen Behältern, die wir in einen Eimer kippten, wenn sie voll waren. Erdbeeren mit Zucker und Sahne waren im Frühsommer häufig unsere Hauptmahlzeit beim Abendessen. Aus dem Zentrifugalabscheider in der Küche floss aus einem Rohr Sahne und aus einem anderen Magermilch. Letztere war zum Teil eigentlich zum Trinken da, stand aber auch in Schüsseln hinten am Küchenherd, bis sich ein Bruch bildete, der Käse für uns und Molke für die Schweine lieferte.

Putti aß wieder mit Genuss, um später den Überschuss mit gleichem Genuss wegzurollen.

Unser nächster Gast war Gretel aus Berlin, ebenfalls eine Schulfreundin von Mutti. Sie kam mit ihren beiden Kindern gerade aus dem Familienurlaub auf der Insel Rügen in Pommern. Der Ehemann war inzwischen zu seiner Arbeit in Berlin zurückgekehrt.

Gretel war schlank und von leicht bäuerlicher, aber angenehmer Erscheinung. Lori, das ältere der beiden Kinder, war ein lebhafter Wildfang mit einem frechen, trockenen Humor. Eberhard war ein mädchenhafter kleiner Junge mit langem, blondem Haar und einer zarten, wimmernden Stimme, der ständige Aufmerksamkeit verlangte, vor allem von seiner Schwester, wenn es mir nicht gelang, sie rechtzeitig zu entführen und zu verstecken.

In den ersten Tagen ihres Aufenthalts schien die Mutter nichts als eine Mutter zu sein, hingebungsvoll und pingelig. Dann wandte sie sich mehr an uns und redete, redete, redete. Alles, was sie sagte, bestätigte meinen Glauben an die Schrecklichkeit der Metropole. Aber sie hat es nicht so gemeint. Sie liebte ihre Heimat und fürchtete um sie, ohne anscheinend definieren zu können, was sie fürchtete, zumindest nicht so, dass ich es verstehen konnte.

Manchmal klang sie, als hätte sie Angst vor genau den Dingen, die sie sich erhoffte, oder sie hoffte sogar auf beängstigende Dinge. Eine starke Hand – nächtliche Patrouillen – ‚sie‘ in Schach halten (wer auch immer ‚sie‘ sein mögen) – ruhigere Tage – Kommunisten, ja, sie erwähnte Kommunisten, als ob sie noch existierten, irgendwo in dunklen Ecken lauernd... Vielleicht könnten wir unser altes Spiel doch wieder aufleben lassen, dachte ich.

„Nutzt den schönen Sonnenschein, Kinder. Geht raus und spielt." Ich konnte nicht so recht sagen, dass ich lieber Erwachsenen zuhören wollte, wenn diese beiden Berliner Kinder extra wegen unserer Landluft gekommen waren. So wurde ich aus den Gesprächsfetzen nicht schlau, und als unsere Besucher abreisten, war ich ganz froh, das alles zu vergessen.

Der dritte Nicht-Ostpreuße, den wir kannten, war ein Freund der Familie meines Vaters. Sein Name war Rudi und er kam aus Dresden. Lange bevor meine Eltern heirateten, war er im Rahmen einer karitativen Einrichtung nach Angerapp gekommen, um unterprivilegierten Stadtkindern Ferien auf dem Bauernhof zu ermöglichen. In den folgenden Jahren kam er als privater Gast zu meinen Großeltern, die den freundlichen, gut erzogenen kleinen Jungen liebten.

Er war der Sohn einer Kriegswitwe, die in Dresden in einer kleinen, dunklen Wohnung in einer engen, dunklen Straße lebte und in einer lauten, dunklen Fabrik arbeitete. Rudi war gut in der Schule, hatte ein Stipendium für ein Jurastudium erhalten und freute sich nun auf eine Zeit, in der er für seine Mutter und Schwester sorgen konnte. Als er uns 1933 besuchte, genoss er gerade seine letzten Ferien vor dem Examen.

Sein rundes Gesicht strahlte vor Wohlwollen, Dankbarkeit und Sommersprossen. Er war immer so sanft, mit einem Händedruck, der mich an die weiche Haut von lauwarm gewordener, gekochter Milch denken ließ. Seine überschäumende Freundlichkeit und Rücksichtnahme galten sogar mir, die sich über ihn lustig machte, oder vielleicht besonders mir, und deshalb machte ich mich über ihn lustig.

Er kam, als die Hauptmaisernte begann, und war fest entschlossen, kein Gast, sondern ein Helfer zu sein. Aber da er weder die Muskeln noch die Geschicklichkeit eines Landarbeiters hatte, war es schwierig, etwas zu finden, womit er sich nützlich machen konnte. Selbst ich konnte besser mit der Handharke umgehen – und ich war erst knapp über zehn Jahre alt!

Ich hatte damals Ferien und begann, meine Fußsohlen gegen die Stoppeln abzuhärten. Rudi arbeitete neben mir; wir machten Haufen aus den langen Getreideballen, die die Harkmaschine (der Pferderechen) absetzte. Wenn die letzten Ladungen des Tages festgemacht wurden, bestand Rudi immer darauf, mir sein Bein zur Verfügung zu stellen, damit ich besser aufsteigen konnte, obwohl ich am Seil ganz gut allein hochklettern konnte. Er bemitleidete mich wegen meiner Kratzer so sehr, dass ich in echter Angst lebte, er könnte sie küssen wollen, um die Heilung zu beschleunigen. Wenn die Karren nach Hause fuhren, ging er hinterher, genoss offensichtlich das Singen, war aber zu schüchtern, um mitzumachen.

Marlene beim Fahren des Pferderechens

Frau Schalonkas Schwester Auguste arbeitete zwar nicht auf den Feldern, aber sie verpasste nie die musikalischen Fahrten. Wenn sie ahnte, dass der Arbeitstag sich dem Ende zuneigte – obwohl wir keine strengen Zeiten einhielten – kam sie dahergehuscht und krabbelte wie ein junges Mädchen hoch. Dann setzte sie sich bequem in den Mais und begann, den Gesang zu leiten. Ihre Spezialität war ein Medley bekannter sentimentaler Lieder des Genres *Home, Sweet Home*, und sie verband jedes mit einer Strophe ihrer eigenen Erfindung, die das Fantasiewort „Wupper" enthielt, das genau richtig klang, um das Schlagen oder Flattern eines verliebten Herzens zu beschreiben: „Oh wie wuppert, wie wuppert wie wuppert mein armes Herz, so voll Liebe und Weh, so voll Liebe und Weh, und das nicht nur in der Sommerglut, sondern im tiefsten Winterschnee...", was in das Loreleylied oder Brahms' *Wiegenlied* überging, oder in Lieder über sich verdunkelnde Felder und treue oder treulose Liebende.

Als wir den Hof erreichten, eilten die Kinder herbei, um mit den Arbeitspferden zu baden. Die Männer legten Sättel und Geschirre ab, bis auf Zaumzeug und die langen Leinen, die an den Gebissen der Vorderpferde befestigt waren. Als Tochter des Hauses hatte ich immer die Chance, einen Vierer zu nehmen, auch wenn andere vor mir da waren. Es war unfair, aber die Männer hoben mich einfach auf ein Pferd, riefen „Los geht's" und klopften dem sattellosen Pferd auf den Rücken. Ich hatte nicht das Gefühl, darauf zu bestehen zu müssen, dass anderen Kindern Gerechtigkeit widerfährt.

Es war herrlich, das Wasser des Teiches an meinen Beinen hochwirbeln zu lassen, das oft mein Kleid bis zu den Hüften durchnässte, und die Schwierigkeiten, die vorderen Pferde jedes der sechs Viererteams davon abzuhalten, sich mit den anderen zu verheddern, trugen zur Aufregung bei.

Die Strömung des Flusses in Alischken sorgte dafür, dass das Baden der Pferde zu einer gefährlichen Herausforderung wurde. Am Rande von Omis Park, wo die Droje unter der steinernen Straßenbrücke über Felsbrocken stürzte, hatte das Wasser ein breites Becken gegraben, das selbst im Hochsommer tief war. Mein Herz raste, als ich zu der fast trägen Stelle in der Nähe des Hofes trat, denn ich konnte die kräftige Strömung am gegenüberliegenden Ufer sehen. Und einmal geschah das, was ich befürchtet hatte: Meine Vorderpferde wurden von der Strömung erfasst. Ich ließ die Zügel los und schwor mir im Stillen, die Droje nie wieder herauszufordern, falls die Pferde durch ein Wunder gerettet würden. Ich schloss entsetzt die Augen, und als ich sie wieder öffnete, sah ich mein Gespann in Richtung Hof galoppieren, die langen Zügel hinter sich herziehend. Die Männer lachten:

„Jetzt hast du es gesehen; sie landen immer nur ein paar Meter flussabwärts."

Nun wusste ich, dass ich nie wieder einen Schwur ablegen würde.

In Mikalbude schienen sich nie Blutegel an unseren Pferden oder an unseren nackten Beinen festzusetzen, obwohl der Teich wohl voll von ihnen war und uns geraten wurde, nicht darin zu baden. Nur die Köchin widersetzte sich diesem Rat; und nur einmal hatte sie Mühe, sich eines dieser Viecher von der Haut zu reißen. Sie schrie vor Schmerzen, was sie aber nicht davon abhielt, mit ihrer lustigen Schürze wieder im Teich zu schwimmen.

Wir schwammen lieber im See in Kowarren, etwa 5 Kilometer entfernt auf der anderen Seite des Waldes. Manchmal sind wir dorthin geradelt, aber meistens sind wir mit unserem kleinen Ponywagen dahingefahren.

Auf dem Weg zum Schwimmen mit den Kühen

Als Rudi in Mikalbude war, begleitete er uns nach Kowarren, wobei er hinter dem Wagen hermarschierte, um das kleine Pferd nicht mit seinem Gewicht zu belasten. Wir konnten sehen, wie Rudi mit kaum unterdrücktem Ekel schauderte, als er uns ins Wasser folgte, während wir uns durch den Kuhmist schlängelten und uns zwischen den Körpern der Kühe hindurchzwängten, die absolut regungslos bis zum Bauch im kühlen Wasser standen. In der Mitte dieses kleinen Sees war das Wasser sehr sauber, tief und kalt. Am gegenüberliegenden Ufer waren keine Kühe zu sehen; es hätte auch keine geben können, da ein dichter Schilfgürtel den Zugang versperrte.

An manchen Abenden, wenn Väti nach einem heißen Tag auf den Feldern das Bedürfnis nach einem Bad verspürte, fuhren wir mit dem Wagen nach Osznagorren. Das war ein schöner Bauernhof, der der Familie Klaudat gehörte. Man konnte mit der Kutsche bis zu der Lichtung im Wald fahren, die das Ufer des Flusses Angerapp umgibt, aber meistens hielten wir am Hof und gingen den Rest des Weges zu Fuß.

Bei einer dieser Gelegenheiten lehrte mich die Not, auf einen schwierigen, stacheligen Baum zu klettern. Was auch immer eine Herde Wildschweine veranlasste, in unsere Richtung zu stürmen, ich weiß es nicht. Claus hörte das donnernde Geräusch ihrer Traber, rief mir zu, und bevor wir noch Zeit zum Nachdenken hatten, rauschten sie unter unseren Ästen vorbei. Bei anderen Gelegenheiten war dieser Waldspaziergang jedoch ruhig, kühl und erfrischend.

Auf der Lichtung hatte der Fluss auf der einen Seite eine ruhige Bucht gegraben, und die Klaudats hatten eine schmale Plattform nahe der Stelle gebaut, wo die Strömung schnell war. Von dort aus tauchten sie und vollführten anspruchsvolle Kraftakte. Unsere Familie blieb in den ruhigeren Gewässern.

Väti hatte mir das Schwimmen mehr mit Ausdauer als mit Geduld beigebracht, indem er mich zuerst das Brustschwimmen auf dem Gras machen ließ.

„Um Himmels willen, hast du noch nie einen Frosch gesehen?", schrie er mich mehr als einmal an. Schließlich, als ich etwa fünf Jahre alt war, lernte ich so gut schwimmen wie die meisten Dreijährigen. Schwimmen als Sport hat mir nie Spaß gemacht: Ich wollte mich nur geschmeidig in einem fast schwerelosen Zustand bewegen oder auf dem Rücken schweben, mit einem Wohlgefühl, das sich auf die Baumkronen und den Himmel darüber ausbreitete.

Nach dem Baden haben wir bei den Klaudats zu Abend gegessen. Die alte Dame wäre sehr verärgert gewesen, wenn wir nicht geblieben wären. Gastfreundschaft war die raison d'être von Osznagorren. Das Haus war überfüllt mit Verwandten, die verarmt waren oder aus verschiedenen Gründen einfach nicht mehr weiterwussten. Der alte Herr Klaudat bot Asyl für alle, Cousins, Neffen, Nichten, Stiefkinder und natürlich für seine eigenen Kinder Mia und Anna, die zum selben Musikkreis gehörten wie Vätis Schwester Frieda und ihr Mann und regelmäßig Soireen im Bauernhaus veranstalteten.

Ihr Bruder Gustav Klaudat bildete sich ein, überlegen wie Ikarus zu sein. Er war überzeugt, dass er ohne Hilfsmittel fliegen konnte, nur mit seinen eigenen Beinen und Armen, die mit seinen sorgfältig konstruierten Flügeln schlugen. Seine Schwestern hatten ihm erlaubt, auf einer leichten Anhöhe in einem Feld seine eigene Werkstatt zu bauen, und dorthin waren wir einmal zu seiner Flugvorführung eingeladen worden. Er rannte und zog Schnüre mit seinen Armen und Beinen und sprang nach oben… und war schon fast in der Luft… aber nicht ganz! Er landete auf dem Bauch am Fuße des Hügels. Die meisten Leute dachten, er sei verrückt, aber ich bewunderte seinen Unternehmungsgeist.

Der interessanteste Verwandte im Haus war ein Mann, den wir Onkel Max nannten. Er war nur während der Semesterferien da, denn er war Student in Heidelberg, wo er mindestens zehn Jahre lang studiert hatte, ohne die geringste Absicht, irgendwelche Prüfungen abzulegen oder einer Schlagenden Verbindung beizutreten, wie es die meisten anderen männlichen Studenten taten. Der Stolz auf die Narben, den einige ewige Studenten hatten, war Onkel Max völlig fremd. Er lebte, um die verschiedenen Aspekte des Lebens zu entdecken und zu erforschen, und hatte kein Bedürfnis, seine Männlichkeit zur Schau zu stellen.

Ich liebte sein freundliches, bärtiges Gesicht und seine fröhlichen Augen, seine lustigen Plüschtiere und Schnürstiefel, seinen Eifer, zuzuhören, sogar Kindern gegenüber; aber am meisten liebte ich die Art, wie er sprach. Es war, als stünde man an einer Kreuzung, an der alle Schilder ins Nirgendwo zeigen und man sich willkürlich entscheiden muss, welchen Weg man gehen will.

Einige Jahre später wurde Max mitgeteilt, er könne nicht länger Student bleiben, wenn er sich nicht in einem der vielen Fächer, die er studiert hatte, qualifiziere. Daraufhin kam er nach Hause und arbeitete auf dem Bauernhof.

Zweimal im Jahr machte die gesamte Hofbevölkerung einen Ausflug, lange bevor „Kraft durch Freude" erfunden wurde: einmal eine Fahrt zur Trempener Kirche in reich geschmückten Zahnradwagen; das andere Mal, weniger dekorativ, aber lustiger, gab es einen Tagesausflug zu einem der nächstgelegenen masurischen Seen. Mutti bereitete reichlich Essen für ein Picknick auf dem Weg vor; Väti holte

Kisten mit Bier aus Skirlack. Aber die Hauptmahlzeit des Tages fand in einem Restaurant statt, das im Voraus bestellt wurde. Ich erinnere mich an eine solche Mahlzeit auf der kleinen Insel Upalten, als wir die Pferde auf dem Festland im Stall gelassen hatten und mit kleinen Motorbooten übersetzten. Dort saßen wir in einem Garten mit Pfauen, die zwischen den Tischen herumliefen und um Krümel bettelten. Eine Band spielte und einige Leute begannen zu tanzen. Überall um uns herum war Wasser, so dass wir uns in dem Gefühl der Losgelöstheit vom Rest der Welt, das Inseln eigen ist, herrlich entspannen konnten.

Der neue Slogan „Blut und Boden" klang für viele Bauern romantisch und anziehend. Es war schön, sich wie Bäume zu fühlen, die fest im eigenen Boden verwurzelt sind und von ihm genährt werden, während man gleichzeitig andere ernährte – das ideale Leben für die Menschheit. Und die Idee der Expansion nach Osten, in die weiten, reichen Ebenen Russlands, verband sich leicht, wenn auch unlogisch, mit dem der Verwurzelung in der Erde. Das Volk ohne Raum begann zu träumen und mehr Volk zu züchten, um mehr Raum zu benötigen.

Auch ich begann, ohne irgendeine Ahnung von den politischen Auswirkungen zu haben, eine Traumwelt jener endlosen Ebenen zu erschaffen, die auf den Pflug warten. Kurz nachdem Scholochows *Und leise fließt der Don* herauskam, wurde es wegen des romantischen Titels zur Pflichtlektüre; und während ich es las, mischten sich bestimmte Fragen zaghaft in meine Träume. Die Kommunisten verwandelten sich in Menschen, was ich ziemlich beunruhigend fand.

Landbewohner waren natürlich Romantiker und bestaunten immer wieder gerne die Naturphänomene. Wir alle liebten Gewitter. Das erste des Jahres sagte uns, dass der Boden frostfrei war, und das Pflanzen beginnen konnte. Die späteren, plötzlichen und heftigen Gewitter an heißen Sommertagen setzten den Stickstoff in der Luft frei und brachten ihn mit dem Regen in den Boden, was ein großer Segen war. Obwohl wir extra Hülsenfrüchte anbauten, um sie wegen ihres Stickstoffs unterzupflügen, und obwohl wir viel Mist auf die Felder streuten, musste Väti trotzdem manchmal Kunstdünger kaufen, um sein Land zu versorgen, und er fühlte sich unwohl dabei.

Je heftiger die Wolkenbrüche waren, desto mehr freuten wir uns; wir Kinder liefen im Regen in unseren Badeanzügen herum. Nur mitten in der Erntezeit waren uns Gewitter nicht willkommen, zumindest Väti mochte sie nicht. Für uns waren sie oft ein besonderer Spaß, denn es musste zügig gearbeitet werden – entweder bis weit in die Abende hinein oder an Sonntagen – um dem herannahenden Regen zuvorzukommen, und das wurde mit Feiern belohnt.

Mein Vater spürte, wenn besonders nahe, drückende Hitze einen Sturm ankündigte und die Bauernglocke läutete, bevor wir die Gefahr gespürt hatten. „Arbeit, Arbeit", läutete die Glocke: lang-kurz, lang-kurz war der Rhythmus. Zur Essenszeit änderte sich der Rhythmus in kurz-lang-kurz, Pause, kurz-lang-kurz, Pause, viermal, dann scharf kurz-lang, kurz-lang, kurz-lang-kurz-lang, passend zu den Worten „Kommt essen jetzt, kommt essen jetzt, ihr faulen alten Kerle; auftischen, auftischen, Kartoffeln mit Suppe." Aber dieser Glockenklang ertönte nie, wenn schlechtes Wetter drohte. Die hektische Arbeit ging weiter, bis der Regen fiel. Väti selbst gesellte sich zu den Ladern, wobei sein Reitpferd an den Wagen gebunden war.

Mit dem Einspänner nach Skirlack

Inzwischen stellten der Schmied und der Zimmermann vor dem Haus Bocktische und Bänke auf; Mutti und die Mägde bereiteten Suppe und Kartoffelsalat zu und stapelten Teller und Gläser auf dem Tisch in der Hofveranda. Ich spannte unser kleines Pony vor den zweirädrigen Einspänner und machte mich auf den Weg zum Gasthaus Skirlack, um Kisten mit Bier und Schnaps zu holen.

Nachdem der Regenguss die Tische abgewaschen hatte, wurde das Festmahl vorbereitet und unser Inspektor brachte sein Grammophon zum Tanzen herunter. Wir feierten bis tief in die Nacht. Schalonka brachte mir immer wieder Gläser mit Schnaps; Väti sagte, ich solle nicht ablehnen, sondern das Zeug nur diskret über die Schulter kippen, wenn wir tanzten. Die Männer waren zu betrunken, um das zu bemerken, aber stets schnell beleidigt, wenn man etwas ablehnte.

Lauter Gesang übertönte das Grammophon, und unsere normalerweise wortkargen Männer entdeckten, dass sie genauso gut reden konnten wie ihre weiblichen Mitbewohner. Aber wenn eine Frau beschloss, dass es reichte, gehorchten die Ehemänner wie immer den Befehlen und wankten in den Armen der Matriarchinnen nach Hause.

Rudi erwies sich bei solchen Gelegenheiten als unschätzbar. Umsichtig, aufmerksam, immer zur Stelle, wo er besonders hilfreich sein konnte, und strahlend vor Freude über seine eigene Nützlichkeit.

„Wenn er nur jung genug wäre, um der Hitlerjugend beizutreten, dann hätte er genau die Chance, die er braucht, um sich zu beweisen", hörte ich Väti zu Mutti sagen.

„Und er würde nicht mehr an Mamas Schürzenzipfel hängen", fügte Mutti hinzu.

Ein paar Monate später bekamen wir einen glücklichen Brief aus Dresden, in dem stand, dass Rudi gebeten worden war, Ausbilder in der Hitlerjugend zu werden. Es war nicht klar, welche Art von Unterricht er geben würde. Lagerfeuer waren sicherlich nicht das richtige für ihn, und was den Sport betraf, so schien die Vorstellung, dass Rudi womöglich rennen würde, urkomisch.

Er war so ganz anders als Onkel Egon, der sich der S.A. angeschlossen hatte und nun scheinbar seine ganze Freizeit mit musikalischen Abenden zu Hause oder mit wilden Rallyes auf seinem Motorrad verbrachte. Er lebte, wie Tante Anne es ausdrückte, zwischen Krach und Bach, oder zwischen Schlägereien und Brahms.

Ich mochte Annes Sarkasmus, und obwohl ich noch nie eine Schlägerei miterlebt hatte, war meine Ablehnung gegen Onkel Egon so groß, dass ich jedes Mal herzlich zustimmte, wenn seine Schwägerin ihn angriff. Solche Angriffe wurden so häufig und heftig, dass sie Mutti aus der Fassung brachten. Wann immer es möglich war, wurden diese beiden Verwandten getrennt voneinander eingeladen; aber das war natürlich an den Geburtstagen meiner Eltern und Großeltern nicht möglich.

Claus und ich liebten diese verbalen Scharmützel und hofften schon fast, dass sie in Faustkämpfe ausarten würden. Rolf war ein großer Bewunderer von Max Schmeling und hoffte, selbst einmal ein guter Boxer zu werden. Konnte er seiner Mutter nicht beibringen, ein bisschen weniger damenhaft zu sein?

Gisela

Die kleinen Störche waren geschlüpft, gewachsen und hatten fliegen gelernt, als meine Ferien endeten. Sie waren bereit für ihre Reise in den Süden, und ich war überraschenderweise bereit für die Schule. Der Unterricht würde spannend werden, und ich hatte mich an traurige Spielzeiten gewöhnt.

Plötzlich, als ich in der Gudwaller Straße hinter ihr ging, drehte sich Gisela, das viel bewunderte Mädchen mit den braunen Locken, um und fragte, warum ich diese alberne Mütze trage.

„Na ja, ich weiß nicht so recht", stammelte ich, völlig überrumpelt.

„Ich weiß es", sagte Gisela, „du denkst, wir müssen nach Regeln leben. Kennst du die Marseillaise?"

Ohne auf eine Antwort zu warten, fuhr sie fort: „Magst du Freiheitskämpfer?" Ich bejahte dies sofort.

„Gut", sagte sie und fragte mich dann, ob ich Bruno Walter kenne. Ich stellte ihn mir als eine Art Freiheitskämpfer vor, also sagte ich: „Nein, ich kenne nur Kossuth." Sie dachte einen Moment über meine Antwort nach, aber bevor ich meine Chance nutzen konnte, über ungarische Rebellen zu sprechen, sagte sie, dass ich doch sicher Gigli kennen müsse. Ich schüttelte den Kopf.

Gisela

„Was weißt du dann?", fragte sie verzweifelt und fügte schnell hinzu: „Abgesehen von den Schulsachen natürlich."

„Störche... Pferde...", sagte ich zögernd, aber Gisela war begeistert. Sie liebte Pferde; sie träumte immer von dem Tag, an dem sie reiten lernen würde. Ob sie zu mir nach Hause kommen könnte?

Ich traute meinen Ohren kaum und lud sie auf der Stelle ein, wann immer sie kommen wollte. Wie glücklich wird Mutti sein, dachte ich, und war den Tränen nahe, als ich mir ihr Gesicht vorstellte.

„Wenn du jetzt mitkommst, kann ich dir meine Platten von Bruno Walter und Gigli vorspielen", schlug Gisela vor und fragte dann, ob ich Musik mochte.

„Ja", antwortete ich. Ich war mir nicht sicher, ob ich ihr etwas über die Lieder der Czardasfürstin erzählen sollte, die Mutti so gerne auf dem Klavier spielte, oder lieber über die Art der Musik von Kowalewski/Klaudat sprechen sollte und erwähnte dann einfach, dass wir ein Bild vom Flötenkonzert in Sanssouci in unserem Ballsaal hängen hatten.

„O Gott!" Gisela seufzte, und ich dachte, ich hätte wohl das falsche Thema gewählt; aber sie fragte weiter, ob der Gedanke an Friedrich den Großen mich auch vor Mitleid zum Weinen bringen würde.

„Sehr sogar. Ich höre ihn immer ‚Katte, Katte' schreien, wenn sein schrecklicher Vater ihn zwang, bei der Hinrichtung seines Freundes zuzusehen."

„Und alles nur, weil er in ein zivilisierteres Leben flüchten wollte", seufzte Gisela.

Von da an wurden wir enge Freunde. Ich ging zu Gisela nach Hause, wann immer ich zwischen der Schule und dem Bus, der mich nach Hause brachte, Zeit hatte. Sie spielte ihre Schallplatten ab und brachte mir den Refrain der Marseillaise bei. Wir beschlossen, sie zu unserer Erkennungsmelodie zu machen, immer dann, wenn wir die andere darauf aufmerksam machen wollten, dass sie sich aus einer Menschenmenge wegen einer dringenden Diskussion entfernen sollte. Die eine pfiff dann « *Aux armes, citoyens !* » – die andere antwortete « *Formez les bataillons !* » Dann pfiffen wir den Rest zusammen und lachten, wenn andere Kinder verwirrt schauten.

Von diesem Tag an kam Gisela samstags nach der Schule oft mit mir nach Hause und blieb bis Montag. Am Anfang hatte ich Angst, dass sie meine Mutter zu einfach finden könnte, ohne Dauerwelle und Lippenstift, und dick im Vergleich zu Giselas eigener schlanker und eleganter Mutter. Ich machte mir auch Sorgen, dass sie den elektrischen Strom vermissen könnte, jetzt, wo die Tage kürzer wurden. Aber Gisela gefiel es bei uns sehr, und meine Liebe zu meiner Mutter und zu meiner Heimat wurde noch stärker. Sie hielt Mutti für den freundlichsten und wärmsten Menschen der Welt und liebte den romantischen Schein der Petroleumlampen. Die Lampen aus bemaltem Porzellan mochte sie – genau wie ich – am liebsten, obwohl Frieda jeden Tag Stunden damit verbrachte, die Messinglampen zu polieren, bis sie wie Gold glänzten.

Während der Kartoffelferien kam Gisela zu uns zum Arbeiten. Es war die Zeit, in der die Kinder einen Lohn bekamen, und zwar wie die Erwachsenen eine Mark pro Sack. Wir trugen kleine Körbe und die Männer kippten sie für uns in große Körbe. Sie schrieben mit Kreide eine Markierung mit unserem Namen auf den Kastenwagen, wenn sie unsere Kartoffeln in die Karren schütteten, und schummelten oft zu unseren Gunsten.

Die vollen Ladungen wurden auf den Hof gefahren und in Sortiermaschinen an den Kellerfenstern entleert. Diese Maschinen ratterten den ganzen Tag, schüttelten überschüssige Erde ab und leiteten die größten Kartoffeln in den Keller, während die kleinen aus einer unteren Schale in Säcke für das Saatgut rollten und die winzigen durch das Gitter für den Schweineabfall fielen.

Auch die Kartoffeln unserer Arbeiter wurden gemeinschaftlich geerntet, aber sie kamen nicht in Keller, sondern in Aufbewahrungsmulden. Diese wurden etwa einen Meter tief ausgehoben, dick mit Stroh ausgekleidet und schließlich mit weiterem Stroh und einer guten Erdschicht bedeckt. Rote Beete und Rüben wurden später im Herbst auf ähnliche Weise gelagert, wobei jede Familie ihre eigenen Mulden in dem Bereich zwischen dem großen Teich und den Katen hatte.

Wenn unser Keller voll war, wurden die Kartoffeln in Säcke gefüllt und wieder auf Waggons verladen; sie wurden dann bei der An-und-Verkaufsgenossenschaft verkauft.

Winter 1933–34

Der Winter begann im November, als die Zusatzfenster ins Haus gebracht und in den alten Rahmen befestigt wurden.

Die Stoppeln waren längst abgeerntet worden, und die Herbstsaaten des Getreides begannen zeigten sich. Das Vieh wurde im Oktober in den Stall getrieben, und nun ging es mit dem das Dreschen richtig los. Zur Freude von Väti bestanden Frau Schalonka und Frau Heiland jedes Jahr darauf, wenigstens einen kleinen Sack Korn mit Hilfe von Dreschflegeln zu füllen. Sie waren fest entschlossen, ihr Können und ihre Kraft aufrechtzuerhalten, nur für den Fall, dass die neumodische Maschine ausfiel. Der Schreiner Brodien konnte beschädigte Dreschflegel leicht reparieren. Unsere Dreschmaschine war noch das einzige Zugeständnis meines Vaters an das Industriezeitalter, wenn man mal von den von den Heubodenaufzügen absieht.

Die Pferde konnten sich von den Strapazen des Sommers erholen, und die Stuten wurden zu den Hengsten auf dem Gestüt Gudwallen gebracht. Einige mussten die Getreidesäcke von den Dreschmaschinen in den Speicher oder zu Wiecherts Wassermühle in Darkehmen bringen. Andere trugen Stroh auf die Stapel oder zurück in die Scheune, wenn die Garben abgeräumt waren. Ab und zu zogen zwei den langen Metallzylinder mit der Gülle zu einem Feld, und gelegentlich half ein Paar bei der Arbeit der Ochsen, die die feste Gülle (sowohl tierische als auch menschliche) transportierten. Sattelgurte mit weiteren Kerben verlängert, wenn wir trächtige Stuten zu sanften Übungsritten mitnahmen.

Die Fahrgestelle mit ihren Rädern wurden an die Decke des Kutschenhauses und der Schuppen gehängt, und die Wagen mit Kufen kamen herunter, ebenso wie die kleineren Schlitten, die keine austauschbaren Teile hatten.

Unsere Wollsachen wurden auf Wäscheleinen aufgehängt, um den Geruch von Mottenkugeln zu vertreiben. Kindermieder, Leibchen genannt, kamen heraus. Sie waren kurz, aus Leinen, mit leinenüberzogenen Knöpfen an der Seite, an denen elastische Schlaufen hingen, an denen wir unsere Strümpfe befestigten, sowohl die Jungen als auch die Mädchen. Die Wollstrümpfe hatten die gleiche Art von Knöpfen wie die Mieder. Die Knöpfe wurden am oberen Rand angenäht; wir versuchten, die Falten an den Beinen zu beseitigen, indem wir die Knöpfe möglichst weit oben entlang der elastischen Leiste befestigten, mit dem Ergebnis, dass sich der untere Rand kräuselte und eine Ausbuchtung unter den Außenseiten von Claus' Hose zeigte. Jungen trugen das Leibchen normalerweise nicht mehr, wenn sie in die erste Klasse in Skirlack kamen oder in eine Stadtschule gingen. Sie galten dann als alt genug für Kniestrümpfe unter warmen Trainingsanzügen.

Auch Pelzmäntel kamen aus mottenfesten Zeitungsverpackungen, ebenso wie Pelzmützen und Ohrenschützer. Damit begann das Ritual meiner jährlichen Auseinandersetzungen mit Mutti, die fest daran glaubte, dass man den Kopf warmhalten sollte. Väti widersprach ihr nie richtig, aber er sagte mir, dass ich Ohren und andere erfrorene Gesichtsteile mit Schnee einreiben müsse, bis der Kreislauf wieder in Gang komme, und dass ich auf keinen Fall vorher einen warmen Raum betreten dürfe. Ich nahm das so auf, dass er verstand, dass ich mich ohne Mützen oder Ohrenschützer wohler fühlte, was beruhigend war; ich hätte sie ohnehin nicht oft getragen.

Von der Kleidung abgesehen, war der Winter die schönste Jahreszeit. Weiße, blaue, knackige Tage und klare Nächte, in denen Millionen von Sternen wie polierte Lampen leuchteten und ein hohes, metallisches Lied sangen, das in der frostigen Luft zitterte. Ich lauschte ihm von meinem offenen Schlafzimmerfenster aus mit ehrfürchtiger Hingabe, die Worte von Omis Lied in meinem Kopf: „Gott, der Herr, hat sie gezählet Dass ihm auch nicht eines fehlt An der ganzen großen Zahl An der ganzen großen Zahl"

Ich fragte mich, wie die Sternschnuppen ihren Weg zurück in Gottes Sichtweite fanden. Claus meinte, dass sie sich in Australien umdrehen, wo wir sie nicht sehen konnten. Es gab viele von ihnen am Winterhimmel; sie hatten den magischen Zauber, Wünsche zu erfüllen, wenn wir schnell wünschten, bevor ihre Spur verschwand. Ich hütete mich, das Unmögliche zu wünschen, um ihren schönen Mythos nicht in Frage zu stellen.

Väti stellte eine gewisse Ordnung im Himmel her, als er mir die Namen der Sternbilder beibrachte. Mutti fügte hinzu, dass in alten Zeiten die Sehkraft getestet wurde: Man versuchte, den blassen Alcor – das ist der Stern, der sich in der Nähe des zweiten Sterns in der Deichsel befindet – zu sehen.

Auf dem nächtlichen Rückweg von den Nachbarn lehnte ich mich in die warmen Schafsfelle unseres Schlittens zurück und erkundete die Muster am Firmament. Die Zacken der Winterhufeisen griffen fest, aber sanft in den Schnee, ohne den Aufschlag, den die Hufe auf Sommerstraßen machten, und die Kufen glitten lautlos hinterher. Die Stimme meines Vaters wurde auf solchen Schlittenfahrten fast zu einem Flüstern. Nur die zahlreichen kleinen Messingglöckchen hüpften auf den Lederrücken des Schlittengeschirrs und man hörte ein sanftes, ununterbrochenes Bimmeln.

Arbeitsschlitten hatten große, einzelne Glocken an ihren Schäften befestigt. Sie erzeugten schwerere, akzentuiertere Töne, die sich wie Dingdong anhörten.

Der Weg hinunter zu den Insthäusern, entlang der Kastanienallee, war nicht sehr steil, aber wenn die Schlitten den Schnee geglättet hatten und ein Erwachsener oder ein starkes Kind uns einen guten Schubs gab, konnten wir auf unseren Schlitten hinunter sausen und, mit etwas Glück, die Straße unten überfliegen und auf der Wiese dahinter landen. Hier spielten wir, wenn Neuschnee gefallen war und wir nicht auf den Teichen Schlittschuh laufen konnten, bis die Männer mit der Feldarbeit fertig waren und Zeit hatten, das Eis mit Schaufeln und Besen zu räumen.

Schlittschuhlaufen war unsere liebste Winterbeschäftigung und besonders berauschend in Zeiten, die aus Sicht meines Vaters deprimierend waren – wenn harte Fröste kamen, bevor der Schnee für eine schützende Decke auf den Feldern gesorgt hatte, und wenn Drainagerohre platzten und weite Felder überfluteten und so kilometerlange Eisbahnen schufen. Wir flogen mit Geschwindigkeiten darüber, die nur möglich waren, wenn es keine Bremsprobleme gab. Väti ging gerne mit uns zum Schlittschuhlaufen, obwohl das für einen Bauern nicht die richtige Tätigkeit war.

Wenn wir auf den Teichen Fangen spielten, warfen wir uns auf die verschneiten Ufer, die in unserem Spiel das Ziel darstellten. Häufiger aber tanzten wir nur, zunächst nebeneinander, die Hände mit dem Partner kreuzend, bis zu jenem stolzen Tag, an dem wir entdeckten, wie man rückwärtsläuft und sich dreht wie in einem

Ballsaal oder, noch besser, in weiten Schwüngen zum Rhythmus von Offenbachs *Barcarolle*, Lehárs *Gold und Silber* oder Strauss' *Blauer Donau* gleitet. Diese Lieder habe ich selbst zu spielen gelernt, als kein Erwachsener Akkordeon spielte und der Inspektor es leid war, sein Grammophon aufzuziehen.

Schlittschuhlaufen mit Akkordeon und Grammophon

Ein Teil des großen Teiches war abgezäunt, wo das Eis zwischen den zweimal wöchentlichen Ernten Zeit zum Wachsen brauchte. Männer sägten große Blöcke und brachten sie auf Schlitten sie zum Schuppen im Obstgarten, wo jede Schicht dick mit Torf bedeckt wurde, bereit für die Verwendung in den Eiskästen während der heißen Sommermonate oder für die Herstellung von Eiscreme in der Beerenobstsaison.

Das Abendessen fand im Winter spät statt, weil sich unsere Eltern nicht dazu durchringen konnten, uns den Spaß auf dem Eis zu verderben. Außerdem glaubten sie fest an die keimtötende Kraft des Frostes und freuten sich über das gesunde Strahlen auf unseren Wangen, wenn sie uns schließlich doch ins Haus riefen. An solchen Tagen liebte ich jeden Teil meines kribbelnden Körpers und schwelgte in den Gefühlen meiner eigenen Kraft und Freiheit.

Das Skifahren war ein gemütlicher Zeitvertreib, außer beim Start, wo wir das Wachs kräftig mit den Handballen einreiben mussten. Es ist ein Wunder, dass wir uns keine Splitter holten. Wenn der Schnee die Mulden und Rillen füllte und unsere hügeligen Felder in eine weite, ebene Fläche verwandelte, glitten wir mit langen, leichten Schritten zu unseren Nachbarn.

Aber wenn ich alleine Ski fuhr, war es mehr als eine Abkürzung zum nächsten Bauernhof. Dann spürte ich, wie ich mit einem unendlichen Licht verschmolz; ein weißer Frieden, in dem sich eine Million Sonnen in winzigen Kristallen spiegelten. Meine gesamte Existenz löste sich in einem schwindelerregenden Traum auf. Ich war mir nicht mehr bewusst, dass ich mich bewegte, und hätte mich in beschwingter Vergessenheit in den Schnee legen können.

Skier waren erst vor kurzem in Ostpreußen eingeführt worden, und das Wissen um Schneeblindheit und Sonnenbrille war nicht mitgekommen. Mein Schutzengel muss es gewesen sein, der mich mit einem Zaun oder einem Baum konfrontierte und mich so in die Realität zurückholte.

Immer wenn Sonnenstrahlen mit besonderer Intensität durch die dünne Luft brannten, bildeten Eiszapfen einen Fries entlang des geteerten Daches der Scheune. An solchen Tagen bildeten sie sich aber nicht in den Schnurrbärten der Männer. Mein Vater sagte für die Nacht Nebel voraus und legte seine Kamera für den nächsten Morgen auf den Schreibtisch. Vor unserem Badausbau, als Väti noch seine Dunkelkammer hatte, hatte er einige Meisterwerke von Winterszenen geschaffen. Aber jetzt experimentierte er immer noch mit Filmen statt mit Metallplatten, die vom Chemiker in Darkehmen entwickelt werden sollten.

Ich habe den Nebel bei Nacht nie gesehen, aber ich erkannte seine Ausprägung im Zusammenwirken mit dem Frost, als ich unter einer Kuppel aus reifgefrorenen filigranen Birkenzweigen zu meinem Bus lief. In der Schule wurde der Stundenplan für den Kunstunterricht so umgestellt, dass alle Klassen die Möglichkeit hatten, die nächtliche Arbeit der Natur zu erkunden. Die Lehrerin sagte uns, wir sollten die Tuben mit der Silberfarbe nicht vergessen, wenn wir unsere Aquarellkästen zum Flussufer mitnähmen.

Ich beobachtete mit Bewunderung, wie Trauerweiden auf Giselas Papier erschienen. Sie sahen genauso aus wie die echten Büsche vor uns, wobei die Sonne das silberne Funkeln hervorhob und die dunklen Schatten auf dem Schnee verstärkte. Aber so sehr ich mich auch bemühte, meine eigenen Weiden sahen nicht so aus, wie ich sie sah, und alle meine weißen und silbernen Striche wollten keinen Raureif erzeugen. Wütend zerknüllte ich mein erstes Papier und setzte trotzig kleine silberne Engelchen auf den nächsten Busch, den ich malte. Sie sahen wirklich albern aus, aber als ich auch sie zerknüllen wollte, schnappte sich die Lehrerin mein Papier und hielt es hoch, damit alle meine „fantasievolle Arbeit" sehen konnten. Ich hätte vor Demütigung weinen können, noch bevor meine Mitschüler zu kichern begannen. Gisela machte es noch schlimmer, indem sie mir erzählte, dass ihr Vater Kunstwerke besaß, die überhaupt nicht die Wirklichkeit abbildeten.

Ich tröstete mich nur damit, dass die Fotos meines Vaters auch nichts geworden waren.

Neben Weihnachten, Neujahr und den Maskenbällen und Festen vor der Fastenzeit, die in Ostpreußen im Vergleich zu den katholischen Regionen am Rhein und in Bayern eher zahm ausfielen, standen im Winter Eissegelregatten auf den masurischen Seen, insbesondere auf dem Schwenzaitsee bei Angerburg, auf dem gesellschaftlichen Programm. Da diese Boote nicht mit dem Widerstand des Wassers zu kämpfen hatten, bewegten sie sich mit berauschender Geschwindigkeit. Meine Eltern schauten dem bunten und anmutigen Spektakel stundenlang zu. Auf dem Eis waren Kioske aufgebaut, die warme Speisen wie Bratwurst für die Hungrigen und Getränke für die Durstigen anboten. Wir genossen diese Leckereien, die Rennen langweilten uns aber bald, und wir spielten unsere eigenen Spiele zwischen den Booten am Rand, die auf ihren Einsatz warteten.

Segelregatta auf dem Eis

Weihnachten

Die Weihnachtszeit begann am ersten Adventssonntag, oder besser gesagt am Vorabend, als wir uns freiwillig meldeten, um Mutti beim Lebkuchenbacken zu helfen. Wir schnitten Herzen und Sterne, Monde, Halbmonde, Engel und sogar den Weihnachtsmann aus, denn er begann jetzt mit seiner Runde. Er kontrollierte das Verhalten der Kinder, und so versuchten wir, besonders brav zu sein in den Wochen, in denen die Erwachsenen besonders mit den Vorbereitungen für das eigentliche Weihnachtsfest beschäftigt waren.

Zur Kaffeezeit am Adventssonntag hing ein Adventskranz an einem roten Ständer auf unserem Tisch. Mutti hatte ihn heimlich gebastelt, während wir schliefen, und obwohl wir immer mit ihm gerechnet hatten, gaben wir vor, echt überrascht zu sein. In der ersten Adventswoche wurde nur eine der vier Kerzen angezündet. Mutti spielte Adventslieder auf dem Klavier und wir sangen.

Oma saß gerne auf der Bank am Kachelofen, wärmte sich den Rücken und bat ab und zu um einen Bratapfel aus der Ofenluke. Diese Äpfel hatten den gemütlichen Geruch und Geschmack von Winterabenden. Manchmal, nachdem Oma ins Bett gegangen war, spielten wir an dem kleinen quadratischen Tisch neben der Bank Spiele: Mensch-ärgere-dich-nicht, Dame, Mühle, Halma, oder einfache Kartenspiele wie Quartett, Rommé, Doppelkopf, sogar Skat ohne ganz genaue Regeln.

Später, kurz vor dem Schlafengehen, stellte jeder von uns einen Pantoffel auf die Fensterbank, hinter den Filzteppich mit der reich bestickten Wolldecke, die an Haken einige Zentimeter über der Fensterbank hing, als zusätzliche Vorsichtsmaßnahme gegen die winterliche Zugluft und um unseren versteckten Pantoffeln einen Hauch von Geheimhaltung zu verleihen. Morgens fanden wir einen Keks, einen Apfel oder manchmal sogar ein Stück Schokolade – eine Leckerei, die wir normalerweise nur dann bekamen, wenn wir uns an Vätis Schrank aufstellten, um einen Teelöffel voll Lebertran zu schlucken. Manchmal, wenn einer von uns am Vortag unartig gewesen war, steckte der Weihnachtsmann nur einen Zweig in den Pantoffel, um anzuzeigen, dass wir eine Tracht Prügel von unseren Eltern verdient hatten. Weder Väti noch Mutti hätten so etwas Grausames tun können, also waren wir sicher, dass es eines der Dienstmädchen gewesen war, das an diesem Abend den

Weihnachtsmann spielte. Es spielte keine große Rolle, denn wir hatten immer gewusst, dass die geheimnisvolle Figur nur eine Metapher für die Idee des Schenkens ohne Erwartung von Dank war. Katholische Kinder sprachen vom Christkind, das anstelle des Weihnachtsmannes seine Runden drehte, außer in der Nacht zum 6. Dezember, wenn Protestanten und Katholiken gleichermaßen Geschenke vom Heiligen Nikolaus erhielten.

Unsere täglichen Adventsfeiern wurden mit jeder neuen Kerze spannender, die die Vorfreude auf das hellste Licht am Heiligen Abend steigerte. Wir alle bereiteten uns insgeheim auf viele verschiedene Arten darauf vor und hofften, dass andere vor Neugierde fast sterben würden.

Unsere Eltern machten nun häufige Einkaufstouren in die Stadt, während wir unsere eigenen Geschenke für die ganze Familie bastelten und, was am wichtigsten war, begannen, unsere Weihnachtsgedichte auszuwählen, zu lernen, zu schreiben und zu verzieren. Die Mägde halfen denen von uns, die noch nicht schreiben gelernt hatten. Auf ein gefaltetes Blatt Papier schrieben wir die Worte „An meine lieben Eltern von ihrer dankbaren Tochter (oder ihrem Sohn) …" und dann unseren Namen und das Jahr des jeweiligen Weihnachtsfestes. Wir verzierten das Blatt mit Buntstiften, Farbe oder fertig gekauften glänzenden, selbstklebenden Bildern von Engeln und Blumen. Auf das zweite Blatt schrieben wir unser Gedicht. Spezielle Weihnachtsbücher boten eine große Auswahl, die von Zweizeilern für kleine Kinder bis zu langen Gedichten reichte; aber als ich älter wurde, fand ich sie alle zu unpersönlich und erfand meine eigenen.

Am Morgen vor Heiligabend hingen wir im Speisesaal herum, gingen lässig auf und ab, nie weit von der Tür zum Ballsaal entfernt. Ein raschelndes Geräusch hinter dieser Tür ließ Claus zum Schlüsselloch laufen. Wir hörten Männerstimmen murmeln und Mutti lachen.

„Er ist größer als je zuvor", rief Claus aufgeregt.

„Wie kann das sein, wenn er immer bis zur Decke reicht?" Ich versuchte, schlau zu sein, während ich das Klopfen meines Herzens genoss.

„Breiter, viel breiter", beharrte Claus.

Ich drehte mich am Schlüsselloch, sah aber nur den dunklen Fleck des Schlüssels auf der anderen Seite. In Ermangelung jener kraftvollen Überzeugung, die Claus befähigte, zu sehen, was er sehen wollte, zuckte ich mit den Schultern: „Es gibt nichts zu sehen."

„Da ist ein klitzekleiner Schlitz neben dem Schlüssel", beharrte Claus. Aber keiner von uns beiden wollte sich eigentlich den Anblick des Baumes in all seiner Pracht später in der Nacht verderben.

Claus ging nach draußen, um beim Karpfenangeln zuzusehen. Nichts auf der Welt hätte mich überreden können, ihm zu folgen. Es war nicht nur der Anblick der zappelnden Fische, der mich abschreckte, sondern die Angst vor dem Loch im Eis. Vor langer Zeit hatte ich von einem Kind im Bezirk Darkehmen gehört, das in ein solches Loch gerutscht und so schnell unter dem dicken Eis verschwunden war, dass es nicht mehr lebend gerettet werden konnte. Seitdem hatte ich zu Gott gebetet, er möge mich sterben lassen, wie er wolle, aber bitte nicht durch Ertrinken.

Tagelang hatten wir geholfen, die Weihnachtssüßigkeiten vorzubereiten. Auf dünne Marzipanherzen, Vollmonde, Halbmonde und Rauten hatten wir gezackte Streifen mit Rosenwasser um die Ränder geklebt; und nachdem diese gebacken waren, hatten wir die Hohlräume mit Zuckerguss mit Zitronengeschmack gefüllt und mit ein oder zwei kleinen Rauten aus Johannisbeergelee und Engelwurzstreifen verziert; wir hatten Pfefferminzcreme mit Schokolade überzogen; hatten Mandeln und Nüsse auf anderes Konfekt gelegt. Aber am Heiligen Abend, als Mutti sie aus der Küche in den Festsaal trug, deckte sie die Tabletts heimlich mit einem Tuch ab, als hätten wir sie noch nie gesehen. Als wir so taten, als wollten wir unter das Tuch gucken, wedelte sie mit dem Finger, als wolle sie uns wegen unserer Neugierde tadeln.

Kurz vor dem Abendessen fuhr Otto zum Bahnhof Beynuhnen, um Omi zu holen, die seit Omuts Tod jedes Jahr Weihnachten bei uns verbracht hatte. Ich wickelte mich warm ein, um Otto auf dem hohen grünen Einspänner, dessen Kufen sich elegant nach vorne bogen, zu begleiten Es war eng, nachdem Omi mit uns eingestiegen war; ihr Gepäck wurde am überflüssigen Lakaiensitz festgebunden. Auf der Heimfahrt rezitierte ich Fragmente französischer Texte aus der Schule, und Omi war begeistert.

Die schwerste Kiste überließ sie Mutti, die sie ins Weihnachtszimmer brachte, und ich trug die kleine in das Besucherzimmer gegenüber. Claus ging mit einer Kerze voraus, um den Weg zu zeigen. Wir zogen uns alle schick an für das Abendessen und gingen gemeinsam die Treppe hinunter. Omi roch angenehm nach 4711 Eau-de-Cologne.

Wir aßen „Karpfen blau" mit Kartoffeln, Gemüse und reichlich herrlichem Meerrettich mit Schlagsahne mit Zitrone. Die vier Kerzen des Adventskranzes brannten zum letzten Mal. Jeden Moment würden sie durch Dutzende an einem Baum ersetzt werden. Als Mutti sich davonschlich, um die Bescherung vorzubereiten, kroch ein komisches Gefühl in meinen Magen. Ich bekam Angst, dass ich den Text meines Gedichtes vergessen haben könnte und versuchte krampfhaft, ihn mir vorzusagen.

Dann hörten wir das winzige Bimmeln der Glocken von der kleinen silbernen Christbaumspitze, der immer unseren Baum schmückte. Die Türen zum Ballsaal öffneten sich; wir bewegten uns vorwärts, langsam, den Atem anhaltend. Ich spürte einen Kloß im Hals bei dem vertrauten Anblick all dieser weißen Kerzen, die auf einem dunkelgrünen Baum leuchteten, dem Glitzern von Lametta und ein paar silbernen Kugeln und dem sich sanft kräuselnden seidenen Engelshaar. Das Licht verschwamm, als wir *Stille Nacht* sangen, und kam wieder zum Vorschein, als ich mir bei den anderen Weihnachtsliedern die Augen wischte. Wir sangen viele von ihnen, bevor mir jemand einen Schubs gab.

Ich schritt auf meine Eltern zu und überreichte ihnen mit einem Knicks mein Weihnachtsblatt. (Diese Tradition sollte wahrscheinlich sicherstellen, dass die Erwachsenen die Worte verstehen konnten, wenn ein Kind unzusammenhängend murmelte.) Ich spürte, wie meine Beine zitterten, als ich mich dem Baum zuwandte und ihn ebenfalls mit einem Knicks grüßte, bevor ich mein Gedicht vortrug. Väti und Mutti belohnten mich mit einer großen Umarmung, bevor Claus und Marlene an der Reihe waren. Dann sangen wir alle noch ein Lied, bevor sich alle zu den Plätzen bewegten, wo ihre Geschenke lagen.

Die Geschenke der Kinder lagen unter dem Baum. Claus, der seine Spielzeugpferde schon aus der Ferne begutachtet hatte, eilte nun auf sie zu. Die Geschenke waren nicht eingepackt, und wir brauchten auch keine Etiketten, um die Plätze unserer Geschenke zu finden. Natürlich mussten wir auch nicht wissen, wer den Weihnachtsmann zu bestimmten Ideen inspiriert hatte.

Die Erwachsenen hatten einige Schwierigkeiten, die Plätze ihrer Geschenke auf dem langen Tisch mit dem weißen Tischtuch in der Mitte des Raumes zu identifizieren, aber im Allgemeinen war die streng hierarchische Ordnung aus den Vorjahren jedem bekannt.

Ortlef, Helmut und Claus auf Vollmacht, Silhouette und Loki

1933 war ich es, der besonders verwirrt war, denn ich sah einen schönen neuen Sattel in der Nähe von Dingen, die offensichtlich für mich waren. Könnte er aus Versehen von Claus' Seite herübergerutscht sein, fragte ich mich? Väti beobachtete mein Zögern mit Belustigung und nickte, als ich aufblickte. „Das zum Sattel passende Pferd bekommst du später", lächelte er, „wenn Sitalias Fohlen sich so entwickelt, wie ich es erwarte."

Claus sah zu mir auf, seine Augen strahlten vor Freude über meine Beförderung. „Sie heißt Silhouette; Väti sagte, sie hätte das Zeug zu einem Damenpferd", flüsterte er mit stolzer Betonung auf dem Wort „Dame".

Ich rannte los und umarmte meinen Vater.

Jeder hatte seinen eigenen Bunten Teller, Pappschalen mit geriffeltem oder gewelltem Rand und mit weihnachtlichen Motiven, auf denen verschiedene Süßigkeiten, Nüsse und besondere Leckereien wie Karlsbader Pflaumen, Feigen und Datteln verteilt wurden, die wir die ganze Nacht knabberten. Das Obst wurde auf einer großen Gemeinschaftsschüssel gestapelt.

Wir alle hatten Bücher und neue Spiele bekommen, die wir wenig später mit den anderen ausprobieren würden. In den letzten Jahren hatte ich Sets von Quartett-Karten gesammelt, zuerst einfache, bebilderte Versionen und allmählich immer lehrreichere. Dieses Jahr ging es um Komponisten und ihre Opern, aber Mutti warnte mich schnell davor, vor Gisela damit zu prahlen, dass ich nun alle Opern kenne, die Beethoven geschrieben hatte, denn die meisten Karten beschrieben nur die Ouvertüren.

In diesem Moment hörten wir ein lautes Klopfen an der Tür von der Gartenveranda, und herein kam der Weihnachtsmann mit einem großen Sack und einem langen Stock.

„Guten Abend", sagte die knurrig verstellte Stimme von Otto.

„Guten Abend, Weihnachtsmann", riefen wir im Chor und jemand schob mich nach vorne. Ich wusste, was ich zu sagen hatte, weil ich es jedes Jahr sagte:

„Lieber guter Weihnachtsmann,
guck mich nicht so böse an.
Stecke deine Rute ein,
will auch immer artig sein.
Ein braves Mädchen will ich sein -
so wie auch die Geschwister mein".

Der letzte Teil war keine allgemeine Tradition, sondern ein Familienkompromiss, um den Erwachsenen den gleichen alten Reim in dreifacher Ausführung zu ersparen.

„Sehr gut, sehr gut. Mal sehen, was ich für dich habe", kam die Stimme aus einem Wust von Bart, Haaren und Fell. Der Weihnachtsmann kramte in seinem Sack, holte Orangen, Puzzles, Bleistifte, Buntstifte, kleine Fläschchen Eau de Cologne für Omi, Oma, Mutti, die Mägde und die Köchin und Taschenkalender für Opa, Väti und den Inspektor heraus. Dann faltete er seinen leeren Sack zusammen, nahm ein Glas Schnaps entgegen, sang mit uns ein Weihnachtslied und verabschiedete sich.

Als die Kerzen herunterbrannten, zündete Väti einige Wunderkerzen an, die unbemerkt zwischen den Ästen gehangen hatten. Marlene sprang vor Freude und verlangte nach mehr. Es gab reichlich, und wir hatten oft fünf oder sechs Wunderkerzen gleichzeitig. Dann bog Mutti einen Tannenzweig nahe an eine Flamme, bis er zu schwelen begann und kleine, knisternde Explosionen in die Höhe schoss, während winzige Feuerpunkte wie die Zunge einer Schlange den Zweig entlang flackerten und in einem Rauchfaden erstarben. Er stieg spiralförmig zur Decke auf und erfüllte den Raum mit dem Duft von Nadelwäldern. Sein Duft hielt sich lange, und als er nachließ, wiederholte Mutti den Vorgang noch einmal, bevor wir die letzten Kerzen ausbliesen.

Wir machten Spiele und lasen in den neuen Büchern bei der Petroleumlampe am runden Tisch. Frieda und Hilde spielten nur kurz mit, bevor sie zu ihren Familien hinuntergingen, um den Heiligabend noch einmal von vorne zu beginnen. Um Mitternacht waren wir alle müde und bettschwer.

Der Weihnachtstag unterschied sich nicht sehr von einem Sonntag, außer dass wir zueinander „Frohe Weihnachten" statt „Guten Morgen" sagten, und die Bagdahns blieben beim Umtrunk nicht auf den Pferden sitzen, sondern kamen ins Haus für ein Glas Wein und Knabbereien und betrachteten unsere Geschenke.

Zum Mittagessen gab es Gans, denn Gänse waren größer als Enten, wenn auch weniger schmackhaft. Von den meisten Gänsen wurden Schinken und Brust geräuchert, die Leber zu Pastete verarbeitet, kleinere Teile in Aspik eingelegt und Hals, Flügel, Kopf, Herz und Blut mit getrockneten Äpfeln, Backpflaumen und Knödeln als leicht säuerlich-süße Suppe namens Schwarzsauer gekocht; Väti spaltete dann meist den Kopf entlang der Naht am Schädel und grub das Gehirn aus den beiden Hälften aus. Der Gänsebraten am ersten Weihnachtsfeiertag wurde mit Bratkartoffeln und warmem Rotkohl serviert; danach gab es hausgemachtes Fürst-Pückler-Eis, das über aus unserem Teich geschnittenem Eis gefroren wurde.

Später am Nachmittag besuchte ich die Schalonkas, um ihre Backwaren zu probieren und ihren Baum zu bewundern, der ganz anders war als alle anderen, die ich bisher gesehen hatte, da er vollständig mit bunten Glaskugeln und Glasvögeln übersät war.

„So vulgär", sagte Mutti einmal zu mir.

Schön knallig bunt, dachte ich; aber ich hätte ihn nicht gegen unseren eigenen gediegenen Baum eintauschen wollen, an dem jeden Abend neue weiße Kerzen leuchteten, bis wir ihn am 6. Januar in den Garten brachten und mit Vogelfutter von den Heiligen Drei Königen schmückten.

Ich bin mir sicher, dass Mutti das ganze Jahr gebetet hat, um am Abend des 26. Dezember verschont zu bleiben, aber sie hat vergeblich gebetet. So einfach lässt sich der Schimmelreiter nicht austreiben.

Er war ein Reiter auf einem weißen Steckenpferd, der zusammen mit einem als Storch verkleideten Mann, einem anderen als Ziege, die den Kopf einer echten toten Ziege trug, verkleideten Mann und anderen Männern, die einfach als Raufbolde verkleidet waren, in das Haus eindrang. Es herrschte totale Panik. Stühle wurden umgeworfen, Tische stürzten ein, Türen knallten zu; die Männer machten Ziegen- und Pferdegeräusche und der Storch klapperte ständig mit seinem riesigen Schnabel und versuchte, eines der Dienstmädchen zu beißen. Die Mägde rannten und kreischten und schlugen die Türen zu, denn der Aberglaube besagte, dass diejenige, der von diesem Storch gebissen wurde, im folgenden Jahr ein Kind bekommen würde.

Schließlich, aber erst als alle außer Atem und dem Zusammenbruch nahe waren, willigten die Eindringlinge ein, mit Alkohol und Essen freigekauft zu werden. Küche, Esszimmer und Salon sahen aus, als wäre ein Wirbelsturm durch das Haus gefegt. Alles fand im Schein von batteriebetriebenen Fackeln statt, denn offenes Feuer war bei solchen Gelegenheiten zu gefährlich. Väti drehte einen Sessel in eine bequeme Position, damit Mutti sich von dem Schreck erholen konnte, während wir uns ans Aufräumen machten. Innerhalb weniger Minuten war die Ordnung wiederhergestellt, abgesehen von dem einen oder anderen kaputten Möbelstück, das der Tischler im neuen Jahr reparieren würde.

Die traurige Nachricht am Ende des alten Jahres war, dass bei unserer fröhlichen Tante Toni die ersten Symptome von Multipler Sklerose diagnostiziert worden waren. Wir konnten dies einfach nicht glauben. Jean Guerlin, der Ehemann von Vätis Cousine Trudchen, hatte die Krankheit, seit ich ihn kannte. Die Ärzte vermuteten, dass es als Nachwirkung einer schweren Malaria begonnen haben könnte, die er sich während des Krieges in Afrika zugezogen hatte. Er war manchmal hilflos; aber wenigstens hatte er eine Frau, die immer zu Hause war, um ihn zu pflegen. Wie würde Tante Toni damit zurechtkommen? Ihr Mann war den ganzen Tag auf der Arbeit! Würde Omi es schaffen, sie zu überreden, nach Alischken zu ziehen?

Omi hatte keinen Erfolg. Ihre Schwester blieb bei einem Mann, der sie jeden Morgen auf einen Stuhl hievte und das Essen auf einen Tisch in ihrer Reichweite stellte. Sie saß den ganzen Tag allein da. Es war herzzerreißend, sie zu sehen.

Neujahr

Zu Silvester schenkte Mutti eine Überraschung für mich, die ich sehr schön fand, bis ich die traurige Erklärung hörte: Sie hatte Gisela eingeladen, mit mir zu feiern. Väti nahm mich zur Seite, um mir die Umstände zu erklären, bevor meine Freundin eintraf:

„Silvester wird in ihrem Haus schrecklich sein; deshalb hat Giselas Vater mich gefragt, ob wir sie nehmen können. Onkel Heinz ist wegen homosexueller Vergehen ins Gefängnis gekommen. Ich möchte, dass du das weißt, für den Fall, dass deine Freundin darüber reden will; aber sprich es nicht an, es sei denn, sie tut es."

„Was ist ein homosexuelles Vergehen?" Das wollte ich natürlich wissen.

„Es ist, wenn ein Mann versucht, einen anderen Mann statt einer Frau zu heiraten."

„Und warum muss man solche Leute ins Gefängnis stecken?"

"Frag mich nicht", seufzte Väti. „Es ist nicht die normale Art, wie Männer handeln, also hat jemand ein Gesetz gemacht, das es zu verbietet."

„Und wen wollte Onkel Heinz heiraten?" Man hatte mir gesagt, ich solle ihn Onkel nennen, als ich bei Gisela war.

„Herrn Flaischer. Der ist auch im Gefängnis."

„Aber…" Jetzt war ich wirklich verwirrt. Herr Flaischer, ein Apotheker in Darkehmen, war mit einer richtigen Frau verheiratet und hatte zwei Kinder.

„Ich weiß, was du denkst", sagte Väti, „und es hat schon Sinn, ihn zu bestrafen, obwohl er keinen wirklichen Schaden angerichtet hat. Es ist furchtbar traurig für seine Frau, und wir müssen versuchen, so freundlich wie möglich zu ihnen allen zu sein."

Gisela sprach mit mir nicht über ihren Onkel, und wir feierten Silvester auf die übliche Weise. Mutti hatte massenweise Krapfen gebacken, ein paar davon mit Senf statt mit Marmelade. In manchen Jahren veranstalteten wir einen großen Ball bei uns zu Hause; dieses Jahr fand er auf einem benachbarten Bauernhof statt, und meine Eltern bereiteten alles für unsere Feier vor, bevor sie selbst, als Domino und Pierrette verkleidet, loszogen.

Luftschlangen schmückten den Salon und das Esszimmer, aber nicht den Ballsaal, denn so etwas hätte nicht zu unserem Baum gepasst. Schachteln mit Keksen und Tüten mit Konfetti wurden auf Vätis Schreibtisch bereitgelegt. Es gab auch einen Karton mit Glücksbringern aus Blei und den passenden flachen Löffel neben einer Kerze. Äpfel waren an Schnüren fürs Apfelbeißen befestigt und andere lagen neben einer großen Schüssel mit Wasser für das Spiel Ente-Apfel.

Als meine Eltern gegangen waren, servierte Frieda uns unser Abendessen und sie und Hilde setzten sich zu uns an den Tisch. Nach dem Essen zogen sich Opa und Oma zu ihren eigenen Feierlichkeiten zurück. Marlene war längst von Mutti selbst ins Bett gebracht worden. Wir anderen machten Spiele im Salon und tanzten im Esszimmer, nachdem wir den Tisch an die Wand geschoben hatten. Das Werfen von Konfetti und Luftschlangen begann schon früh, noch während wir tanzten. Foxtrotts, Tangos, englische Walzer im langsamen 3/4-Takt und schnelle Wiener Walzer. Ravels *Bolero* und Bizets *Habanera* waren die Favoriten des Inspektors. Ich mochte eine schmissige Platte „Schön ist jeder Tag, den du mir schenkst, Marie Luise", weil ich noch nie jemanden mit einem solchen Doppelnamen gekannt hatte und romantisch fand. Gisela bevorzugte Melodien aus Filmen, die sie gesehen hatte, Filme, die ich unbedingt sehen musste, wenn sie nach Darkehmen kamen! Sie hatte sie mit ihrer Großmutter in Königsberg gesehen; ich war überhaupt noch nie in einem Kino gewesen. Wir schmiedeten Pläne für das neue Jahr, die sich fast alle um die Möglichkeit drehten, Filme zu sehen und danach in Giselas Zimmer über sie zu reden.

Ich wusste also, was ich mir wünschte, als wir winzige Kerzen schwimmen ließen, die in Hälften von Walnussschalen steckten. Zwei dieser Boote schwammen nach Belieben an gegenüberliegenden Enden der Schale; dann rührten wir das Wasser leicht um und beobachteten ihre Bewegung. Wenn sie nahe beieinander waren, als alle Bewegung des Wassers aufhörte, würde unser Wunsch erfüllt werden. Streng genommen sollte es nur ein Orakelspiel für Verliebte sein, die heimlich eines der Boote nach demjenigen Partner benannten, den sie sich bis zum Ende des folgenden Jahres gewünscht hätten.

Der heiße Punsch, den wir tranken, war würzig, bestand aber hauptsächlich aus Fruchtsäften. Der Sekt wurde auf Eis für Mitternacht aufbewahrt. Dann, als wir die Gläser hoben – voll waren sie nicht ganz – begann die Hofglocke zu läuten und wir gingen nach draußen zu den anderen.

„Prost Neujahr! Prost Neujahr!" auf dich und auf dich und auf dich. Hände schütteln, umarmen, küssen, singen. Weit weg hörten wir die Kirchenglocken aus Trempen, als Brodien aufhörte, unsere zu läuten. Noch weiter weg hörten wir die Explosion von Feuerwerkskörpern aus Darkehmen; sie waren so weit weg, dass wir sie nicht sehen konnten.

Unsere erste Tat im Jahr 1934 war es, die Blei-Amulette über unser Glück zu befragen. Wir hatten die Wahl zwischen einem vierblättrigen Kleeblatt, einem Hufeisen, einem Fliegenpilz, einem Schwein, einem Schornsteinfeger, der Nachbildung eines Pfennigs; von jedem gab es zwei. Nacheinander schmolzen wir das Blei über der Kerze und schütteten es dann schnell in das kalte Wasser. Es war unserer Phantasie überlassen, die entstandenen Formen zu deuten, und so gingen wir glücklich und mit der Gewissheit einer spannenden Zukunft ins Bett.

Am Neujahrstag sorgten wir doppelt für gute Aussichten, indem wir Schwein aßen: Fleisch zum Mittagessen, Marzipanschweine mit Kleeblatt oder Fliegenpilz in der Schnauze zu jeder Tageszeit. Der echte Schornsteinfeger beehrte uns mit seiner Ankunft und ließ uns den Ruß auf seinem dunklen Anzug und Zylinder anfassen, um uns eine Extraportion Glück zu schenken, nachdem er unsere Schornsteine gefegt hatte.

Anfang des Jahres wurde ein Gesetz erlassen, das Filme verbot, die sich „nicht auf das national-sozialistische Empfinden des deutschen Volkes beziehen", was immer das heißen sollte. Gisela und ich wurden von mehreren freundlichen Erwachsenen gewarnt, dass wir uns beeilen sollten, so viele gute Filme wie möglich zu sehen, solange sie noch im Kino liefen. Wir hatten natürlich keine Ahnung, was ein „guter" Film sein könnte und wo wir ihn eventuell sehen könnten. Wir mochten Melodramen und Romanzen, und das war praktisch alles, was das Kino in Darkehmen bot, denn es gab nur wenige Einwohner, die für anspruchsvolles Kino bezahlen wollten.

Unser Lieblingsstar war Heli Finkenzeller, besonders in einem Film namens *Königswalzer*; aber wir mochten auch viele andere. Wir kauften kunstvolle Postkarten mit ihren Gesichtern und schnitten Bilder von Szenen aus unseren Lieblingsfilmen aus und klebten sie in dicke Schulhefte aus gutem, glattem Papier. Ich begnügte mich nicht mit der ohnehin schon starken sentimentalen Anziehungskraft solcher Filme, sondern fügte den Geschichten noch mehr Emotionen hinzu, wenn ich sie in meinem Sammelalbum nacherzählte. Gisela fügte in Schönschrift kunstvolle Überschriften hinzu und band jedes Buch für mich in fröhliche bunte Stoffreste. Unsere Freizeit verbrachten wir jetzt meist an meinem Schreibtisch oder bei Gisela in Darkehmen, vertieft in filmische Aufgaben.

Gretel schrieb aus Berlin, dass es jetzt wieder ein Vergnügen geworden sei, mit der Familie auszugehen, weil das Kino gesäubert sei. Ich wusste nicht, was sie meinte; und da ich nicht die Absicht hatte, Berlin zu besuchen, ging es mich nichts an.

Ostern

Ostern 1934 begann, wie alle anderen Ostern auch, mit den traditionellen Gründonnerstagsbrezeln: kleine B-förmige Salzstangen zu den Getränken, vor allem für Erwachsene; mittelgroße süße Brezeln aus Blätterteig; und sehr große aus Hefeteig, so groß wie Erntebrote, aber süß und oft mit Mandeln belegt.

Am Karfreitag versäumten es meine Eltern nie, in die Kirche zu gehen. Manchmal begleitete ich sie und ließ mir von unserer Schneiderin ein spezielles schwarzes Kleidungsstück für diesen Anlass nähen. Es fühlte sich völlig untypisch für mich an, schwarz zu tragen, und gab mir ein Gefühl von Drama. Das habe ich allerdings nur zwei oder drei Jahre durchgehalten.

Der Ostersamstag war ein großer Backtag – für Brot natürlich, aber auch für zahlreiche Kuchen, nachdem die Hitze des großen Ofens abgeklungen war. Sorgfältig wurden Hühnereier aufgeschlagen, damit aus den Schalen kleine Vasen entstehen konnten, die am nächsten Tag den Festtagstisch schmückten. Wir bemalten sie mit unseren Buntstiften oder Wasserfarben und klebten sie mit Vätis Siegellack auf stabile kleine Pappscheiben. Gänseeier wurden an den Enden durchstochen, der

Inhalt wurde in die Kuchenformen geblasen; dann wurden die Eier gewaschen, getrocknet, bemalt und durch die etwas größere der beiden Öffnungen mit kleinen Zuckereiern befüllt; dann wurde die Öffnung mit farbigem Klebepapier zugepflastert. Dutzende und Aberdutzende von Eiern wurden hartgekocht, mit speziellen hellen Eierfarben gefärbt und mit Speckschwarte eingerieben, bis sie glänzten.

Am Nachmittag gingen wir in den Wald, um Leberblümchen zu pflücken. Wir sammelten auch Schneeglöckchen in unserem Garten und schnitten sehr vorsichtig Zweige der Muschelweide an den Rändern des Torfmoores ab; einige kamen in große Vasen, andere wurden für den Ostermontag aufbewahrt; sie wurden dann unter unsere Betten gelegt.

Unsere Königsberger Verwandten blieben in den Ferien bei uns, und wir versammelten uns alle um den Frühstückstisch, schälten bunte gekochte Eier, legten sie auf unsere Schwarzbrotscheiben und warteten alle auf das entscheidende Wort von Mutti: „Ihr werdet nicht erraten, was ich gerade gesehen habe", rief sie und schaute zum Fenster.

„Doch! Der Osterhase war da!"

Ab in den Garten, denn der Hase versteckte nie Eier im Hof, auch nicht in den Obstgärten. Wir suchten kleine Nester aus Stroh, jedes mit einer Vielzahl von gekochten Eiern und Zucker- oder Schokoladeneiern, Hasen und Hühnern. Unsere kleinen Körbchen waren mit Leckereien gefüllt: einige aßen wir sofort, einige bewahrten wir für später am Tag auf, und einige bewahrten wir sicher für den nächsten Morgen auf, nur für den Fall, dass wir im Bett von einem frühen Eindringling erwischt wurden, der zum Schmackostern (Schlagen mit der Lebensrute) kam.

Der eigentliche und unvergessliche Genuss von Ostern war für mich der erste Gurkensalat des Jahres. Die Gurken schmeckten nie so gut, so frisch und voller Verheißung auf den Frühling nach einem langen Winter. Wir bauten Gurken in Treibhäusern entlang der Südwand der Schmiede an, in einem speziellen kleinen Garten, der von einem hohen Zaun aus eng überlappenden Holzbohlen umgeben war. Die Kompostbeete waren von dicken Wänden aus Stroh und Dung umgeben – tatsächlich hießen diese Treibrahmen „Dungbeete". Zwei Leute mussten jeden Morgen die Strohmatten aufrollen, und zwar weit genug zu den Seiten, damit die Sonne den ganzen Tag auf die Scheiben schien. Wir hatten sie am Vorabend gewässert und öffneten die Rahmen gerade weit genug, um am Morgen einen Teil des Kondenswassers abzulassen, oder zogen sie bei sehr gutem Wetter ganz ab. Ein wunderbar warmer, modriger Geruch ging von den jungen Pflanzen aus, und jeden Tag sahen wir zu, wie groß die Gurken in der Zeit vor Ostern geworden waren; aber wir ernteten sie nie vorher, wie groß sie auch sein mochten. Es gab auch einige Dillpflanzen, nicht in den Treibbeeten, sondern in der Nähe der Schmiedewand; mit Dill wurde das Sauerrahmdressing gewürzt. Gebratenes junges Huhn war das Hauptgericht auf dem Ostertisch.

Abends versuchte jeder, an den Wecker des Inspektors heranzukommen, weil sonst niemand seinen verleihen wollte. Ich fand es nicht schlimm, wenn Claus gewann, denn ich würde seinen Wecker in meinem Zimmer hören, und ich konnte ihm ohnehin vertrauen, dass er mich weckte. Es war auch nicht schlimm, wenn Rolf den Zuschlag bekam, denn es bestand eine gute Chance, dass er ihn sicher unter seinem Kopfkissen aufbewahrte, so dass er sich aus dem Gästezimmer schleichen konnte, ohne seinen Bruder zu wecken. Er kam immer zu mir, um mir bei unseren Runden Gesellschaft zu leisten, obwohl er es zur Bedingung machte, dass ich Claus nicht wecken sollte, zumindest nicht absichtlich. Ich musste es aus Versehen tun, denn ich konnte nicht zulassen, dass mein Bruder im Bett erwischt wurde und seine Beine mit Weidenzweigen geschlagen wurden. Es war alles sehr kompliziert; und wenn Frank den Zuschlag bekam, konnte ich kaum noch schlafen.

Wir drehten unsere Runden durch alle Zimmer des Hauses, hoben die Unterseiten der Daunendecken an, um mit unseren Stöcken die nackten Beine der Schläfer zu erreichen, und sagten den Vers auf, in dem wir um „Eier, Schmalz und ein Stück Kuchen" baten, aber ganz zufrieden waren, wenn wir mit Ostereiern und Schokolade ausgezahlt wurden. Ich glaube, wir wären unangenehm überrascht gewesen, wenn uns jemand wirklich Schmalz geschenkt hätte!

Exkursion nach Rossitten

Nach Ostern begann das neue Schuljahr. Der Unterrichtsinhalt brachte keine großen Neuerungen, als ich von Sexta nach Quinta wechselte. Physik, Geometrie und Englisch wurden erst in der Quarta eingeführt. Der Strich der römischen Sechs auf meinem Hut wurde vorsichtig entfernt und hinterließ eine leicht verblasste Linie. Der richtig spannende Unterschied lag in der Qualität des jährlichen Schulausflugs: Während wir im Vorjahr nur einen Tagesausflug zu den masurischen Seen gemacht hatten, wurden uns nun zwei Wochen in Rossitten versprochen.

Rossitten war ein Dorf auf der „Kurischen Nehrung", dem schmalen Landstreifen, der das Binnenmeer des „Kurischen Haffs" von der Ostsee trennte. Seine größte Berühmtheit erlangte es durch ein Vogelschutzgebiet, das von einem Mann namens Thienemann gegründet wurde, und es war der erste Ort der Welt, an dem die Beringung von Vögeln zum Studium ihres Zuges eingeführt wurde. Mein Vater war besonders begeistert von der Aussicht auf meinen Besuch dort, und – obwohl ich es damals nicht wusste und mich sehr dagegen gesträubt hätte, wenn ich es gewusst hätte – erwähnte Onkel Egon meinen Namen gegenüber dem Leiter des Schutzgebietes, der zufällig ein Freund von ihm war. Er soll ihm gesagt haben, dass ich mich ernsthaft für Ornithologie interessiere.

Die Teilnahme an Schulausflügen war nicht verpflichtend, und Gisela wollte keinesfalls teilnehmen. „Tag und Nacht verplant zu sein wie eine Kuhherde, und dann sind alle noch gleich alt..." Sie schauderte schon bei dem Gedanken.

Ich ließ mich von ihren Worten nicht beirren. Es war aufregend, einen Rucksack zu kaufen und wunderbar, meine Zöpfe abzuschneiden, so dass ich meine Haare nun ohne Muttis Hilfe richten konnte. Ich war stolz und fühlte mich unabhängig, weil ich ohne Eltern oder Großeltern, die sich um meine Sicherheit kümmerten, wegfahren konnte. In meiner Aufregung hätte ich fast vergessen, Mutti und Väti auf dem Bahnsteig einen Abschiedskuss zu geben.

Während der scheinbar endlosen Zugfahrt in einem Abteil voller kichernder Klassenkameraden begann ich Gisela um ihre Weisheit zu beneiden. Mein Herz sank tiefer und tiefer, bis wir Tapiau erreichten und den Dampfer für die erste Bootsfahrt meines Lebens bestiegen. Das Schiff tuckerte in der warmen Juni-Sonne dahin. Breite Boote mit flachem Boden trieben längsseits, beladen wie schwimmende Heuwägen. Zu beiden Seiten standen Reihen von kleinen Häusern, bis an den Rand des Wassers, wie ein bunter Damm, der die Ufer stützt.

Dann wurde das Wasser breiter und das Land verschwand. Das Kurische Haff war glatt und sehr blau. Möwen schwirrten und kreischten und wurden zahlreicher, als am Horizont weiße Sandberge auftauchten. Dann sahen wir Wälder, einige Häuser, einen Landungssteg und Boote, sehr viele Boote. Einige segelten auf dem Haff, andere waren in dem kleinen Hafen vertäut; ihre roten Segel füllten die Rümpfe wie zerknitterte Federbetten. Alle hatten lange hölzerne Wimpel an ihren Masten – geschnitzte Häuserreihen oder Baumreihen oder Vögel, alle in fröhlichen Farben bemalt und jeweils die Heimatdörfer der Fischer repräsentierend, erzählte uns Dr. Gebhard.

Aber außer den wenigen Häusern von Rossitten konnten wir keine Dörfer sehen, und ich stieß auch auf keine Häuser, als ich während unseres Aufenthaltes täglich stundenlang spazieren ging. In kleinen Buchten auf der Ostseeseite entdeckten wir manchmal auf einen Schuppen zwischen Dünen und langen, an Pfosten befestigten Holzstangen. Dort hingen reihenweise Flundern, paarweise an den Schwänzen angebunden. Sie wurden über Wacholderfeuern geräuchert und waren das Grundnahrungsmittel für die Einheimischen, eine Delikatesse für Besucher und das Hauptexportgut des Dorfes. In kleinen Booten wurden sie nach Königsberg gebracht und von dort in großen Schiffen ins ferne Reich.

Manchmal mischte sich der Geruch des Holzschutzmittels Kreosot mit dem Holzrauch in den Buchten. Die Fischer arbeiteten mit nacktem Oberkörper und barfuß und bereiteten ihre Boote für die nächste Fahrt vor, während die Frauen das Feuer hüteten oder zerrissene Segel flickten. Es erstaunte uns zu sehen, wie die fast nackten Körper der Männer vor Schweiß glänzten, während ihren Frauen unter langen schwarzen Kleidern, Schürzen, Tüchern und sogar Schals kalt zu sein schien. Warum waren die Frauen immer schwarz gekleidet?

Dr. Gebhard meinte, es lohne sich wohl nicht, in andere Farben zu investieren: Abbrüche seien auch in dieser Zeit, in der die Dünen fast stabilisiert seien, häufig. Er las uns ein Gedicht mit dem Titel „Die Frauen von Nidden" vor, das auf einer wahren Geschichte über ein Dorf weiter hinten auf der Nehrung in Richtung der litauischen Grenze beruht. Es geschah zu einer Zeit, als die Pest auf dem Festland wütete. Die Menschen auf der Nehrung vertrauten darauf, dass das Haff sie beschützen würde. „Die wandernde Düne ist Leides genug, Gott wird uns verschonen, der uns schlug!"... so begann das Gedicht. „Doch die Pest ist des Nachts gekommen, mit den Elchen über das Haff geschwommen." Sieben Frauen überlebten und flehten die Düne an, die Aufgaben des toten Priesters und des toten Bestatters zu übernehmen:

> „... Gott vergaß uns, er ließ uns verderben.
> Sein verödetes Haus sollst du erben,
> Kreuz und Bibel zum Spielzeug haben, –
> Nur, Mütterchen, komm, uns zu begraben!
> Schlage uns still ins Leichentuch,
> Du unser Segen, – einst unser Fluch.

Sieh, wir liegen und warten ganz mit Ruh" –
Und die Düne kam und deckte sie zu.

Ganz in der Nähe von Rossitten, in einem Gebiet, das „die Buckel" genannt wird, hatte der Sand Spitzen um unsichtbare Hindernisse von ehemaligen Häusern, Bäumen, einer Kirche gebildet. An einer anderen Stelle war die Düne in Richtung Haff gewandert und hatte allmählich die Ruinen freigelegt, die zerbrochenes Mauerwerk, verbrannte Wipfel ehemaliger Bäume und, wie uns gesagt wurde, auch menschliche Skelette bargen. Else und ich gingen dort eines Nachts spazieren, allerdings nicht auf der Suche nach menschlichen Überresten; wir träumten vielmehr von Gespenstern, die im weißen Mondlicht auf dem weißen Sand lebendig wurden. Es war schön beängstigend, bis die Angst echt wurde. Wir merkten, dass wir jeglichen Orientierungssinn verloren hatten und nichts als Sand und Baumstümpfe sehen konnten; wenn wir einen Schimmer von Wasser sahen, wussten wir nicht, ob es das Haff oder die Ostsee war. Wir beschlossen, das Schicksal entscheiden zu lassen und warfen eine Münze: „Eins, zwei, drei, Schiller oder Goethe?" Da wir beide „Goethe" sagten, mussten wir nach links gehen, was zum Glück stimmte. Das ganze Dorf Rossitten wirkte wie eine Geistersiedlung, bis auf ein Licht, das aus der Jugendherberge leuchtete, wo unser freundlicher Klassenlehrer und Französischlehrer Dr. Gebhard mit einer Thermoskanne heißen Kakaos auf uns gewartet hatte.

Giselas Warnung vor Reglementierungen erwies sich als völlig unbegründet. Abgesehen von heißen Getränken waren unsere Frühstücke und Abendessen kalte Mahlzeiten, in Buffetform, und zeitlich nicht begrenzt. Die Mittagsmahlzeiten wurden von den Lehrern an Lagerfeuern am Meer gekocht. Wir konnten unsere Tage selbst gestalten oder an speziellen Veranstaltungen teilnehmen, die Dr. Gebhard für diejenigen arrangierte, die sich weiterbilden wollten.

Ich beobachtete die Aktivitäten der Segelflugschule auf der höchsten Düne. Die Flugzeuge wurden von Männern in weißen Anzügen gezogen, die die Gleiter auf einer zweirädrigen Vorrichtung nach oben schleppten. Wenn der Pilot sich in seinem Sitz niedergelassen hatte, liefen acht Männer, vier an jedem von zwei Seilen, bergab und zogen das Segelflugzeug mit sich, bis es in die Luft katapultiert wurde und wie ein großer weißer, stiller Vogel über dem Haff schwebte.

Das Haff sah so blau aus, dass es die Ostsee grün erscheinen ließ. Ich weiß nicht, warum das so war. Ich weiß auch nicht, was mehr Spaß beim Baden machte. Die Brandung peitschte unsere Körper und wir schrien vor Freude, wenn wir im Meer waren; das glatte, manchmal leicht gekräuselte Wasser des Haffs war gut geeignet für ein entspanntes, verträumtes Schwimmen. Tatsächlich änderte ich auf der Rückfahrt meine Meinung über Entspannung, als unser Dampfer auf den kurzen, kräftigen Wellen hüpfte und wir alle seekrank wurden.

Vorher besuchten wir noch die Vogelforschungsstation und ich hatte das peinlichste Erlebnis des Urlaubs: Der Aufseher nannte meinen Namen und fragte, wer ich sei! Meine Freunde starrten mich erstaunt an und ich wäre am liebsten im Erdboden versunken. Wie konnte Onkel Egon mir das nur antun? Es war lächerlich, dass man mich wie eine angehende Ornithologin behandelte, obwohl ich kaum eine Amsel von einer Schwalbe unterscheiden konnte und mich 400 lateinische Namen für die verschiedenen einheimischen Vögel und für die Zugvögel nicht im Geringsten interessierten.

Unter den verschiedenen Exponaten sahen wir auch Dinge, die nichts mit Vögeln zu tun hatten, darunter die Eier der Schnabelfliege, die Elche töteten, weil sie in deren Nasenlöcher gelegt wurden und die großen Tiere in den Wahnsinn trieben. Ich erinnerte mich an meine eigene großartige Begegnung mit einem Elch in einem Urlaub in den Sanddünen nicht weit von Cranz. Ich war an einem sehr heißen Sommertag allein unterwegs, die nackten Füße in der Ostsee, die sich langsam dunkler zu färben begann. Ich starrte bewundernd auf das bedrohlich wirkende Wasser und hörte in der Ferne die ersten Donnerschläge. Dann blickte ich hinauf zu den Dünen und sah dort, auf dem Gipfel, einen prächtigen großen Elch stehen, der den Kopf hochhielt; aus seiner Kehle drang ein wildes Geräusch. Hin- und hergerissen zwischen Angst und Ehrfurcht trat ich einen schnellen Rückzug an.

Elch bei Cranz

Störche

Am Ende unserer Inspektion verzieh ich Onkel Egon seine Indiskretion, denn der Aufseher fragte mich, ob ich jemals beringte Störche auf unseren Feldern beobachtet hätte. Als ich bestätigte, dass ich solche Besucher gesehen hatte, fragte er mich, ob ich auf unserem Hof ehrenamtlich für die Migrationsbehörde arbeiten würde, indem ich die Nummern dieser Ringe aufzeichne.

Ich hatte Bilder von grün-blauen Pfauen mit perfekt gestalteten Rädern und von eleganten rosa Flamingos in der Camargue gesehen. Der Schneider aus Darkehmen hatte einen Papagei mit leuchtendem Gefieder, der „Hallo" sagen konnte; Onkel Karl hatte einen Kanarienvogel von auffallend gelber Farbe und mit einem reichen Wortschatz; Väti hatte auf einen Adler am Himmel hingewiesen und ihn „stolz und stark" genannt; wir hörten Geschichten von weisen Eulen, die tagsüber selten zu sehen waren, unnahbar und würdevoll; wir wussten, dass Rotkehlchen freundlich und frech waren und dass Nachtigallen schöne Lieder sangen. Doch diese Vögel waren nichts im Vergleich zu unseren geliebten Störchen, die weder sprechen noch singen konnten, weil sie gar keine Stimme hatten; deren Gefieder einfarbig weiß mit einem schwarzen Rand auf den Flügeln war; deren lange rote Beine und Schnäbel eher grotesk als schön aussahen; die weder frech noch freundlich, weder unnahbar noch würdevoll waren.

Jeden Morgen wartete ich darauf, dass das Paar vom Glockennest nach seiner frühen Futtersuche zurückkehrte, und das Klappern war mein Signal, mich anzuziehen. Das Nest war so tief, dass ich die Eier nie sah, aber ich wusste, dass sie gelegt worden waren, denn das Paar verließ das Nest nicht mehr gemeinsam. Männchen und Weibchen sahen sich so ähnlich, dass ich nie wusste, wer gerade die Eier warmhielt. Wenn einer von den Futterplätzen zurückkehrte, beugten beide ihre Hälse, bis sie ihren Rücken berührten und klapperten, klapperten, klapperten. Dann saßen sie eine Weile zusammen in ihrem geräumigen Heim, bevor der andere Vogel auf Futtersuche ging.

Die Babies machten zwitschernde Geräusche; also müssen Störche so etwas wie Stimmbänder haben, dachte ich. Aber selbst der Aufseher in Rossitten wollte das nicht bestätigen. Vielleicht hatten sie irgendwelche embryonale Stimmbänder, die mit dem Wachstum der Hälse verkümmerten.

Ich fand es süß, als ich sah, wie Eltern ihre Schnäbel in die winzigen Schnäbel ihrer Babys steckten, um sie zu füttern, aber als Mutti mich darüber informierte, dass sie erbrochene Nahrung anbieten, wurde mir ganz schlecht. Zum Glück dauerte diese Phase nicht sehr lange. Als die Eltern ganze Frösche brachten und sie auf dem Nest zerrissen – wahrscheinlich noch lebendig, auf jeden Fall zappelnd – war ich nicht im Geringsten angewidert. Vor langer Zeit hatte mir Auguste erzählt, dass es das Lebensziel der Frösche sei, Nahrung für Storchenbabys zu werden; die kleinen Störche mussten ja für ihre lange Reise in den Süden im Herbst stark werden. Auguste hatte mir auch erzählt, dass die Irrlichter auf dem Moor in Sommernächten die fröhlich tanzenden Seelen solcher Frösche seien.

Nach dem Besuch in Rossitten bekamen meine Storchenbeobachtungen eine wissenschaftlichere, aber keineswegs weniger romantische Dimension. Das mir zugesandte Teleskop sah aus wie ein Maschinengewehr. Fröhlich schleppte ich es in aller Herrgottsfrühe und wieder in der Abenddämmerung auf die Wiesen. Dutzende von Störchen aus der Nachbarschaft versammelten sich täglich an bestimmten Lieblingsplätzen. Sie bevorzugten offene Wiesen und den Rand des Moores und verirrten sich kaum, wenn überhaupt, im Gebüsch. Sie hatten einen lustigen Gang, beugten die Knie fast rechtwinklig, bevor sie zu einer anderen Stelle wateten. Ihre teilweise mit Schwimmhäuten versehenen Füße hielten sie fest auf dem Boden, während ihre Schnäbel in den Morast eintauchten. Man konnte leicht sehen, ob sie Ringe hatten. Ich musste nicht in Windrichtung stehen, mich verstecken oder gar besonders leise sein: Störche ließen Menschen bis auf wenige Meter an sich heran, ohne Angst zu zeigen. Aber leider gab es unter unseren Stammgästen nur einen, der in Rossitten gewesen war. Es war ein Weibchen, das dort geboren worden war, wie ich später erfuhr, als ich die Nummer entziffert und an die Beringungsstation geschickt hatte.

Im August tauchten zwei weitere auf, aus Litauen, die bereits auf dem Weg nach Afrika waren. Sie blieben etwas mehr als eine Woche in Mikalbude; weitere kamen dazu, und eines Tages reisten alle ab; unsere Nester waren jetzt wieder leer.

Ich konnte nun ihre Reise mit regelmäßigen Berichten von Rossitten aus verfolgen, wann immer meine Nummern anderswo gesichtet worden waren. Ich dachte an ihre Nahrungssuche im Donaudelta am Schwarzen Meer – unsere eigenen Störche waren dabei, da war ich mir sicher – dann in der Nähe des Jordans, später am Nil entlang und bis zum Viktoriasee… Geografie, in der Schule eine langweilige Abfolge von Wetter- und Vegetationskarten, Listen der Weltmetropolen oder langatmige Diavorträge in fensterlosen Räumen, wurde nun real und interessant.

Die Berichte kamen noch lange nachdem das Teleskop zurück nach Rossitten gegangen war. Im Frühjahr erfuhr ich, wie weit unsere Störche auf ihrer Rückreise gereist waren. Dann begann der ganze Spaß wieder von vorne.

Auf dem Weg zum Dritten Reich

Kurz nachdem ich nach den Schulferien wieder in Rossitten war, pfiff Gisela unseren üblichen Code und sprach dann zum ersten Mal mit mir über Onkel Heinz' missliche Lage.

„Hast du gestern Abend die Nachrichten im Radio gehört?", begann sie.

Das hatte ich nicht, aber jetzt erinnerte ich mich, dass Väti beim Zuhören mit seinen Kopfhörern unruhig geworden war. Gisela war wohl sehr wütend und richtig verängstigt.

„Ich hasse diesen Mann Hitler. Versprich mir, dass du diesen Mann Hitler auch hassen wirst, jetzt und für immer", wiederholte sie immer wieder. „Er ist ein Mörder, er bringt Menschen um, nur weil sie anders sind. Und er heiratet nicht einmal selbst eine Frau!"

Schließlich erzählte sie mir, dass Hitler Röhm und seine Freunde umgebracht hatte, nur weil sie homosexuell waren, und dass er deshalb wahrscheinlich auch Onkel Heinz umbringen würde. Ich war fassungslos, erschrocken und voller Hass.

Unsere Zeitungen oder das Radio berichteten ganz anders über diese Angelegenheit. Sie waren voll des Lobes für unseren hochgesinnten Führer, der sich für die Moral eingesetzt hatte. Es war alles sehr seltsam. Die Erwachsenen trugen zu meiner Verwirrung bei, als ich hörte, wie sie flüsterten, dass mehr dahintersteckte, als man denkt, und dass Himmlers SS ihre Macht ausgebaut hatte. (Erst als mehr als zehn Jahre vergangen waren, erfuhr ich, was wirklich in der „Nacht der langen Messer" passiert war.)

Onkel Heinz wurde nicht ermordet. Er war dünn, blass und niedergeschlagen, als er seine Strafe abgesessen hatte, aber er nahm seine gewohnte Arbeit in der Fabrik Honskamp wieder auf, und die Familie konnte endlich in den Urlaub fahren. Sie fuhren oft in den Freistaat Danzig, denn sie waren alle Opernfans und mochten die Freilichtaufführungen in Olivia. Gisela hoffte auf „Turandot", ihre Lieblingsoper; aber ihre Mutter befürchtete, dass es „Tristan und Isolde" sein würde, eine Oper, die Gisela nicht besonders mochte.

Da ich überhaupt keine Opern kannte, hatte ich keine Vorlieben und nicht einmal den starken Wunsch, Aufführungen zu besuchen. Aber da Gisela mir erzählt hatte, dass dort gesungen statt gesprochen werden, dachte ich, dass Claus und ich es nachts ausprobieren sollten, anstatt mit normalen Stimmen zu reden, bevor wir einschliefen; und so schwebten die Gedanken und Ereignisse des vorangegangenen Tages melodiös durch unsere gemeinsame Zimmertür. Ich merkte nicht, dass singende Stimmen lauter waren als normales Reden, und ahnte nicht, dass Väti uns zuhörte, bis er fragte, warum wir immer fröhliche Dinge in hoher Tonlage laut sangen und leise, tiefe Melodien erfanden, um von Missgeschicken zu erzählen.

Ich war verblüfft, aber Claus antwortete prompt: „Weil die Sonne hoch und hell ist und der Donner grollt."

Jetzt war es Väti, der verblüfft war. Er hatte immer an weise und freundliche Charaktere in Bassstimmen und Hexen in hohen Tönen gedacht; aber er stimmte zu, dass Claus Recht hatte. Wir diskutierten ernsthaft darüber, so wie wir schon lange nicht mehr miteinander gesprochen hatten. Mein Vater war in letzter Zeit reizbar gewesen, manchmal hatten wir fast Angst vor ihm. Ich hatte mich gefragt, warum er sich verändert hatte, und jetzt fühlte ich mich schuldig, weil es vielleicht die Enttäuschung über unseren Mangel an musikalischen Ambitionen war, die seine schlechte Laune auslöste.

In seiner Jugend hatte Väti unbedingt ein Musikinstrument erlernen wollen, aber es war ihm nicht erlaubt worden. Seine Träume blieben bestehen er hatte seine eigenen Chancen verpasst und er fand, dass wir nun viele Möglichkeiten hatten. Wir sollten den fehlenden Teil seiner Kindheit für ihn leben. Wir hörten das oft genug, nicht in so vielen Worten, aber in hoffnungsvollen Träumen von Hausmusik mit mir am Klavier (ich übte nicht für den Unterricht) und Claus an der Oboe (der Hilfslehrer hatte ihn in Skirlack an die Blockflöte herangeführt). Marlene hatte noch im Kinderbettchen die Rolle der zukünftigen Streicherin zugewiesen bekommen. Ein hausgemachtes Trio, das zu unseren selbst gefertigten, juckenden Kleidern passte – und unsere nächtlichen Opern, die als Scherz gedacht waren, hatten Väti glücklich gemacht. Ich ging auf die Toilette und weinte lange.

Am 2. August 1934 sagte mein Vater „Hindenburg ist tot" und zog seinen Kopfhörer ab, damit wir die feierliche Musik aus dem Radio hören konnten. Ich starrte auf das Porträt über der Chaiselongue, als wäre der Mann plötzlich lebendig geworden, eine Legende, die zu bloßem menschlichen Fleisch und Blut geworden war. Ich hatte wohl schon einmal gehört, dass Hindenburg der Bundespräsident war, der Hitler ein Jahr zuvor in Potsdam die Hand geschüttelt hatte, aber die Verbindung mit dem Helden von Tannenberg hatte ich nie registriert.

Das Bild hing schon vor meiner Geburt an derselben Stelle: ein altes Gesicht, ernst, etwas distanziert, mit einer Medaille auf einer Jacke, die so leicht skizziert war, dass nicht klar war, ob es eine Soldatenuniform oder der Tweed eines Landedelmannes war. Lange bevor ich geboren wurde, war er der Retter Ostpreußens gewesen. Noch bevor ich die großartige Geschichte vom Trojanischen Pferd hörte, hatte man mir schaurig-schöne alte Geschichten erzählt, wie Hindenburg die russische Armee in die masurischen Seen getrieben hatte. Ich hatte ein lebhaftes Bild vor Augen, wie Tausende von Kosaken auf ihren Pferden von allen Seiten in einen großen See eindrangen und immer tiefer in die Mitte ritten, bis das Wasser erst die Pferde, dann ihre Reiter bedeckte; und am Ufer sah ich diesen Mann Hindenburg, der mit der Peitsche knallte. Dann, als alles still war, senkte er die Peitsche und neigte den Kopf in stillem Gebet.

Ora et labora war Hindenburgs Motto, hatte mir mein Vater in ehrfürchtigem Ton gesagt und hinzugefügt: „ein gutes Motto für jedes Leben". Ich glaubte ihm, obwohl in seinem Verhalten kein Hinweis auf das *Ora* zu finden war. Die Protestanten, vor allem die Nachfahren der verfolgten Salzburger, verachteten die „katholischen Exhibitionisten", die bei Tisch das Tischgebet „herunterrasselten" und in Krisensituationen offen mit dem Rosenkranz hantierten. Auch für mich war das Gebet eine durch und durch private Angelegenheit, ein Danken, wenn ich keine offensichtliche Person sah, der ich von meinem Glück berichten konnte. Ein solches Gebet sprach ich in Gedanken, als ich mir sicher war, dass das Porträt Hindenburgs endgültig ins Reich der Legende verwiesen worden war.

Nicht so unser Nachbar, der Pferdewirt, der ungalant und wütend ankam und nicht einmal wartete, wir Kinder im Bett waren, bevor er sie lospolterte. Er sprach von der endgültigen Besiegelung des Totenscheins, nicht von Hindenburg, sondern von einem Ding namens „Grundgesetz" und drängte meine Eltern, bei einer Volksabstimmung mit „Nein" zu stimmen.

„Warum?" fragte Väti, „ich dachte, du hältst nicht viel davon."

Ich beschloss, Herrn Pichotka, unseren Mathematiklehrer, darüber zu befragen. Der Geschichtslehrer wäre nutzlos: Er wich nie von unserem streng chronologischen Lehrplan ab, und wir waren gerade erst bei Karl dem Großen angekommen. Ich fragte ich mich, ob es hier einen Zusammenhang gab. Unser Nachbar sprach davon, dass Hitler nun absoluter Führer, Präsident und Oberbefehlshaber der Armee sowie Kanzler geworden sei… wie Karl der Große?

Unser Lehrer hatte erwähnt, dass die Geschichtsbücher bald geändert werden könnten; er hoffte, dass einem Kaiser, der bei Verden Hunderte von Sachsen massakrierte, nur weil sie sich weigerten, Christen zu werden, das Attribut „groß" genommen würde. Vielleicht gäbe es eine Möglichkeit, mit dem Geschichtslehrer zu reden, wenn Hitler nun die gleiche Macht hätte? Mein Herz sank bei dem Gedanken an Giselas Onkel Heinz.

Aber der eigentliche Zorn unseres Pferdewirtes galt dem Befehl, dass die Offiziere der Armee – Adlige, die meisten von ihnen – einen Treueeid auf die Person des Kleinen Korporals schwören mussten: „Nicht einmal Napoleon hat das von seinen Männern verlangt!" rief er wütend.

„Spielt es eine Rolle", fragte sich mein Vater, „ob man auf eine Person schwört oder auf die Verfassung – oder auf das Vaterland oder irgendeinen anderen Begriff?"

Im Laufe dieses Gesprächs schien es mir fast so, als würde Väti den Bruch eines Eides befürworten, wenn es sich um eine Gewissensfrage handelte. Dabei hatte er mir in den elf Jahren meines Lebens absolut klar gemacht, dass es ein höchstes Verbrechen sei, ein Versprechen zu brechen. Ich sollte niemals die Worte „Ich verspreche" benutzen, nicht einmal in kleinen Angelegenheiten; denn wer wusste schon, ob ich mir, während ich etwas Versprochenes holte, das Bein brechen könnte, und wo wäre ich dann? Ja, wo? Ich stellte mir vor, dass der Himmel auf mich herabfällt oder die Hölle mich verschlingt, und so ging ich auf Nummer sicher und gab nie ein Versprechen ab.

Mir kam der Gedanke, dass mein Vater nur Unsinn redete, um die Besessenheit unseres Nachbarn von Hitlers bescheidener Herkunft herauszufordern. Ich zog mich mit dem nicht ganz unangenehmen Gefühl ins Bett zurück, dass sich die Erwachsenen kindisch verhielten.

Bei den seltenen Gelegenheiten, bei denen ich mir Zeitungen anschaute, verspürte ich Gewissensbisse, weil ich die Launen meines Vaters widerlich fand. Die zukunftsweisenden Trends vom natürlichen Leben und auch von der Technisierung machten mir Angst, nicht so sehr, weil es sie gab, sondern vielmehr, weil man sie nicht bedauerte. Es gab prahlerische Statistiken über zunehmenden Autobesitz, Radiobesitz, Elektrifizierung der Häuser, ganz zu schweigen von einem Finanzjargon, den ich nicht verstand, den ich aber seltsam kalt und unheimlich fand. Väti widersetzte sich immer noch der Modernisierung; unsere Lichter waren immer noch weich, außer dem blauen, kalten Licht der Spirituslampen, die an manchen Decken für große Partys verwendet wurden, wenn lebhafte, gut gekleidete Menschen vom harten Licht ablenkten; und der Opel blieb immer noch die meiste Zeit in einem Schuppen – wie lange noch, fragte ich mich?

Zwei Zeppeline schwebten direkt über unseren Hof – so leicht, so riesig, so geräuschlos. Da habe ich moderne Erfindungen bestaunt, ohne Angst zu empfinden.

Unser Vetter Rolf hüpfte vor Freude, als sein Max Schmeling Joe Louis schlug. Gigli sang *Vergiss mein nicht* und sah durch meine Tränen hindurch groß und stattlich aus, und ich vergaß, wie klein und dick er war. Pola Negri war verblüffend attraktiv in *Mazurka*. Heli Finkenzeller war wieder lustig in *Boccaccio* und sang von romantischen Nächten, die man nie allein verbringt. Aber ich hasste Shirley Temple, denn sie sollte mich über die Demütigung hinwegtrösten, an der Kinokasse abgewiesen zu werden, als ich versuchte, als Sechzehnjähriger durchzugehen. Ich schaffte es nicht, trotz meines erwachsen aussehenden marineblauen Regenmantels und des breitkrempigen, schlaffen weißen Leinensonnenhuts. Gisela hatte mehr Glück und marschierte direkt ins Kino, um *Waldwinter* zu sehen, was überhaupt kein aufregender Erwachsenenfilm war, wie sie mir später erzählte. Das Anstößige daran war offenbar die Tatsache, dass die Heldin eine verheiratete Frau war, die sich in einen anderen Mann verliebte – aber ihren eigenen Gefühlen widerstand! Ich hätte dankbar sein sollen, stattdessen Shirley Temple zu sehen, aber ich schmollte.

Jedem Film ging eine Wochenschau voraus, und die fand ich faszinierend. Aber Gisela hatte keinerlei politische Interessen. Sie mochte nur die Auftritte von medaillengekrönten Eiskunstläufern wie Sonia Hennie oder von dem Paar Ernst Baier und Maxi Herber oder von bestimmten Reitern, die gelegentlich gezeigt wurden.

Ende 1936 wurde die Mitgliedschaft in der Hitlerjugend zur Pflicht. Ich war gelähmt vor Angst vor den wöchentlichen Gruppenaktivitäten in Marineröcken und weißen Blusen. Gisela schaffte es, ein ärztliches Attest zu bekommen, das besagte, dass sie aus gesundheitlichen Gründen nicht an sportlichen Aktivitäten teilnehmen konnte, und plötzlich kam mir der Gedanke, dass der Arzt vielleicht die Wahrheit geschrieben hatte. Ich begann besorgt zu beobachten, wie leicht sie ermüdete, wenn wir spazieren gingen oder ritten, aber meine eigene Gesundheit ließ mich die

Ängste bald vergessen. Eines Tages würde wohl jemand kommen und fragen, warum ich nicht bei den Gruppentreffen war; aber vielleicht überließ es die Gruppe in Darkehmen der Gruppe in Skirlack; schließlich kümmerte sich niemand darum, und ich blieb unbehelligt.

Drohender Ausschluss

Als ich in Quarta ankam, begannen wir mit dem Geometrieunterricht, den ich verehrte, Physik, das ich mochte, und Englisch, das ich hasste. Unser Englischlehrer (den wir nach einer Novelle in der Schulbibliothek namens „Pico Sands Spiegel" – sein richtiger Name war Dr. Sand – „Pico" nannten) lispelte stark; so bekam das englische „th" eine besondere Betonung und Spritzer Spucke. Ich weigerte mich absolut, auch nur ein „th" zu versuchen und wurde allgemein unausstehlich. Pico, der stellvertretende Direktor an der Schule, schrieb meinen Eltern, dass sie sich gezwungen sähen, mich zu abzuweisen. Meine Eltern waren sehr aufgebracht und arrangierten, ein privates Gespräch zwischen Pico und mir. Es war ein sehr emotionales Gespräch.

„Warum willst du an dieser Schule bleiben?"
„Weil meine Eltern sehr verletzt wären, wenn ich gehen müsste."
„Du liebst also deine Eltern?"
Ich war sprachlos.
Tränen traten ihm in die Augen, als er sagte: „Das beweist mir, dass du tief im Inneren sehr gut bist. Versprichst du, dass du dich in Zukunft im Englischunterricht gut benimmst?"

„Ich kann nicht", stammelte ich. „Ich weiß nicht, wie stark ich bin. Ich möchte doch kein Versprechen brechen." Seine emotionale Art ekelte mich an, aber ich war selbst den Tränen nahe. Als er sich ein wenig gefasst hatte, sagte er, ich könne bleiben, denn meine Ehrlichkeit zeige, dass ich eine echte Christin sei. Er entschuldigte sich für sein eigenes Versagen, die Schönheit der englischen Sprache zu vermitteln, und drückte die Hoffnung aus, dass ich eines Tages einen englischen Schauspieler sprechen hören würde, der mir all die reichen Varianten der englischen Vokallaute zeigen würde. Er war sich seines Versagens durchaus bewusst und es tat ihm sehr leid... Ich bekam ein richtig schlechtes Gewissen. Pico war fraglos der freundlichste aller unserer Lehrer; er war auch der schwächste, der am wenigsten respektierte.

Neben Englisch unterrichtete er Religion. Er war so enthusiastisch, so aufrichtig, so voll von Leben und einem lebendigen Gott. Ich war eine gute, aufmerksame Schülerin in diesen Unterrichtsstunden. Ich erinnere mich an die Lektionen über Johannes IV, besonders die Verse 20–21.

„Es ist nicht Jerusalem, noch irgendein Tempel, noch irgendein heiliges Gebäude. Die Kirche Gottes ist überall, überall um uns herum. In den Wiesen dort" – er zeigte über den Schulzaun, wo wir von unserem oberen Klassenzimmer aus Gras sehen konnten – „und unten am Hang, in den Wassern des Flusses Angerapp..."

Dagegen war unser Religionsunterricht im Gemeindehaus belanglos. Diejenigen, die konfirmiert werden wollten – also alle außer Joachim, dem Mennoniten, und Irmgard, der Jüdin – mussten vom Hauptpastor, dem Superintendenten der Kirche von Darkehmen, unterrichtet werden. Im ersten Jahr hatten wir einmal in der Woche eine zweistündige Unterrichtsstunde, im zweiten Jahr waren es zwei Stunden pro Woche. In all dieser Zeit diskutierten wir nie etwas; der Pastor lehnte Fragen sogar strikt ab. Er las uns aus der Bibel vor, gab ein paar fertige Erklärungen zu schwierigen Ausdrücken und sorgte vor allem dafür, dass wir lange Passagen auswendig lernten.

Es machte mir Spaß, die Psalmen zu lernen, manche mehr als andere; aber als es um die „wichtigsten Dinge" ging, das Glaubensbekenntnis, das Vaterunser (als ob wir das nicht wüssten) und die Zehn Gebote, zu denen Luthers „Was ist das?" nach jedem einzelnen Gebot, verbrachte ich die Stunden damit, zu kritzeln, laut zu gähnen und mich mit meinem Nachbarn zu unterhalten. So kam die zweite Androhung des Schulverweises, zu einer Zeit, als unsere Schneiderin zu Hause gerade mein Konfirmationskleid nähte. Sie wartete schon auf meine nächste Anprobe, den Mund voller Stecknadeln, so dass sie nicht sprechen konnte, als ich ihr sagte, dass es keinen Sinn habe. Sie ignorierte meine Beteuerungen und ließ mich das fast fertige Kleidungsstück anprobieren.

Väti lachte, als der Brief des Superintendenten kam: „Soll er es doch wagen, jemanden von der Konfirmation auszuschließen!"

Aber Mutti nahm die Drohung ernst und war unglücklich, während sie mir gleichzeitig versicherte, dass ich mein schönes Glasbatist-Kleid auf jeden Fall bekommen würde, für zukünftige Bälle.

Am folgenden Montag waren meine beiden Eltern aufgebracht – eher wütend als traurig. Der Superintendent hatte meinen Namen in das öffentliche Gebet von der Kanzel aufgenommen, laut und deutlich, gleich nach dem von Hitler! Was würden die Leute über unsere Familie denken? Würden sie unsere Gesellschaft meiden? Meine Klassenkameraden jedenfalls fanden die Situation urkomisch.

Ich würde also nicht konfirmiert werden, dachte ich, und da ich genauso gut wegen eines Schafs wie wegen eines Lamms gehängt werden könnte, beschloss ich, diesem Pfarrer meine Meinung zu einem Thema zu sagen, das mich seit dem Sommer 1937 umtrieb. Damals hatte die Verhaftung und Inhaftierung des Berlin-Dahlemer Pfarrers Niemöller eine Schockwelle in Deutschland ausgelöst. Niemöller war ein hoch angesehener, integrer Mann, der durch sein biographisches Buch über seinen Wechsel vom U-Boot-Kommandanten im Krieg 1914–18 auf die Kanzel populär geworden war. Die Menschen waren verwirrt, als sie erfuhren, dass nicht nur die Kommunisten, sondern auch ein Mann von unzweifelhaftem Patriotismus in Konflikt mit einer Regierung geraten war, die so viel Gutes für sein Land getan hatte. Unser Pfarrer in Darkehmen hatte sich in dieser Angelegenheit völlig still verhalten, nicht einmal ein Gebet für Niemöller von der Kanzel aus gesprochen – nur eines für ein Mädchen, das den Konfirmandenunterricht gestört hatte… Das sollte meine Angriffslinie sein.

Aber als ich zu einem Überraschungsgespräch ins Pfarrhaus gerufen wurde und der Superintendent mir sagte, Gott habe ihn gebeten, mich konfirmieren zu lassen, schwieg ich. Als er mich dann noch damit überraschte, meinen Konfirmationsspruch an Ort und Stelle wählen zu müssen – es sollte nur ein Vers sein, und zwar aus dem Alten Testament, auf den der Pfarrer selbst eine Antwort im Neuen Testament finden würde – konnte ich nur an den Dreiundzwanzigsten Psalm denken: „Er weidet mich auf einer grünen Aue und führt mich zum frischen Wasser."

„Schau dir die Lilien im Tal an…", war seine Antwort.

Wusste er, dass wir Maiglöckchen für meinen Konfirmationsstrauß bestellt hatten, lange bevor ich fast ausgeschlossen wurde?

Konfirmation

Am 13. März 1938, eine Woche vor meiner Konfirmation, wurde Deutschland Teil von Österreich. So habe ich es zumindest gesehen. Es wäre ziemlich unerträglich gewesen, sich das graue Berlin als Hauptstadt des Landes der Walzerkönige vorzustellen. Und da war mein Glasbatist-Kleid Es hatte einen gerüschten tiefen Ausschnitt, riesige Puffärmel, einen gerafften, weiten, bodenlangen Rock, der nur darauf wartete, eines Tages unter den Lüstern der Wiener Hofburg einen Walzer zu tanzen… Was für ein schöner Traum hatte begonnen!

Claus sagte, dass ich wie ein Engel raschelte – das war der Taftunterrock – und wie einer aussah. Ich fühlte mich eher wie Lilian Harvey, als ich in unsere offene Kutsche stieg. Es war ein warmer, sonniger Tag und ich brauchte keinen Mantel für die Fahrt nach Darkehmen. Claus drehte sich immer wieder von seinem Platz neben dem Kutscher um, nur um mich zu bewundern. „Deine Aquamarine funkeln so schön", sagte er.

Der Aquamarin sollte mein Geburtsstein sein, was immer das auch heißen mochte. Omi hatte mir zur Konfirmation einen geschenkt, der an einer Platinkette hing. Mutti schenkte mir einen Ring, teils Gold, teils Platin, mit demselben Stein, und Väti schenkte mir eine goldene Uhr. Die Konfirmation war das wichtigste Ereignis im Leben eines Menschen, und jeder schenkte das wertvollste, was er sich leisten konnte.

Ich hätte den Menschen am Straßenrand gerne zugewunken, wie es Prinzessinnen in Filmen tun, aber es gab keine Menschen, die für mich die Chaussée säumten. Als ich die Menschenmenge in der Nähe des Pfarrhauses sah, fühlte ich mich plötzlich nicht im Geringsten königlich, sondern auf unerwartete Weise aufgeregt.

Die Glocken läuteten, als wir in einer Prozession vom Pfarrhaus zur Kirche gingen. Ich ließ meinen Tränen freien Lauf, weil ich kein Taschentuch mitgebracht hatte und mich nicht traute, meine neuen Seidenhandschuhe zu benutzen. Ich umklammerte meinen Blumenstrauß und mein weißes, goldgeprägtes Gesangbuch und versuchte verzweifelt und erfolglos, an etwas Lustiges zu denken.

Wir saßen in den vorderen Reihen der Kirche. Das Mädchen neben mir war vollständig nass. Ich sah den kleinen Bach, der den Boden entlanglief, und bemerkte den großen Fleck hinten auf ihrem Kleid, als sie nach vorne zum Altar ging; aber erst als wir still nach Hause fuhren und die weltlichen Gedanken sich wieder durchsetzten, wurde mir klar, was passiert war.

Der erste dieser Gedanken war ein Schock: Die Dienstmädchen, die Köchin, Frau Schalonka und Frau Schwarz reihten sich feierlich auf der Verandatreppe auf, um mich zu begrüßen. Sie nannten mich jetzt „Fräulein" und sprachen mich mit „Sie" an.

Frisch konfirmiert, und leider erwachsen

War das eine Art Scherz? Offenbar nicht. Ein Konfirmand war ein Erwachsener, und die einzige Möglichkeit, zu vertrauten Wegen zurückzukehren, war, Brüderschaft zu trinken.

„Also gut, fangen wir an", sagte ich, bestrebt, die Normalität wiederherzustellen.

Väti brachte Champagner auf die Veranda. Einer nach dem anderen verschränkte die rechten Arme mit mir – die Arme, die das Glas hielten – trank den Inhalt in dieser Position aus und stellte sich dann formlos vor: „Frieda". „Anneli", erwiderte ich. Es war eine lächerliche, aber durchaus angenehme Art, beschwipst zu werden.

Doch als Frau Schalonka „Henriette" sagte, verschluckte ich mich fast. „Nein", sagte ich und löste meinen Arm, „so etwas kann ich nicht sagen." Wie sollte ich auch, nachdem ich ein Leben lang zu dieser Frau aufgeschaut hatte? Ich war den Tränen nahe und wünschte, ich wäre nie konfirmiert worden, als Frau Schalonka darauf bestand, dass es entweder das oder die neue Formalität sei. Mutti schlug einen Kompromiss vor: Die Frauen des Hofes sollten mich weiterhin mit meinem Vornamen anreden, aber zur „Sie"-Form der Anrede wechseln, während ich wie bisher weitermachen sollte. Das wirkte immer noch albern, war aber das Beste, was ich erreichen konnte.

Dann wurde geschlemmt, es wurden Reden gehalten und lustige Verse aus der Konfirmandenzeitschrift vorgelesen, die Onkel Arnold und Onkel Karl in gemeinsamer Arbeit erstellt hatten. Dann kam Gisela, und das Tanzen begann.

Gisela konnte nicht in ihrem eigenen Haus feiern, weil ihre Großmutter ein paar Tage zuvor gestorben war. Sie kam mit dem Auto mit Kurt Fuchslocher, einem Landwirtschaftsstudenten aus Chile, der die letzten drei Jahre damit verbracht hatte, auf den verschiedenen Böden einiger Bauernhöfe im Bezirk mit verschiedenen Methoden des Grasanbaus zu experimentieren. Er war ein großer, gutaussehender Mann, und Gisela war in ihn verknallt. Aber obwohl er öfter mit ihr tanzte als mit jeder anderen Partnerin, und obwohl sie inzwischen erwachsen war, konnte sie ihn nicht einmal zu einem Kuss verleiten, auch nicht dazu, Briefe aus Chile zu schreiben, nachdem er Ostpreußen verlassen hatte. So nahmen wir später an, dass er bei einem Erdbeben ums Leben gekommen sei, welches in unseren Zeitungen Schlagzeilen machte. Wir benannten ihm zu Ehren Lichtungen in unserem Wald, Groß-Chile und Klein-Chile, je nach dem Grad des erdbebenartigen Aussehens der gefällten Bäume, die dort lagen.

Aber an unserem Konfirmationstag träumten wir von Giselas Liebe, während wir tanzten, bis der Morgen graute, und wir uns für unseren Erstkommuniongottesdienst in der Kirche von Darkehmen umziehen mussten. Ich hatte mir wieder ein besonderes Kleid für diesen Anlass anfertigen lassen: marineblaue Seide mit Kragen und Manschetten in einem blauen Karo mit einem rosa Webmuster in einer speziellen Bänderform. Ich fühlte mich sehr damenhaft, obwohl ich nie irgendwelche Ambitionen in dieser Richtung hatte. Als mir dann der Pfarrer den großen silbernen Kelch reichte, nahm ich ihn mit beiden Händen entgegen und leerte den letzten Tropfen des Rotweins. Meine armen Eltern versanken vor Scham fast im Erdboden.

So erreichten wir im Alter von kaum fünfzehn Jahren den offiziellen gesellschaftlichen – wenn auch nicht rechtlichen – Status von Erwachsenen. Die Lehrer in der Schule sprachen uns nun förmlich an, mit Ausnahme von Herrn Pichotka, der es für verrückt hielt, nur für die wenigen Wochen, die wir noch in Darkehmen waren, zu wechseln. Wir standen kurz vor den Einjährigen-Prüfungen, die uns für die meisten Berufe und Ausbildungen qualifizierten, nicht aber für ein Universitätsstudium.

Meine letzte Schule

Die Zeit der Abschiedsfeiern war gekommen. Engelsweiße Unterkleider wichen rosafarbenen oder blauen Taftkleidern mit demselben Muster. Offiziere, die während der jährlichen Manöver auf Bauernhöfen einquartiert waren, gesellten sich zu den Schulabgängern. Ich war eifersüchtig auf Nucke, denn der junge Nöh ließ sich nicht davon abbringen, sie anzubeten. Was war das für ein Ding, das man Sex-Appeal nannte? Nucke war überhaupt nicht schön, aber die Männer umschwärmten sie wie die Fliegen – erwachsene Männer, nicht unsere Klassenkameraden. Sie hatte einmal in einer Schülerzeitung am Ende des Schuljahres über meinen extremen „nicht vorhandene Sportlichkeit" geschrieben: „Sturmlauf ist das Allerschönste! Schon die Nacht davor, da stöhnste... in der langen Ferienzeit, sammle Kraft zu neuem Streit!"

Wellen der Freude lösten die tiefe Furcht ab, um dann wieder in jenes beklemmende Gefühl der Angst zu stürzen. Eine eingeschlechtliche Schule war eine beängstigende Aussicht, aber Darkehmen ging nicht über das Einjährige hinaus, und die Insterburger Schulen, das Lyzeum für Mädchen, das Gymnasium für Jungen, waren unsere einzige Chance, die Hochschulreife zu erreichen. Drei Jahre lang würde ich ausharren müssen. Das einzige andere Mädchen aus Darkehmen würde in einer anderen Klasse sein.

Gisela wollte in Königsberg Grafik studieren. Ihre Eltern hatten bereits eine Atelierwohnung für sie gemietet, was sich aufregend anhörte, so sehr ich es auch gehasst hätte, die ganze Woche in einer Stadt zu verbringen. Aber Gisela war sowieso ein Stadtmädchen. Sie würde die Premieren von Filmen sehen, die viele Monate später nach Darkehmen kamen; sie würde viele Opern sehen; und, das Beste von allem, sie würde mir über all das schreiben. Die Aussicht darauf war berauschend. Die Briefe, wenn sie kamen, waren eher weniger aufregend: Sie zeichnete Karikaturen, fügte ein paar Worte hinzu, dann wieder eine Karikatur über ein völlig anderes Thema. Sie waren so, wie Gisela sprach, oft mitten im Satz das Thema wechselnd; aber auf dem Papier wirkte es noch verwirrender.

Ich antwortete in langen, detaillierten Schilderungen, die Gisela wahrscheinlich langweilten: über die Strapazen der kichernden, rein weiblichen Umgebung; über die Geschichtslehrerin, die sehr dick war und sich manchmal gegen die Klassenzimmertür stellte (wahrscheinlich, um ein wenig Zugluft zu erhaschen, die sie abkühlen sollte, dachten wir) und über ihre herausfordernden, zum Nachdenken anregenden Aussagen. Ihr Spitzname war ‚Rote Klara', weil ältere Leute schworen, dass sie sie in den zwanziger Jahren mit dem Spartakusbund auf den Barrikaden in Berlin gesehen hatten. Ich schrieb auch über die Mathelehrerin, die so brillant war, dass sie die fehlende Brillanz bei anderen einfach nicht begreifen konnte. Sie rief mir dann verzweifelt zu: „Anneli, kannst du es ihnen in einfachen Worten erklären?" Das klappte in Mathe und in Physik, wo wir Darkehmer den Lyzeumsschülerinnen voraus waren, ganz gut, war aber ein Fiasko im Fach Chemie, das wir nie gehabt hatten.

Ich schrieb auch einen großspurigen Nachruf auf Thienemann, den Gründer der Rossittener Sternwarte, dessen Tod das Ende meiner Storchenbeobachtungen bedeutete.

Diese Briefe von mir wurden auf Busfahrten zur und von der Stadt geschrieben, die jeweils weit über eine Stunde dauerten. Ich erledigte auch die meisten meiner Hausaufgaben im Bus, so dass ich nach einem späten Mittagessen frei hatte und das Leben auf dem Bauernhof genießen konnte.

Eine neue Maschine war eingetroffen, die das erstaunliche Kunststück vollbrachte, Mais schon beim Schneiden zu Garben zu binden. Wir bestaunten dieses technische Wunderwerk ohne übermäßige Sorge. Es brauchte nicht mehr als ein heftiges Gewitter, um den Selbstbinder für den Rest der Saison nutzlos zu machen. Die Sensen kamen heraus, um den plattgedrückten Roggen zu schneiden; die Frauen liefen hinterher, sammelten große Armladungen und wickelten Strohseile um die Bündel in der alten Weise; ihr Geplapper folgte dem freundlichen Raunen der Männer, und die Lerchen oben sangen laut.

Spaziergang entlang der Birkenallee

Der Unterricht in Insterburg war viel anregender als in unserer alten Schule. Das war natürlich, da wir uns auf die Universität vorbereiteten. Wir haben in der Klasse heftig gestritten, und wenn ich mir meiner Meinung nicht sicher war, habe ich den anderen bewusst widersprochen, um meine eigene zu herauszufinden.

Waren Schillers Sympathien in seiner Tragödie *Maria Stuart* fehl am Platze? Sollte man nicht die Staatskunst von Elisabeth I. bewundern? Bis auf ein Mädchen in der Klasse sprachen sich alle für die Heldin Maria aus. Wir diskutierten über die Freiheit des Denkens, wie sie der Marquis Posa in Schillers *Don Carlos* fordert. Man riet uns, *Wilhelm Tell* zu lesen, da er noch im Buchhandel erhältlich war, obwohl er nicht mehr im Lehrplan der Schulen für Literatur zugelassen war.

Das war die erste offizielle Bestätigung, die ich dafür hatte, dass die Regierung Entscheidungen darüber traf, was die Leute lesen sollten. Tante Anne hatte das immer gesagt, ohne konkrete Beispiele zu nennen. Bald entdeckte ich ein noch unheimlicheres Zeichen für solche Verbote.

Anneliese Bagdahn, die Tochter unserer Nachbarin, war in Hamburg auf eine Sprachenschule gegangen und verkehrte offenbar in „patrizischen" Kreisen, in eine reine Gesellschaftsschicht, die den Städten der alten Hanse eigen war. Mutti meinte, dass ich es interessant finden würde, darüber zu lesen und schlug mir Thomas Manns *Die Buddenbrooks* vor. In einer Buchhandlung sagte man mir höflich, dass es vergriffen sei; in der Bibliothek schrie mich die Verkäuferin an: „Soll das ein Scherz sein? Oder ist es etwas Schlimmeres?" Dann, wahrscheinlich meine Unschuld erkennend, fügte sie hinzu: „Hüten Sie sich vor der Person, die Ihnen gesagt hat, Sie sollen danach fragen. Wir führen sicher keine subversive Literatur, das wäre eine Straftat."

„Dumme Kuh", sagte Mutti, als ich von meinem Erlebnis berichtete, „die vertuscht ihre eigene Unwissenheit." Sie bestand hartnäckig darauf, dass in Deutschland niemals Bücher verboten werden könnten; so etwas passiere nur in kommunistischen Staaten. Aber nein, sie würde nicht mit mir in die Bibliothek kommen: Es sei unwürdig, mit dummen Menschen zu streiten. Sie fügte hinzu, ich solle mich dem Einfluss von Tante Anne widersetzen, weil diese sich über Hitlers mangelnde literarische Bildung aufrege.

Ich hätte vor Frustration weinen können. Warum glaubte mir meine Mutter nie, wenn die Dinge nicht in ihr Bild der Realität passten? Väti hatte das Buch tatsächlich im Regal stehen, aber ich fand es schwer, Manns endlos langen Sätzen zu folgen und gab es auf. Es gab mehr Bücher, die ich lesen wollte, als ich Zeit hatte, und die Hanseaten standen nicht ganz oben auf meiner Liste.

In Englisch lasen wir *Hamlet* und *Der Kaufmann von Venedig*, worauf ich zugeben musste, dass Shakespeare ein fast so guter Schriftsteller wie Goethe war, trotz der Überdosis an Grausamkeit und Betrug in seinen Stücken. Wir lasen auch *Oliver Twist* und lernten Hoods *Lied vom Hemde* auswendig, beides bestätigte die deprimierende Vorstellung, die ich von Großbritannien hatte. Shelleys *Ode an den Westwind* verbesserte meine Meinung über die ferne Insel ein wenig. Mein Bild von Amerika wurde durch *Onkel Toms Hütte* und *Tom Sawyer* heraufbeschworen. Es kam mir nie in den Sinn, diese Länder für die Freiheit zu bewundern, die es ihnen ermöglichte, allen wenig schmeichelhafte Geschichten zur Verfügung zu stellen.

Frankreich kam so rüber, wie ich es sehen wollte, mit Daudets *Lettres de mon moulin*, Balzacs *La femme de trente* (man kann den Franzosen trauen, wenn sie eine alte Frau von dreißig Jahren beschreiben, die sich verliebt!), Lamartine, La Fontaine, Molière… ich liebte sie alle.

Es machte mich wütend, dass Mädchenschulen nicht als geeignet angesehen wurden, Altgriechisch zu lernen; die Jungen am Gymnasium waren ebenso wütend darüber, diese Sprache lernen zu müssen. Aber meine wirkliche Wut richtete sich gegen unseren Schulleiter, der Latein zum einer „Pflichtfach" für den akademischen Zweig der Schule machte. Offiziell wurde es als freiwilliger Teil des Lehrplans angesehen. Warum hat er es also nicht uns überlassen, zu entscheiden?

„Weil es ein wertvolles Training in Logik ist", sagte er, als ich ihn damit konfrontierte.

„Was für eine Logik steckt in der Wahlpflicht?"

„Keine", lachte er, „aber ich musste einen Weg finden, dir Grundlagen zu geben, für die du vielleicht eines Tages dankbar sein wirst."

„Ich nicht! Nicht, wenn ich nicht auch Unterricht in Griechisch haben kann!" erklärte ich. Aber es gab niemanden an unserer Schule, der sich freiwillig gemeldet hätte, um Griechisch zu unterrichten.

Ich weigerte mich hartnäckig, am Lateinunterricht teilzunehmen und las während des Unterrichts *Vom Winde verweht* auf meinem Schoß. Wenn trotzdem einige Äußerungen des Lehrers in mein Gehirn drangen, konnte ich nicht viel dagegen tun. Eines der Wörter mochte ich sogar: *urbs, urbis* passte zu der Befindlichkeit, die wir nach einem Tablett voller Sahneschnittchen vom Café Dünkel hatten. Davon kauften wir in unseren freien Zeiten massenweise und urb-urbisierten uns zu einer Bank im Stadtpark und zurück.

Zeichen der Zeit

In der Biologie lernten wir den Wert der arischen Gene bei den indogermanischen Rassen kennen. Gute Zucht auf dem indischen Subkontinent und in den nordischen Gebieten Europas hatte zu einer reinen Konzentration der edelsten Merkmale der Menschheit geführt, und bestimmte Gene für Intelligenz waren am stärksten bei den blonden und blauäugigen Europäern angelegt. Bestimmte Merkmale der Größe und des Knochenbaus schlossen die Slawen aus dieser Kategorie aus. Da dunkle Gene dominant waren, bestand meine einzige Chance, zigeunerhafte Kinder zu bekommen, darin, einen Mann mit schwarzen Haaren und schwarzen Augen zu heiraten und zu hoffen, dass er keine der rezessiven hellen Merkmale gespeichert hatte.

Mindestens einmal im Jahr kamen Zigeuner zu Besuch auf unseren Hof und auf andere in der Umgebung. Sie wurden meist mit Misstrauen und Angst vor ihren möglichen diebischen Gewohnheiten behandelt, aber ich mochte sie gern: ihr dunkles Haar, ihre braune Haut, ihre funkelnden dunklen Augen und ganz allgemein ihre romantische Art. Bemerkungen, dass sie wahrscheinlich nicht von starker moralischer Natur waren, beunruhigten mich nicht.

Ein Mann spielte entweder Geige oder Akkordeon, und ein anderer hielt einen Bären, der auf seinen Hinterläufen stand, an einem Band, das ihm um den Hals gelegt wurde; und mit hoch erhobenem Kopf tanzte der Bär in fast perfektem Rhythmus zur Musik. „Wie grausam!" sagten einige Umstehende. „Wie romantisch!", dachte ich.

Unser Inspektor hatte eine Grammophonplatte, die spielte „Du schwarzer Zigeuner, komm spiel mir was vor Denn ich will vergessen heut', was ich verlor." Und obwohl ich nichts verloren hatte, machte mich dieses Lied traurig und glücklich zugleich. Ich freute mich, dass man mir ein paar Münzen gab, die ich in den Bettelbeutel des Mannes stecken konnte, aber selbst eine gute Freundin wie Frau Schalonka schüttelte missbilligend den Kopf. „Bettler", murmelte sie. Natürlich musste sie das sagen, war sie doch selbst eine so fleißige Frau.

Giselas Kunsthochschule hatte Kartoffelferien wie normale Schulen, und so kam es, dass wir zusammen im Kino in Darkehmen waren, als die Wochenschau von der „Heimkehr" des Sudetenlandes gezeigt wurde. Die Menschen schrien und sangen und weinten vor Freude, als Hitler durch die Straßen von Eger fuhr, und wir im Kino weinten mit ihnen. Wir waren so gerührt, so dankbar für Hitler, der die armen Kerle befreit hatte, ohne einen Tropfen Blut zu vergießen.

Ich weinte nicht gerne vor anderen Menschen, aber es passierte mir wieder, wieder in einem Kino, nicht lange nach den Sudetenland-Szenen. Diesmal war es ein Spielfilm, *Ich klage an*, der das Leiden unheilbar kranker oder schwer behinderter Menschen zeigte, die nicht sterben konnten, weil das Gesetz Euthanasie verbot. In den Kinos gab es vormittags Sondervorstellungen für Schulen, zu denen wir als Teil unserer Ausbildung mitgenommen wurden. Die Aufklärung funktionierte: Es gab einen Aufschrei gegen dieses spezielle Gesetz und die öffentliche Nachfrage bewirkte, dass es offiziell geändert wurde.

In diesem Herbst gab es wieder Tränen, diesmal heimlich, hinter den verschlossenen Türen unserer Toilette. Wütende, traurige und rebellische Tränen. Der Name meiner Heimat sollte von Mikalbude in Mickelau geändert werden; und, fast noch schlimmer, Omis liebes Alischken sollte jetzt Walddorf heißen. Viele andere Orte in Ostpreußen wurden so „eingedeutscht". So lautete jedenfalls die offizielle Begründung, die in einigen Fällen stichhaltig war, im Falle unseres Hofes aber nicht. Darkehmen, als Stadt mit diesem Namen gegründet und in einer preußischen Urkunde von 1726 eingetragen, wurde nun nach dem Fluss Angerapp benannt, wodurch Opas ehemaliges Gut zu Klein-Angerapp wurde.

All das schlug auf unser Gemüt, aber schlimmer waren die Gerüchte, die mit der Umbenennung einhergingen: „Sie wollen die Russen verwirren..." „Hitler wird ihnen keine Zeit geben, ihre Karten zu aktualisieren..." „Der Krieg gegen die Bolschewiken steht wohl unmittelbar bevor..."

Krieg? Wie konnte das sein? Hitler hatte alle seine Ziele ohne Blutvergießen erreicht. Sicherlich konnte er den Kommunismus durch unser leuchtendes Beispiel besiegen, indem er zeigte, dass auch Arbeiter ohne Diktatur besser dran waren? Und außerdem, was machten verwirrende Karten aus, wenn er nicht mit dem Einmarsch russischer Truppen in Ostpreußen rechnete? Fragen, Dementis, Gerüchte, sogar Hoffnungen. Ich für meinen Teil war fest entschlossen, die neuen Ortsnamen niemals zu verwenden.

10. November 1938

Es war noch dunkel, als ich morgens den 6-Uhr-Bus nahm, und als der Winter nahte, war es dunkel, als ich in Insterburg ankam. Aber so dunkel wie an diesem Morgen des 10. November 1938 war es noch nie gewesen.

Aus den Geschäften auf dem Marktplatz, wo der Bus wie üblich hielt, leuchtete kein Licht. Es herrschte eine unheimliche Stille, als hätte die Pest über Nacht die Stadt heimgesucht und die gesamte Bevölkerung ausgerottet. Der Platz, auf dem sonst um diese Zeit viel los war, war völlig leer. Von irgendwoher wehte ein Hauch von etwas Schwelendem herüber. Automatisch machte ich mich auf den Weg zur Schule, kaum erwartend, dass sie noch da sein würde. Dann sah ich einige Mädchen oben auf dem Hügel und spürte, wie die Normalität zurückkehrte.

Vor unserer Schule war ein kleiner Park. Auf einer der Bänke saß eine Frau, nicht für den November gekleidet, dachte ich, denn sie trug nur so etwas wie ein Nachthemd. Starrte sie mich an, fragte sie etwas? Ich blieb nicht stehen, um zu schauen und zu lauschen. Ich rannte einfach an ihr vorbei, so schnell mich meine zitternden Beine trugen, in Richtung des Heiligtums unserer Schule.

In meiner Eile schloss ich die großen Türen mit einem donnernden Knall und wartete darauf, dass ein Lehrer aus dem Lehrerzimmer kommen würde, um mich zurechtzuweisen. Es kam niemand, und alle Türen des Lehrerzimmers waren geschlossen.

Auf halbem Weg die Treppe hinauf blieb ich erneut stehen, schnappte nach Luft und sah erleichtert zu, wie das Viereck des Innenhofs durch das Loch, das ich an die beschlagenen Fensterscheiben pustete, zum Vorschein kam. Das Turnhallengebäude auf der linken Seite, die Pre-Secunda-Klassenzimmer gegenüber, der Labortrakt zu meiner Rechten, alles war noch da und in perfekter Ordnung.

Uschi, die Dichterin unserer Klasse, saß an ihrem Platz und hatte den Kopf in den Armen versteckt. Ich fragte mich, ob sie weinte. Jemand rief: „Ich sage euch, er ist schon früher mit Anarchisten fertig geworden, er wird sie jetzt in die Schranken weisen." – „Aber was ist, wenn er die Kontrolle verloren hat?" – „Dann wird er sie wiedererlangen. Er ist der Führer!"

„Mein Vater sagte, er habe dort SA-Männer gesehen…" „Dein Vater ist ein Lügner." „Nein, das ist er nicht. Aber vielleicht hat er in der Dunkelheit nicht so gut gesehen…"

Worüber haben sie gesprochen? Ich lauschte von der Tür aus und war verwirrt. Gerda kam gerade herein. Ich fragte sie, was um alles in der Welt geschehen sei. Sie flüsterte mir ins Ohr, dass die Synagoge in der letzten Nacht niedergebrannt worden sei, jüdische Geschäfte auch; Möbel waren aus jüdischen Häusern auf die Straße geworfen worden, schreckliche Dinge waren geschehen. Nein, sie hatte es nicht selbst gesehen, nur die Trümmer jetzt, auf dem Weg zur Schule, aber ihre Eltern hatten es ihr vorhin erzählt.

„Wer hat das getan?" flüsterte ich zurück.

„Die kackbraunen Leute, aber sag niemandem, dass ich das gesagt habe."

Aus dem Inneren des Klassenzimmers drückte ein Mädchen seine Überzeugung aus, dass die Anarchisten für den Schaden, den sie in der vorangegangenen Nacht angerichtet hatten, bereits ins Gefängnis gebracht worden waren.

Gerade dann läutete die Schulglocke zur täglichen Versammlung in der Aula. Wie immer gingen die Lehrer den Mittelgang entlang, drehten sich dann von vorne zu uns um, hoben die Arme und riefen unisono „Heil Hitler!" Wir antworteten alle auf die gleiche Weise.

Wir setzten uns, hielten unsere Gesangbücher in der Hand und warteten auf die Ansage der Liednummer. Aber es schien an diesem Morgen kein Lied zu geben. Der Schulleiter begann sofort mit seinen Durchsagen: „Heute findet keine Schule statt", begann er, aber bevor wir Zeit hatten, „Hurra!" zu rufen, fuhr er fort: „Wir haben die Anweisung erhalten, Ihnen die Möglichkeit zu geben, zu gehen und zu sehen, was in der letzten Nacht erreicht worden ist. Ich weiß, dass keiner unserer Schüler das tun will, aber heute ist auf jeden Fall schulfrei."

Der Musiklehrer stimmte die Nationalhymnen auf dem Klavier an, und der Schulleiter blieb auf halber Strecke des Ganges stehen, um den Arm zu heben. Es schien, als hätte er an diesem Morgen die normalen Beendigungen von Versammlungen vergessen. Wir alle hoben den rechten Arm und sangen, erst eine Strophe des *Deutschlandliedes*, dann das Horst-Wessel-Lied, ohne eine Pause dazwischen, um die Arme zu entspannen. Obwohl wir angeblich durch unsere nordischen Gene über eine große Ausdauer verfügten, mussten wir alle gegen Ende der beiden Hymnen den linken Arm zur Unterstützung des rechten einsetzen.

Erst als ich mich allein in unserem Klassenzimmer wiederfand, traf mich die Wirkung der Worte des Schulleiters. Und was sollte ich jetzt tun? Es war noch nicht 9 Uhr und mein Bus fuhr erst um 14 Uhr.

Ich begann mich gerade zu fragen, ob ich vielleicht eingeschlossen worden war, als ich unten eine Tür knarren hörte. Der Schulleiter war genauso erschrocken wie ich, als ich in meiner Eile von den letzten Stufen direkt in seine Arme fiel.

„Was machen Sie noch hier?", fragte er.

Ich versuchte, mich vorzustellen. „Ich bin in der Secunda, mein Name…"

„Den Namen der jungen Dame, die versucht hat, mich mit Griechischunterricht zu erpressen, habe ich nicht vergessen", lächelte er.

Ich erzählte ihm von meiner Wartezeit auf den Bus.

„Ich dachte, Sie hätten Verwandte in der Stadt", sagte er.

„Na ja, nicht sehr nahe", stammelte ich. Der allerletzte Mensch, den ich an diesem Morgen treffen wollte, war mein Nazi-Onkel Egon, aber das konnte ich dem Schulleiter nicht sagen. Vielleicht wusste er es ja. Er nickte ernst und fragte dann, ob es keine Züge vor dem Bus gäbe. Ich wusste, dass die Züge häufiger fuhren, aber ich hatte kein Geld für eine Fahrkarte. Er bot mir das Geld an, aber ich wandte mich ab; und als er mir die Tür öffnete, sagte ich: „Da sitzt eine Frau auf einer Bank." Sie war mir gerade wieder eingefallen und beängstigte mich.

„Eine Frau und ein Kind", antwortete er, „aber keine Sorge, beiden geht es jetzt gut."

Er gab keine weitere Erklärung, aber er bot mir an, mit mir zum Bahnhof zu gehen. Er war ein sehr netter Mann, dachte ich, und ich hätte gerne seine Hand zur zusätzlichen Sicherheit gehalten, aber ich tat es nicht.

Als wir die Abfahrtszeit meines Zuges herausgefunden hatten, bot der Schulleiter an, meine Eltern anzurufen, damit ich am Bahnhof Beynuhnen abgeholt werden konnte.

„Nein danke, es sind nur sechs Kilometer zu Fuß, das wird schön, besonders heute."

Er sagte mir, ich solle mir einen zusätzlichen Tag frei nehmen; er würde es meiner Klassenlehrerin erklären. Ich ging langsam vom Bahnhof weg. Die knackige Novemberluft war erfrischend, und ich versuchte, den Morgen zu vergessen. Aber die Erinnerungen kamen immer wieder zurück, nicht wie die berauschenden Wellen der Ostsee an Tagen, an denen wir die Gefahrenflagge am Strand ignorierten, sondern wie Augustes Geistergeschichten.

Meine Eltern hatten im Radio gehört, was geschehen war: Deutsche, empört über die Ermordung eines deutschen Diplomaten durch einen polnischen Juden in Paris, hatten das Gesetz eigenhändig umgesetzt. Aber Hitler wusste das sicher und würde sie bestrafen.

„Der Schulleiter hat gesagt, dass er Anweisungen von oben hat, dass wir feiern sollen", sagte ich wütend zu Mutti und versuchte, meine Tränen zurückzuhalten.

„Das musst du falsch verstanden haben", erwiderte Mutti und kochte eine Kirschsuppe mit Grießnockerln, die nicht so gut schmeckte wie sonst.

Ich ging früh zu Bett, lag ruhig da und ignorierte Claus.

Aus der Ferne hörte ich das Grammophon des Inspektors. „Du schwarzer Zigeuner, komm, spiel mir was vor Denn ich will vergessen heut' was ich verlor…" Wann waren die Zigeuner zuletzt auf den Hof gekommen, fragte ich mich.

Ich hatte sie nicht mehr gesehen seit... waren es Jahre? Ich konnte mich nicht erinnern. Ich vergrub den Kopf im Kissen und heulte – für den Tanzbären, für Mikalbude, für Alischken, für die Frau auf der Parkbank, für mich selbst. Ich schlief ein.

Aber im selben Winter begannen wir mit dem Tanzunterricht. Quadrillen, Menuette, Gavotten, aber auch Walzer und Tangos, die ich mein Leben lang genossen hatte. Kurze Kleider aus weichem Chiffon für den normalen Unterricht, ein neues orangefarbenes Unterkleid unter meinem Glasbatist-Kleid für den ersten Debütantinnenball, und dann – oh welch Glücksgefühl! – eine breite, gestufte Krinoline aus hellblauem Tüll für den großen Ball. Manchmal übernachtete ich nach einem Ball oder nach langen Abenden auf dem glatten Eis der extra gefluteten Tennisplätze, wo wir unter Scheinwerfern zu Musik aus Lautsprechern tanzten, bei den Kowalewskis.

Tanzen bei den von Skepsgardhs im Januar 1939

Im März wurde das Memelland wieder an das Deutsche Reich angegliedert. Dann wurde die Tschechoslowakei „vor inneren Konflikten bewahrt", indem sie ein deutsches „Protektorat" wurde, und die mährischen Minderheiten erhielten ihre lang ersehnte Freiheit. Die Schaffung des Vielvölkerstaates Tschechoslowakei widersprach all jenen Prinzipien, die dem Versailler Vertrag angeblich zugrunde lagen. Jetzt, ohne einen Tropfen Blut zu vergießen, gab Hitler dem Volk „die Freiheit zurück".

Männer in Uniform

Das Ziel unseres Schulausflug im Juni 1939 war Pillau. Begleitet wurden wir von unserer jungen Sportlehrerin, Fräulein Paullun, und von unserer älteren Lateinlehrerin, Frau Dr. Quasowski. Letztere wollte während des Ausfluges kumpelhaft sein und bat uns, sie entweder mit ihrem Spitznamen „Quasi" oder, noch schlimmer, mit „Mutti" anzureden, da sie für zwei Wochen die Stelle unserer Mütter einnahm. Außerdem sollten wir sie duzen. Ich fand diese Aufforderung unangenehm und würdelos und sprach sie einfach überhaupt nicht an. Sonst war der Ausflug gut.

Wir machten Ausflüge zur Frischen Nehrung, die das Frische Haff von der Ostsee trennt, ähnlich wie die Kurische Nehrung weiter nördlich, nur ohne Wanderdünen und Elche. Dort erkundeten wir die Ruinen von Balga, einer von den Deutschordensrittern erbauten Festung. In Pillau schlenderten wir durch die alte Zitadelle, fotografierten die Statue des Großen Kurfürsten oder den Hafenblick vom Leuchtturm aus. Wir saßen in Fischerbooten, die am Kai vertäut waren, und malten Aquarelle, oder lagen einfach träumend auf dem Grund der schaukelnden Boote. Das meiste haben wir allein oder in kleinen Gruppen mit ausgewählten Freunden unternommen.

Doch die ganze Klasse nahm an einer Inspektion des Schlachtschiffs Scharnhorst an, wo wir individuelle Verabredungen mit Matrosen trafen, die in dieser Nacht auf Landgang kamen. Wir trafen sie in einem Gasthau, wo einige der Matrosen auch übernachteten; andere gingen in andere Gasthäuser. Doch mein Matrose mochte die Muffigkeit solcher Orte nicht und schlug einen Spaziergang vor. Er plauderte unaufhörlich, als hätte er Angst zu reden, und einmal flocht er eine zufällige Bemerkung über die Möglichkeit eines Krieges in das Gespräch ein. Er rechnete nicht wirklich mit dem Tod, aber würde ich, bitte, sein Hutband als Erinnerung an ihn annehmen? Das Marineband mit den Buchstaben SCHARNHORST in goldenem Faden habe ich noch, denn auf unserem Flüchtlingstreck 1945 hatte ich durch Zufall eine Schachtel mit lustigen Souvenirs dabei.

Auf dem Hof half eine Gruppe von Hitlerjungen aus Danzig bei der Ernte, „um die Verständigung zwischen Stadt und Land zu fördern" und gleichzeitig das Deutschtum ihres Freistaates zu vermitteln. Die Älteren waren schon seit dem vorigen Herbst bei uns, vierzehn- oder fünfzehnjährige Jungen, die die Schule beendet hatten und für den Reichsarbeitsdienst zu jung waren. Sonntags trugen sie ihre Uniformen und es gab ein Fahnenexerzieren, das dem des RAD (Reichsarbeitsdienst) nicht unähnlich war; aber an den Wochentagen trug nur Walter, ihr Anführer, Hitlerjugendkleidung, die im Winter aus einer Art Trenchcoat und einer Mütze bestand. Sie alle schienen das Leben auf dem Bauernhof zu genießen, und auch die jüngeren Schuljungen, die nur für die Sommerferien aus der gleichen Gegend kamen und leichte Kinderarbeit verrichteten, hatten großen Spaß an der frischen Luft.

Besucher aus Skandinavien

Dann kam Keijo. Von offizieller Seite wurde die Vermischung mit der nordischen Rassen gefördert. Unsere Familie begrüßte die Chance, einen echten Ausländer in unserer Mitte zu empfangen, besonders einen, den wir mit dem Glanz von Polarlicht und Mitternachtssonne und den geheimnisvollen Geschichten von Waldnymphen und Freiheitskämpfern in Verbindung brachten.

Keijo Heinonen stammte aus Helsinki. Sein Vater war ein Ingenieur, der für den Bau des Stadions für die Olympischen Spiele in Helsinki zuständig war, die im folgenden Jahr stattfinden sollten. Er war nach Berlin gefahren, um das Stadion und das olympische Dorf von 1936 zu sehen und mit deutschen Ingenieuren zu sprechen, während sein Sohn drei Wochen lang bei uns lebte, um unsere Sprache zu lernen.

Keijo war fünfzehn Jahre alt und sein Aussehen war weit entfernt von unseren romantischen Erwartungen. Ich fand es äußerst schwierig, den Hühnerflaum zu übersehen, wo ein Bart oder Schnurrbart seine nahende Männlichkeit anzudeuten begann. Warum in aller Welt rasierte er sich nicht? Eine Zeit lang hielt ich mich mit dieser Frage höflich zurück, aber als ich ihn ein wenig besser kennenlernte, stellte ich sie geradeheraus.

„Warum trägst du keinen BH?", lachte er als Antwort und ließ mich vor Verlegenheit erröten. Wie konnte er das nur sagen? Aber ich musste zugeben, dass beides vergleichbar war; ich war eigentlich genauso entschlossen wie er, diese wenigen Jahre der Kindheit nicht abzukürzen. Lange Jahre des Erwachsenseins lagen schließlich vor uns.

„Und ich habe noch einen ganz speziellen Grund", erklärte Keijo mit diesem halb traurigen, halb spöttischen Lächeln, das ich inzwischen als seine Besonderheit ansah: „Sobald ich mich als Mann sehe, werde ich mich verpflichtet fühlen, mich freiwillig als Soldat für den kommenden Krieg zu melden."

„Aber du bist doch erst fünfzehn!"

„Es ist keine Frage des Alters, sondern der Persönlichkeit. Außerdem bin ich fast sechzehn wie du."

Als ob ich mich in einem Krieg vorstellen könnte! Oder mir überhaupt einen Krieg vorstellen könnte. Wovon hatte er gesprochen?

„Er kommt, und zwar bald. Aber wir werden auf der gleichen Seite stehen", fügte er hinzu, wie um mich zu beruhigen.

„Willst du damit sagen, dass Finnland und Deutschland bald einen Krieg gegen den Kommunismus führen werden?"

„Nicht unbedingt", antwortete er. „Diese Begründung für einen Krieg haben wir nicht gemeinsam. Aber, abgesehen von der Ideologie, ist Russland unser gemeinsamer Feind."

Er versuchte zu erklären, was seiner Meinung nach die Werte „echter kommunistischer Gesellschaften" sind, und fügte hinzu, dass er, oder genauer gesagt sein Vater, sich eine solche Gesellschaft sehr wünschte. Außerdem verdankte Finnland seinen Status als unabhängiger Staat zum ersten Mal in seiner Geschichte gerade der russischen Revolution. Aber in Russland herrschte trotz der Revolution eine zaristische Art von imperialer und expansionistischer Macht. Finnland würde den Zarismus ohne einen Zaren bekämpfen.

Ich glaubte ihm nicht. Keijo war voreingenommen, und ich würde abwarten, was Claus nach seinem Besuch in Keijos Heimatland, nahe der russischen Grenze, zu berichten hatte.

„Ich finde, du solltest fahren, nicht Claus. Du hättest mehr davon", schlug Keijo vor, und Claus zwitscherte begeistert: „Ja, das stimmt!"

So sehr mein Bruder es auch genoss, einen Fremden zu Gast zu haben, so wenig reizte ihn der gegenseitige Aspekt des Vorhabens, nämlich seine eigene Reise nach Helsinki. Mein Herz setzte vor Aufregung kurz aus.

Im selben Sommer hatte Giselas Familie Kinder aus Kristianstad in Schweden bei sich zu Gast. Es waren zwei Brüder, Torsten und Bengt, und ihre Schwester Harriet, deren Eltern sich mit Giselas Vater angefreundet hatten, als dieser im Jahr zuvor nach England gefahren war.

Wir entschieden uns für einen gemeinsamen Tagesausflug, um unseren Gästen die Schönheit der masurischen Seen zu zeigen. Mein Vater hatte sich im Frühjahr ein neues Auto gekauft, einen ‚Wanderer' mit Faltdach. Er glaubte nicht mehr an das rein geschäftliche Potenzial von Autos und hatte uns allen enganliegende weiße Leinenmützen mit kleinen Lüftungsknöpfen in den Ohrenklappen gekauft. Das Auto war fotografiert worden, mit offenem Dach und uns drin, und die Leute sagten, dass es sehr schick aussah. Ich schmollte immer noch – in Sympathie mit Mutti, die immer vorausgesagt hatte, dass ein Auto das Ende unserer Busreisen bedeuten würde – und sagte, dass ein See ein See sei und dass es zwei sehr gute gab, die perfekt mit Pferd und Wagen erreicht werden konnten.

Aber ich war stolz darauf, Keijo und den Schweden Seen zu zeigen, die weiter entfernt waren. Wir badeten in Wasser, das so klar war, dass man es hätte trinken können. Wir picknickten auf den sandigen Streifen zwischen dunklen Wäldern und glitzernden Seen. Während wir uns mit Muttis Hefekuchen und Frau Honskamps Käsestangen vollstopften, erzählten uns die schwedischen Kinder von ihrer Reise durch den Korridor, jenen Gebietsstreifen, der seit der Abtretung Westpreußens an Polen durch den Versailler Vertrag die einzige Verbindung zwischen Ostpreußen und dem Rest des Reiches darstellte. Die Reisenden mussten diese Strecke in verplombten Waggons zurücklegen.

„Ein Mädchen namens Britt-Inger zeigte auf einen schmutzigen Müllhaufen auf dem Bahnsteig, hielt sich die Nase zu und lachte. Sie lachte weiter, als zwei Polizisten außerhalb des Waggons drohend den Finger gegen sie erhoben. Wir fühlten uns sicher in unserem versiegelten Waggon. Plötzlich wurde das Siegel geöffnet, die Polizisten kamen herein und schrien das Mädchen auf Polnisch an. Wir haben natürlich nicht verstanden, was sie sagten. Unsere Lehrerin versuchte einzugreifen, aber das Mädchen wurde herausgezerrt und in irgendein Bahnhofsgebäude gebracht, während die Lehrerin hinter ihr herlief. Wir alle warteten und warteten. Es kam uns wie Stunden vor, bis Britt-Inger und die Lehrerin zurückkamen und der Zug weiterfuhr. Offenbar war das alles ein Missverständnis gewesen."

Giselas Vater erzählte uns, dass der Lehrer, der den Transport der schwedischen Austauschkinder begleitete, nun versuchte, die Rückreise auf dem Seeweg von Pillau oder Danzig neu zu organisieren. Die gegenwärtigen Bedingungen im Korridor seien beängstigend und unhaltbar, darüber waren sich die Erwachsenen einig. Aber war die Idee, gerade jetzt von Danzig aus aufzubrechen, klug?

Keijo schaute mich mit einem Hauch von „Ich hab's dir ja gesagt" an; dabei hatte er vom Kampf gegen Russland gesprochen, nicht gegen Polen, dachte ich.

„Ich gehe noch einmal schwimmen", sagte Gisela, und die meisten von uns schlossen sich ihr an.

Als die Sonne im See unterging, bewegte sich ein langer roter, gekräuselter Lichtstreifen auf uns zu und irgendwo an der Seite gab es eine perfekte runde Lichtreflexion, wie von einer zweiten Sonne. Die Wälder um den See wurden tiefschwarz. Fragmente von Musik schwebten über den See. Wir liefen am Ufer entlang, um sie zu finden, während unsere Eltern einen Weg suchten, der für das Auto geeignet war.

Der Musikpavillon wurde von starken elektrischen Lichtern beleuchtet, die sich auf der Tanzfläche spiegelten, und die Mücken von den unbeleuchteten Gästetischen des Seegartens weglockten. Die Geigen spielten *Bel ami*, und Keijo forderte mich auf, mit ihm zu tanzen. Er war so ernst, nicht im Geringsten wie Maupassants Held. Bei diesem Gedanken musste ich kichern, oder vielleicht war es der Wein.

„Ich mochte dein ‚Carpe Diem'-Motto nicht, als ich es das erste Mal über deinem Schreibtisch sah", sagte Keijo, „aber vielleicht hast du recht. Wie lange hast du es schon?"

„Wir haben noch ein anderes Motto", unterbrach Gisela: « *Aux armes, citoyens !* »

„Oh nein, nicht jetzt", rief ich.

„Du hast Recht", sagte sie, „nicht jetzt."

Die Erwachsenen redeten immer noch über den Korridor und Danzig und verdarben damit eine schöne Sommernacht am masurischen See.

Ein paar Tage später, als wir am Mittsommernachtsfeuer auf einem Feld nahe der Birkenallee standen, sagte Keijo: „Carpe Diem, willst du mit mir drüber springen?"

Ich trug meinen buntesten Karorock und meine sehr helle scharlachrote Bluse, um im Licht der Flammen zu leuchten. Der Film *Schwarze Rosen* war in schwarzweiß, aber ich stellte mir immer vor, dass Lilian Harvey rot trug, als sie mit Willi Fritsch über das Feuer sprang. Ich träumte davon, sie zu imitieren, aber als Keijo mich fragte, hatte ich nicht den Mut, ja zu sagen.

Keijos Traurigkeit war mehr als Affektiertheit und prahlerische Selbstdarstellung als Freiheitskämpfer; ich versuchte jedoch, so zu tun, als ob es nur das wäre. Bei seiner Abreise nach Finnland sagte er, dass er sich rasieren und mir aus den Schützengräben schreiben würde; ich antwortete, dass ich Briefe aus Helsinki und aus der Blockhütte seiner Familie in Karelien erwartete, und dass ich im nächsten Jahr kommen und seine Schule besuchen würde.

Furcht und Hoffnung

Ich war ganz fest entschlossen, an Frieden und Glück zu glauben, und weigerte mich, Zeitung zu lesen, Radio zu hören oder Bruchstücke von Gesprächen mit Erwachsenen aufzuschnappen, um meinen Geist nicht mit Zweifeln zu verwirren.

Mutti war auf meiner Seite, fröhlich und positiv. Sie überwand ihre natürliche Abneigung gegen Argumente und erhob nun häufig ihre optimistische Stimme, um die Tristesse des Gesprächs zu unterbrechen.

„Nur ein geschärftes Schwert kann den Angriff abschrecken und den Frieden erhalten": Diese Parole hatte lange Zeit das Tempo der deutschen Aufrüstung diktiert und erwies sich als erfolgreich, viele Ziele ohne Blutvergießen zu erreichen. Scharfe Worte waren ein Teil dieses Schwertes. Es gab keinen Grund zur Befürchtung, dass das Problem des Korridors nicht auf dieselbe friedliche Weise gelöst werden würde wie die Probleme Österreichs, des Sudetenlandes, des Memellandes... Außer, dass die Polen ein stolzes Volk waren, das lieber sterben würde, als sich zu beugen...? Außer, dass Hitler nie von dem Ziel der ukrainischen Kornfelder und des weiten östlichen Lebensraumes abgerückt war...? Und dass der Weg nach Russland durch Polen führte...?

Vor der Küste von Cranz sahen wir in jenem Sommer ein Minenräumboot. Urlauber versammelten sich am Ufer, um das Ungetüm zu bestaunen, wobei sich ernste Kommentare mit sarkastischem Gelächter mischten.

„Blockiert den Weg nach Leningrad...?" Ich kannte die Person, die diese Frage stellte, nicht.

Kameras klickten, auch die von Väti. Als ich sein Foto in mein Album klebte, schrieb ich Gretchens letzte Worte an Faust als Bildunterschrift, nur dass ich statt Heinrich den Buchstaben H. verwendete: „H., mir graut's vor Dir".

Minenräumer in der Ostsee

Doch die Sonne war warm, die Ernte gut, und ich hatte Silhouette, mein eigenes Reitpferd. Es gab so viele Gründe, glücklich zu sein.

Mein Vater war dabei, einen jahrelangen gehegten Traum zu verwirklichen, den Bau seines idealen Zimmers. Zu diesem Zweck baute er unsere Gartenveranda aus und umschloss sie. Das Zimmer ruhte auf Stelzen aus Mauerwerk. Wir hatten nicht vor, den Raum im Winter zu benutzen, also war es nicht nötig, den Keller unter dem Haus für Wärme auszubauen. Fenster rundherum und eine Glastür ließen ihn wie einen Wintergarten aussehen, aber wir hielten keine Pflanzen in dem Raum, außer der üblichen Blumenvase auf dem Tisch.

Unser Schreiner schuf stabile Fensterbänke aus Eichenholz entlang der Wände und einen Tisch, der die richtige Größe für eine Partie Tischtennis hatte, wenn er nicht für eine Mahlzeit benötigt wurde. Vorhänge, Tischdecken und die Abdeckung der langen Kissen für die Sitze und Rückenlehnen der Bänke waren alle aus handgewebten Stoffen gefertigt und hatten komplementäre rustikale Muster in Rot-, Braun- und Cremetönen. Weitere Dekorationen gab es nicht. Von hieraus konnten wir die lebendige, sich ständig verändernde Weite von Wiesen und Feldern, Bäumen, Blumen, Sträuchern sehen. Hier saßen wir noch lange nach dem Abendessen und schwelgten in der Schönheit der Sonnenuntergänge.

Niemand wollte sich der Angst hingeben, doch niemand konnte die Verzagtheit ganz überwinden – erst Ende August 1939, als Ribbentrop einen Nichtangriffspakt mit der Sowjetunion schloss. Die Wolke lichtete sich. Außer als Sprungbrett nach Russland konnte Polen nicht einmal für Hitler von Interesse sein. Selbst unsere skeptischsten Freunde schliefen nachts wieder ruhig.

JAHRE DER VIELEN FRAGEN: 1939–1944

Es vergingen nicht viele Tage, bis wir durch das Radio erfuhren, dass wir uns im Krieg befanden. Es war eine Überraschung, die so wenig überraschend war wie der plötzliche Abschluss eines argumentativen Kapitels in einem Buch. Ich fühlte nichts, außer einer gewissen Genugtuung, die mein kleiner Bruder auf den Punkt brachte, als er triumphierend ausrief: „Geschieht ihm recht." Der prahlerische Friedensstifter, der alles ohne Blutvergießen erreicht hatte, hatte seine Schwäche offenbart.

Aber unser Moment des Triumphs wurde durch Vätis wütenden und sarkastischen Ausbruch unterbrochen: Hatten wir verstanden, wessen Blut da vergossen werden sollte? Waren wir nicht fähig zu denken? Hatten wir uns vielleicht eine Art mittelalterlichen Wettkampf zwischen zwei Anführern vorgestellt, die den Streit schlichten würden? Nein, haben wir nicht, gaben wir zu, und wir dachten auch nicht, dass Hitler sein eigenes Blut vergießen würde. Aber weiter konnten wir nicht denken, denn wir kannten keinen einzigen Soldaten persönlich.

Ein Krieg, der geografisch so nah war, blieb so lange fern, wie der Polenfeldzug dauerte, ein recht abstrakter täglicher Radiobericht über Kilometerzahlen, Panzer, Gefangene, feindliche Tote, deutsche Helden.

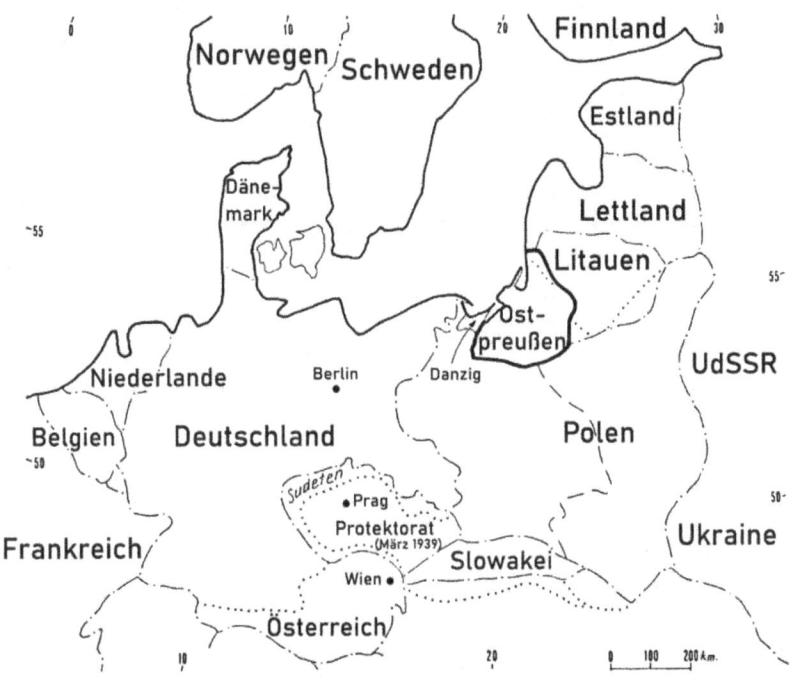

Das Krieg fing an, sich durch konkrete Auswirkungen bemerkbar zu machen, bevor wir ihre Bedeutung einschätzen konnten: Für bestimmte Güter wurden Rationierungen eingeführt, angeblich um die Sparsamkeit zu fördern und die Verschwendung grundsätzlich zu bekämpfen. Die meisten Maßnahmen fanden wir durchaus lobenswert und sie bestätigten eigentlich nur die Art und Weise, wie wir ohnehin zu leben pflegten, aber der Entzug unserer großen Postbusse, die Personen beförderten, war für Claus und mich ein großer Schock. Selbst wenn die Personenzüge nicht betroffen gewesen wären – und die wurden durch die neue Regelung reduziert – machte das für uns keinen Sinn, denn wir würden nun mehr Zeit auf dem Schulweg verbringen als in der Schule. Unsere Eltern waren bereits auf der Suche nach Internaten, für Claus in Darkehmen, für mich in Insterburg.

Claus wurde zusammen mit zwei Freunden im Haus einer Familie untergebracht, die sie schließlich hinauswarf, weil sie den Dackel der Familie mit Bier betrunken gemacht hatten. Später wurde er als einziger Untermieter in einer Pension aufgenommen, in der es keinen Hund gab.

Mutti versuchte, mich zu überreden, in das Haus zu gehen, in dem sie als Schulmädchen gewohnt hatte und in dem meine Cousinen Annelore und Ursel jetzt sehr zufrieden lebten. Zwei lustige, ältere Schwestern kümmerten sich offenbar um eine lustige Schar von etwa einem Dutzend Mädchen und machten ihnen eine lustige Zeit. Das war für mich eine unerträgliche Aussicht. Zum Glück fand mein Vater Fräulein Gramenz. Sie wohnte in einer Wohnung im ersten Stock, und ihr einziger Untermieter außer mir war Felix Dirichlet.

Ich kann nicht behaupten, dass ich glücklich war, fünf Tage in der Woche in der Stadt zu verbringen, aber ich konnte es ertragen. Fräulein Gramenz war eine Dame in ihren späten 40ern. Gelegentlich war sie ein wenig pathetisch in ihren Versuchen, uns davon zu überzeugen, dass sie nicht sitzen geblieben war, sondern aus freien Stücken eine Jungfer und eine berufstätige Frau war – diese Tatsache war für uns aufgrund ihrer Schönheit und Intelligenz ohnehin ziemlich offensichtlich. Im Allgemeinen war sie jedoch eine vernünftige Person und ein interessanter Gesprächspartner, wenn wir uns abends zu ihr in den Salon setzten. Sie kontrollierte unsere Hausaufgaben, wenn wir Probleme hatten, und ließ uns in Ruhe, wenn wir nicht um Hilfe baten. Ihr verdankte ich es, ein wenig das Fach Chemie zu verstehen, aber ich habe nie genug Wissen aufgeholt, um in diesem Fach zu glänzen.

Fräulein Gramenz kam von der Arbeit nach Hause, lange bevor wir zum Mittagessen zurückkamen; und wir fingen an, aus den Gerüchen im Treppenhaus zu erraten, welche Leckereien sie ausgeheckt hatte. Sie erwartete nicht, dass wir den Abwasch machten, aber wir mussten unsere Schuhe selber putzen und unsere Betten machen, zwei Arbeiten, die ich vorher nicht gelernt hatte.

Wenn unsere Vermieterin wieder in ihr Büro geeilt war, machten Felix und ich unsere Hausaufgaben, lasen Bücher oder machten ein Brettspiel. Manchmal ging ich ins Kino; im Winter gingen wir beide in die Eishalle und dort vergaßen wir, dass wir nicht gerne in der Stadt eingesperrt waren. Ich sollte Klavier üben; meine Lehrerin versuchte alles, um mich zu ermutigen, denn aus irgendeinem absurden Grund war sie von meinem musikalischen Potenzial überzeugt. Sie ging sogar so weit, zu mir in die Wohnung zu kommen und mir Unterricht zu geben, wenn sie –

zu Recht – annahm, dass ich vergessen würde, zu ihr zu gehen. Aber ich war felsenfest davon überzeugt, unmusikalisch zu sein.

Mein Verhältnis zu den Mädchen in meiner Klasse war von freundlicher Gleichgültigkeit geprägt. Ich hatte nicht die geringste Neigung, am Nachmittag eine von ihnen zu treffen, obwohl Felix und ich einmal aus Neugierde das verrückte Ritual beobachteten, das seit jeher zum Insterburger Schulleben gehörte und „Hellinglauf" hieß. Meine Mutter hatte den gleichen Zeitvertreib während ihrer Jahre in dieser Stadt gekannt.

Wir konnten kaum glauben, was wir sahen. Da waren Mädchen auf dem breiten Bürgersteig auf der einen Seite, die Jungen auf der anderen. Sie liefen ein bestimmtes Stück der abschüssigen Hauptstraße auf und ab, warfen Blicke auf das andere Geschlecht auf der gegenüberliegenden Seite, bis ein Mädchen durch irgendein Zeichen oder eine Intuition wusste, dass ein bestimmter Junge ihr folgen würde. Dann löste sie sich von ihren kichernden Begleiterinnen und schlenderte achtlos davon. Ein Junge folgte auf dieselbe sorglose Art und Weise und irgendwie, irgendwo trafen sie sich, vielleicht um im Park spazieren zu gehen, manchmal sogar um sich zu küssen, wie man mir sagte. Felix und ich machten uns über sie alle lustig, indem wir zusammen spazieren gingen, von einer Seite der „Helling" auf die andere wechselten und eine Zeit lang die Bestürzung genossen, die wir verursachten, bevor es unerträglich langweilig wurde.

Ich saß einfach die Zeit in Insterburg ab, zählte die Monate bis zum Beginn des Universitätslebens; und ich ertrug es recht gut. Nur ganz gelegentlich überkam mich das Heimweh, wenn ich ein bestimmtes Geräusch hörte, wie das Klappern von Pferdehufen, den Geruch von Erde aus einem Blumenkasten oder eine besondere Art von Licht am Himmel. Dann hinterließ ich einen Zettel für Fräulein Gramenz und machte mich auf den Weg zum Bahnhof.

Ich erinnere mich noch an das intensive Glücksgefühl, das ich auf meinen nächtlichen Spaziergängen vom Bahnhof Beynuhnen aus empfand, aber ich erinnere mich auch an das besorgte Gesicht meiner Mutter bei meinen mitternächtlichen Ankünften. Also versuchte ich, bis Samstagnachmittag zu warten.

Wenigstens blieben mir die Treffen der Hitlerjugend erspart, die den meisten meiner Klassenkameraden die Wochenenden verdorben haben müssen. Der Staatsjugendtag war auf den Sonntag verlegt worden, so dass der Samstagvormittag wieder für die normale Schule übrigblieb. Keinen einzigen ganzen Tag in der Woche zu haben, ohne organisiert zu sein, erschien mir richtig unerhört; aber es gab Leute, die das tatsächlich genossen, darunter meine Cousine Lore.

Polnische Häftlinge

Dass nun Krieg war, spürten wir, weil Gefangene auf unseren friedlichen Hof kamen. Die Polen waren die ersten. Es waren insgesamt sieben Männer, in Uniformen, die fast noch neu und schick aussahen, denn der Feldzug war so kurz gewesen war, dass die Kleidung nicht abgenutzt worden war. Unser Zimmermann baute eilig Etagenbetten in einem Zimmer der alten, nicht mehr genutzten Bauernkate auf, und die Polen selbst füllten große Säcke mit Stroh für Matratzen.

Bis auf einen Mann konnten sie kein Deutsch sprechen, und unsere deutschen Arbeiter erinnerten sich nur an das polnische Wort für „Dreckspatz", das sie im letzten Krieg gelernt hatten. Als die Häftlinge die deutsche Entsprechung des Ausdrucks lernten, konnten sich die beiden Gruppen unterhalten. Sie verkehrten fortan miteinander und sprachen sich gegenseitig mit dem Namen an, den sie leichter aussprechen konnten, entweder mit dem Nachnamen oder dem Vornamen. Aber der Mann, dessen Nachname Zarod war, wurde immer mit „Herr Zarod" angesprochen, denn seine noble Art verbot eine vertrautere Form. Besonders Mutti war von diesem jüdischen Anwalt so beeindruckt, dass sie ihm ein Einzelzimmer in unserem Haus angeboten hätte, wenn Väti solche Gefälligkeiten nicht verboten hätte.

Dieser galante Herr Zarod erfreute sich daran, trockene Gräser und Immergrün zu Sträußen zu arrangieren und sie der Dame des Hauses mit tiefen Verbeugungen und einem Handkuss zu präsentieren. Er entdeckte sogar einen beerentragenden Spindelstrauch in einem Teil des Waldes, den wir nie erkundet hatten. Seine Aufgabe – die einzige, für die er geeignet war – bestand darin, die Schafe zu bewachen, wenn sie auf den Feldern waren und die Spitzen der Maiskeimlinge anknabberten; eine Schneedecke sollte diesen Keimlingen eine schützende Hülle geben, bevor die Fröste kamen.

So sehr wir Zarods Unterhaltungen in seinem fließenden Deutsch genossen, so sehr überzeugte unsere überaus optimistische Mutter die Behörden, dass ein so gebildeter Mann für die Arbeit auf dem Bauernhof ungeeignet war und nach Hause nach Łódź geschickt werden sollte, um seinen eigenen Beruf weiter auszuüben. Er hatte zwei Kinder im Teenageralter, deren zerknitterte Fotos er in seiner Brusttasche trug. Mutti weinte, als sie sie sah, und bot ihm an, einen Brief mit der zivilen Post zu schicken. Zarods Familie antwortete nicht, aber die Behörden erklärten sich bereit, ihn in die Heimat zurückzuführen.

Warum war dieser polnisch-jüdische Anwalt nicht überglücklich über die Nachricht? Wir waren in unserer Naivität verwirrt und fragten uns, ob er uns alle wirklich liebgewonnen hatte. Er weinte fast, als er sich verabschiedete, und Mutti schickte die besten Wünsche an seine Tochter und drückte die Hoffnung aus, dass sie bald ihr Studium an der Warschauer Universität beginnen würde. Zarod bedankte sich bei uns und versprach zu schreiben, aber wir hörten nie wieder von ihm.

Krieg in Skandinavien

Inzwischen hatte Keijo seine Adresse in Helsinki durch eine Militärnummer ersetzt. Ich fragte mich, wie er sich im Kampf gegen die Russen gefühlt haben mochte, während er an jemanden schrieb, dessen Land einen Freundschaftspakt mit der Sowjetunion hatte. Er drückte seine Gefühle außer eine persönliche Zuneigung zu mir nicht aus, oder wenn er es tat, konnte ich es nicht deuten: große Flecken schwarzer Tinte oder Farbe verwischten die meisten seiner Briefe. Ich konnte erkennen, dass dies das Werk der deutschen Zensur war, da die Umschläge immer wieder mit offiziell gedruckten Wehrmachtsbändern zugeklebt wurden.

Ein Foto kam durch. Es zeigte einen Mann, der in einem weißen Tarnanzug vor einem schneebedeckten Bunker stand. Mit Hilfe einer Lupe entdeckte ich Keijos

Gesichtszüge unter der Pelzmütze. Er schien glatt rasiert zu sein, ein Soldatenmann von kaum sechzehn Jahren.

Später, im Frühjahr 1940, kam ein Brief von der alten Adresse in Helsinki. Er war wie alle vorherigen Briefe von der Zensur geöffnet worden, aber zum ersten Mal war nichts durchgestrichen. Keijo schrieb, dass er wieder in der Schule war, glücklich darüber, sich mehr Wissen für die Zukunft anzueignen. Dennoch lag ein gewisser Sarkasmus in seinem Brief, als ob er diese Zeit als Intermezzo, als eine sehr kurze Atempause vom Krieg betrachtete. Er war nicht begeistert von der Rückkehr seiner jüngeren Schwester aus dem dänischen Exil und änderte seine Meinung darüber erst, als deutsche Truppen Dänemark besetzten.

Man sagte uns, dass der Handel mit Schweden notwendig sei und deshalb die Besetzung Dänemarks und Norwegens unvermeidlich gewesen war. Die Dänen schienen dies zu akzeptieren, aber die Norweger leisteten heftigen Widerstand und so entstanden sehr viele deutsche Helden. Marlene und Cousine Jutta klebten Männer mit Ritterkreuzen um den Hals in Sammelalben, ähnlich wie Gisela und ich immer noch Filmstars einklebten. Die Heldenindustrie stand in harter Konkurrenz zur Filmstarindustrie; wir zwei erwachsenen Mädchen fanden es süß, dass die Kleinen verwegene Übermenschen verehrten, aber Marlene und Jutta fanden unsere Herablassung irritierend und unangebracht; sie hielten unsere Begeisterung für romantische Stars für kindisch und frivol.

Meine kleine Schwester war überzeugt davon, dass mein Gehirn keinen einzigen ernsthaften Gedanken enthielt, und in gewissem Sinne hatte sie recht... zumindest was einzelne Gedanken betraf. Seit dem 1. Mai 1933 gab es in meinem Kopf ein Labyrinth aus Fakten und Fiktion, das Fragen aufwarf, auf die es plausible und unplausible Antworten gab, und Zweifel und Verzweiflung wechselten sich mit fröhlicher Selbstzufriedenheit ab; Anfälle von dem glühenden Verlangen nach trotzigen Aktivitäten wurden von der Liebe zum luxuriösen Vergnügen übertroffen. Wie sollte ich kleinen Mädchen etwas von Moral erzählen, wenn ich selbst keine hatte?

Ich hasste Onkel Egon, Juttas Vater; es war ein Bauchgefühl, ein reines Bauchgefühl; denn wenn ich versuchte, meine Gefühle auf einer rationalen Grundlage zu erklären, fand ich keine. Ich musste sogar zugeben, dass er ein größerer Idealist war als sein Gegenstück, Tante Anne aus Königsberg. Onkel Egons Engagement für das „Gemeinwohl" war enorm: Individuelle Wünsche ließ er nicht gelten, es sei denn, diese dienten dem tugendhaften Lebensstil von harter Arbeit, Loyalität, Verantwortung. Ich widersprach ihm in allen Punkten vehement: Fleiß war in meinen Augen nichts anderes als eine Selbstverliebtheit derjenigen, die mit Energie, Ausdauer und einer gewissen Rastlosigkeit ausgestattet waren; ich selber gehörte dazu. Ich war viel mehr beeindruckt von Menschen, die es verstanden, die Freizeit zu genießen; ich hatte sogar eine gewisse Vorliebe für diebische Zigeuner, die keinen Schaden anrichteten. (Die Zigeuner waren verschwunden, und niemand konnte sagen, wohin sie gegangen waren.) Was die Loyalität betraf, so glaubte ich fest daran, dass dieses Konzept nicht mehr als eine Ausrede dafür war, sein eigenes Hirn nicht zu benutzen, und mein Vater stimmte mir zu. Verantwortung war ein Wort, das manche Eltern zu benutzen schienen, wenn sie ihre Kinder dazu zwangen, nach ihren Maßstäben zu leben, anstatt ihre eigenen zu entdecken. So war Onkel Egon.

Seine ungeheuerlichste – und doch idealistische – Aussage machte er, als die Erwachsenen über den Krieg sprachen. „Ich hoffe, dass Hitler die Welt erobern wird", sagte er, „denn ein einziger Führer würde der Welt Frieden und Stabilität bringen; das Habsburger Reich hat auch für den größten Teil Europas gesorgt."

Ich unterbrach ihn wütend: „Hast du vergessen, dass du mir beigebracht hast, Kossuth zu bewundern, als ich klein war?"

„Oh, ich bewundere Freiheitskämpfer immer noch; wir brauchen sie auch jetzt in Deutschland."

Ich starrte ihn mit offenem Mund an, ohne zu begreifen.

„… um sicher zu sein, dass ein Tyrann nicht an die Macht kommen kann, wenn Hitler stirbt", erklärte er – und er meinte es so.

Zu einem späteren Zeitpunkt, weil ich nicht aufhören konnte, über Onkel Egons Bemerkungen nachzudenken, fragte ich Tante Anne, was sie von der Möglichkeit hielt, dass Hitler die Welt erobern würde.

„Gott bewahre", stöhnte sie. „Ganz sicher nicht."

„Wie wird das Ganze dann enden?"

„Es ist schon so viel zu Ende gegangen", sagte Anne, „aber was ihn betrifft, er wird in Russland untergehen, wie Napoleon."

„Aber Russland und Deutschland…"

„Was für ein Scherz!", lachte sie. „Selbst ein Mann wie Seldte, der einen Empfang besucht, bei dem rote Flaggen wehen!" Wie schlimm muss das für ihn gewesen sein! Und wofür? Ich bin mir ziemlich sicher, dass ohne Hitlers Pakt mit Russland Großbritannien und Frankreich nie in den Krieg eingetreten wären und Polen den Weg der Tschechoslowakei gegangen wäre."

„Glaubst du das wirklich?"

„Aber ja, und es geschieht ihm recht. Aber er wird Russland auf jeden Fall angreifen; er hat seine wahren Ziele nie aus den Augen verloren."

„Du hast also keine Hoffnung?"

Tante Anne schnaubte nur als Antwort, und ich hasste ihren Zynismus fast so sehr wie Onkel Egons absurden Glauben. Keiner der beiden konnte mir helfen, herauszufinden, was mit uns allen geschehen war. Vielleicht war Muttis warme und einfache Menschlichkeit die einzige Erhellung eines düsteren Rätsels.

Gefangene aus dem Westen

Als die belgischen Gefangenen im Juni 1940 eintrafen, waren nur noch zwei der Polen übrig; sie galten als Zivilisten, die keiner Bewachung mehr bedurften.

In den dazwischen liegenden Monaten war der ferne Krieg im Westen unwirklich erschienen, kaum mehr als eine Aufzählung von Zahlen bedeutungsloser Tonnagen, die in fernen Meeren versenkt wurden. Die plötzliche Konfrontation mit dem menschlichen Aspekt der Westfront konnte meine Freude über den Klang französischer Worte auf unserem Hof nicht unterdrücken, eine Freude, die mein Vater nicht teilte. Im Gegenteil, er war entsetzt: „Zwanzig Versionen des Gentleman Zarod", beschwerte er sich. „Was hat Sie dazu bewogen, solche Männer auszuwählen?", fragte er den Vorarbeiter Heiland, der die Gefangenen aus Darkehmen gebracht hatte.

„Sie sehen doch gesund aus", antwortete Heiland kleinlaut.

„Ein Chemiestudent, ein Professor, ein Ingenieur, ein Ladenbesitzer, zig Beamte, sogar ein Graf…"

„Du hättest dir deine Arbeiter selbst aussuchen können", warf Mutti ein, wohl wissend, dass nichts meinen Vater hätte überreden können, die Männer wie Vieh auf dem Marktplatz zusammenzutreiben. Väti zuckte mit den Schultern und antwortete nicht.

Belgische Kriegsgefangene

Fenstergitter außen und Strohmatratzen innen hatten das Endhaus der alten Bauernkate zum belgischen Gefängnis gemacht. Später bauten die Männer einige Möbel für sich selbst. Der deutsche Soldat, der sie bewachte, wohnte im Nebenzimmer des Kuhhirten. Wie viel Bewachung er leisten sollte, war niemandem klar, am wenigsten dem Mann selbst. Da sich die Toiletten in einiger Entfernung von ihrem Haus befanden, konnte er die Gefangenen nachts nicht einfach einsperren. Außerdem, wohin sollten sie fliehen, wenn ihr eigenes Land von der deutschen Armee besetzt war und wahrscheinlich noch strenger kontrolliert wurde als unser Hof? Und wenn jemand die Autorität hatte, diese Herren zur Arbeit zu zwingen, dann war es offensichtlich mein Vater, nicht der Wachmann. Nach den Regeln des Völkerrechts konnten die Soldaten nicht zur Arbeit gezwungen werden, aber sie konnten in das Stammlager zurückgeschickt werden, aus dem sie sich freiwillig zur Arbeit auf dem Hof gemeldet hatten. Es bedurfte oft meiner ganzen Schlauheit und Diplomatie, um eine solche Deportation von dem Chemiestudenten, Monsieur Valère Pironnet, abzuwenden; dieser Mann war tatsächlich der hoffnungsloseste Arbeiter und zugleich in seiner schmachtenden mediterranen Art der schönste unter den Männern. Ich mochte seine Gesellschaft – und die der anderen – und unser armer Wärter war völlig ratlos über die Auslegung der Nichtverbrüderungsregeln, wenn Gefangene mir bei der Vorbereitung für meine französische Abschlussprüfung halfen. Aber ich war wütend, als ich feststellen musste, dass der humanitäre

Aspekt meiner Beziehung zu den Gefangenen von den Männern selbst völlig ignoriert wurde. Konnten diese Westler Zuneigung nicht anders als im Sinne einer Anziehung zwischen den Geschlechtern verstehen?

Die Frage kam auf, als die Wache vor einer offiziellen Inspektion in Panik geriet und eilig alle Papiere der Belgier einsammelte und mir zur Aufbewahrung überließ. Da waren meine eigenen Zusammenfassungen von romantischen Filmen, geschrieben auf Französisch, angeblich zur Korrektur, aber in Wirklichkeit, weil ich annahm, dass alle Leute das sentimentale Zeug, das ich liebte, gerne lassen. Es gab auch Notizbücher mit den eigenen Schriften der Gefangenen, Essays und Verse. Ich konnte nicht widerstehen, in den privaten Gedanken der Männer herumzuschnüffeln. Ich genoss viele lustige Verse über verschiedene Leute, aber plötzlich kochte mein Blut vor Wut:

« *Le Don Juan de Pironnet*
Tisse toujours ses filets,
Et maintenant, sa dernière prise
Est la belle Anneliese... »

So mochte ich mich nicht sehen, und Claus stimmte herzlich zu: keine Eroberung, sondern eine Eroberin, das war es, was er von seiner großen Schwester wollte. Aber Mutti lachte nur, als wir es ihr erzählten. Sie meinte, man müsse die Güte haben, Männern, deren Stolz durch die Niederlage ihres Landes schwer verletzt worden sei, ein paar Illusionen zu lassen; eine Demütigung könne nur von Menschen ohne Selbstachtung empfunden werden, meinte sie. Ich musste versuchen, den Provokationen mit Humor zu begegnen.

Es war nicht leicht zu schmunzeln, als « *le professeur* » Louis Gustot sich bemühte, so zu tun, als sei eine gewisse Suzanne „nicht mehr als eine alte Familienfreundin", obwohl sie regelmäßig von der zivilen Post Gebrauch machte, die ich für ihn organisiert hatte, und ihm mindestens einen Brief pro Woche und viele Pakete zu besonderen Gelegenheiten schickte.

Offiziell durften die Häftlinge nur eine bestimmte Anzahl von Luftpostbriefen über das Stammlager schicken, wo sie auf Informationen, die den Aufenthaltsort eines Mannes verraten könnten, zensiert wurden. Ihre Adressen waren Nummern. Solche Briefe brauchten sehr lange, bis sie ihr Ziel zu erreichen. Väti hielt dies für eine korrekte Regelung und beanstandete, dass die zivilen Briefe direkt aus Belgien kamen. Aber Mutti bestand darauf, dass wir „nichts wirklich Illegales" taten, da M. Gustot nicht nur ein persönlicher Freund unserer Familie war, sondern auch ein Freund des belgischen Faschisten Léon Degrelle. Um Gustot gerecht zu werden, hatte er Degrelle nicht als seinen Freund bezeichnet, aber ihre gemeinsame Zeit an der Universität recht häufig erwähnt. Ich hoffte, dass es keine enge Verbindung gab; aber als Gustot vorzeitig in die Heimat zurückgeführt wurde, begann ich mich zu wundern. Es klang nicht richtig, ihn als Flamen zu bezeichnen – was der offiziell angegebene Grund für seine Entlassung war – denn sein Name, seine Sprache und die Sprache, die in allen Briefen verwendet wurde, die er erhielt, all das war ja wallonisch.

Doch ich akzeptierte die Tatsache, dass es mir nicht zustand, Mitarbeiter auf einer so fadenscheinigen Grundlage zu beurteilen. In erster Linie war « *le professeur* » ein guter Lehrer, der Claus durch die Mathe- und Lateinprüfungen navigierte.

Die Nachhilfe fand jeden Nachmittag in Claus' eigenem Zimmer statt und war eine gute Ausrede für Mutti und mich, um gemütliche Kaffeepausen zu veranstalten, mit Kuchen und Keksen aus Muttis Vorrat und echtem Kaffee von Suzanne. Wenn Gustot unsere Zusammenkünfte als Teil meiner Vorstellungen zu seiner Männlichkeit interpretierte, ließ ich es widerwillig über mich ergehen. Er war auf jeden Fall lustig. Ein schlanker Mann von mittlerer Größe, von leicht exzentrischem Auftreten, mit einem langen, schmalen Schal, der fast bis zum Boden hing; die Bommeln an den Enden des Schals hüpften fröhlich, wenn Gustot uns zusammen mit M. Pironnet zeigte, wie man den Hokey-Kokey zu den Worten « *Prenez donc un parapluie, et vous êtes comme Chamberlain...* » tanzte.

Lebrun

Meine Mutter und ich sprachen alle belgischen Gefangenen mit „Monsieur so-und-so" an, während mein Vater die Intellektuellen mit ihren einfachen Nachnamen und die „Guten" mit ihren Vornamen ansprach, letztere einschließlich des Grafen, der sich nämlich gut mit Pferden auskannte. Sie alle, ungeachtet ihrer Bildung, blickten unsere Gastronomie mit Verachtung herab. Die ostpreußische Bauernkost machte ihnen wirklich zu schaffen, obwohl ihre Verpflegung nicht ganz die gleiche war wie unsere, sondern durch Pakete des Roten Kreuzes ergänzt wurde. Zigaretten waren eine wertvolle Schwarzmarktwährung, mit der man viele Extras kaufen konnte; Zigaretten reichten aber meist nicht aus, damit die Kuhhirten Vollmilch lieferten. Unsere eigene Familie war so an Magermilch gewöhnt, dass wir sie sogar bevorzugten. Der arme Lucien Lebrun, der Ingenieur, lebte in der Angst, seine überschüssigen Pfunde zu verlieren, sei es durch Hungern oder durch die Strapazen auf dem Hof. Seine Klagen über die ungewohnt harte Arbeit im Freien waren kaum gerechtfertigt, zumal ihm oft leichte Aufgaben übertragen wurden, die normalerweise von einem der Dienstmädchen erledigt wurden: Er musste zum Beispiel Betttücher, die auf dem Rasen lagen und bleichen sollten, mit der Gießkanne besprenkeln.

Lebrun liebte Baisers, Leckerbissen, die Mutti gelegentlich zur Verfügung stellte. Ob er rohe Äpfel wirklich mochte, kann ich nicht sagen: Er mochte auf jeden Fall meine Geste, ihm einen hinzuhalten, wenn er oben an der Kellertreppe auf mich wartete.

« La pomme d'Adam ? », fragte er und küsste mich leidenschaftlich.

Ich habe beides genossen, die lustige Bemerkung und das Küssen. Es war erfrischend, so viel weniger heuchlerisch als die üblichen Bemühungen in Richtung Verbrüderung.

Letzte Wochen in der Schule

Teppiche aus Leberblümchen bedeckten wieder den Waldboden, aber ich bemerkte die blaue Helligkeit in der Düsternis des Frühlings 1941 kaum. Ich hatte Angst vor dem Leben. Die Aussicht auf ein halbes Jahr Arbeitsdienst zwischen Schule und Studium war groß und rückte jeden Tag näher.

Außerdem wurden diejenigen von uns, die bis zum 18. Lebensjahr in der Schule geblieben waren, als intellektuell verdorben eingestuft und mussten vor den Abschlussprüfungen einen Pflichtkurs „für intellektuell Verbildete" besuchen. Es war ein dreitägiger Alptraum; den größten Teil davon verbrachten wir in einem dunklen Raum mit Diaprojektoren. All diese endlosen Vorträge schienen eines zu sagen, nämlich, dass wir die neuen emanzipierten Frauen waren. Die Zeiten der Etikette und des passiven weiblichen Einverständnisses waren vorbei. Wir mussten aktiv eine neue, gesunde Generation propagieren, und für dieses Ziel war es an uns, die Initiative zu ergreifen, anstatt darauf zu warten, dass ein Mann einen Antrag machte. Aber wir sollten selektiv vorgehen, das heißt, wir sollten uns nach den genetischen Gegebenheiten richten. Diese wurden auf dem Bildschirm in großen Diagrammen dargestellt.

„Die meisten SS-Männer entsprechen den Erwartungen, weil sie strenge Tests durchlaufen haben! Geht hinaus und züchtet nordische Nachkommen für euer Land!" Das war die Botschaft, und mir wurde ganz übel davon. Doch Mutti glaubte mir nicht. Niemand könne so etwas Unmoralisches meinen: Meine Phantasie spiele wie immer verrückt, sagte sie; ich hätte gerne mit ihr über meine Sorgen gesprochen. Und Väti erklärte fest, dass es an mir und meinem Gewissen liege, meine Zukunft selbst zu gestalten. Auch das war keine Hilfe. Wie sollte ich eine Zukunft gestalten, wenn ich nicht mehr wusste, wie ich sie haben wollte? Der Weg, der vor mir lag, sah düster aus. Am liebsten wäre ich in einen Kaninchenbau gekrochen und hätte mich versteckt.

Aber die Vorbereitungen für das Abitur, hatten ernsthaft begonnen. Ein Großteil davon bestand aus schriftlichen Tests und Beurteilungen durch Lehrer: Da hatte ich nichts zu befürchten. Sogar in Latein hatte ich durch Abkritzeln von Miniatur-Cäsar-Übersetzungen in Kombination mit Rateglück so gut abgeschnitten, dass unsere Lehrerin mich als einen von zwei Schülerinnen auswählte, die den externen Prüfern vorgestellt werden sollten! Ich flehte sie an, gab alle meine vergangenen Sünden des Schummelns zu und warnte sie, dass meine miserable Leistung ein schlechtes Licht auf ihren Unterricht werfen würde. Es war vergeblich. Sie wurde so wütend über meine Eingeständnisse, dass sie hartnäckig ihre eigene Demütigung in Kauf nahm, um mich zu bestrafen. Leider hatte ich zu spät erkannt, dass ich das Kleine Latinum für das Geschichtsstudium an der Universität brauchte, und ich bereute meine Rebellion gegen das Pflichtfach Latein.

Mit Serevis & Albertine nach dem Abitur

Ich freute mich jedoch, als der Schulleiter mich als seine Musterschülerin für eine mündliche externe Prüfung in Geschichte auswählte. Leider hing das Endergebnis der mündlichen Prüfung stark von der Art und Weise ab, wie das Protokoll während der Prüfung geschrieben wurde, und die Person, die ausgewählt wurde, das Protokoll meiner Geschichtsprüfung zu führen, war unser Lateinlehrer! Ich geriet in Panik. Meine Eltern und Omi stopften mich mit Traubenzucker voll. Die ganze Welt begann nach Traubenzucker zu riechen. Ich plapperte Zitate aus Hitlers *Mein Kampf* und Rosenbergs *Mythos des 20. Jahrhunderts* vor mich hin; der Schulleiter hatte uns gesagt, dass wir uns die guten Zitate merken sollten, weil von niemandem erwartet werden konnte, die kompletten Werke zu lesen. Als ich dann vor dem Protokollführer stand, brachte ich alles durcheinander und hatte keine Ahnung, worüber meine Stimme sprach.

Wie durch ein Wunder bestand ich in allen Fächern, einschließlich des freiwilligen Latinums – meine Note für letzteres war nur eine 5, aber die Durchfallnote war die 6. Ich konnte den Serevis tragen, einen Hut in Pillendosenform aus rotem Samt mit goldenen Eichenblättern und Eicheln, die um den Rand gestickt waren, und meine Initialen in der flachen Mitte trug; und weil wir Ostpreußen waren, schmückten Bilder des Heiligen Albert, des Schutzpatrons der Königsberger Universität, die Vorderseite unserer Kleider und Mäntel. Diese Albertinen wurden in Gold, Silber, Messing oder Zinn hergestellt, als Anhänger, Broschen und Abzeichen, groß und klein. Sie wurden uns als Glückwünsche von Verwandten und Freunden überreicht. Die Abiturbälle und kleineren Feiern dauerten ohne Pause fast einen Monat lang. Auf einzelnen Höfen wurden die Feiern zu zweitägigen Veranstaltungen. Doch so sehr wir auch tanzten, scherzten und Sekt tranken, dieses mulmige Gefühl wollte nicht verschwinden. Es wuchs und wuchs, als die Partys aufhörten.

Arbeitsdienst

Ich begann mich selbst davon zu überzeugen, dass ich unmöglich sechs Monate Arbeitsdienst überleben könnte. Diese Vorahnung des frühen Todes zog mich melodramatisch in die Nähe von Kleist und weg von Goethe und allem Positiven. Ich begann Gisela um die Annehmlichkeiten ihrer Tuberkulose zu beneiden, die sie vom RAD (Reichsarbeitsdienst) befreite. Sie saß den ganzen Tag in einem schönen Gartenzimmer, das ihr Vater für sie auf einem Drehboden gebaut hatte, so dass die weit geöffneten Türen und Fenster immer zur Schattenseite gedreht werden konnten. Gisela durfte die Wärme der Sonne nicht spüren. Sie konnte nicht spazieren gehen und war oft sogar zu schwach, um zu sitzen und zu malen oder zu lesen. Ich beneidete sie, und die Scham über meinen Neid vergrößerte mein Elend.

Mutti machte sich ernsthaft Sorgen um mich, aber Väti war voller Verachtung für eine Tochter, die ihre Niedergeschlagenheit so offen zur Schau stellte. Die belgischen Häftlinge äußerten ihre Verwunderung darüber, dass ich so „regierungsfeindlich" sein sollte. Sie haben es wirklich nicht verstanden. Ich war sehr für den RAD, weil er Fabrikmädchen aus dem Westen mit den behüteten Töchtern reicher ostpreußischer Gutsbesitzer zusammenbrachte; ich fand es gut, dass sie alle zusammen im Freien arbeiteten; nur wollte ich von der Einrichtung ausgeschlossen sein. Ich konnte es nicht ertragen, Tag und Nacht mit vielen Menschen zusammen zu sein, und wollte auch nicht, dass die Stunden meines Tages verplant wurden. Es war nur fair, Respekt für meinen einzigartigen Charakter zu erwarten! Aber andere sahen das nicht so.

Meine beiden Eltern kamen mit, um zu sehen, wie ich mich in Wuttrienen, einem kleinen Dorf im südwestlichen Teil Ostpreußens, einrichtete. Ein großer See glitzerte im Sonnenlicht, die Lärchen trieben frische grüne Spitzen, Leberblümchen bedeckten den Boden wie zu Hause.

„Ist das nicht schön?" rief Mutti aus.

„Die Natur hat keine Gefühle, sagt Goethe", antwortete ich. Es hätte jetzt eigentlich regnen müssen – so fühlte ich mich.

„Und Goethe sagt weiter, dass nur der Mensch das Unmögliche tun kann, unterscheiden kann, wählen kann", kommentierte mein Vater.

„Was für eine Wahl!" grummelte ich. „Vor dem RAD weglaufen und alle Chancen auf ein Studium verwirken. Diese Wahl könnte ich natürlich treffen."

„Oder du entscheidest dich dafür, das Leben in Würde zu akzeptieren…"

In diesem Moment kam das Lager in Sicht: ein Rechteck aus Holzgebäuden um eine Wiese, in deren Mitte die RAD-Flagge an einem Mast flatterte. Das Lager war von Wald umgeben.

Eine mollige Frau mit einem Dutt am Hinterkopf und einem khakifarbenen Anzug kam uns entgegen. „Heil Hitler", rief sie mit erhobenem Arm. Meine Eltern versuchten, es ihr nachzumachen; Väti fiel das leicht, während Mutti erbärmlich unbeholfen aussah und sich so offensichtlich dumm vorkam, dass ich sie hätte umarmen können. Ich selber grüßte einfach höflich.

„Ich bin die Lagerleiterin", stellte sich die Frau vor und schüttelte dann unsere Hände so herzhaft, dass ich glaubte, meine Finger würden brechen. Ich entschuldigte mich innerlich bei Rudi Haenig, weil ich sein laues Händeschütteln verabscheute.

Wir wurden in das Büro gebracht, damit ich mich anmelden konnte. Vätis Augen drückten Genugtuung aus, als sein Blick durch den Raum schweifte. Die Möbel waren aus Kiefernholz; es gab einen großen Schreibtisch, einen kleinen niedrigen Tisch, mehrere Stühle, Bücherregale und einen Schrank. Die Vorhänge waren aus einem rostfarbenen Gewebe, das entweder handgewebt war oder, als handgewebt aussehen sollte. Arrangements aus Weidenkätzchen und Lärchenzweigen standen auf den Fensterbänken, eine kleine Vase mit Leberblümchen auf dem Schreibtisch und eine weitere auf dem Tisch. In der hinteren Ecke stand ein Bett, und auf dem Nachttisch lag ein Buch mit einem Lesezeichen zwischen den Seiten; eine elektrische Lampe stand auf dem Nachttisch. Die Titelseite des Buches war umgedreht, so dass ich nicht erkennen konnte, was unsere Leiterin las, aber ich war beeindruckt, an diesem abgelegenen Ort Strom zu finden. Bücherregale säumten zwei Wände; ein Flickenteppich bedeckte den größten Teil des Bodens. Alles war sehr sauber und aufgeräumt.

Es klopfte an der Tür, und eine große, schlanke Frau in der gleichen Art von khakifarbenem Anzug wie die erste grüßte, als sie eintrat. Ich bemerkte, dass beide Frauen Broschen mit dem RAD-Emblem auf ihren weißen Blusen trugen. Die zweite Frau war die Assistenzleiterin. Mir wurde gesagt, ich solle mit ihr gehen, während meine Eltern im Büro warteten.

In der Kleiderkammer des Lagers wurde ich vermessen und bekam dann eine Uniform des gleichen Typs, wie sie die Leiterinnen trugen, einen zusätzlichen khakifarbenen Rock aus einem gröberen Material, einen Filzhut, zwei weiße Blusen, zwei hellblaue Baumwollkleider, zwei rote Kopftücher, mehrere weiße Schürzen mit roten Stickereistreifen am Saum, eine lange wetterfeste Jacke mit mehreren tiefen Taschen, zwei eigentümliche Nachthemden, einen Trainingsanzug, Turnhosen und -westen, mehrere Socken und dicke Strümpfe, feste Schnürstiefel, Gummistiefel, Turnschuhe, Handtücher, Bettlaken, Kissenbezüge, einen RAD-Anstecker. Es waren enorm viele Gegenstände; die kleineren konnte ich in eine große neue Umhängetasche stopfen; die Assistenzleiterin half mir dann, den Rest in mein zukünftiges Wohnheim, genannt Kameradschaft, zu tragen.

Arbeitsdienst 1941; ich bin in der Mitte der mittleren Reihe

Fünf Etagenbetten auf beiden Seiten von zwei Wänden zeigten an, dass wir zwanzig Mädchen in dem Raum sein würden. An den Fußenden standen Stühle, an den Kopfenden hohe schmale Schränke. Ein paar Mädchen waren bereits im Raum versammelt, sprangen auf, um die Assistenzleiterin zu grüßen und zogen sich dann weiter um. Die meisten waren ohne Eltern gekommen und packten gerade ihre Zivilkleidung in Kartons, um sie nach Hause zu schicken. Noch hatte ich die Möglichkeit, mir mein Bett auszusuchen und kam zu dem Schluss, dass die Privatsphäre in den oberen Betten besser sein würde; die oberen Betten hatten allerdings den Nachteil, dass das Herstellen der ordentlichen schachtelartigen Form, in die wir unser Bettzeug bringen sollten, schwieriger war. Die Kissen waren viel kleiner als alle, die ich je gesehen hatte; die Decken waren grau und grob.

In meinem Schrank befanden sich Kleiderbügel und verschiedene Regale, von denen ich eines für bestimmte persönliche Dinge, wie Schreibzeug und ein paar Fotos, nutzen durfte. Meine eigene Zahnbürste, Waschlappen, Haarbürste und Kamm konnte ich später an meinem Platz im großen Waschraum lassen, wurde mir gesagt. Mädchen, die so außergewöhnliche Dinge wie Lippenstift besaßen, sollten diese mit ihrer Kleidung nach Hause schicken. Wir durften einen sehr kleinen Geldbetrag für Briefmarken behalten, falls wir die Anzahl der kostenlosen Briefe, die wir nach Hause schicken konnten, überschritten.

Ich machte mein Bett und zog die Uniform an. „Ihr braucht keine Hüte zu tragen", sagte uns der Assistenzleiterin; „sie sind nur für besondere Paraden" (mein Herz sank) „und für die Heimreise auf Urlaub" (mein Herz hob sich ein wenig).

Als ich meinen Eltern meine Kleidung gab, war ich tapfer und weinte nicht. Ich umarmte Väti und Mutti, wobei ich trotz der missbilligenden Blicke der RAD-Leiterin absichtlich nicht den Hitlergruß zum Abschied benutzte.

Bald gab es einen ersten kleinen Appell in unserer Kameradschaft zur Einstimmung; dann ertönte der Pfiff zum großen Appell am Fahnenmast.

„Hier, hier, hier...", kamen die Antworten, als unsere Namen in alphabetischer Reihenfolge vorgelesen wurden. Die Leiterin hielt eine Rede über die Ziele der nächsten sechs Monate, woraufhin wir unsere Arme hoben und die beiden Nationalhymnen sangen, während die Assistenzleiterin die Flagge senkte. Die Mädchen, die diese Aufgabe am nächsten Tag übernehmen würden, waren bereits ausgewählt worden.

Unser Abendessen fand im Speisesaal der Baracke gegenüber unseren Schlafsälen statt, neben der Küche und dem Lagerraum. An diesem ersten Abend wurden wir von unseren Leiterinnen bedient.

Am nächsten Morgen ging es richtig los mit der Lagerroutine. Wir wurden durch einen scharfen Pfiff geweckt, sprangen aus den Betten, legten Decken und Laken zum Lüften um und zogen unsere Trainingsanzüge an. Wir versammelten uns auf der Wiese zur Morgengymnastik; danach entließ uns ein weiterer Pfiff zu den Pumpen in der Waschraumhütte. Wir zogen unsere Baumwollkleider und weißen Schürzen an, banden die Kopftücher, machten unsere Betten und rannten beim nächsten Pfiff zum Fahnenmast, der für mich etwas zu früh kam; ich hatte mein Bett nämlich noch nicht vorschriftsmäßig fertigstellen können; ich musste lernen, diese Tätigkeit schneller zu verrichten.

An der Fahne wurde das Motto des Tages vorgelesen; dann wurden die Arme für die Hymnen erhoben, während die Fahne aufstieg. Wir hielten uns an den Händen, hüpften im Ringelreihen um den Mast und sangen ein Volkslied. Ich fand es nicht einmal lustig.

Ilse, eine Schulfreundin aus Insterburg, behielt ihren Sinn für Humor und versuchte uns davon zu überzeugen, dass es viel schlimmer hätte kommen können. Wir sollten dankbar sein, dass wir uns nicht ein oder zwei Beine gebrochen hatten, während wir über das holprige Gras hüpften; das einfache Essen sollten wir zu schätzen wissen, denn so würden wir nicht an Fettleibigkeit zu sterben. „Im Ernst", sagte sie, „ich kenne eine fette Person, der das passiert ist!"

Ein Mädchen namens Eva hatte eine platonische inzestuöse Beziehung zu ihrem Stiefbruder und fühlte sich schuldig, wenn sie ihm einen Brief schrieb. Ilse tröstete sie: „Es wäre viel schlimmer, wenn er ein Bruder ersten Grades wäre." Einige der Mädchen aus dem Rheinland sprachen nachts über Sex. Ich versuchte, mir die Ohren zuzuhalten, denn das ekelhafte, ungewohnte Gerede wollte ich nicht hören.

Unsere erste Woche des Lagerlebens und der Vorlesungen war genauso grässlich, wie ich es erwartet hatte, ganz zu schweigen von all den Appellen rund um die Fahne. Wir hatten zwar etwas freie Zeit und konnten uns mit der schönen Landschaft ringsum vertraut zu machen, und sogar ab und zu kurze Gelegenheiten, der

Gesellschaft der anderen zu entkommen, aber insgesamt war es eine jämmerliche Woche.

Dann änderte sich das Leben dramatisch zum Besseren: Für die nächsten zwei Wochen wurden uns Aufgaben zugeteilt, und zum Glück gehörte ich nicht zu den Auserwählten für den Lagerdienst, die Aufgaben wie Essen zubereiten und kochen, abwaschen, Stiefel und Zimmer der anderen Mädchen putzen, Wäsche waschen verrichten mussten. Nur die Aufgabe des Bettenmachens war ein Teil des Drills, den jedes Mädchen für sich selbst übernehmen musste. Ich erinnere mich an eine Gelegenheit, bei der unsere Leiterin bei einer der vielen stichprobenartigen Inspektionen auf meine Koje schaute und mit fast bewundernder Stimme sagte: „Wirklich sehr gut!" Bevor ich Zeit hatte, einen Seufzer der Erleichterung zu auszustoßen, riss sie alle meine Decken herunter und sagte zu mir: „Jetzt zeig, wie schnell du es kannst!" Glaubte sie vielleicht nicht, dass ich es selbst gemacht hatte? Ich schluckte meinen Stolz und meine Wut hinunter, damit mein Tag, den ich mit landwirtschaftlichen Arbeiten friedlich verbringen wollte, nicht verdorben wurde.

Unser Lager lag inmitten einer großen Anzahl von kleinen Bauernhöfen, wie ich sie vorher nicht kannte. Die Bevölkerung in diesem südlichen Teil Ostpreußens war preußisch gewesen, bevor es Deutschland gab, und war dann erst deutsch geworden, aber Spuren einer anderen ethnischen Vergangenheit hatten in Religion und Sprache überlebt. Die Bauern unterhielten sich untereinander auf Polnisch, und ich war froh, meine Privatsphäre hinter der Sprachbarriere zu genießen und gleichzeitig Teil einer Gemeinschaft zu sein, die mir mit freundlichem Lächeln und einem gelegentlichen aufmunternden Wort auf Deutsch begegnete.

Wir erhielten keinen Lohn, obwohl ich glaube, dass die Bauern bestimmte Sätze für unsere Arbeit direkt an das Lager zahlten; ich arbeitete trotzdem hart, einfach aus Freude daran, im Freien zu sein. Einen Teil der Arbeiten kannte ich von zu Hause: Ich hatte sie ihn den Schulferien verrichtet. Bei anderen Aufgaben hatte ich zugesehen, wenn wir mit Vesperbroten auf die Felder gingen. Ich war das einzige Mädchen im ganzen Lager, das vom Land kam; so war es nicht verwunderlich, dass die Bauern anfingen, nach mir zu fragen; sie brauchten mich sowohl für die normalen Arbeitsstunden als auch für Überstunden am Abend oder an Sonntagen. Ich war froh, dem Lagerdienst und den vielen abendlichen Fahnenparaden zu entgehen, aber das sagte ich unserer Leiterin nicht; sie rechnete mir die viele Mehrarbeit hoch an.

Der süße Geruch von Heu; später das genüssliche Pieken der Stoppeln, wenn ich zur Maisernte die Stiefel auszog; die herrliche Klebrigkeit des Schweißes, der an meinen tief gebräunten Armen und Beinen entlanglief und mein blaues Kleid durchtränkte; der Geschmack von hausgebeiztem Speck auf großen Scheiben von dunklem Schwarzbrot; erfrischend auch der Kaffeeersatz, der in einer Flasche herumgereicht wurde!

Meine Eltern freuten sich, dass ich gesund und zufrieden war, als ich für ein langes Urlaubswochenende Urlaub nach Hause fuhr; sie freuten sich auch, dass ich begierig darauf war, wieder zu „meinen Bauern" zurückzukehren. Ich hatte absichtlich zu der Zeit zwischen der Heu- und Maisernte Urlaub genommen, als meine Abwesenheit am wenigsten störend war. Andere Mädchen waren zu anderen Zeiten nach Hause gefahren; einige hatten ihren Heimaturlaub noch nicht genommen und fragten sich, ob sie wegen der häufigen Luftangriffe in ihren Städten, die im westlichen Teil des Reiches lagen, überhaupt fahren sollten.

Es war schwer vorstellbar, dass der Krieg im fernen Westen noch andauerte, während Ostpreußen so friedlich war. Wir hatten keine Verdunkelungsvorschriften und konnten uns nur schwer damit abfinden, dass wir zur Mittsommerfeier keine Johannisfeuer anzünden durften. Aber in der Mittsommernacht begannen wir uns zu wundern. Man schien das unheimliche Dröhnen von Flugzeugen zu hören, die in Wellen über uns hinwegzogen; trotz des klaren Himmels konnten wir allerdings keine sehen.

„Jupiter ist nahe am Mars, und der Mars ist sehr rot", kommentierte ein Mädchen aus dem Rheinland, „das bedeutet, dass ein Blutbad bevorsteht."

Leute, die damit prahlten, sich in Astrologie auszukennen, imponierten mir nicht. Aber ich spürte im ganzen Körper eine lähmende Angst, die ich nicht konnte abschütteln konnte.

Krieg an zwei Fronten

Als wir uns am nächsten Morgen um die Fahne versammelten, erzählte uns unsere Leiterin, dass Hitler einem russischen Angriff auf Deutschland zuvorgekommen war und dass unsere Truppen nun innerhalb der Sowjetunion vorrückten. Tante Anne hatte also recht gehabt! Ich war fassungslos. Der Krieg war zu uns gekommen, und die Namen von Hindenburg, Napoleon, Tolstoi, Scholochow schwirrten in meinem Kopf herum. Es machte keinen Sinn.

Da es Sonntag war, ging ich mit Rita Eggers, einem Mädchen aus Hamburg, im Wald spazieren. Wir hatten unsere Badesachen mitgenommen und waren zum See gelaufen, schwammen allerdings nicht darin. Der See glitzerte friedlich in der Sonne.

Rita hatte, wie so oft, ihr Akkordeon dabei, auf dem sie Jazzstücke spielte, die sie aus dem verbotenen Radio kannte. Sie war vernarrt in die Amerikaner und sogar in die Briten, trotz deren Bombardements, und da sie eine große Pianistin war, spielte sie neben Klassikern auch anglophone Popstücke wie den Boogie-Woogie oder „Alexander's Ragtime Band". Später sollte ich über sie schreiben: „Ich liebe Beethoven und Bach, und ein englischer Schlager macht mich ganz schwach!" Aber an diesem 22. Juni 1941 spielte sie nicht. Wir starrten schweigend auf das Wasser. Einmal fingerte Rita den Anfang des Wolga-Bootsliedes und grinste ein wenig hilflos.

Eine gedämpfte Stimmung trübte das Lagerleben von diesem Tag an, was fast eine angenehme Abwechslung war. Weniger vergnügte Ringelreihen, weniger ausgelassene gesellschaftliche Ereignisse; und die landwirtschaftliche Arbeit war so erfüllend wie immer. Nur gelegentlich, wenn die Bauern mit ernsten Gesichtern sprachen, wünschte ich, ich könnte Polnisch verstehen.

Dann kam der August. Wir kochten vor Wut und konnten dies vor unseren Leiterinnen kaum verbergen Man hatte uns gesagt, dass wir nach dem RAD-Dienst nicht nach Hause fahren könnten, sondern in bestimmten Städten zum freiwilligen Kriegshilfsdienst (KHD) eingesetzt werden sollten. Freiwillig? Wie bei meinem Lateinunterricht in der Schule…

„Und wenn wir uns weigern?" fragte ich.

„Wo würdest du dann hingehen?"

„Nun, wenn sie mich nicht auf die Universität gehen lassen, könnte ich zu Hause auf dem Hof bleiben. Vielleicht würde mir das sogar besser gefallen", antwortete ich.

„Das wird nicht gehen, du würdest in einem Konzentrationslager landen", erklärte mir jemand Kluges.

„Das wird nicht schlimmer sein, als die Arbeit in einem Büro", beharrte ich.

„Der Herr bewahre die Unschuldigen und Unwissenden", stöhnte ein Mädchen aus Hamburg, „hast du keine Ahnung, was Konzentrationslager sind?"

„Nicht so recht", gab ich zu.

„Tag ein, Tag aus bringen sie dir da bei, wie man patriotisch ist."

„Wie können sie mich indoktrinieren, wenn ich einfach nicht zuhöre?"

„Indem sie deinen Körper aushungern und deinen Geist mit fiesen Vorträgen füttern", erklärte das Mädchen, und die schreckliche Erinnerung an den Kurs für ‚intellektuell Verbildete' kam wieder hoch. Es lohnte sich wohl nicht, sich gegen den KHD zu wehren. Ich zuckte mit den Schultern.

Ein anderes Mädchen aus Hamburg, Karla, sprach mich später an. Sie hatte meine Unwissenheit bemerkt und wollte mich aufklären. Ich war schon lange beeindruckt von dem Wissen, das sich diese Hamburgerinnen im Auslandsfunk angeeignet hatten, und vieles von dem, was Karla sagte, ergab Sinn. Aber als sie sagte, wir würden von einem Schwachkopf regiert, „der nicht einmal seine eigenen Reden schreiben könnte, wenn er es versuchte", konnte ich das nicht ertragen. Eine ganze Nation, die von einem Verrückten zur Unterwerfung verführt wurde? Was hat das aus uns gemacht? Noch mehr Verrückte? Nein, ich blieb bei meiner Meinung. Wir konnten nur von einem cleveren Schurken ausgetrickst werden, nicht von einem, der seine eigenen Reden nicht schreiben konnte! Um meiner eigenen Selbstachtung und der meiner Eltern willen musste ich einfach von Hitlers Intelligenz überzeugt sein.

Karla lachte; aber als ich sagte, ich würde zur Leiterin gehen, um eine Meinung zu der Sache einzuholen, hörte das Lachen auf, und Karla flehte mich an, es nicht zu tun, wenn ich uns nicht beide in Schwierigkeiten bringen wolle. Ich war so wütend, und der drohende Ärger war mir so gleichgültig, dass ich hinausstürmte und direkt zum Büro der Leiterin ging, wo man mir wieder versicherte, dass Hitler mehr als nur seine eigenen Reden geschrieben hatte. In dieser Hinsicht war also alles gut: Wenigstens wurden wir nicht von einem Verrückten regiert. Ich war zufrieden, dass damit das Thema damit erledigt war.

Das dachte ich zumindest, bis Karla und ich ein paar Wochen später aufgefordert wurden, zu irgendeiner hohen Behörde in Königsberg zu reisen. Wir waren irritiert und ein wenig besorgt, aber nicht ernsthaft beunruhigt.

Bei der Ankunft wurden wir getrennt befragt, ich zuerst. Wusste ich, dass Hitler neben Reden auch wichtige Bücher und Artikel geschrieben hatte? Jetzt wusste ich, worum es bei unserem Termin ging. Zitate aus *Mein Kampf*, die ich während des Abiturs so durcheinander gebracht hatte, kamen mir plötzlich fließend und in perfekter Reihenfolge über die Lippen. Danach war ich mir aber nicht mehr sicher, ob unser Interview etwas mit dem Geisteszustand unseres Herrschers zu tun hatte. Ich wurde nach meinem Vater gefragt, nach seinem Beruf, ob er der Partei angehöre, ob er früher einer anderen Partei angehört habe, wer seine Freunde seien, wer die Familie meiner Mutter sei; es gab sogar ganz verrückte Fragen, zum Beispiel welche Bilder an den Wänden unseres Hauses hingen. Ich war allmählich verunsichert.

Karlas Gespräch verlief offenbar ähnlich, wie sie mir später erzählte, als wir auf der Rückfahrt zum Camp im Zug saßen. Plötzlich umarmten wir uns, klammerten uns aneinander und weinten, ohne zu verstehen warum. Wir lagen uns noch schluchzend in den Armen, als wir den Namen unserer Station rufen hörten.

Arbeit für den Staat und für meinen Vater

Ein paar Tage später erhielten wir unsere Zivilkleidung und zogen in die Kriegsdienststadt unserer vorgeschriebenen Ziele. Nur drei Mädchen aus unserem RAD-Lager kamen mit mir nach Mohrungen; eine von ihnen war zum Glück Rita. Wir wohnten in einer Jugendherberge, einem ehemaligen Wasserturm, und waren – bis auf die Tatsache, dass wir ein- oder ausgesperrt waren – um 23 Uhr unabhängig. Unsere „Herbergsmutter" machte unser Frühstück und Abendessen für uns und putzte unsere Zimmer.

Ich arbeitete im Lebensmittelbüro, wo ich meine RAD-Bräune verlor und das Gewicht wiedererlangte, das ich im Außendienst erfolgreich losgeworden war. Die meiste Zeit meiner Arbeitszeit war sehr langweilig. Wir bekamen ein kostenloses Mittagessen in der Bürokantine und etwas Taschengeld obendrauf, damit wir am Wochenende ins Kino und in den Reitstall gehen konnten.

Etwa zweimal in der Woche war mir etwas weniger langweilig, denn mein Chef wollte ausgerechnet mit mir mit seinem Auto durch den Bezirk fahren und sich über landwirtschaftliche Produkte, Vieh, Schlachtung und solche Dinge erkundigen. Die Bauernhöfe im Kreis Mohrungen waren anders als die rund um das RAD-Lager und ähnelten eher denen, die ich von zu Hause kannte. Die großen Ländereien gehörten dem Adel und wahrscheinlich wurde ich wegen meiner persönlichen Bekanntschaft mit einigen dieser Familien zu den Kontrollfahrten mitgenommen.

Das Schloss der exzentrischen Gräfin von Dohna-Lauck war mit Abstand das interessanteste. Es war seltsam, sie in groben Hosen und Gummistiefeln gekleidet vorzufinden, während Geschichten über ihren außergewöhnlichen Reichtum weit und breit kursierten. Sie soll das gesamte Ensemble der Berliner Staatsoper eingeladen haben, um bei ihren Partys für Unterhaltung zu sorgen; sie fuhr mit einem afrikanischen Lakaien in ihrer Kutsche in die Stadt; er war vielleicht der einzige Schwarze, der im Deutschen Reich lebte. Aber das Bemerkenswerteste an der Gräfin war ihre Integrität: Sie bestach niemals Beamten des Ernährungsministeriums! Während wir von anderen Gütern mit Schinken, Butter, Eiern, Geflügel und Wild beladen zurückkehrten, gingen wir von der Gräfin von Dohna-Lauck mit leeren Händen weg. Und als mein Chef eine Bescheinigung für die Notschlachtung unterschreiben musste, sah der Kadaver wirklich krank aus.

„Greift nur hinein ins volle Menschenleben! Ein jeder lebt's, nicht vielen ist's bekannt, Und wo Ihr's packt, da ist's interessant", hatte Goethe geschrieben. Wenn ich nicht unglücklich sein wollte, musste ich genau das tun, und unterm Strich konnte ich in Mohrungen von meinen Erfahrungen zehren. Als das halbe Jahr zu Ende war, wollte ich nicht sofort mein Studium aufnehmen. Ich brauchte Zeit zum Abschalten, zum Nachdenken, zum Eintauchen und zum Wiederfinden meiner Wurzeln.

Väti war es nicht ganz recht, dass ich bis zum Beginn des Wintersemesters zu Hause bleiben wollte. Die lange Pause zwischen Schule und richtigem Studium erschien ihm als Zeitverschwendung; ich stimmte zu, obwohl ich nicht einsehen wollte, welchen Unterschied ein zusätzliches halbes Jahr ausmachen würde, da ich ja schon ein Jahr verschwendet hatte. Ich versicherte Väti, dass ich nicht die Absicht hatte, ganz auszusteigen.

Er war eigentlich ganz froh, meine Hilfe zu haben, da er es nach dem Tod meines Großvaters nicht geschafft hatte, eine Sekretärin zu finden und die Buchhaltung zu einem Albtraum wurde, der mit jeder neuen behördlichen Verordnung wuchs. Künstliche Düngemittel mussten eingesetzt und die immer höheren Produktionsergebnisse akribisch erfasst werden. Zudem wurde die Berechnung der Löhne durch unterschiedliche Tarife und verschiedene Geldsorten erschwert: Polen wurden in deutscher Währung bezahlt, aber zu einem viel niedrigeren Satz als selbst deutsche Kinder; Belgier bekamen einen deutschen Erwachsenenlohn, aber in Gutscheinen, die bei der Stalag-Organisation bestellt werden mussten und für die die Häftlinge dann bei derselben Stelle Waren bestellen konnten; RAD und Hitlerjugendgruppen bekamen ein kleines Taschengeld, während ihr Verdienst an den Staat ging.

Die Bezugsscheine mussten außerdem sortiert werden, nicht nur für die verschiedenen Personenkategorien, sondern auch für Butter, Käse und Magermilch aus eigener Produktion, ganz zu schweigen von den Schlachtgeldern pro Person und den geschätzten Eiererträgen unseres Geflügels; auch Saatgut und Düngemittel mussten eingetragen werden. Berechnungen und Vorschriften waren ein Fulltime-Job, aber ich konnte mir meine Arbeitszeit selbst einteilen. Die Zeit stand still für diesen langen Sommer.

Helmut

„Mach drei Knickse und du darfst dir etwas wünschen", sagte Helmut, als wir die erste kleine Sichel des zunehmenden Mondes sahen.

Ich dachte eine Weile nach, aber mir fiel kein Wunsch ein. Es war eine perfekte Nacht in einem perfekten Sommer. Durch die offenen Türen von Ballsaal und Veranda konnte ich den Klang von Bizets *Habanera* und das Trappeln von Tanzfüßen hören. Helmut und ich hatten die Tänzer für einen kurzen Spaziergang in der kühlen Luft verlassen, und soeben hatten sich unsere Nasen im taufrischen Duft einer lila Fliederblüte berührt. Ich hatte keine Wünsche.

„Ich wäre gerne da oben", sagte Helmut.

„Unter den Sternen oder im Himmel?"

„In den dunklen Räumen zwischen aufblitzenden Erinnerungen an erloschene Orte", antwortete er.

Dann wünschte ich mir, dass Helmut sich so etwas nicht wünschen sollte, aber ich hatte die Chance verpasst, zu knicksen. Ich wünschte mir so sehr, dass unsere

Erde wichtig ist, unser Garten, unsere eigenen Felder, unsere Wälder und Teiche, die für mich alle größer sind als jeder Stern.

Der Sommer 1942 hatte im Mai begonnen, als Rose mich zu einem Fest in Insterburg einlud. Ein Militärarzt, der das Offizierserholungsheim leitete, wollte seinen Schützlingen Erholung und Ablenkung verschaffen, und Roses Vater organisierte Tänze in seinem Haus. Ich wurde eingeladen, sobald ich aus dem KHD entlassen wurde; mir war klar, dass es nicht um meine Person ging (ich hatte Rose kaum gekannt, als wir zusammen zur Schule gingen), sondern um den Kontakt mit einem Gutshof. Also nahm ich die Wochenendeinladungen nach Mikalbude an. Helmut hatte mir bei diesem ersten Abendessen gegenübergesessen und beim Tanzen den tschechischen Text zu *Rosamunde* gesungen.

Tanzparty bei den Nieters; ich bin die zweite von links

Nach den Regeln der Etikette war es nicht üblich, mit einem Partner öfter zu tanzen als mit einem anderen; ebenso wenig Sinn ergab es, große Zusammenkünfte zu veranstalten, es sei denn, wir wollten Partner und Gesprächsthemen abwechseln. Aber nach mehreren großen Partys beschloss Rose, dass sie, Ortlef, Helmut und ich das ‚Konsortium der Vier' bilden und gelegentlich ein intimeres Wochenende nur für uns selbst haben sollten. Außer der Couch in meinem Zimmer und der Chaiselongue im Salon hatten wir nun nur noch fünf freie Betten für Besucher. Aber meine Gäste wurden nicht müde, die ganze Nacht durchzutanzen, und die Laken blieben für zukünftige Besucher sauber. Wir machten lange Spaziergänge im Morgengrauen oder beobachteten den Sonnenaufgang vom Pferd aus.

Helmut hatte in Wien und Prag Jura studiert und wählte als selbsternannter Grammophonist oft Platten aus, die seiner eigenen Nostalgie entsprachen. Er ließ mich raten, bevor er die Nadel niederlegte. Ich freute mich und war fest überzeugt von starken telepathischen Verbindungen zwischen mir und dem jungen Leutnant meines perfekten Sommers.

Er ließ mich von Wien träumen, so wie meine Urgroßmutter mich von aristokratischen preußischen Bällen hatte träumen lassen. Wenn ich die Augen schloss, verwandelte sich das kratzige Grammophon in Johann Strauß' eigenes Streichorchester, und aus unseren bescheidenen Gaslampen stiegen funkelnde Kronleuchter empor. Unsere schlichte Decke verwandelte sich in kunstvolle barocke Pracht, und Helmuts feldgraue Uniform wurde strahlend weiß und bekam goldene Borten. Ich hörte das Scharren meiner Krinoline auf dem Marmor und vergaß, dass Frieda und Hilde noch vor wenigen Stunden auf den Knien gesessen und einfache Holzbretter poliert hatten. Ich lernte „Servus" zu sagen, jene freundliche, melancholisch-fröhliche Begrüßung und Verabschiedung der Wiener.

Manchmal, wenn mein Herz vor Glück zersprang oder vor Zufriedenheit leicht schwebte, hatte ich plötzlich Schuldgefühle, da ja irgendwo in fernen Ländern ein Krieg tobte; ja, gerade dieser Krieg hatte uns Verwundete zur Genesung geschickt, zum Tanzen, um Kraft zu schöpfen für… Nein, so weit wollte ich nicht denken.

„Sollten wir nicht ernster sein?" fragte ich einmal. Helmut antwortete, dass Licht und Musik die ernstesten Dinge der Welt seien. Er wollte mich dazu bringen, in Wien zu studieren, wo man die Kunst des Lebens kannte.

Dann erzählte er mir von dem Tag, an dem er verwundet wurde: „Die erste Reaktion war Traurigkeit, nicht so sehr darüber, dass ich mein Leben verloren hatte, sondern darüber, dass es mir von den Menschen genommen wurde, die ich am meisten liebte, den Menschen von Tolstoi, Puschkin, Tschaikowski… Dann rief ich, dass ich die Sonne sehen wollte. Ein Soldat, der in der Nähe kauerte, stand auf und drehte meinen Körper. Als das Sonnenlicht auf meine Augen fiel, fühlte ich mich leicht und glücklich und starb…das dachte ich jedenfalls. Es war enttäuschend, in einem Krankenhausbett aufzuwachen."

„Man schreibt keine Lieder über Soldaten, die aufhören zu kämpfen, um einen Sterbenden die Sonne sehen zu lassen", sagte ich, „nur über sogenannte gute Kameraden, die keine Zeit haben, einem Sterbenden auch nur die Hand zu halten, weil sie zu sehr damit beschäftigt sind, das Gewehr nachzuladen." Ich war schon lange verbittert über dieses spezielle Lied.

Helmut fand, ich sei ungerecht gegenüber unseren Dichtern und Liedermachern, die viel Lob für Schönheit und Menschlichkeit übrighätten. „Nur in Zeiten wie diesen ist es so populär geworden, die Pflicht zu preisen", sagte er.

Aber wenn das stimmte, dann hatte es „Zeiten wie diese" gegeben, solange ich denken konnte. Das Lied vom guten Kameraden war von Ludwig Uhland im frühen neunzehnten Jahrhundert geschrieben worden und wurde bei allen militärischen Beerdigungen gespielt. Es hatte eine ergreifende, feierliche Melodie, die meine Mutter schon beim ersten Takt zum Weinen brachte, während ich es normalerweise schaffte, meine Tränen bis zum dritten oder vierten Takt zu rückzuhalten. Es passierte mir immer noch, obwohl ich den Text längst analysiert und durchschaut hatte; er gefiel mir jetzt nicht mehr. Am stärksten hatte er mich als kleines Kind berührt, jedes Jahr am 9. November beim Gedenken an den „Dolchstoß" von 1918, der den Ersten Weltkrieg beendet hatte. Die Stahlhelm-Organisation hielt immer eine Zeremonie ab, um die gefallenen Soldaten auf dem Heldenfriedhof zu ehren.

Hoch auf einem Hügel mit Blick auf die Landschaft und den Wald, der unseren Hof von Kowarren trennte, stand eine alte, kräftige Eiche, in deren Krone 1914 ein russisches Maschinengewehr gut getarnt lag. Neben dem Baum stand ein Kreuz, das so aussah wie Kreuze, die man im Westen hat. Es war höher als der Baum. Darunter standen, ordentlich angeordnet, den ganzen Weg bergab, kleine Kreuze, sowohl westliche als auch doppelbalkige, wie man sie im Osten hat. Sie markierten Einzelgräber mit Namen, einige sogar in kyrillischer Schrift, und Massengräber mit Nummern. Mich schauderte bei dem Gedanken an die Verstümmelungen, die so viele Hunderte in namenlose Haufen verwandelt hatten.

Aber die Reden, die von Männern mit kleinen Silberhelmen am Revers – den Abzeichen der Stahlhelm-Mitglieder – gehalten wurden, erwähnten die Schrecken nicht. Es waren schwärmerische Visionen von furchtlosen Jünglingen, die vielleicht ihre Nationalhymnen sangen, während sie fielen. „Heil, du mit dem Lorbeerkranz des Siegers, Retter des Vaterlandes, Heil, du, der Kaiser…" Heil dem Kaiser, oder im Nachhinein vielleicht auch dem Zar, denn auch der russische Kaiser war dem Dolchstoß der Revolution zum Opfer gefallen.

Totengedenken bedeutete auch Erinnerung an den Kampf gegen den Kommunismus, der die Demütigung eines verlorenen Krieges verursacht hatte. Wenn die schwarz-weiß-roten kaiserlichen Fahnen und die schwarz-weißen preußischen Fahnen gedippt wurden, spürte ich früher, wie mir Wellen der Ehrfurcht über den Rücken liefen und eine Gänsehaut meine Arme überzog. Das fühlte ich immer noch, jedes Mal, wenn ich den Friedhof betrat, obwohl ich jetzt im Alter von neunzehn Jahren die Helden verachtete und keine Musik hörte, die meine Gefühle aufpeitschte.

An einem schönen Sommermorgen, als wir nach einer durchtanzten Nacht zum Kowarren-See spazierten, beschloss jemand, abzuweichen und dem Pfad zu folgen, der hinauf zur alten Eiche führte. Es gab kein Geräusch außer dem Gesang der Lerchen und dem Knirschen unserer Füße auf dem Kies. Wir standen schweigend zwischen den Kreuzen. Dann fragte Leutnant von Burkersrode: „Werden sie unsere Gräber mit einfachen Kreuzen oder mit Doppelbalken markieren, oder werden ihre Zimmerleute Hämmer und Sicheln fertigen?"

Er sah so jung und verletzlich aus, als er sprach, ich sehnte mich danach, ihn zu umarmen und zu trösten. Aber Helmut hielt meine Hand fest und Ortlef lachte laut auf: „Sie beschäftigen jetzt Steinmetze, und die werden eine beeindruckende Büste von Stalin anfertigen, die auf unseren Massengräbern stehen wird."

Keiner von uns fand die Bemerkung lustig, aber sie löste sich im Nebel der Sentimentalität auf.

Bald darauf schwebten wir mitten im sauberen ruhigen See, Helmut und ich trieben träge auf dem Rücken, Seite an Seite.

„Diese Gewässer bewegen sich gar nicht", sagte Helmut, „und doch habe ich das Gefühl, als würde uns eine Flut vom lebendigen Wasser zum trockenen Land treiben. Wir sind zu faul, um Widerstand zu leisten."

„Gezeiten kenne ich nur aus den Novellen von Theodor Storm", antwortete ich.

Helmut gluckste. Er hatte noch nie die Ostsee gesehen, geschweige denn ein Meer, das Gezeiten hatte. „Es ist nur eine Metapher, die die physische Kraft hat, mich zu ziehen, mich von singenden Nixen wegzuziehen."

Er streckte seine Hand aus und sang Don Giovannis „Reich mir die Hand, mein Leben" Ich erkannte die Melodie, obwohl Helmuts Worte tschechisch waren. Die

Sonne war warm auf meinem Gesicht, unsere Beine schlugen rhythmische Wellen über unsere Körper. Ich war glücklich.

Mit Helmut in Mikalbude

Ich stellte die Frage, die mir schon lange auf der Seele lag: „Warum singst du immer auf Tschechisch?"

Helmut zögerte, bevor er antwortete: „Vielleicht will ich Buße tun; ich weiß es nicht genau. Eines Tages, wenn wir allein sind, werde ich vielleicht versuchen, es zu erklären."

Oft kam er mitten in der Woche allein, in einem gepanzerten Wagen, begleitet von einem Fahrer, der sich mehr um unsere Mägde kümmerte als um mich. Dann sattelten wir zwei Pferde und galoppierten über die Stoppeln oder schlenderten über Waldwege. Ich hatte Helmut Groß-Chile und Klein-Chile gezeigt, und einmal hatten wir Gisela gemeinsam besucht.

Eines Tages, als die Blätter anfingen, gelb zu werden, schlug Helmut vor, dass wir absteigen und uns in Klein-Chile eine Weile auf die warmen Baumstämme setzen sollten.

„Ich habe meine Kindheit im Sudetenland verbracht", begann er. „Meine Eltern unterhielten sich oft auf Deutsch, aber wir Kinder sprachen meistens Tschechisch. Alle unsere Freunde waren Tschechen... oder zumindest hielt ich sie für Tschechen, so wie ich auch mich selbst für Tschechen hielt."

„Wie kann das sein? Deine Eltern müssen doch Deutsche gewesen sein, warum haben sie dir sonst einen deutschen Vornamen gegeben? Wurden Sie nicht verfolgt und misshandelt?" Ich erinnerte mich lebhaft an Wochenschauen mit exaltierten Jubelszenen unter den befreiten Sudetendeutschen, als Hitler durch die Straßen von Eger fuhr.

„Es gab tatsächlich schlimme Schreckenstaten, aber nicht alle waren so offensichtlich, wie man es dir vielleicht weismachen wollte. Einer meiner eigenen Onkel war ein Lockspitzel der Nazis.

Helmut beschrieb einige Ereignisse, die der Befreiung des Sudetenlandes vorausgingen, oder der Invasion, wie ich das zu nennen begann, nachdem ich seine Geschichte gehört hatte. Ich bekam Gänsehaut vor Wut und Frustration, nicht so sehr über das, was in der Tschechoslowakei geschehen war, sondern über die Art und Weise, wie Gisela und ich hereingelegt worden waren. Ich schwor mir, dass mich niemand, nicht einmal Helmut, davon überzeugen sollte, dass der Weg zur Wahrheit über die Musik führte. Es musste einen anderen Weg geben, um die Netze der Propaganda zu durchdringen, und ich war entschlossen, ihn zu finden. Wenn nur die ganz erwachsenen Menschen um mich herum aufhören würden, mich für ein Kind zu halten und mir ihre Pläne anvertrauen würden! Herr Bagdahn zum Beispiel – und Tante Anne und ihre Verwandten... die plötzliche Stille in ihren Gesprächen, wenn ich einen Raum betrat... Sie schmieden sicher ein Komplott, dachte ich, vielleicht um Hitlers Regime zu stürzen? Sicherlich gab es irgendwo Aufgaben für jemanden wie mich? Sicherlich konnten sie mir vertrauen?

Ich machte meiner Wut bei Helmut Luft: „Wie kannst du in dieser Uniform hier sein, wenn du dich als Tscheche fühlst?"

„Nun, wenn du so fragst", antwortete er traurig. „Ja, wir hatten die Wahl, uns für unsere Staatsangehörigkeit zu entscheiden. Ethnisch gesehen sind wir Deutsche, und meine Eltern haben sich realistischerweise dafür entschieden, diese Tatsache zu bestätigen. Das machte unser Leben einfacher als das der Tschechen."

„Du hast also den einfachen Weg gewählt, und der brachte dich in die deutsche Armee", spottete ich.

„Glaubst du, das ist schlimmer als für den tschechischen Widerstand zu kämpfen?"

„Das hängt davon ab, woran du glaubst. Woran glaubst du? Hattest du persönlich keine Wahl? Musstest du deinen Eltern folgen?"

„Theoretisch hatte ich zwar die Wahl, aber eine solche positive Haltung eines Sohnes gegenüber der deutschen Staatsangehörigkeit hätte meinen Eltern mehr geschadet, als du dir vorstellen kannst."

„Du hast also damit deine tschechischen Freunde geopfert?"

„Freunde... ja... und die Liebe eines Mädchens, das mir sehr viel bedeutet hat", sagte er schlicht. Nach einer Weile fügte er hinzu: „Aber das ist jetzt vorbei. Ich singe auf Tschechisch, weil ich mir überhaupt nicht sicher bin, ob ich mich wirklich für das Wohlergehen meiner Eltern oder für mein eigenes einfaches Leben entschieden habe. Das alles hat mich hierhergebracht, zu solch einem Frieden, solch einer Schönheit. Ich bereue es nicht."

Ich entschuldigte mich für meine ungerechtfertigte schlechte Laune, und als Helmut mich lange festhielt, wünschte ich mir, dass die Welt untergehen würde, bevor sie langweilig und stumpfsinnig wird.

Noch am selben Abend sagte Helmut nicht „Servus", als wir uns auf der Verandatreppe die Hand gaben, sondern „Auf Wiedersehen". Auf Wiedersehen? Was für eine traurige Art, mir mitzuteilen, dass er nicht wiederkommen würde, denn ich war mir plötzlich ganz sicher, dass es so war. Ich verstand seine Botschaft, konnte aber nicht antworten, weil ich einen Kloß im Hals hatte. Helmut kletterte in den gepanzerten Wagen und winkte.

Ortlef kam an einem anderen Tag, um mir zu sagen, dass Helmut nach Stalingrad geschickt worden war.

Russische Gefangene

Während meines ganzen Sommers 1942 hatte ich wenig Notiz von den Gefangenen genommen. Trotz ihrer exotischen kulinarischen Marotten hatten sich die Belgier, wie die Polen vor ihnen, gut an das alltägliche Leben auf dem Hof angepasst. Sogar ihre Uniformen wurden zu einem seltenen Anblick, da dem Stalag der Vorrat ausgegangen war, und wir nach und nach die abgenutzte Kleidung durch alte zivile Ersatzstücke ersetzten, auf die die Männer ein kleines Identitätsetikett nähen mussten.

Die Ankunft von zwanzig russischen Gefangenen rüttelte mich dann sehr plötzlich auf; ich begriff auf einmal in erschreckender Weise und in einem bis dahin unvorstellbaren Ausmaß, dass es Voreingenommenheit und Ungerechtigkeit gab. Der „Grundlohn" für einen Russen wurde auf 1/4 des Lohns für westliche Gefangene festgelegt. Die Begründung war, dass die Russen einen wesentlich niedrigeren Lebensstandard gewohnt seien. Von dieser Summe mussten wir 50 % in Form von Reichsmitteln abziehen, das heißt, wir zahlten an eine Regierungsstelle, vermutlich als Anerkennung für geleistete Dienste bei der Gefangennahme unserer zusätzlichen Arbeitskräfte; für westliche Häftlinge wurde keine solche Zahlung geleistet. Von den verbleibenden 50 % mussten wir 1 Pfg. pro Arbeitsstunde für Unterkunft und Verpflegung abziehen; für westliche Gefangene war das ein Pfennig pro Arbeitstag, obwohl sowohl die Verpflegung als auch die Unterbringung der sowjetischen Gefangenen von weitaus geringerem Standard waren. Der Rest dieses Lohns wurde wie bei den Belgiern als Lagergeld ausgezahlt, aber mit diesen wenigen Pfennigen hätte man nicht einmal ein Stück Seife im Monat kaufen können, geschweige denn luxuriöse Dinge wie Zigaretten. Und da die Sowjetunion nicht Mitglied des Internationalen Roten Kreuzes war, gab es natürlich auch keine Pakete, die die Verpflegung der russischen Häftlinge subventionierte. Die Russen bekamen kein Fleisch, keine Butter und keinen Käse, der nicht aus Magermilch hergestellt wurde, und auch die Brotrationen waren deutlich geringer als die der Belgier.

„Wie soll man von halb verhungerten Männern eine gute Arbeit erwarten?", erkundigte sich mein Vater; er erfuhr, dass die Arbeitskräfte aus der Sowjetunion immer wieder ersetzt werden konnten. So waren die Bauern gezwungen, sich mit Nottötungen und Falschzählungen von Geflügel durchzumogeln, sowie die Anzahl des Wildes nach Abschüssen nicht richtig anzugeben. Mein Vater tat dies widerwillig und in einem viel kleineren Umfang, als ich es auf den Gütern um Mohrungen erlebt hatte.

Die russischen Häftlinge waren in zwei Baracken untergebracht, die neben den Baracken, wo die Belgier wohnten, lagen. Die Unterkünfte waren stark befestigt, nicht nur mit vergitterten Fenstern, sondern auch durch einen Zaun aus Maschendraht und Stacheldraht, der das Gelände umgab, einschließlich des Weges zu den Außentoiletten. Diese Umzäunung bot ein kleines Erholungsgebiet, einen Platz, an dem man sich im Freien aufhalten und an Sommerabenden sogar tanzen konnte, bis der bewaffnete Wächter entschied, dass es Zeit für das „Bett" war. Dann mussten die Häftlinge ihm ihre gesamte Außenkleidung geben und wurden in ihre beiden Zimmer gesperrt, die mit Strohmatratzen auf dem Boden und sonst mit nichts ausgestattet waren.

Offiziell mussten alle Gefangenen der Roten Armee in einer Gruppe unter Aufsicht eines Wachmannes arbeiten. Jeder, der sich von dieser Gruppe löste, konnte bei einem Fluchtversuch ohne Vorwarnung erschossen werden. Die Anordnung stand dem Wunsch meines Vaters nach Effizienz entgegen, besonders als es offensichtlich wurde, dass viele der Russen an landwirtschaftliche Arbeit gewöhnt waren und leicht mit Pferden umgehen konnten; die meisten Belgier würden das in einer Million Jahren nicht lernen – zumindest war das sein Gefühl. Er überredete die Wache, ein paar Zugeständnisse an den gesunden Menschenverstand zu machen. Die Art und Weise, wie mein Vater redete schüchterte sie wahrscheinlich mehr ein als die Aussicht, dass Stalag-Inspektoren kommen würden, um die Einhaltung der Regeln zu überprüfen.

Schließlich nutzte Mutti solche Zugeständnisse auch für ihre eigenen gärtnerischen Arbeiten. Es ging ihr nicht darum, dass effizient gearbeitet wurde, und erst viele Monate nach der Ankunft der Russen kam ein Kontakt zustande, denn es dauerte lange, sie als Individuen kennenzulernen. Zunächst schien es, dass keiner von ihnen überhaupt Deutsch konnte, und die offiziellen Regeln verbaten es auch, ihnen etwas anderes beizubringen als das Verstehen sehr einfacher und notwendiger Befehle.

Im Herbst 1942 entschied ich mich für ein erstes Semester an der Wiener Universität und konnte Anni, ein Mädchen, das ich im KHD kennengelernt hatte, dazu überreden, meine Arbeit zu übernehmen. Sie war gelernte Sekretärin, hübsch, recht aufgeweckt, arbeitswillig und insgesamt lebhaft und angenehm. Ich machte sie mit dem komplizierten Papierkram und dem Abwiegen von Getreide vertraut; das Getreide war Teil des deutschen Arbeiterlohns und wurde auch als wöchentliche Ration für die Nutztiere genutzt. Dann packte ich für die Universität.

Berlin

Ich hatte in Insterburg gelebt, hatte Königsberg besucht, aber auf Berlin war ich nicht vorbereitet. Schon als unser Nachtzug anhielt und uns in einem Strom von drängelnden, eilenden, schiebenden Fahrgästen auf den Bahnsteig trieb, die sofort in der Anonymität größerer Menschenmassen verschluckt wurden, hätte ich vor Freude schreien können. In Anbetracht meiner Verachtung für Städter war das eine bemerkenswerte Reaktion, und sicherheitshalber packte ich den Arm meiner Mutter. Ich war gerade dabei, mich zu fragen, wie wir jemals unsere Freunde entdecken sollten, als unsere Namen gerufen wurden.

„Berlin, Berlin, du wunderbare Stadt, du bist der Nabel der Welt", heißt es in einem Lied. Unsere zwei Tage auf dem Weg nach Wien waren wie das Leben an einer Filmkulisse. Gretel Schneider hat gut dafür gesorgt, dass es so sein sollte. Wir fuhren mit U- und S-Bahn, hielten bewusst an der Station Gleisdreieck, berühmt geworden durch den gleichnamigen Heli-Finkenzeller-Film, setzten uns zu den hartgesottenen Kunden an die Tische im Freien auf dem Kurfürstendamm, tranken Berliner Weiße in der kühlen Oktobersonne und sahen nachts die blinkenden Lichter des Alexanderplatzes, „nur ein kleines Fünkchen im Vergleich zur Friedenszeit", wie Gretel sagte. Wir gingen ins Metropol-Theater, um *Hochzeitsnacht im Para-*

dies mit Johannes Heesters zu sehen, einem Filmstar aus Fleisch und Blut! Ich bestaunte alles, und der Lippenstift, geliehen von Lori, verstärkte noch das Gefühl des Anlasses.

Wir fuhren auch nach Potsdam und sahen Sanssouci, das in einer bedrückenden Luftschutztarnung lag und so seinem Namen gerecht wurde. Ich fragte mich, ob es dort jemals sorglos gewesen war, ob Friedrich der Große – oder Bach oder Voltaire – dort jemals wirklich entspannt waren. In allen Berliner Häusern gäbe es Luftschutzbunker, sagten uns unsere Freunde, aber wir hatten keine Lust, einen zu besichtigen. Ich hätte nicht in Berlin leben wollen, aber ich war froh, auf der Welle der Begeisterung und Faszination mitgerissen zu werden.

Die Schneiders machten uns mit einem Freund von ihnen bekannt, der Görings Adjutant war. Ich glaube, sein Name war von Kusenow; ich weiß, dass seine kleine Tochter Edda hieß, einer dieser nordischen Namen, die in Nazi-Familien in Mode gekommen waren. Es war faszinierend, diesen Mann offen sagen zu hören, dass er ernsthaft über eine Flucht nach Schweden nachdachte, um seinem kleinen Mädchen eine Zukunft zu sichern. Und das vor Fremden wie uns!

Er kam gerade von einer der häufigen Auseinandersetzungen zwischen Göring und Himmler zurück und war deprimiert, weil er das Gefühl hatte, dass letzterer die Oberhand gewann. Für mich war der Name Himmler gleichbedeutend mit dem des Teufels geworden, obwohl es mir schwer gefallen wäre zu erklären, warum. Es war eher wie in den erschreckenden Kindheitsphantasien, die wir von den der Kommunisten hatten: Ich stellte mir vor, dass Himmler die Statur von Max Schmeling, Joe Louis oder Dracula hatte. Aber während wir laut über „Kommunisten!" redeten, waren „Himmler!" oder „SS!" Ausdrücke des Schreckens, die man im Flüsterton aussprach. Kaltenbrunner, der Chef des Sicherheitsdienstes, erwarb später die gleiche Aura.

Einführung in Wien

„Ich finde es ziemlich widerwärtig, einen Adjutanten von Göring über die Fahnenflucht Deutschlands nachdenken zu hören", sagte Mutti, als wir in unserem Zug nach Wien saßen. Ich widersprach nicht, denn ich hatte Berlin schon fast vergessen und mein Herz klopfte in Erwartung von Wien – „für immer die Stadt meiner Träume". Ich träumte immer noch, aber ich hatte mehr als nur ein wenig Angst, dass die Realität meine Träume zerstören könnte.

„Ich freue mich, dass du dich mit Gerda anfreunden wirst", sagte Mutti, was meine Ängste plötzlich verstärkte. Ich kannte Gerda kaum, obwohl wir in Insterburg drei Jahre lang in der gleichen Klasse gewesen waren. Sie hatte zwischen Kriegsdienst und Studium kein einziges Semester Pause gemacht und war bereits ein Semester an der Wiener Universität gewesen. Ihre Eltern hatten meinen gesagt, dass ich ihre Wohnung haben könnte, wenn sie an eine andere Universität wechseln würde, und als Gerda sich entschloss, ihren Aufenthalt in Wien zu verlängern, wurde mir angeboten, ihre Wohnung mit ihr zu teilen. Mein Koffer war bereits dorthin geschickt worden.

Meine Befürchtungen verflüchtigten sich, als Gerda uns auf dem ruhigen Bahnsteig des Wiener Westbahnhofs mit einem freundlichen „Servus" begrüßte. Sie schlug vor, dass wir mit der Straßenbahn die ziemlich uninteressante Mariahilfer Straße entlangfahren und dann die Ringstraße entlanglaufen sollten.

„Dort ist die Oper, dort das Kunstmuseum und das Naturhistorische Museum, und dort, hinter dem Tor, sehen Sie die Hofburg – Renaissance, Neoklassizismus, Neugotik." Kunststile, Jahreszahlen – ich ließ Gerda weiterschwärmen, während wir zwischen zwei Baumreihen, die den Bürgersteig säumten, spazieren gingen, und Wien floss in mich hinein. Die kahlen Zweige vermischten sich mit schmiedeeisernen Toren, und hinter den filigranen Mustern waren die Gebäude weiß und grau und palastartig. Wir hielten eine Weile an den Stufen des Universitätsgebäudes inne und beobachteten Studenten in Pelzmänteln, die sich auf Bänken in dem kleinen Park sonnten. Dann, an der Votivkirche (neugotisch, erklärte Gerda), bogen wir wohl rechts ab und dann wieder links, und Gerda zeigte auf die Liechtensteinstraße Nr. 30: „Da wohnen wir. Aber erst bringe ich Sie zu Ihrem Hotel."

Das Hotel befand sich in einer kleinen Seitenstraße in der Nähe. In der dunklen Eingangshalle, die kaum groß genug war, um als Foyer bezeichnet zu werden, saß eine runde, freundliche Frau hinter einem Schreibtisch. Wir mussten unsere Anmeldepapiere ausfüllen, und die Frau prüfte unsere Ausweise. Ich war stolz auf mein nagelneues Dokument, komplett mit Fingerabdrücken. Ab und zu hatte ich in der Hektik Berlins in meiner Umhängetasche danach gefummelt, um mich zu vergewissern, dass er noch da war; eine Überprüfung meiner Identität gab mir ein Gefühl der Sicherheit. Hier in Wien erschien er mir plötzlich als ein überflüssiges, ja lächerliches Stück Papier.

Mit dunklen Rosen auf Gold tapezierte und mit Porträts des habsburgischen Kaisertums behängte Wände, rote Plüschvorhänge, rote Plüschsessel, ein Sofa, eine passende Tischdecke, ein paar cremefarbene gehäkelte Spitzenquadrate auf unseren Nachttischen und an verschiedenen anderen Stellen, große Decken auf unseren Doppelbetten, eine elektrische Lampe mit einem Schirm aus Perlen: das war unser Zimmer.

Die Wohnung der Andexlingers in der Liechtensteinstraße 30 war eine groß angelegte Version unseres Hotels. Eines unserer Zimmer dort war so groß wie der Salon in Mikalbude. An den beiden Fenstern stand ein Flügel, es gab einen großen Schreibtisch, mehrere Bücherregale und Schränke, plüschbespannte Sitzgelegenheiten (darunter zwei bequeme Sessel), einen langen Tisch und eine ausziehbare Couch, die Gerda als Bett benutzte.

Mein Bett stand in dem kleinen Nebenzimmer und hatte statt eines Nachttisches einen großen, soliden Schreibtisch. Gerda hatte mir das Vorlesungsverzeichnis dorthin gelegt, und ich hätte mich gerne sofort darin vertieft, aber Mutti ließ mich nicht. Solange sie bei uns war, würde ich die akademischen Dinge vergessen und eine extravagante Art des Erkundens genießen müssen, die ich mir später nicht würde leisten können. Mutti blieb nur für ein paar Tage.

„Kaiserlich-königlich", sagte sie mit spöttischer Bewunderung, als sie über den echten Seidensamt der Hotel-Sacher-Möbel strich; „und das Tafelservice auch, und das Porzellan, und die Gläser… aber die Suppe entspricht nicht dem Standard von Omis Suppen." In der Tat mochte Mutti die Leberknödelsuppe überhaupt nicht.

Im Opernhaus hatten wir eine Loge: nur eine kleine, aber immerhin eine Loge. Gerda zeigte auf die Emporen, auf denen normalerweise Studenten saßen, und ich konnte mir den Gedanken nicht verkneifen, dass die Metamorphose der Heldin in einen Baum von dieser Höhe aus vielleicht echter ausgesehen hätte; von dort aus hätte man nicht sehen können, wie Vorhang um Vorhang mit Mustern von Blättern wie schimmernde Schleier vor die Sängerin gezogen wurden.

Am letzten Tag von Muttis Aufenthalt ging es in die Berge, und der Semmering war der nächstgelegene. Ich war so aufgeregt und hatte Angst, wir könnten den Zug verpassen, dass ich kaum unser Frühstückskipferl essen konnte, die halbmondförmigen Brötchen, die an die Rettung Wiens vor den Türken erinnern. Endlich Berge! Gisela war in Garmisch auf Urlaub gewesen und hatte mir eine Karte von der Partnachklamm geschickt; ich würde ihr eine Karte vom Semmering schreiben und sie dringend bitten, mich zu besuchen. Sie war von der Tuberkulose fast genesen und wollte ihr Kunststudium in Königsberg wieder aufnehmen, aber wie würde sie Wien und den Semmering lieben! Es schneite heftig, und Mutti war enttäuscht, weil man die Berge nicht sehen konnte; aber das machte mir gar nichts aus, denn ich konnte sie in meinen Beinen spüren und mir ihre Pracht und ungeheure Höhe vorstellen. Im Wind hörte ich nichtexistierende Wasserfälle; es war wunderbar!

Unser Weg führte uns zunächst auf der Serpentinenstraße vom Bahnhof hinauf zum Hotel Panhans; wir, kletterten, rutschten, torkelten, den Kopf im rechten Winkel zu den Hüften. Auf Muttis Drängen hin tranken wir ein Glas heißen Zitronensaft, noch bevor wir unsere Suppe aßen. Da wir die ganze Tour nicht nur wegen einer Mahlzeit in einem Hotel gemacht hatten, stimmte Mutti zu, dass Gerda und ich bis zur Kaffeezeit ein bisschen im bergigen Gelände herumliefen.

Wir genossen einige Stunden im Schnee, aber als wir das beleuchtete Schild des Hotels Panhans sahen, hatten wir plötzlich richtig Hunger auf Kaffee und Kuchen; also rannten wir das letzte Stück, nur um festzustellen, dass Mutti nicht da war. Es war schwer, andere Leute zu fragen, ob sie sie gesehen hatten, denn jede Beschreibung, die wir gaben, schien auf mehrere Frauen zu passen. Wir warteten, einer von uns in der Lobby, der andere im Restaurant, nur für den Fall, dass Mutti eine längere Sitzung auf der Toilette hatte. Aber so lange konnte sie nicht dort gewesen sein, fanden wir. Wir fühlten uns furchtbar hilflos, bis jemand fragte, ob wir uns im Großen oder im Kleinen Panhans verabredet hätten.

Jetzt waren wir richtig verblüfft und begannen, das Foyer genauer anzuschauen; wir versuchten, uns an das Foyer zu erinnern, wo wir Mutti verlassen hatten. Weder Gerda noch ich waren besonders aufmerksam, aber wir waren uns einig, dass es möglich war, dass meine Mutter in dem anderen Hotel war, das anscheinend auf der gleichen Seite des Berges lag, aber nur zu erreichen war, wenn man den ganzen Weg hinunter ins Dorf ging. Wir rannten, stolperten, hechelten, und als ich mich endlich in Muttis Arme warf, murrte sie nur, dass ihr vom vielen Kaffeetrinken ganz schlecht geworden sei. Obwohl die Kellner ständig Wasser ohne Aufpreis brachten, konnte nichts und niemand meine Mutter dazu überreden, es zu trinken. Sie konnte sich nicht mit dem Gedanken anfreunden, die Annehmlichkeiten eines Restaurants in Anspruch zu nehmen, ohne ständig irgendetwas zu bestellen.

Leider war keine Zeit, die Kuchen zu verzehren, auf die wir uns gefreut hatten. Wir liefen mit Mutti Arm in Arm ins Tal und beeilten uns, den letzten Zug nach

Wien zu erreichen. Strahlend, gestärkt, glücklich waren wir und freuten uns auf ein herrliches Essen aus der riesigen Speisekarte im Rathauskeller.

Mutti reichte mir ihre restlichen Gutscheine und einige Geldscheine, die ich dankend, aber ohne zu zählen, annahm, denn ich war immer noch nicht davon überzeugt, dass es gut war, Geld anzusehen. Ich würde nun, zum ersten Mal in meinem Leben, für mich selbst sorgen und rechnen müssen.

Ich bekam von meinem Vater jeden Monat so viel Taschengeld wie Gerda – weit mehr, als wir brauchten, aber nicht mehr, als wir ausgeben konnten. Ich genoss Wiener Torten, so lange meine Extra-Gutscheine reichten; ich genoss Theater und Opern; aber wahrscheinlich mehr als alles andere genoss ich es, Bücher zu kaufen. Als ich entdeckte, dass andere Studenten Bücher aus Bibliotheken ausliehen, löste das in mir einen Schock und große Schuldgefühle aus. Offenbar begnügten sie sich beim Essen mit einem Gang in der Mensa oder eventuell im Rathauskeller, wo man bis zum Abend von einem einzigen Kaiserschmarrn, leben konnte. Als ich entdeckte, wie viele Studenten tatsächlich niedere Arbeiten verrichteten, um ihren Lebensunterhalt zu bestreiten, beschloss ich, meinen Reichtum auf einem Postkonto zu verstecken, damit ich so tun konnte, als sei ich arm, ohne meinen wohlmeinenden Vater zu verletzen. (Drei Jahre später, als die ostpreußischen Bankkonten eingefroren wurden, schaffte es unsere Familie, von den Ersparnissen auf dem Postkonto zu leben[1]).

Meine Miete ging direkt an die Familie Andexlinger und beinhaltete das Frühstück, das unsere freundliche, gesprächige, tschechischstämmige Vermieterin uns morgens ans Bett brachte, nachdem ihre eigenen beiden Töchter und ihr Mann schon zur Arbeit gegangen waren.

Studentenleben

In Wien lebte ich gleichzeitig in zwei verschiedenen Jahrhunderten. Das bereitete mir keine Probleme, denn der 1. Mai 1933 hatte die Sorgen des zwanzigsten Jahrhunderts in meinen romantischen Geist des neunzehnten Jahrhunderts eingefügt. Nun schlenderte ich durch die K & K habsburgischen Straßen und Parks, lernte sie gut kennen, verweilte und flirtete in Kaffeehäusern, gab mich der Musik und dem Tanz hin und verfolgte dabei meine Suche nach Wahrheit jenseits der Parolen unserer Zeit. Dieses Streben war mehr durch die Entschlossenheit, die es kennzeichnete, als durch irgendeinen Erfolg bemerkenswert.

Die Studenten schrieben sich in der Regel für ein Hauptfach und zwei Nebenfächer ein und bezahlten dafür. Es hatte für mich nie einen Zweifel gegeben, dass Geschichte meine erste Priorität sein sollte, und der bedeutendste Historiker an der Wiener Universität war Professor Ritter Heinrich von Srbik. Er hielt in diesem Semester eine Vorlesung über den Absolutismus, und so suchte ich im Vorlesungsverzeichnis der Universität nach anderen Vorlesungen, die Srbiks Thema ergänzen und mein Verständnis für das siebzehnte und achtzehnte Jahrhundert erweitern sollten.

---

[1] Postkonten waren landesweit gültig, während die meisten Bankkonten nur lokal gültig waren

„Fantastisch, absolut fantastisch", rief Gerda aus, als sie erfuhr, welche Epoche ich erforschen wollte; „eine bessere Zeit für die Kunstgeschichte in Österreich hättest du nicht wählen können! Wir werden uns das alles gemeinsam anschauen, hier und an Orten außerhalb Wiens. In Salzburg – oh! – Fischer von Erlach!" Gerda fiel fast in Ohnmacht vor Begeisterung, und ihre Begeisterung war anstecken. Also beschloss ich, österreichischen Barock zu studieren. Ich ahnte nicht, dass Kunsthistoriker dazu neigen, das Schöne in vertikale, horizontale und diagonale Linien einzuteilen, was es mir unmöglich machte, Ganzheiten zu sehen.

„Das wirst du", ermutigte mich Gerda immer wieder, „wenn du erst einmal die Details der Komposition erfasst hast, wirst du die Vollständigkeit sehen, wie du sie noch nie gesehen hast." Vielleicht hatte sie damit recht, aber am Ende des ersten Semesters wusste ich, dass Kunstgeschichte kein Fach für mich war.

Auch in der deutschen Literatur ging es mir nicht viel besser, wobei ich Gerda ihre Meinung nicht einmal verübeln konnte. Ich hatte die Vorstellung, dass keine Bildung vollständig ist ohne das Studium der Literatur. Vermutlich fand ich Vorlesungen, um mich in Srbiks Jahrhunderte einzufügen, aber ich kann mich nicht einmal daran erinnern, welche Schriftsteller ich studierte.

Srbik war faszinierend, und was er zu sagen hatte, war interessant – wenn ich seine Worte hören konnte! Zu seinen Vorträgen musste man mindestens eine halbe Stunde früher kommen, denn das Auditorium Maximum war immer bis auf den letzten Platz gefüllt. Die Stehplätze im hinteren Teil des großen Saals waren einfach zu weit weg, worauf der arrogante, berühmte Mann keine Rücksicht nahm. Er saß an seinem Tisch auf der Bühne und artikulierte seine Weisheiten mit leiser, monotoner Stimme, scheinbar ohne Rücksicht auf sein Publikum. Vielleicht flüsterte er auch absichtlich, um Totenstille und gespannte Ohren zu erzwingen. Doch er zog nicht nur Geschichtsstudenten an, sondern auch eine große Zahl von Studenten anderer Fakultäten. Medizinstudenten machten mindestens ein Drittel seines Publikums aus.

Ich habe darauf gewartet, dass die Geschichte die Gegenwart erklärt. Der Absolutismus schien richtig zu sein, wenn man ihn als Zentralisierung der Macht für die Selbstverteidigung und den Fortschritt einer Nation erklärt. Ludwig XIV. beseitigte die Macht der Feudalherren, indem er sie in Höflinge verwandelte... wie Hitler? Nicht ganz. War der Unterschied nur einer des Stils? Konnte man das frivole Versailles mit der strengen, pompösen Pracht der Architektur des Dritten Reiches vergleichen? Die Betonung der Harmonie mit der Natur in der Kulisse des Obersalzbergs war vielleicht als kleine Zusatzerscheinung zu vernachlässigen. Aber war der Ablauf der Zeit von Ludwig XIV. über Ludwig XV. und Ludwig XVI. bis hin zur Revolution einfach beschleunigt worden? Welche Revolution war in Deutschland möglich? Wer konnte den Diktator stürzen und auf die Guillotine bringen?

Wir stritten uns lange durch die Nächte; aber es war nur ein Spiel, dachte ich, nur ein Wettstreit zwischen Optimisten und Zynikern. Wir brachen vor Erschöpfung zusammen, einige schliefen auf dem Boden ein, andere wanderten im Morgengrauen durch die stillen Straßen Wiens nach Hause, wieder andere nahmen die erste Straßenbahn nach Heiligenstadt, um auf den Cobenzl oder den Kahlenberg hinaufzulaufen und einen Blick auf die über der Donau aufgehende Sonne zu werfen. Das Wasser sah durch meine Augen blau aus, doch andere sagten, es sei grau;

sie hänselten mich und mochten mich für meine naive Gutmütigkeit, was das allerletzte war, wofür ich gemocht werden wollte.

Da war Alois, der Loisl genannt werden wollte; er dichtete für mich und über mich, die einfache Nymphe aus dem ostpreußischen Hinterland – ein Mädchen, das man heiraten wollte, nicht nur zum Flirten. Wie beneidete ich manchmal die mondänen Mädchen mit ihren subtilen Launen! Doch die Kultiviertheit entsprach nicht meinem Wesen, und auch ganz kurze Begegnungen waren für mich ernst und bedeutsam.

Er hat Veilchen verschenkt

Einige Soldaten baten das Blumenmädchen in einem Café, Gerda und mir einen Strauß Veilchen und einen Zettel mit der Bitte zu überreichen, sich zu uns an den Tisch setzen zu dürfen. Sie begannen mit harmlosem Geplänkel, nur zum Spaß, um sich zu unterhalten; sie wollten mit uns den Ring entlang gehen, eine kleine Abwechslung in ihrem zweitägigen Urlaub haben. Aber während Gerdas junger Mann sie immer wieder küsste, auch während wir spazieren gingen, diskutierte mein Partner in aller Ernsthaftigkeit über die Zukunft und bat um die Erlaubnis, mir Briefe zu schreiben. Erst als wir an unserer Tür ankamen, küsste er mich auf die Wange… nicht ohne vorher mein Einverständnis eingeholt zu haben. Meine Irritation wurde später besänftigt, als eine regelmäßige Lieferung großer Pralinenschachteln aus der

Fabrik seines Vaters eintraf; ich war aufrichtig betrübt und erschüttert, als einer meiner Dankesbriefe mit den Worten „Gefallen fürs Vaterland" zurückkam.

Es gab viele andere, die Botschaften an Veilchen, Primeln, Schlüsselblumen, Tulpen banden: Soldaten, die in Wien zwei Tage Pause machten und den Krieg vergessen wollten. Sie waren sauber, zuvorkommend, sanft. Die meisten kamen von Kriegsschauplätzen, die sie überhaupt nicht verstanden, vom Gebirgskrieg, der keine Schlachttermine hatte. Felsen oder Bäume bewegten sich plötzlich aus dem Schatten wie geheimnisvolle gespenstige Tötungsmaschinen, geführt von einer unsichtbaren Kraft, die „Tito" genannt wurde. Die jugoslawischen Partisanen tauchten selten in den offiziellen Nachrichten auf, und unsere Soldaten wollten nicht über ihre Erfahrungen sprechen. Die Aura der Anonymität machte die Hinterhalte in den Bergen noch beängstigender als die Bilder von der Schlacht um Stalingrad.

Wider besseres Wissen und gegen alle vernünftigen Vorsätze hoffte ich insgeheim immer noch, dass Helmut vielleicht noch nicht tot war und dass Paulus sich ergeben würde, bevor die ganze Sechste Armee abgeschlachtet war. Ich träumte von Helmut, der als Gefangener in Moskau die Sprache sprach, die er liebte, obwohl ich tief im Innern wusste, dass dies nicht so war. Als das Massaker von Stalingrad im Februar 1943 endete, weinte ich, obwohl ich es nicht wollte und bekreuzigte mich aus irgendeinem Grund, wie ich es bei Katholiken in Filmen gesehen hatte. Gerda schaltete das Radio aus und sagte: „Lass uns in den Türkenschanzenpark gehen; ich glaube, wir haben viel gemeinsam."

Ich hatte Gerda nicht von meinem Sommer 1942 erzählt, und sie hatte mir zuvor nicht von dem Genesungsheim in der Nähe jenes Parks erzählt, wo sie verliebt gewesen war und in dem sie in jenem Sommer jeden Tag spazieren gegangen war. Wegen dieser Erinnerungen war sie noch ein Semester in Wien geblieben; sie hatten sich auch vorgenommen, keine Briefe zu schreiben, um einen Schlussstrich unter ihre Vergangenheit zu ziehen. Wir waren fröhlich bei unseren Spaziergängen und beim Austauschen von Erinnerungen.

Unsere Lehrer waren weit davon entfernt, uns Vorwürfe zu machen, wenn wir Vorlesungen verpassten; sie forderten uns dazu auf, das Leben mit einem großen „L" zu erkunden – die Sonne, Parks, Berge, Theater, Konzerte. Mutti brauchte sich keine Sorgen zu machen, dass ich es mit der akademischen Arbeit übertreiben würde, obwohl ich zugeben musste, dass es mir oft schwerfiel, mich zwischen frischer Luft und dem lieblichen, muffigen Geruch der Universitätsbibliothek zu entscheiden.

Es gab nur eine Pflichtvorlesung, das „Pro-Seminar", das die Voraussetzung für den Besuch von Seminaren war. Professor Lorenz sollte uns das Handwerkszeug für unser Studium vermitteln – Bibliographie und einen allgemeinen Überblick über die historischen Ereignisse. Er hatte ein Buch mit dem Titel *Staat wider Willen* herausgegeben, in dem er den Widerwillen Österreichs gegen eine Trennung von einem gesamtdeutschen Staat darstellte; und obwohl er seine Aufgabe, nämlich das Halten von Vorlesungen gewissenhaft – für mich war es langweilig – erfüllte, wich er oft ab, um seine eigene Philosophie der preußischen Tugenden als Standardmaß der historischen Ereignisse zu vertreten. Es war äußerst schwierig, seinem unfairen und uninspirierten Diskurs zu folgen, und nach einer solchen Vorlesung sprach mich eine Studienkollegin an:

„Entschuldige, Kollegin; ich habe gesehen, wie du lange Notizen geschrieben hast, und habe mich gefragt, ob ich sie mir ausleihen könnte, weil ich einfach keinen Sinn in dem, was der Mann gesagt hat, erkennen konnte."

Ich lachte und zeigte ihr meine ‚Notizen', die begannen: „Liebe Mutti und Väti, ich nutze eine langweilige Vorlesung, um euch zu schreiben…"

So begann meine lange Freundschaft mit der Geschichtsstudentin Edith. Es beunruhigte mich nicht, dass sie meine Fleischgutscheine und vor allem meinen sozialen Status interessant fand. Ich hatte es längst aufgegeben, den Leuten zu erklären, dass das Leben auf den feudalen Gütern Ostpreußens nicht so pompös war, wie es in der Öffentlichkeit dargestellt wurde, und ich genoss einfach ein gewöhnliches Studentenleben ohne Hemmungen.

Edith und ich arbeiteten zusammen und fragten uns gegenseitig vor den Pro-Seminar-Prüfungen ab. Ich nahm es mit dem Fleiß nicht so genau, sondern setzte stattdessen auf mein Preußentum; ich lernte Daten und Namen der Vorgänger des Großen Kurfürsten, um ein wenig Namedropping zu betreiben. Das Spiel ging auf, und meine Belohnung war eine scheinbar noch nie dagewesene Note: 1 + mit den Worten „Sehr gut", wobei das „Sehr" auf dem Zeugnis dreimal unterstrichen wurde. Es war ungerecht, aber das war mir genauso egal wie das „Kleine Latinum" in der Schule, während die arme Edith die Dinge auf die harte Tour machen musste, indem sie während des Studiums Privatunterricht nahm. Nachdem sie die Lateinprüfung bestanden hatte, wurde ihre Einschreibung als richtige Geschichtsstudentin zurückdatiert, und sie konnte den gleichen Kurs besuchen, den ich von Anfang an belegt hatte.

Zeitungswissenschaft

Eines der Fächer, die wir gemeinsam hatten, eine Art Nebenfach, war Zeitungswissenschaft. Es war unsere Versicherung dagegen, nach dem Staatsexamen fürs Lehramt herangezogen zu werden. Wir verachteten das Fach, obwohl wir in unseren ehrlichen Momenten zugeben mussten, dass uns dieser Unterricht mehr über die Realitäten lehrte als alle akademischen Vorlesungen. Wir lernten das Vorgehen und die Strategie der Propaganda, die Mittel, die Tricks, die Kniffe, die Leser zu manipulieren; so begriffen wir die Taktik von Goebbels und wurden misstrauisch gegenüber seinen Worten.

Jeder von uns musste eine eigene Forschungsarbeit für die Prüfung erstellen, und ich wählte den Titel „Propaganda durch Zeitungsromane" aus einer Liste von vorgeschlagenen Überschriften. Alte Erinnerungen an Sitzungen auf der Toilette, das Zusammensetzen solcher Romane und das Schwelgen in Melodramen, kamen in mir hoch. Ich errötete vor Wut, als ich mir der Stereotypen bewusstwurde, die auf eine fast beiläufige dramatische Weise präsentiert wurden. Propaganda, die sich an sentimentale Gefühle wendet; reiche, rücksichtslose, elegante jüdische Geldverleiher; noch rücksichtslosere, sehr gelassene, ritterlich wirkende britische Geschäftsleute; höchst elegante französische Genießer guter Speisen und Weine, Frauen- und Kunstkenner, frivol in allen Dingen, aber von glühendem Nationalismus durchdrungen; ungarische und polnische Freiheitskämpfer, manchmal fehlgeleitet, aber stolz; faule russische Trunkenbolde, die nie glücklicher waren, als wenn sie sich von Zaren, Kirchen und Beamtenschaft elendig ausbeuten ließen; skandinavische Adlige; italienische Feiglinge (die in späteren Romanen verschwanden); und dann natürlich die blonden, hochgewachsenen, blauäugigen deutschen Helden, die Menschen vor Not und Armut retteten und dennoch böse Gestalten mit würdevoller Höflichkeit behandelten.

All dies, so unser Professor, erläutere unsere Pflicht als Journalisten, die öffentliche Meinung zu bilden und zu führen. Nicht, sie zu spiegeln? Nein, gewiss nicht, und auch nicht, eine Suche nach der Wahrheit zu betreiben, denn die Wahrheit war irrelevant im Vergleich zu den Idealen.

Einige stimmten zu, andere widersprachen; und so stritten wir, wie Studenten streiten müssen, wenn sie die Welt verändern wollen. Wir stritten in Häusern und Wohnungen, in Hörsälen und im Presseclub, auf den Grashängen des Kahlenbergs, im Schneesturm in der Seilbahn, die uns auf die Raxalpe brachte, in den Weinstuben von Grinzing. Wir diskutierten hitzig und wütend und waren glücklich.

Es wurde über die Logik des Lebensraums gestritten und gefordert, dass wir mehr kleine Deutsche züchten sollten. Dieses Argument wurde sehr aktuell, nachdem Studenten in München als Reaktion auf einen Befehl für jede Studentin, ein Kind pro Jahr für den Führer zu produzieren, randaliert hatten. Von den Wiener Studenten wurde so etwas nicht verlangt, sie hätten den Befehl ignoriert, ohne zu randalieren. Die Wiener hatten eine charmante Art, solche übergriffigen Forderungen zu ignorieren.

Nazi-Vortrag am Institut für Zeitungswissenschaft

Nur wenige Mitglieder unserer Zeitungswissenschaftsgruppe hatten schon immer in Wien gelebt. Dazu gehörten Kurt und seine mollige, hübsche Freundin Hedi. Ich fragte mich manchmal, warum Kurt keine Uniform trug, sah er doch ganz gesund aus; aber es wäre taktlos gewesen, danach zu fragen. Herbert war ebenso rätselhaft: Er trug zwar einen Soldatenanzug, aber der Ärmel eines fehlenden Arms war in eine Tasche gesteckt. Seine Freundin Mierle war so mollig und so hübsch wie Hedi. Sowohl sie als auch Herbert wollten Filme ohne politischen Inhalt machen, was wir sehr ehrgeizig fanden, zumindest so lange Hitler noch lebte.

Karl-Maria, ein Theologiestudent aus dem Süden Österreichs, hatte offensichtlich gelernt, zu tun, was von ihm verlangt wurde: Er trug eine Militäruniform, und seine Frau bekam ein Kind pro Jahr; sie war eine unscheinbare Blondine, die nie diskutierte.

Edith mochte Gerd am liebsten, vielleicht weil er wie sie aus dem Rheinland kam, aber wahrscheinlich eher, weil er groß und schick war; er trug polierte Schuhe und polierte Knöpfe an seiner Uniform. Er war extrem fleißig, fast wie diese japanischen Studenten, die wie Bienen herumschwirrten, alle eine Brille trugen und uns – zu unserer großen Erleichterung – ignorierten. Gerd war übrigens der Einzige, der ein Nazi-Parteiabzeichen trug, was ich lächerlich fand. Edith sagte mir, ich sei kleinlich.

Dann war da noch Hubert aus Schlesien, auch in Uniform, auf ein Jahr Studienurlaub von der Armee. Seine Wirtin betrieb die Geisterbahn im Prater, die ich nicht mochte, aber ausgiebig nutzte, denn wir durften umsonst fahren. Wir kreischten alle, als ob wir Spaß hätten.

Ediths Mitbewohnerin Hannelore, eine Medizinstudentin aus Berlin, kam oft zu unseren Partys mit Gerda. Edith war fasziniert, als Hannelore uns zu einem ihrer Anatomiekurse mitnahm, aber mir wurde schlecht. Der Anblick von Studenten, die die Haut von menschlichen Leichen abziehen, war schon schlimm genug, aber der süßliche, chemische Geruch in der Halle war wirklich ekelhaft.

In dem stickigen Zimmer von Gerdas kunstsinnigen türkischen Freunden wäre mir auch schlecht geworden, wären da nicht die Ablenkungen gewesen, die mich von den schweren orientalischen Düften ablenkten: Es war schwierig, in einer einigermaßen respektablen Position auf einer niedrigen Couch zu sitzen; ich war die einzige Person in einem kurzen Kleid, und der Raum selbst war mit dicken Teppichen und Wandbehängen bedeckt, so dass es unmöglich war zu erkennen, ob es ein Fenster gab. Eine kleine Lampe mit rotem Schirm warf kaum Licht, und doch schienen die Farben um uns herum zu leuchten. Süßer schwarzer Kaffee wurde aus Messingkannen mit geraden Henkeln in winzige Tassen gegossen, die ab und zu einen roten Lichtstrahl auf ihrer glänzenden Politur einfingen. Man bot uns Nüsse und Lokum an, und ich fühlte mich, als sei ich in einer Geschichte aus Tausendundeiner Nacht gelandet. Unverständliche Diskussionen über Kunst waren für mich wie exotische Hintergrundmusik.

Gerda hatte sicherlich interessante Freunde, und ich war froh, dass wir uns darauf geeinigt hatten, die nächsten Jahre gemeinsam an irgendeiner Universität zu verbringen. Wir dachten zuerst an Prag, dann vielleicht an Freiburg oder Tübingen und zum Schluss an zwei Jahre ernsthafte Arbeit für die Abschlussprüfungen in Heidelberg.

„Bald werden all diese Rosen blühen", seufzte Gerda, als wir durch den Volksgarten gingen.

„Wir müssen doch nicht wirklich gehen, oder?" fragte ich.

Es schien nicht sehr vielversprechend, noch ein weiteres Semester an derselben Universität zu verbringen; aber als ich für die Osterferien nach Hause fuhr, ließ ich die meisten meiner Habseligkeiten in Wien zurück. Zukunftspläne waren mir egal, ich war einfach glücklich und sehnte mich nach dem Duft von Rosen.

Ostpreußisches Zwischenspiel

Während der Osterferien begann ich zu vermuten, dass die russischen Häftlinge Nicolay, Carp, einer der beiden Grigorys und vielleicht noch einige andere fließend Deutsch verstanden und wahrscheinlich auch sprachen. Unklar war, ob sie zu stolz waren, mit uns zu reden, oder zu ängstlich. Offiziell war es ihnen verboten, sich mit uns zu unterhalten, ebenso wie den Belgiern, aber letztere hatten diese Regel immer ignoriert. Außerdem war es für jeden einzelnen Russen verboten, mit mehr als einem anderen gleichzeitig zu sprechen, vermutlich fürchtete man, dass eine Gruppe dazu angestiftet werden könnte, Ärger zu machen. Wie man das nachts verhindern konnte, war nie klar.

Die Belgier wollten keinen Kontakt zu „den barbarischen Slawen", aber die meisten Ostpreußen fühlten sich den Menschen im Osten verbunden, nicht zuletzt wegen des ähnlichen Essens. Lucien Lebrun hielt das für einen Scherz, als ich diese Ansicht äußerte. Wie konnte ich, ein zivilisierter Mensch…? Aber obwohl ich fest entschlossen war, wenigstens mit dem Ingenieurstudenten Nicolay Kontakt aufzunehmen, gelang es mir länger nicht. Kleine Kinder wie Marlene und unsere Cousine Jutta hatten weniger Schwierigkeiten und begannen bereits, mit russischen Häftlingen zu scherzen, ja zu flirten.

Mein eigener sozialer Durchbruch kam mit der Ankunft von Katja und Galja. Im offiziellen Jargon waren sie einfach „Fremdarbeiter", aber in Wirklichkeit waren sie genauso Kriegsgefangene wie diejenigen in Militäruniform. Die deutschen Bauern erhielten Gutscheine, die sie zu einer bestimmten Anzahl zusätzlicher Arbeitskräfte berechtigten, entweder als Ersatz für einberufene Deutsche oder als Belohnung für erhöhte Produktion und als Anreiz, noch mehr zu produzieren. Wenn eine Zuteilung aus der Sowjetunion anstand, suchten sich die Bauern oder ihre Vertreter auf dem Marktplatz in Darkehmen eine bestimmte Anzahl aus und musterten sie wie Exemplare auf einem Sklavenmarkt. Väti tat das nicht gern und schickte unseren Inspektor, der es ebenso hasste, aber keine andere Wahl hatte, als sich dem Gerangel um die am stärksten aussehenden Männer anzuschließen. Also nahm er, was übrig war: zwei Mädchen im Alter von fünfzehn und sechzehn Jahren.

Viele von uns kamen her und starrten ungläubig, als sie aus dem Einspänner stiegen. Das hübsche, dunkelhaarige Mädchen starrte uns an: «Bah!», knurrte sie und kopierte den Ausdruck auf unseren Gesichtern. «Patchemu bah? Nix Zirkusakrobat!» Ihre schwarzen Augen blitzten wütend auf. Alles an ihr funkelte vor Vitalität: Ihre Wangen glühten, ihre Lippen schmollten, kleine Locken sprangen aus ihren Zöpfen. Sie war die jüngere der beiden und hieß Katja.

Galja sah im Vergleich dazu dumpf und unbeholfen aus. Ihr Kopf war zu klein für ihre massige Figur, die bis auf ihren großen Busen fast quadratisch war; und ihre Nase war zu groß für ihr kleines Gesicht. Ihr helles Haar war glatt, und sie trug ordentliche dünne Zöpfe. Ich bemerkte ihre weichen, traurigen, dunklen Augen an diesem ersten Tag nicht, aber Mutti tat es und verliebte sich in Galja, während mein Herz an Katja hing.

Da ich seit meiner frühesten Kindheit gerne Häuser baute und Räume einrichtete, gab mir Mutti die Aufgabe, eine Unterkunft für die beiden neuen Arbeiterinnen vorzubereiten. Da unser Schmied geheiratet hatte, schien das Zimmer neben der Schmiede genau der richtige Ort zu sein. Obwohl wir Männer erwartet hatten, hatte ich mir große Mühe gegeben, die Wohnung hübsch einzurichten und freute mich auf Freudenschreie, wenn ich die Mädchen dorthin brachte.

Zu meinem Erstaunen blieb Katja auf der Türschwelle stehen und schnaubte verächtlich: «*Njemjetski nix kultura!*» Ich wusste, dass Njemjetskis Deutsche waren und konnte den Kulturteil erraten, war aber ratlos, warum. Galja versuchte, Katjas harte Worte wiedergutzumachen, indem sie leise, unverständliche Sätze sprach und bewundernd über meine schöne, saubere, gestärkte Tischdecke strich. Ich versuchte zu überlegen: Was mag wohl gefehlt haben? Die Frühlingssonne schien direkt durch die beiden nach Süden gerichteten Fenster; der ganze Raum sah wunderbar hell und fröhlich aus. Die rot-weiß karierten Vorhänge, die blau-weiße Tischdecke, weißes Leinen auf der daunengefüllten Bettdecke und den Kissen – was war hier nicht kultiviert? Ich hatte natürlich männliche Mitarbeiter erwartet, so dass es irgendein weiblicher Aspekt sein musste, der fehlte.

Nachthemden? Ja, es mussten Nachthemden sein. Ich winkte den Mädchen zu, zu warten, während ich auf den Hof eilte und zwei meiner Nachthemden aus der Truhe holte. Ich hielt sie den Mädchen erwartungsvoll hin: „Nehmt sie!" Ich hoffte, dass sie meine Gesten verstanden. Die Mädchen hielten die Kleider an ihren Körper und kicherten: «*Rabota?*»

Das Sprachproblem war deprimierend. Dann zeigte Katja auf den Tisch und sagte stolz: «*Kultura!*» Während ich die Nachthemden holte, hatte sie Löwenzahn und Gänseblümchen gepflückt und eines der Zahngläser als Vase benutzt. Ich nickte zustimmend: Ja, Blumen waren Kultur. Aber nein, Nachthemden waren nicht für die Arbeit gedacht, und nein, sie waren noch nicht zum Schlafengehen gedacht. Ach verdammt, wie sollten wir kommunizieren? Ich musste sie körperlich daran hindern, sich auszuziehen. Ich gestikulierte, mimte und sagte abwechselnd «*Niet rabota*» und «*Nje panimaju*»; schließlich nahm ich sie bei der Hand und marschierte mit ihnen auf der Suche nach einem Dolmetscher los.

Meine eigentliche Hoffnung war Nicolay, der zurückhaltende, stolze Gefangene, der noch nicht zugegeben hatte, Deutschkenntnisse zu haben. Karpfen, Wassili und Grigorij hatten es zugegeben, aber sie scherzten immer und spielten den Kindern Streiche, so dass ich ihnen nicht ganz traute. Notfalls würde ich lieber den zuverlässigen Iwan fragen, der wenigstens ein paar Worte konnte.

Es war leicht, Nicolay zu finden, denn der Wächter bestand darauf, diesen speziellen Gefangenen immer innerhalb einer Gruppe, in Sichtweite und in Schussweite zu halten. Er war überzeugt, dass der Mann die Absicht hatte, zu fliehen.

Nicolay hörte den Mädchen zu und sprach mit ihnen, während ich den Atem anhielt. Würde er mit mir Deutsch sprechen oder nicht? Endlich, entweder aus Mitleid mit den beiden Mädchen oder weil er uns auf die deutschen Sünden aufmerksam machen wollte, übersetzte er die Geschichte der Mädchen. Sie kamen aus einer kleinen Stadt in der Ukraine. Die Einwohner waren aufgefordert worden, sich zu registrieren, um Lebensmittelrationen zu erhalten, und den arbeitsfähigen Einwohnern, die sich beim Arbeitsamt meldeten, wurden zusätzliche Lebensmittel versprochen. Katja und Galja gehörten zu den letzteren und wurden sofort auf Lastwagen verfrachtet. Sie hatten das nicht erwartet, aber obwohl sie dachten, dass sie zu einer Fabrik in der Nähe fahren würden, waren sie nicht beunruhigt. Erst als sie zum Bahnhof gebracht wurden, wurden sie misstrauisch. Als sie zu einem Viehwaggon geführt wurden, bekamen sie Angst und Galja begann zu weinen, während Katja den deutschen Soldaten anschrie, dass sie kein Tier sei und nicht in den Waggon gehen würde. Ein Soldat schlug sie mit dem Gewehrkolben und stieß sie hinein. „Katja will, dass ich Ihnen sage, dass der Soldat ein Tier war und dass er im Lastwagen hätte mitfahren sollen", warf Nicolay ein, bevor er fortfuhr. Die Reise dauerte mehrere Tage. Gelegentlich wurden sie an einer Station herausgelassen, um sich zu erleichtern und etwas zu essen und zu trinken, aber in den ersten zwei Tagen wurde ihnen nicht gesagt, wohin sie fuhren. Schließlich erfuhren sie, dass das Ziel Deutschland war, für einen Monat Arbeit, und dass sie Briefe an ihre Familien schreiben konnten. Nicolay schaute uns an: Er wusste genau wie wir, dass es keine Post in die Sowjetunion und kein Rotes Kreuz dort gab.

„Aber ich dachte, uns wurde gesagt, dass sie hier bis zum Ende des Krieges arbeiten würden, nicht wahr?" fragte ich meinen Vater. Seine Antwort war ein Knurren, und Nicolay sagte spitz: „So ist es."

„Ihnen wurde auch gesagt, dass sie Schreibmaterial und Arbeitskleidung bekommen würden", fuhr er fort. Ich dachte an die Nachthemden und brach trotz der Schrecklichkeit der Geschichte in Gelächter aus. Nicolay erklärte den Mädchen unser Missverständnis, und wir gingen mit ihnen ins Haus, um die versprochene Arbeitskleidung zu finden. Galja wählte die zwei schlichtesten und praktischsten Kleider aus Muttis Kleiderschrank. Katja wählte vier hübsche, fadenscheinige Kleider aus meiner Garderobe und ein praktisches, ein blaues Dirndl mit weißer, Puffärmel-Bluse, das ihr sehr gut stand. Während der Anprobe hüpfte sie herum und tanzte vor Freude, während Galja freundlich lächelte und seufzte.

Keines der beiden Mädchen glaubte Nicolays Äußerung über den Postdienst, und wir konnten ihnen Papier und Briefumschläge nicht verweigern. Ihre Zuversicht war ansteckend, so dass ich ihre Briefe mit Briefmarken des gleichen Wertes frankierte, wie ich sie für Gustots Briefe verwendet hatte. Die ukrainischen kamen zurück, zurück an den Absender; doch die Mädchen schrieben weiter, druckten die Adressen deutlicher aus und ließen sie von Nicolay in deutscher Schrift schreiben.

„Was kann ich tun?" fragte ich ihn. Er zuckte mit den Schultern; so bewahrte ich die zurückgesandten Briefe in meinem Schreibtisch auf. Keiner von ihnen war von der Zensur geöffnet worden. Sie waren wahrscheinlich von der Sortierstelle in Darkehmen zurückgeschickt worden.

Allmählich, da sie keine Antworten von ihren Familien erhielten, gaben die Mädchen das Schreiben auf. Auf jeden Fall neigte sich ihr erwarteter einmonatiger Aufenthalt dem Ende zu. Katja zählte die Tage und vertonte ihre Countdown-Lieder auf der Gitarre, die wir für sie besorgt hatten: „Noch sieben Tage, nur noch sieben Tage", dann „Noch sechs Tage…" Ich wusste nicht, ob ich mich über meine Rückkehr nach Wien vor ihrem „Noch null Tage…" freuen oder mir Sorgen machen sollte.

„Was wird jetzt passieren? Wie wird Katja die Wahrheit akzeptieren?" fragte ich Nicolay, und wieder zuckte er mit den Schultern. Aber es war kein unfreundliches Achselzucken: Wir waren keine Feinde mehr.

Mutti hatte die Wache davon überzeugt, dass Nicolay ein echter Gärtner war. Sie legte schriftlich fest, dass sie die volle Verantwortung übernehmen würde, wenn Nicolay entkommen würde, während er außerhalb der bewachten Gruppe arbeitete. Dann schickte sie auch Galja zur Arbeit in den Garten. Ich war erstaunt, dass jemand, am wenigsten Nicolay, sich in Galja verlieben sollte, wenn ein attraktives Mädchen wie Katja in der Nähe war; aber meine Mutter sagte, sie verstehe solche Dinge, und die beiden Liebenden hätten sicher gute Chancen.

Ihr Plan ging in jeder Hinsicht auf. Die beiden, versteckt vor dem Rest der Welt, bemühten sich, Muttis Vertrauen in ihre gärtnerischen Fähigkeiten zu rechtfertigen und hatten viel Zeit, auf der Bank zu sitzen, die den Rasen vom Gemüsegarten trennte, oder auch im Inneren des Tomatenhauses. Mutti schrieb mir, als ich an der Universität war und bat in Nicolays Namen um russische Bücher; es gelang mir, einen gebrauchten Lermontow und einen Puschkin-Band zu besorgen, der auf dem Einband ein schönes Bild einer Troika hatte.

Galja und Nicolai

Exkursionen von Wien aus

Die Rosen im Volksgarten hatten üppige Farben und dufteten stark. Gerda und ich bereuten unseren Entschluss nicht, in Wien zu bleiben, während Edith nach Prag weitergezogen war. Manchmal kam sie uns besuchen; wir fuhren auf die Gänsehäufel-Insel zum Schwimmen und Picknicken oder in den Wienerwald; und wenn Väti mich zusammen mit Rudi besuchte, machten wir einen zweitägigen Ausflug in die Wachau und die Ötscherschlucht.

„Ich studiere Goethe", keuchte ich, als ich meinen allerersten Wasserfall sah; der Eindruck war so stark, dass mich meine Gefühle überwältigten. Gerda lachte, aber ich war ganz ernst:

>Strömt von der hohen,
>Steilen Felswand
>Der reine Strahl,
>Dann stäubt er lieblich
>In Wolkenwellen
>Zum glatten Fels,
>Und leicht empfangen
>Wallt er verschleiernd,
>Leisrauschend,
>Zur Tiefe nieder…

Und Gerda fuhr fort:

>Ragen Klippen
>Dem Sturz entgegen
>Schäumt er unmutig
>Stufenweise
>Zum Abgrund.

Ich fügte hinzu:

>Seele des Menschen,
>Wie gleichst du dem Wasser!
>Schicksal des Menschen,
>Wie gleichst du dem Wind!

Aber Gerda wollte diesen letzten Teil nicht hören. Sie dachte an Mariazell, wo wir eine Nacht verbracht hatten, bevor wir unsere 25 Kilometer lange Wanderung durch die Schlucht begannen. Die Basilika, die zwölf Säulen von Fischer von Erlach und vor allem die romanische Marienstatue mussten einfach für uns alle das Erlebnis unseres Lebens sein, dachte Gerda.

Es war ein herrlicher, sonniger Tag. In schweren Bergstiefeln und mit einem Rucksack voller Verpflegung sprang Herr Andexlinger flink wie eine Bergziege von Felsbrocken zu Felsbrocken, nie aus der Puste, viel agiler als wir anderen, die gar kein Gepäck dabeihatten. Wir erkundeten auch die Wachau, sprachen über Richard Löwenherz und über den treuen Blondel bei Dürnstein, über Robin Hoods Art der Gerechtigkeit, über die Nibelungen weiter flussaufwärts. So viele Wirtshäuser mit schönen schmiedeeisernen Schildern lockten uns, aber wir warteten darauf, dass unser Vermieter und Bergführer das mit dem besten Heurigen vorschlug. Väti hatte Fleischgutscheine ausgestellt, so dass wir unsere Teller mit großen Stücken verschiedener Schweinefleischsorten zusätzlich zu einer Vielzahl von Salaten beladen konnten; dabei war natürlich auch der traditionelle Frischkäse mit Paprika.

Als wir nach Wien zurückkehrten, wollte ich eine Weile allein spazieren gehen, um abzuschalten. Irgendetwas zog mich zu der überladen ausgestatteten Jesuitenkirche, und aus einem Impuls heraus zündete ich eine Kerze an. Ich saß lange und schaute zu, ohne das Flackern des Lichtes zu sehen. Meine Aufregung und mein Goethe verflüchtigten sich, und mein überwältigendes Gefühl der Dankbarkeit löste sich in friedliches Nichts auf. Ich hatte keine Ahnung, warum ich das tat, und als ich aus der Kirche kam, fühlte ich mich peinlich berührt, denn normalerweise war ich kein religiöser Mensch. Gerda erwähnte mit beiläufiger Stimme, dass sie eine Weile in der griechisch-orthodoxen Kirche vorbeigeschaut hatte; ich antwortete „Ach so?" und sagte nichts weiter.

Jeden Tag sagte eine von uns zur anderen: „Wir müssen konkrete Pläne für das Wintersemester machen, bevor wir im Trott stecken bleiben", und dann besprachen wir, was wir noch in Österreich sehen wollten, und ließen die Zukunft in der Luft hängen. Gerda hatte keine Lust, Graz zu sehen, aber aus irgendeinem Grund, möglicherweise wegen des Klimas, wollte Lori aus Berlin mit mir dorthin fahren. Es sollte eine sehr denkwürdige Unternehmung werden.

Da wir nicht für Plätze in der ersten Klasse bezahlen wollten, verbrachten wir die lange Nachtfahrt stehend im Gang des überfüllten Zuges. Als wir in den kühlen Morgenstunden Graz erreichten, konnten wir uns den Glockenturm nur noch als eine Sehenswürdigkeit vorstellen, von der wir gelesen hatten. Wie zwei Schlafwandler stapften wir den Schlossberg hinauf und brachen dort im Gras zusammen, wo wir schliefen, bis es Zeit war, den Zug zurück nach Wien zu nehmen.

Von nun an überließ ich die Planung von Ausflügen Gerda. Es musste Salzburg sein, sagte sie. Die Kollegienkirche war Fischer von Erlachs Meisterwerk, ganz weiß-auf-weiß gemeißelter Marmor, wulstige Wolken, der leichte und fröhliche Spielplatz der Putten unter der Kirchendecke.

„Na gut", stimmte ich zu, „solange ich auch das Café Tomaselli besuchen kann." Ich erinnerte mich an den Film *Königswalzer*, in dem Heli Finkenzeller an den Tischen unter den schönen Bäumen königlich serviert hatte, und hoffte, Gisela aus diesem Grund zum Mitkommen überreden zu können. Doch Giselas Eltern rieten ab, die Reise sei zu lang.

Stattdessen kam meine kleine Schwester Marlene, jetzt elf Jahre alt, mit, zusammen mit Cousin Rolf, der am selben Tag Geburtstag hatte wie sie. Die Sommerferien hatten inzwischen begonnen, und unsere großen Koffer waren schon nach Hause geschickt worden. Wir ließen die Kinder erst einmal die Sehenswürdigkeiten Wiens genießen, um dann zum großen Bergfinale nach Salzburg und Berchtesgaden aufzubrechen. Diesmal hatte ich meine Lektion gelernt: Wir buchten Sitzplätze im Zug.

Die Altstadt von Salzburg war so, wie Gerda sie beschrieben hatte, sogar noch schöner. Die Brunnen gurgelten und spritzten Wasser über unsere ausgestreckten Arme, wie in Friedenszeiten, in kaiserlich-habsburgischen Friedenszeiten. Gerda arrangierte unsere Kulturtour; sie beschränkte das Angebot, damit wir alles verdauen konnten, und die Tour endete, als wir begierig nach mehr waren. Wir sollten unsere Sehnsucht bewahren und eines Tages nach Salzburg zurückkehren wollen. Nun war es an der Zeit, mit dem Bus nach Berchtesgaden zu fahren und von dort mit der kleinen Schmalspurbahn zum Königsee.

Wir erwischten gerade noch das letzte Boot für eine Rundfahrt auf dem See. Irgendwo in der Mitte, gegenüber von hohen Bergen, die scheinbar direkt ins Wasser übergingen, hielt das Boot an und die Trompetentöne eines Mannes wurden von klaren, unheimlichen Echos beantwortet, die mich zum Weinen brachten. Das war der Höhepunkt meiner Studienzeit, so dachte ich zumindest. Doch als wir später am Seeufer entlanggingen und plötzlich sahen, wie das Alpenglühen den Gipfel des Watzmannes hellrot färbte, änderte ich meine Meinung. Ich rang nach Luft, und eine Gänsehaut kroch mir über die Arme.

Die Gänsehaut wollte auch nach dem Abklingen des Spektakels nicht verschwinden. Es wurde plötzlich furchtbar kalt. Wir warfen uns die Jacken über, die wir kurz zuvor noch als so lästig empfunden hatten; aber wir zitterten immer noch, als wir auf einer Bank saßen, zusammengekauert und unfähig zu schlafen. Gerdas großer Mantel, den sie um uns vier gewickelt hatte, nützte nichts. Wir beschlossen, uns vom See zu entfernen, in der Hoffnung, dass die überdachte Veranda des kleinen Bahnhofs mehr Schutz bieten würde. Aber selbst dort war es kalt. Wir zählten unser Geld und fragten uns, ob wir uns eine Nacht in einem Hotel leisten könnten; aber wir hatten in der Hitze des Tages zu viel für Eis und Getränke ausgegeben.

Als wir eine Laterne näherkommen sahen, versteckten wir uns schnell unter den Bänken. Wir wussten, dass es gegen das Gesetz war, außerhalb eines Bahnhofs zu schlafen, und befürchteten, es könnte ein Nachtwächter sein, der nach Vagabunden Ausschau hielt. Wir hatten Recht, aber der alte Mann bot uns freundlicherweise eine Unterkunft in einem Stall an, neben zwei Pferden, deren Atem uns wärmte. Nur ein einziger Rundbalken, der etwa einen Meter über dem Boden von der Decke hing, trennte uns von den Tieren. Ab und zu hörten wir den Aufprall eines Pferdehufes auf diesen Balken, aber ansonsten schliefen wir ungestört und warm im frischen Stroh. Am Morgen wurden wir vom Nachtwächter geweckt, der uns Tassen mit heißem Kaffeeersatz brachte. Die Pferde kauten bereits auf dem Hafer herum, den er gebracht hatte, während wir schliefen.

Berchtesgaden

Rolf saß viel näher an Gerda, als es in der Wärme des Stalls nötig war, und sie tat mir leid. Sie kicherte, als er ihr sagte, er wolle sie heiraten, weil sie so angenehme Ferien organisiere.

Einen Monat später wurde die Wiener Neustadt bombardiert und fast 400 Menschen starben. Frau Andexlinger schrieb, dass sie Verdunklungsvorhänge gekauft hatte. Armes, schönes Wien!

Unsere Häftlinge

Als ich in den Sommerferien nach Hause kam, kam mein Vater grinsend auf mich zu und berichtete, dass meine Mutter zum Kommunismus konvertiert sei.

„Unsinn", protestierte Mutti; „ich bin nur beeindruckt, dass ein intelligenter und interessanter Mann wie Nicolay Kommunist sein soll. Er hat mir wunderbare Dinge über seine Ausbildung erzählt."

„Gratis-Urlaub an der Schwarzmeerküste", lachte Väti, „genau wie unsere Kraft durch Freude-Programme; und ihr wisst ja, wie sehr diese ‚Kraft durch Freude' geschätzt wurde!"

„Nur weil Sperling seekrank und zu alt war, um Madeira zu genießen, heißt das nicht, dass die Idee schlecht war", entgegnete Mutti; „und Nicolay hat mit seinen Studienfreunden viel mehr und viel spannendere Ferien erlebt."

„Du siehst, was ich meine", sagte mein Vater und grinste.

Als ich dann die Gelegenheit hatte, mit Nicolay zu sprechen, war ich genauso beeindruckt wie meine Mutter. Sein Allgemeinwissen verblüffte mich. Wenn ein Ingenieur so vertraut mit Goethe war wie ich – und vertrauter mit Shakespeare, Dante und Molière, als ich es jemals sein würde – sagte das etwas über seine Bildung aus. Umso rätselhafter war mir seine Liebe zu Galja, die so unwissend und einfach war. Sie war gütig und sanft; ihre Stimme war weich und ihr Herz so warm, dass selbst der schreckliche Krieg es nicht einfrieren konnte. Sie sehnte sich nach ihrer Mutter und weinte um sie, aber ohne eine Spur von Hass auf diejenigen, die sie von zu Hause weggeholt hatten, ohne die geringste Bitterkeit. Und der kultivierte, zynische Nicolay liebte dieses Mädchen?

„Nein, das tut er nicht", sagte Galja und lächelte ein wenig traurig, „ich bin für hier und jetzt. Später wird er sich ein Mädchen suchen, das einen klugen Kopf hat."

Ich habe mich gewundert. Katja sagte, sie sei verrückt, aber ab und zu war in Katjas Augen jeder verrückt («*dourna*»): «*Ti dourna*» war ihr Ausweg aus all der Ratlosigkeit. Sie war ein richtig wildes Mädchen und sie war auf der Suche nach ihrer Mutter. Einmal kam Katja mitten in der Nacht zu mir, nur mit Weste und Unterhose bekleidet und fröstelnd. Sie kuschelte sich an mich unter die warme, daunengefüllte Bettdecke, weinte, umarmte mich und sagte: «*Slotka, moya slotka*». Ich habe nie genau herausgefunden, was diese Worte bedeuteten, außer dass sie ein Kosename waren. Und dann, ganz plötzlich, war ich nicht mehr die Ersatzmutter, sondern eine Vertreterin derer, die sie zur Gefangenen, zur «*Banditka*» gemacht hatten. Sie war ziemlich verwirrt und wiederholte immer wieder hilflos, dass sie sehr enttäuscht war. Ob ihr allgemeiner Wortschatz begrenzt war, konnte ich nicht sagen: Nur die immer wiederkehrenden Wörter ermöglichten es mir, ein wenig Russisch zu verstehen. Auf die gleiche Weise lernte sie deutsche Schimpfwörter und Wörter für bestimmte Lebensmittel; und wir beide lernten „Danke" und „Bitte" in der jeweils anderen Sprache.

Einmal faltete Katja die Enden ihrer Zöpfe unter die Nase, so dass sie wie ein herunterhängender Schnurrbart um ihren Mund hingen. Sie grinste schelmisch und sagte mit einer tiefen, knurrigen Stimme: „Ich Papa Stalin. Werde alle Njemjetski für das, was sie meinen Kindern Katja und Galja angetan haben, kaputt machen."

„Damit hat er schon begonnen, in Stalingrad", antwortete ich.

«*Charascho*», sagte Katja vergnügt; aber Galja sah unglücklich aus und seufzte.

Wenn Katja mich als Bandit oder Verrückte bezeichnete oder mich mit ähnlich starken Ausdrücken beschimpfte, wusste ich, dass sie kurz darauf wieder Zuneigung für mich empfinden würde; aber wenn sie mich als schlichte «*Njemjetska*» ansprach, wusste ich, dass uns eine längere Zeit der Feindschaft bevorstand. Und doch war es die ganze Zeit über Katja, die ich lieber hatte als die nachsichtige, vielleicht etwas abgeklärte Galja. Katja war wie ein Sturm, der die Spinnweben wegriss, und wie ein Kind, das uns zum Sehen brachte, indem es Fragen über das Offensichtliche stellte, das wir gar nicht bemerkt hatten. Es gibt eine Art von Freiheit in der Sklaverei, ein Bewusstsein, nichts zu verlieren zu haben, was Katja kühn oder, wie Mutti es nannte, unverschämt machte.

Iwan, Hilde, Galja

Als die Mädchen gebeten wurden, die Mäntel der Besucher zu nehmen und sie an die Wäscheklammern in unserer Halle zu hängen, gehorchte Galja mit einem freundlichen Lächeln, während Katja sich grimmig vor einen Herrn pflanzte, auf die Wäscheklammern zeigte und sagte: „Du bist kein Zwerg, du bist kein Krüppel, du siehst die Klammer, du hängst den Mantel auf." Meine Mutter sah aus, als würde sie vor Wut explodieren, aber gute Manieren verbieten Vorwürfe vor Fremden. Mein Vater grinste ein bisschen; ich blickte mich um, während ich vor einem anderen Gast knickste, und hielt den Atem an; und der Mann tat, was Katja ihm befahl.

Bei einer anderen Gelegenheit sprach Katja einen jungen Herrn an, der mit einem verzierten Gehstock spielte, während er unseren Hof überquerte: „Haben Sie verletzte Füße oder sind Sie krank?" Der Mann war verblüfft, und mein Vater antwortete für ihn: „Er braucht einen Stock, um sich gegen freche Mädchen zu verteidigen." Katja gefiel das. Mein Vater bewunderte, ebenso wie die meisten deutschen Männer, die „kleine, freche Ukrainerin". Alle belgischen Gefangenen waren vernarrt in sie; aber ihre eigenen Landsleute zeigten überhaupt kein Interesse und schienen deutsche Frauen zu bevorzugen, außer mir... und außer Nicolay, der Galja liebte.

Ich bemühte mich, Freundschaften zu schließen und grüßte immer mit «*Zdravstvuitye*», erhielt aber nur höfliche Antworten; so flirtete ich mit den Belgiern auf den Feldern. Wie alle Schüler musste ich in den Ferien praktische Arbeiten verrichten, und ich genoss es, diesen Beitrag zur Kriegshilfe auf unserem eigenen Hof gewissenhaft zu leisten.

Valère Pironnet war während meines Aufenthaltes in Wien schwer erkrankt und ins Lager verlegt worden; ich konnte mich also nicht für seine Beschreibung von mir als « *sa prise* » rächen, sondern richtete meine Vergeltung auf Lucien Lebrun, der eine leichte und angenehme Beute war. Je mehr ich ihn neckte, desto mehr schien er mich zu bewundern, was mir sehr gefiel. Wir luden den Mais gemeinsam auf und plauderten und scherzten auf der Ladung, wobei wir uns an den verwunderten Blicken der Deutschen und Russen erfreuten: Keiner von ihnen verstand ja Französisch.

Abends trafen wir uns oft im Speisesaal der Belgier, nachdem die anderen Häftlinge gegangen waren. Mutti gab mir besondere Leckereien, die ich an Monsieur Lebrun (er blieb für mich immer „Monsieur") weitergeben sollte – Plätzchen, Schaumgebäck, Äpfel, sogar Walderdbeeren mit Sahne, die wir nachts aus unseren eigenen Kuhställen gestohlen hatten. Am Sonntagnachmittag trafen wir uns wieder in diesem Speisesaal und bekamen Gesellschaft von Lebruns Freund Armand Claussin, der auf einem kleinen Hof im Dorf Skirlack arbeitete. Er war bei weitem der interessanteste von allen Gefangenen. Er war ein überzeugter Liberaler und bewunderte das britische System, das seiner Meinung nach ganz anders war als meine als vorgefassten Bilder von kleinen Jungen, die Schornsteine hinaufsteigen und in Waisenhäusern mehr haben wollen als ihnen zusteht, oder von Frauen, die „nähen, nähen, nähen in Armut, Hunger und Schmutz". Massaker in Indien erwähnte er nicht; und als ich auf Konzentrationslager im Burenkrieg hinwies, antwortete er, dass wir in Deutschland auch Konzentrationslager hätten.

„Oh, aber die sind anders. Ich würde nicht gerne hingebracht werden, aber sie indoktrinieren die Leute nur", sagte ich, und Claussin widersprach mir nicht. Er sagte, er würde gerne Hitlers *Mein Kampf* lesen; ich bot ihm an, ihm das Exemplar zu leihen, das ich mir vor dem Abitur gekauft hatte und auf dem ich alle wichtigen Stellen markiert hatte, damit er sich nicht durch den ganzen Kram wühlen musste. Zu meiner Überraschung schien er diese Aussage lustig zu finden.

Vor allem, und aus völlig unpolitischen Gründen, wollte Claussin Bücher von Walther von Sanden, der in Guya, nicht weit von Mikalbude, lebte. Ich selbst fand es recht angenehm, in diesen Büchern über Vögel und Hirsche zu lesen, fühlte mich aber meist von der offenkundig christlichen Ausrichtung irritiert. Trotzdem ermutigte ich Claussin, einen Fan-Brief an von Sanden zu schreiben, und als der Autor mit einer Einladung antwortete, einen Sonntag mit ihm zu verbringen und einen Freund mitzubringen, wenn er wolle, nahm er in seinem eigenen und Lebruns Namen an.

Die beiden Gefangenen fuhren in einem Einspänner nach Guya, die Claussins Bauer, genauer gesagt der Bäuerin, gehörte: Der Bauer selbst war seit langem in Russland verschollen, und der belgische Gefangene bewirtschaftete den Hof fast im Alleingang mit Hilfe der Frau und gelegentlicher Saisonarbeiter. Doch obwohl Claussin eine eigene ordentliche Bleibe hatte und nie von einem Wärter beaufsichtigt wurde, sehnte er sich danach, nach Belgien zurückzukehren. Er wusste, dass es zu Hause an Lebensmitteln mangelte – was hier sicher nicht der Fall war, da ein kleiner Ort wie der, auf dem er arbeitete, von den Behörden kaum kontrolliert wurde – und dass sie aus Mangel an Zucker keinen eigenen Wein herstellen konnten. Er hatte keine Freundin, die zu Hause auf ihn wartete, und genoss eine Affäre mit unserer Sekretärin; dennoch wollte er frei sein.

Claussin

Ich war mir nicht sicher, was eine „Affäre" war, und als Lebrun vorschlug, dass ich ihn so lieben sollte, wie Anni Armand ihn liebte, konnte ich nur erwidern, dass ich das vielleicht tun würde, wenn er nach dem Krieg zurückkäme und damit seine eigenen Gefühle bewies. Ich wusste, dass er das nicht tun würde, aber ich fand es schön, ihn für kurze Zeit ein bisschen zu erobern zu sein und mich doch auf Distanz zu halten. Wir waren Freunde und hatten Spaß, und wann immer ich etwas Freizeit hatte, ritt ich nach Skirlack, um mich auf dem Pferd sitzend mit Claussin zu unterhalten.

Unsere Belgier hatten sich ein Grammophon angeschafft, und ich lieh ihnen Platten, die ihnen gefielen: *Bel ami*, *J'attendrai* oder Zarah Leander mit *Der Wind hat mir ein Lied erzählt*. Manchmal brachte Lebrun das Grammophon in den Speisesaal der Häftlinge und wir tanzten. Aber ich habe die Belgier nie singen hören, außer an dem Tag, als Gustot und Pironnet ihre Tänze vorgeführt hatten.

Der Gesang der Russen bereicherte unsere letzten beiden Sommer daheim mit trauriger Schönheit. Immer, wenn die Menschen auf dem Dach der beladenen Wagen auf ihrer abendlichen Fahrt von den Feldern zum Hof sangen, hatte sich mein Herz mit einem Gefühl von Heimat und Zugehörigkeit gefüllt. Die länger werdenden Schatten, das Glühen der untergehenden Sonne, die Stimmen der Männer, Frauen und Kinder, verstärkten das unheimliche Pathos von Augustes zittrigem Vibrato, mit dem sie unsere Volkslieder sang – es war immer unser Zuhause gewesen und blieb es für immer. Aber wenn die Russen hinter uns hergingen und in unsere Melodien einstimmten, indem sie vierstimmige Harmonien summten – tiefe, dunkle Bässe und Iwans Tenor – dehnte sich die Heimat ins Unendliche aus. Spät in der Nacht drangen die eigenen Lieder der Russen aus ihrem Lager empor und schallten hinauf bis ins All. Dann saß ich so lange an meinem Fenster, bis die letzten Töne verklungen waren.

Lustiger war es sonntags, wenn der Wärter gut gelaunt war und den Gefangenen erlaubte, mein Akkordeon auszuleihen. Durch den Maschendrahtzaun sahen wir ihnen beim Tanzen zu, und gelegentlich, wenn der Wärter besonders gut gestimmt war, durften Katja, Galja und sogar Marlene und Jutta bei den rhythmischen Sprüngen und akrobatischen Beinwürfen mitmachen.

„Wilde", sagte Lebrun, und das fasste die Haltung der Belgier zu ihren sowjetischen Verbündeten zusammen. Wir hatten diese Probleme unter den Studenten diskutiert und waren zu dem Schluss gekommen, dass das Münchner Abkommen nur unterzeichnet worden war, weil Stalin damals Hitler bekämpfen wollte, und die westlichen Staaten sollten lieber tot als mit Marxisten verbündet sein. Außerdem, so vermuteten wir (obwohl einige anderer Meinung waren), wäre Polen den gleichen Weg wie die Tschechoslowakei gegangen, wenn es nicht den neu geschlossenen Nichtangriffspakt zwischen der Sowjetunion und Deutschland gegeben hätte. Wir sahen Hitlers Überfall auf die Sowjetunion als Versuch an, Frankreich und Großbritannien auf seine Seite zu ziehen – eine schwere Fehleinschätzung, die den Nutzen außer Acht ließ, der den Westmächten erwachsen würde, wenn Deutschland und die Sowjetunion sich gegenseitig ausbluten würden. Unsere Theorien schienen sich zu bestätigen, als die zweite Front nur sehr langsam vorankam. Claussin meinte, dass die meisten seiner Landsleute sich über die Aussicht freuten, dass die Sowjetunion bis zur Unkenntlichkeit verwüstet wurde, und glaubten, dass die Beseitigung der marxistischen Gefahr schließlich der ganzen Welt zugute kommen würde.

Vitja

In diesem Sommer erhielten wir die Bewilligung für zwei Arbeiter aus dem Osten. Diesmal schickte mein Vater Heiland, den Vorarbeiter, auf den Markt, in der Hoffnung, dass er bei der Auswahl geschickter vorgehen würde als der Inspektor es gewesen war. Aber als Heiland zurückkam, waren wir alle verblüfft über den Anblick eines Panjepferdewagens, der von einem kleinen Mongolischen Pferd gezogen wurde und auf dem ein dickbäuchiger kleiner Junge mit mehreren Bündeln saß. Daneben liefen zwei Männer: einer glatt rasiert, dunkelhaarig und ziemlich jung, der andere alt und grau mit Bart. Der jüngere Mann trug westlich anmutende Kleidung, der ältere ein traditionelles russisches Bauernhemd.

Die Nachricht von ihrer Ankunft verbreitete sich schnell, und die Leute kamen herbeigelaufen, um sie anzustarren. Einige berührten die dünnen Arme des Kindes, als ob sie testen wollten, ob er echt war. Und echt war er in der Tat, wütend sogar: Er spuckte diejenigen an, die ihn berührten.

„Typisch russische Göre", murmelte jemand. Die Männer standen schüchtern daneben und versuchten nicht, das Kind aufzuhalten. Dann bellte Muttis Dackel Biene und versuchte, am Wagen hochzuspringen. Das Gesicht des Jungen verzog sich zu einem breiten, freundlichen Lächeln. «*Sobaschka*», rief er und versuchte, Biene hochzuziehen. Ich half, und als ich dem Kind den Hund auf den Schoß legte, sagte ich in meinem bestmöglichen Russisch, dass es sein Hund sein könnte. Ich war mir sicher, dass Mutti nichts dagegen haben würde.

„Oh, danke, Mama", der Junge schaute mich mit weichen braunen Augen an. Ich verstand den Dank, aber das „Mama" fand ich komisch: Erst viel später fand ich heraus, dass russische Kinder fremde Frauen so ansprechen, ähnlich wie Deutsche sie Tante nennen. In diesem Moment wusste ich, dass ich den Platz der abwesenden Mutter einzunehmen würde.

Wolodja, Vitja und Dyeda

Der Name des Jungen war Vitja, die Männer waren sein Vater Wolodja und Großvater Mark Mosin, Vitjas «*Dyeda*». Sie waren aus einem Dorf in der Nähe von Moskau gekommen.

„Auf diesem kleinen Wagen?" fragte ich erstaunt.

Wolodja, der etwas Deutsch sprach, lächelte und sagte: „Vitja und manchmal Dyeda auf Karren, ich zu Fuß." Als ich auf seine deutschen Armeestiefel starrte, lächelte er wieder und fügte hinzu: „Viele Schuhe kaputt; Kuh auch kaputt." Offenbar waren sie sowohl mit einer Kuh als auch mit einem Pony aufgebrochen.

Aber warum hatten sie sich überhaupt auf den Weg gemacht? Waren sie von der deutschen Armee verschleppt worden? Nach Katjas und Galjas Geschichte schien alles möglich.

Wolodja schüttelte den Kopf. Nein, es war keine Entführung gewesen, sie waren sicher keine Bereicherung für den deutschen Arbeitsmarkt. Sie hatten sich einfach treiben lassen, zunächst, weil ein deutscher Soldat freundlich zu ihnen gewesen war, und dann hatte es keine andere Möglichkeit mehr gegeben, als sich vor Kämpfen mit der Armee zurückzuziehen, immer weiter weg von Moskau.

An einem Vormittag hatte Wolodja seine Mutter, seine Frau und vier Kinder verloren. Dass Vitja bei ihm war, war ein Wunder: Er war mit ihm in den Wald gegangen, um Brennholz zu sammeln, und als sie zu ihrem Haus zurückkamen, fanden sie es verbrannt und ihre ganze Familie getötet. Über die Mörder konnten sie nur Vermutungen anstellen – entweder Partisanenkämpfer der eigenen Nation, die die Familie dafür bestraften, dass sie, wenn auch unter Zwang, Wäsche für die deutsche Armee gewaschen hatte, oder deutsche Soldaten, denn Wolodjas Frau hatte ihnen am Vortag gesagt, dass sie sich nicht mehr traute, ihre Wäsche anzunehmen, selbst wenn die Alternative die Deportation ihrer älteren Töchter gewesen wäre. Welchen Unterschied würde es machen, das zu wissen? Nichts könne die Toten wieder auferstehen lassen, bemerkte Wolodja, und Rache sei eine primitive Vorstellung.

Der Familie Mosin wurde ein Zweizimmerhäuschen neben dem modernen an der Ostseite des Arbeiterkomplexes zugewiesen. Dyeda erledigte die Hausarbeit, wozu auch die Pflege von Geflügel und Schweinen gehörte, die wir ihnen geschenkt hatten. Wolodja arbeitete auf dem Hof, und Vitja verbrachte seine Tage so, wie ich meine im Alter von zweieinhalb Jahren verbracht hatte: in unserem Haus, auf dem Hof, beim Spielen mit Kindern im Vorschulalter und mit den Erwachsenen, die sich Zeit für ihn nahmen. Zu den meisten Mahlzeiten kam er zu seinem Vater und Großvater, aber abends badete ich ihn oft in unserem Haus, bevor ich ihn im Schlafanzug nach unten trug. Dann sprach ich mit ihm deutsche Gebete, wie es Mutti mit mir getan hatte, und hörte danach Dyeda zu, die auf Russisch betete.

Der alte Mann war in seinem Heimatdorf Priester gewesen; Wolodja war Schulmeister gewesen. Vitja, der schnell Deutsch lernte, verstand, dass sein Großvater sich nicht mit einer Fremdsprache abmühen konnte, und so sprach er mit ihm immer auf Russisch – „fließend, wie ein Erwachsener", bemerkte Katja bewundernd. Mit Wolodja sprach Vitja in gebrochenem, grammatikalisch fehlerhaftem Deutsch, obwohl der Junge es gelernt hatte, seine zweite Sprache so zu sprechen, wie wir sie sprechen. Katja versuchte oft, ihn dazu zu bringen, diese drei Sprachen durcheinander zu bringen, was ihr aber nie gelang. Sie war vielleicht seine beste Spielkameradin; nur zu gern ließ sie die Arbeit liegen und fuhr ihn auf dem Gepäckträger meines Fahrrads herum oder brachte ihm Streiche bei. Gelegentlich murrten die Dienstmädchen über Katjas Faulheit, aber im Großen und Ganzen fanden sie es gut, dass das launische ukrainische Mädchen nun viel umgänglicher geworden war.

Prag

Eine Zeit lang hatte ich eher halbherzig über ein Semester in Prag nachgedacht, aber ein absurder Kampf mit der Bürokratie machte mich immer entschlossener, ihn zu gewinnen. Visa für das „Protektorat" wurden normalerweise nur für Parteimitglieder ausgestellt, und Gerda, die es nicht geschafft hatte, in Insterburg durch das Netz der Hitlerjugend zu schlüpfen, war fast automatisch in die Partei geraten. Leider war die Partei, als ich mich bewarb, vorübergehend für neue Mitglieder gesperrt. Was konnte ich also tun?

Mein Vater überredete den Kreisleiter zu einem Kompromiss: Wenn ich etwas Wertvolles für die Partei tue, könnte ich dann nicht ein Zertifikat als aussichtsreiche Kandidatin und ein Visum für Prag bekommen? Der Mann brauchte ein paar Wochen, um über den Vorschlag nachzudenken, und stellte mir dann eine Aufgabe: Ich sollte vor einer Versammlung in Kowarren ein Gedicht vortragen!

„Unmöglich", sagte ich und erinnerte mich an meine Qualen in der Schule.

„Blödsinn", antwortete Mutti. „Wenn du dir Lores Hitlerjugend-Uniform ausleihst, wirst du nicht einmal wissen, dass du es bist, die auf der Bühne steht. Du wirst deine eigenen Worte hören, als wären sie die eines Fremden."

Es war einen Versuch wert, aber ich konnte mich einfach nicht ganz davon überzeugen, dass ich ein anderer Mensch auf dieser Bühne war. Mein Herz pochte, als mein Arm hochschnellte und meine Stimme ein flinkes „Heil Hitler" ausstieß. Dann brabbelte meine Stimme – und es war wirklich meine Stimme – die gut auswendig gelernten und schlecht verstandenen Verse herunter, bis sie mit einem weiteren ruckartigen Armgruß endete. Und ich bekam mein Visum!

Das war vor Vitjas Ankunft gewesen; jetzt wollte ich Mikalbude eigentlich gar nicht verlassen. Aber dann geschah etwas, das mein soziales Gewissen aufrüttelte. Ich hörte meinen Vater schreien: „Wofür hältst du uns?" und den Telefonhörer mit einem Knall auflegen. Mutti, die gerade mit einem Haufen schmutziger Wäsche im Arm durch den Salon kam, fragte, wer Väti so wütend gemacht habe.

„Es war Bagdahns verdammter Schwiegersohn, dieser fette, vulgäre Nazi, der in Bialystock wohl für die Verwaltung verantwortlich ist und für seinen Urlaub anscheinend keinen besseren Ort findet als Lenkehlischken mit seiner Tochter. Bagdahn selbst hat sich natürlich unter irgendeinem Vorwand aus dem Staub gemacht."

„Und was wollte dieser Mann von dir?"

„Nun, wie du weißt, war die deutsche Armee sehr überrascht, dass so viele polnische Juden gute Handwerker waren, nicht nur Banker, Ärzte, Musiker und Anwälte wie in Deutschland; also schien es vernünftig, ihre Fähigkeiten zu nutzen und sie ihren Lebensunterhalt verdienen zu lassen, obwohl ich mich immer fragte, wie sie bezahlt wurden. Deshalb habe ich auch nie Reitstiefel oder Ledermäntel bestellt, wenn dieser verdammte Schwiegersohn danach fragte. Und jetzt hatte er die Frechheit, mir zu sagen, ich solle mich schnell entscheiden, denn „wir mussten schon die Frauen und Kinder loswerden und können es uns nicht leisten, die Männer noch lange zu ernähren. Ja, genau das waren seine Worte!"

Zuerst verstand Mutti nicht. Was bedeutete „loswerden"? Aber bevor Väti versuchen konnte, es zu erklären, dämmerte ihr die Wahrheit und sie schluchzte laut auf: „Jetzt muss man sich schämen, Deutscher zu sein!" Sie reichte mir den Wäschestapel und verließ den Raum.

„Ich werde mich dem tschechischen Widerstand anschließen", drohte ich, ohne die geringste Ahnung zu haben, wie man so etwas anstellt.

„Werd erwachsen, Radieschen, um Himmels willen!" Väti stöhnte.

„Goldenes Prag der hundert Türme" – eine Zeile aus einem Gedicht, das ich einmal gelesen hatte. Ich hatte *Die goldene Stadt* gesehen, den ersten deutschen Farbfilm. Es war so schön, schöner sogar als Wien; was war also dieses Gewicht, das meine Freude niederhielt? Angst konnte es nicht sein, denn Edith hatte geschrieben, dass alles wunderbar war – intellektuell und gesellschaftlich aufregend. Aber warum hatten meine Eltern darauf bestanden, dass ich, wie Edith, „zur größeren Sicherheit" in einem deutschen Studentenwohnheim wohnen musste, während Gerda ein Zimmer in einem ganz normalen tschechischen Wohnblock gemietet hatte?

Ich wollte zumindest in den ersten Tagen bei Gerda bleiben. Sie hatte einen Zettel: „Straßenbahn Nr. 1, Richtung Burg, 3/4 Stunde Fahrt". Wir fragten Passanten, wo die Straßenbahnhaltestelle sei. Einige antworteten gar nicht, andere murmelten „Nicht verstehen" und eilten vorbei.

„Die wollen kein Deutsch verstehen", sagte ich kläglich und dachte an Nicolay. „Lass uns den nächsten Zug nach Hause nehmen."

Gerda wurde wütend: „Was hast du erwartet? Dass sie die Deutschen mit offenen Armen empfangen würden? Du bist doch diejenige, die immer geglaubt hat, dass Universitäten dazu da sind, das Leben zu entdecken. Das ist unsere Chance." Sie nahm mich am Arm und zerrte mich in Richtung der ersten Straßenbahnhaltestelle, um die Nummern zu lesen.

„Vielleicht könnten wir einen Polizisten fragen…", überlegte ich.

„Gewiss nicht." Gerda war unerbittlich: „Wir werden schon Wege finden, uns mit Tschechen anzufreunden, und diese Wege führen nicht über die Polizei."

„Gar nichts hilft hier, nicht einmal die Liebe", dachte ich und erinnerte mich daran, dass Helmut von dem Mädchen, das er liebte, sitzen gelassen wurde. Aber ich habe nicht geantwortet.

Wir fanden die Adresse. Es war ein großer, moderner Block mit einem Concierge, der Gerda einen Schlüssel übergab, nachdem sie sich ausgewiesen hatte. Am Ende eines langen Korridors befand sich ein langer, schmaler Raum mit einem einzigen Fenster am anderen Ende. Unter dem Fenster stand ein Schreibtisch, der von von zwei Diwans flankiert war. Am dunklen Ende des Raumes, in der Nähe der Eingangstür, standen ein Kleiderschrank und ein Tisch mit einem Gasherd zum Kochen. Außerdem gab es einen weiteren kleinen Tisch und mehrere Stühle.

Die meisten Mieter im Block, so schien es, waren Studenten; bis auf Gerda und einen Ägypter waren alle Tschechen.

Bei Gerda gab es keine Hausordnung – ein Segen, dessen ich mir erst bewusst wurde, als ich in mein Studentenwohnheim einzog und ein großes Blatt mit Regeln ausgehändigt bekam, noch bevor mir mein Zimmer gezeigt wurde. Einige waren amüsant, andere unverschämt. Regel Nr. 8: „Niemals andere Insassen stören, keine laute Musik, kein Singen, Pfeifen, Türenschlagen, laute Gespräche; absolute Ruhe ab 22 Uhr; Gäste müssen das Wohnheim bis 21 Uhr verlassen; keine Freunde oder Verwandte über Nacht." Regel Nr. 10: „Männliche Besucher sind unter keinen Umständen und zu keiner Zeit erlaubt; ein Verstoß gegen diese Regel führt zum sofortigen Ausschluss ohne Entschädigung." Regel Nr. 11: „Licht, Gas und Wasser sind sparsam zu gebrauchen; der Besitz privater elektrischer Geräte ist streng verboten; eine Sondergenehmigung für die Benutzung eines Radios kann Mädchen ab dem zweiten Semester gegen Zahlung einer Gebühr erteilt werden." Obwohl keine dieser Regeln mich persönlich betraf, war ihre bloße Existenz irritierend.

Was mir aber am meisten missfiel, war, dass ich ein Zimmer mit drei anderen Mädchen teilen musste, von denen eine Asthmatikerin war. Die beste Watte, die ich mir in die Ohren stopfte, konnte die keuchenden und rasselnden Geräusche ihrer Atmung und die Geräusche der Sauerstoffpumpe, die mich mehrmals in der Nacht aufweckten, nicht abstellen. All meine guten Vorsätze, das Mädchen zu bemitleiden, konnten nichts an meiner Abneigung gegen ihre Krankheit ändern, auch nicht an meiner Abneigung gegen mich selbst, weil ich sie nicht leiden konnte. Ich wagte es kaum, das Mädchen anzuschauen, aus Angst, einen weiteren Asthmaanfall auszulösen.

Edith hatte das Glück, ein Zimmer für Studentinnen im zweiten Semester zu bewohnen, das sie mit Hille und Hetty aus dem Oldenburger Land teilte. Ich war oft in ihrem Zimmer und arbeitete auf meinem Schoß bis kurz vor 22 Uhr, dann musste ich mich in mein eigenes Bett schleichen oder zu Gerda flüchten.

Und doch liebte ich Prag, die goldene Stadt, die im Schnee und Mondlicht silbern wurde. Ich hätte Stunden damit verbringen können, einfach nur am Hradčany zu stehen, meinem Heiligen Gral, den ich nie einfach „die Burg" nennen konnte. Am verführerischsten war die Ansicht vom Bogen des Altstädter Brückenturms aus. Silhouetten von Heiligen, die die Seiten der Karlsbrücke bewachen, dunkle, gedrungene Türme, die das Ende der Malá Strana bewachen, der eine niedrig, der andere höher, „der eine romanisch, der andere spätgotisch", erklärte Gerda. „Beides für mich einfach romantisch", lachte ich, und sie schnaubte in gutmütiger Verachtung.

Jenseits, hoch oben, leuchtete der Veitsdom. Es dauerte lange, bis Gerda mich überreden konnte, hinaufzugehen und Details zu betrachten. Sie hatte recht, mich dazu zu bringen, nicht so sehr wegen der Details, sondern wegen des Erlebnisses, an Terrassen und hängenden Gärten entlang zu gehen; wir stiegen breite, gepflasterte Stufen hinauf und hielten ab und zu an, um den Blick auf die Altstadt unten zu genießen, auf der anderen Seite der breiten Vltava, die wir natürlich Moldau nannten.

Höfe, weite Ausblicke, enge Gassen, alte Plätze, Türme und noch mehr Türme und Kirchen, atemberaubende Überraschungen jedes Mal, wenn wir von der bisherigen Route abwichen, ein Zusammenspiel der Stile vieler Jahrhunderte; und wenn moderne Bauten hin und wieder an unserem Empfinden rüttelten, lernten wir zu verstehen, dass auch diese sich eines Tages in das Bild einer Stadt einfügen würden, die nach den Bedürfnissen der Menschen wuchs und nicht nach einem Gesamtplan wie die Ringstraße in Wien. Selbst wenn wir jahrelang in Prag lebten, würden wir seinen Vorrat an Schätzen nicht erschöpfen.

Aber jeder Tag bot Momente des Elends, in denen nur Gerdas Entschlossenheit mich daran hinderte, zu gehen. Wir befanden uns im Feindesland, wo die Feinde Gefangene waren und wir Sieger, ob wir es wollten oder nicht. Anfangs versuchte ich, die Leute auf der Straße anzulächeln, aber sie starrten durch mich hindurch, als ob ich nicht existierte; und wenn ein Tscheche zurücklächelte, gefiel mir das auch nicht, denn ich verdächtigte ihn oder sie, ein Kollaborateur zu sein.

Häftlinge, vielleicht echte Verbrecher, schaufelten Schnee unter der Aufsicht deutscher Soldaten mit Gewehren und Revolvern. Ich sah, wie einer der Gefangenen mit einem Gewehrkolben geschlagen wurde und wollte eingreifen, aber Gerda hielt mich zurück: „Beobachte, beobachte einfach; das ist die Pflicht von Studenten."

Ich war nicht ihrer Meinung, hielt mich aber zurück, weil ich zu viel Angst hatte, etwas anderes zu tun. Manchmal, wenn ich zurückdenke, scheint es, dass jeder Tag in Prag ein Tag der Angst gewesen sein muss oder der fieberhaften Gespräche, die diese Angst töten sollte. Aber ich weiß, dass das nicht so war: Es gab viele Momente glückseliger Leere, wenn die Zeit stillstand, während ich zum Hradčany hinaufblickte, oder wenn ich auf einem Hügel stehen blieb, um auf all die Brücken über die glitzernde Flussschleife hinunterzuschauen, oder wenn die Silhouetten vieler Türme sich dunkel und stark gegen den roten Abendhimmel abhoben; Momente, in denen Prag in mich hineinfloss wie Wien.

Aber Wien war jetzt dunkel, verdunkelt gegen Luftangriffe. Es war Winter, und obwohl viele unserer Freunde aus dem Sommersemester noch dort studierten, fühlten wir uns nicht mehr als Teil der Universität. Wie Touristen streiften wir ein Wochenende lang durch vertraute Gegenden in der Gesellschaft vertrauter Menschen. Wir scherzten und lachten gekünstelt und versuchten vergeblich, die Vergangenheit wieder aufleben zu lassen. Wir weinten alle ein wenig, als wir uns auf dem Bahnsteig des Franz-Josef-Bahnhofs von unseren Freunden verabschiedeten. Eine Tür war jetzt zugefallen, genauso wie sie viele Jahre zuvor vor meiner Dorfschule zugefallen war.

Akademisch gesehen war Prag im Vergleich zu Wien besser. Die Geschichtsseminare waren zwar nicht völlig unvoreingenommen, aber auch nicht so sehr zugunsten des preußischen Militarismus ausgerichtet, wie es bei Professor Lorenz oder sogar Professor Bauer der Fall war. Natürlich wurden wir auf das Privileg aufmerksam gemacht, Studenten an der ältesten deutschen Universität, der Karlsuniversität oder dem Clementinum, zu sein, und wir akzeptierten die Bedeutung des Deutschseins um uns herum. Aber Propaganda war entweder nicht vorhanden oder so subtil, dass wir sie in unserem Nebenfach, der Zeitungswissenschaft, nicht bemerkten. Es war fast schade, dass es keine Streitgespräche gab. Journalisten und Filmemacher schienen sich auf die technischen Aspekte ihres zukünftigen Berufs zu konzentrieren. Bei einem Besuch in den Barendov-Filmstudios war mir furchtbar langweilig und ich war dankbar, als ein Student namens Matzek einen langen Spaziergang nach Hause am Fluss vorschlug.

Die französischen Vorlesungen waren am interessantesten, und Victor Hugo inspirierte mich, nach armen Quasimodos zu suchen, zu denen ich freundlich sein könnte. Wenn ich allerdings auf solche Leute stieß, versteckten sie ihre Unsicherheit leider sehr erfolgreich hinter zynischem Humor, und emotionene Begegnungen waren nicht möglich, außer auf eine mütterlich-töchterliche Weise zu Monsieur Pommeret.

Das erste Mal traf ich den gebrechlichen kleinen Professor in seinem kleinen Eckladen, wo ich meinen Victor Hugo kaufte. Seine Frau war offensichtlich für das Buchgeschäft zuständig. Sie war groß in Gestalt und Stimme. Ihre höflichen, aber kategorischen Aussagen darüber, was Studenten brauchten, waren unwiderstehlich, und so kaufte ich einen Larousse, trotz der Beteuerungen ihres Mannes, dass Studenten sich den Kauf teurer Bücher schlecht leisten könnten und diese in Bibliotheken benutzen könnten.

« *Seulement le petit* », antwortete sie und reichte mir die komprimierte Version. Da weder Madame noch Monsieur Deutsch sprachen, war unsere Konversation ausschließlich auf Französisch, und ich dachte, wir würden uns gut verständigen. So war ich überrascht, als die formidable Dame mir vorschlug, an den Konversationskursen ihres Mannes für Anfänger an der Universität teilzunehmen. Sie packte brüsk das Lehrbuch für den Kurs ein und flüsterte, während ich bezahlte: „Bitte passen Sie auf den kleinen Kerl auf."

Ich war neugierig und überredete Edith, sich mit mir für diesen Kurs einzuschreiben. Wir waren ein paar Wochen zu spät, fanden die Sprache aber leicht genug, um ihr zu folgen. Bald wurde klar, warum Madame so ängstlich gewesen war. Zwei SS-Männer saßen im hinteren Teil des Raumes, lachten und riefen sarkastische Bemerkungen, worauf der kleine Professor nervös wurde. Irgendwann stand ich auf und sagte ihnen, sie sollten entweder die Klappe halten oder, wenn sie nicht lernen wollten, gehen.

„Oho! Aber wir wollen doch lernen. Wir gehen nächstes Semester nach Paris und wollen mit den Damen zurechtkommen; also brauchen wir ein anderes Vokabular als Sie."

„Ich bin sicher, dass Sie sich solche Vokabeln an Ort und Stelle aneignen können", entgegnete ich scharf; aber da ich die Angst auf dem Gesicht des Professors sah, setzte ich das Streitgespräch nicht fort. Ich nahm sogar eine Einladung zu einer SS-Party im Palais Lobkowitz an. War ich vielleicht zu ängstlich, um abzulehnen, oder wollte ich Edith nur einen Gefallen tun? Möglicherweise war ich schon so an die vielen nächtlichen Unterhaltungen gewöhnt, dass es mir egal war, wohin ich ging.

„Warum sind Sie so zurückhaltend?", fragte der weniger forsche der beiden Männer, als wir in den Gärten zwischen den Statuen spazieren gingen. Ich hatte keine Ahnung, was er meinte, und es war mir auch egal, aber aus irgendeinem Grund erinnerte ich mich an die Bemerkung.

Mein Prager Tagebuch liest sich wie eine laute, prahlerische Aneinanderreihung von Namen, Titeln von Filmen und Theaterstücken und Männern, die um unsere Gesellschaft konkurrierten. Ich erinnere mich nicht mehr an ihre Gesichter, bin mir auch nicht sicher, ob diese Namen alle echt waren, ob es Spitznamen waren waren, oder ob wir einige Männer einfach beim Nachnamen nannten.

‚Pierre' könnte sich der stämmige SS-Mann in Erwartung der Parisiennes genannt haben. Holler klingt wie ein Nachname. Einen Mann nannte ich Hannes, weil er aus Hamburg kam und sein richtiger Name Otto nicht zu seinem Gesicht passte. „Tilde's Soldat" nahm mich zu studentischen Veranstaltungen mit, aber ich weiß weder, warum, noch wer Tilde war. Da war Achmed A. El-Hamid, ein pompöser Ägypter, der seine eigene Loge im Opernhaus hatte; ich lief nach einer Vorstellung vor ihm weg und gesellte mich zu Gerda und Fritz auf die Straße. Wir erzählten Gespenstergeschichten und schrien mit vorgetäuschter Angst, bis wir wegen Ruhestörung von Polizisten angehalten wurden. „Fühlte sich toll an, Ärger mit der Polizei zu haben", prahlte mein Tagebuch.

Da waren Martin, Gert, Willibald, sogar „ein hübscher Fremder, der mich ins Kino einlud". Abendessen bei Kotva, Kaffee in Chotek-Park-Restaurants, Tänze hier und da, Theater, Konzerte, Opern. Ich stellte fest, dass Millöckers *Bettelstudent* lustig war und dass Verdis *Othello* zu traurig war. Bei *Madame Butterfly* kämpfte ich mit den Tränen, während Gerda ganz unverhohlen schluchzte und, als ein weicher weißer Vorhang dramatisch über Butterflys Körper wogte, laut aufheulte: „Oh nein, der Vorhang!" Das Publikum schaute sich nach uns um.

Fritz mochte *Tristan und Isolde* überhaupt nicht und überredete mich, stattdessen mit ihm in Kammermusikkonzerte zu gehen. Ich stimmte zu, obwohl ich mich bei solchen Konzerten unangenehm ernst fühlte.

Wir sahen alle Stücke, die in deutscher Sprache aufgeführt wurden, und in meinem Tagebuch vermerkte ich, dass „Hamlet kein Recht hatte, zu zaudern, denn er hatte doch einen Geist, der ihm einen Sinn für die Richtung gab." War mein ganzes ungestümes Tagebuch ein Schrei nach einem Richtungssinn?

Kinos waren unsere häufigsten Anlaufstellen, sowohl für deutsche als auch für tschechische Filme. Alle Kinos müssen im Besitz von Tschechen gewesen sein, denn ich habe die Eintrittspreise in Kronen notiert – wir zahlten bis zu 7 Kronen pro Platz. Auch die Straßenbahnen wurden in tschechischer Währung bezahlt: 1,50 K. pro Fahrt, egal wie lang die Strecke war. Die Preise für die Oper oder das Theater habe ich nicht aufgeschrieben, vielleicht weil wir dort immer eingeladen waren. Aber Dichterlesungen wurden mit deutschem Geld bezahlt: 1 Mark für einen Stehplatz, als Fred Liewehr Rilkes *Cornet* las und mich die Sehnsucht nach der Heimat überkam. Ich rannte zum Bahnhof und fuhr weg.

Ein Soldat saß neben mir, auf dem Weg zurück nach Polen, sagte er. Er versuchte, sich mit mir anzufreunden, indem er mir anbot, mir ein paar gute, handgenähte Lederschuhe zu schicken. Ich erinnerte mich an Bagdahns Schwiegersohn und versuchte, meinen Ärger zu kontrollieren.

Meine Eltern freuten sich immer über Überraschungsbesuche und stellten keine Fragen. Ich umarmte sie, küsste sie und zog mir schnell meine Reitkleidung an. Mein Vater vergaß vor lauter Überraschung, mir zu sagen, dass Silhouette schon lange nicht mehr trainiert worden war. Mehr als nach allem anderen sehnte ich mich nach einem schnellen Galopp über unsere Felder, und für ein paar Minuten hatte ich genau das; dann warf mich Silhouette ab und ich fiel gegen den Rahmen einer Getreidegarbe, der auf dem Feld stehen geblieben war. An mehr erinnere ich mich nicht, aber offenbar fiel mein Pferd nicht weit von mir zu Boden. Tierarzt und Arzt trafen gleichzeitig ein, ersterer behandelte Silhouette wegen einer Kolik, letzterer diagnostizierte eine leichte Gehirnerschütterung, weswegen er eine Pause verordnete.

Der Unfall gab mir einen Vorwand, zu zögern, bevor ich Gerdas Briefe öffnete. Ich wusste, was sie zu sagen haben würde und dass sie recht hatte. Prag war schöner als sogar Wien, warum also wollte ich nicht zurück, um mein Studium fortzusetzen? Warum konnte ich mich nicht dazu durchringen, für einen Abschluss zu arbeiten und für die Zukunft zu planen, wo ich doch tief im Inneren sicher war, dass ich den Krieg überleben würde?

Ich verließ mein Bett und bereitete mich auf die Rückkehr in die golden-silberne Stadt vor. Ich schickte Gerda ein Telegramm und bat sie, mich in Dresden zu treffen. Sie war begeistert, denn sie wollte schon lange, dass wir einer Einladung folgen und ein paar Tage bei Rudis Familie verbringen sollten.

Der Zwinger und die weitläufige Schönheit von Dresdens Straßen und Parks beeindruckten uns beide. Die Stadt wirkte auf mich wie eine kleine, gediegene Version von Wien. Der merkwürdige Dialekt war schwer zu verstehen, aber Rudi übersetzte die Bemerkungen der Leute ins Hochdeutsche. Die Wohnung seiner Familie am Stadtrand war bescheiden und gemütlich, das Essen war gutbürgerlich und schmackhaft. Wir wurden wie Könige behandelt und nahmen alle Annehmlichkeiten an, ohne dass es uns peinlich war.

Zurück in Prag erhielt ich viele Briefe von den Gefangenen in Muttis Umschlägen. Ich wusste nicht, wem ich das Übersetzen von Galjas Briefen anvertrauen sollte, die vielleicht sogar von Nicolay geschrieben worden waren; möglicherweise enthielten sie Indiskretionen, die uns in Konflikt mit den Verbrüderungsvorschriften bringen konnten. Schließlich beschloss ich, dass der tschechische Assistent am Slawischen Institut wohl die beste Wahl war. Er übersetzte die Briefe mündlich und gab sie mir zurück. (Ich ließ sie erst viel später ins Englische übersetzen.) Die Listen mit den Büchern, die ich für Nicolay besorgen sollte, wurden nicht zurückgegeben, weil der junge Tscheche sagte, es würde eine Weile dauern, bis er sie hätte.

Begegnung mit einem Künstler

Gerda und ich gönnten uns ein Abendessen im Hotel Ambassador am Wenzelsplatz, aber wir mussten uns mit der Bedienung gedulden, denn die Aufmerksamkeit zweier Kellner war ganz auf den Mann am Tisch neben uns gerichtet. Er muss eine wichtige Person sein, dachten wir. Ein recht junges Gesicht, vielleicht Mitte dreißig, mit leicht ergrauten Schläfen. Als wir hinblickten, ohne zu offensichtlich zu starren, blickte der Mann auf und fragte, ob wir uns zu ihm zum Essen setzen wollten, denn in Gesellschaft schmecke das Essen besser. Wir nickten zustimmend, und als er sich erhob, um uns unsere Stühle anzubieten, verbeugte er sich höflich und sagte zur Begrüßung „Stratil". Wir murmelten unsere eigenen Namen, ohne sicher zu sein, ob die Regeln der Etikette das erfordert hätten. Wahrscheinlich war das nicht der Fall, denn der feine Herr überhörte unsere Worte.

„Wir sind drei Personen", sagte er zum Kellner, „und diesen zum Fischgang", und zeigte auf einen Mosel auf der Weinkarte.

„Mehrere Gänge?" fragte ich zaghaft. „Ich bin nicht sicher, ob unsere Gutscheine...."

„Machen Sie sich keine Gedanken über Gutscheine", lachte er. Wie so oft in Prag staunten wir über das gutscheinlose Schlemmen mancher Leute, aber wir vergaßen dann unsere Skrupel und nahmen am Festmahl teil.

Es stellte sich heraus, dass Stratil ein Künstler war, und Gerda war begeistert, als er vorschlug, dass wir in sein Hotelzimmer kommen sollten, um seine Arbeit zu sehen und vielleicht als Modelle fungieren könnten. Ich weiß nicht, warum mich die Idee erschreckte, aber ich lehnte die Einladung im Namen von uns beiden schnell ab. Gerda versuchte, nicht zu zeigen, wie wütend sie auf mich war.

Innenraum-Café-Skizze (Karl Stratil)

Eine Einladung ins Kino nahmen wir gerne an, und als Stratil uns nach Hause zu Gerda begleitete, vereinbarten wir, uns in einer Woche wieder zum Abendessen zu treffen. Aber leider, gerade als das Leben begann, interessant zu werden, erkrankte ich an einer Mittelohrentzündung. Ich wurde operiert, was nur ein paar Minuten dauerte, aber ich hatte lange ein schiefes, geschwollenes und teilweise bandagiertes Gesicht.

Gerda telegrafierte, dass Mutti kommen sollte und lud sie ein, in ihrem eigenen Zimmer zu wohnen, während sie zu anderen Freunden zog. Mutti verbrachte eine unruhige Nacht, kratzte sich, denn es juckte am ganzen Körper; am Morgen sah sie genauso geschwollen aus wie ich, wenn auch gleichmäßiger. Sie zeigte verzweifelt auf die zahlreichen schwarzen Flecken an der Decke, die wir bisher für Dekoration gehalten hatten. „Die bewegen sich!" sagte Mutti, und sie hatte recht. So musste sie für die Nächte in ein Hotel umziehen.

Jeden Morgen erhielt ich einen Brief von Stratil, und es war schmeichelhaft, ihn zu lesen: „Wenn Sie wüssten, wie sehr ich es normalerweise hasse, Briefe zu schreiben..." Andere Sprüche waren sehr lustig: „Gurgeln Sie jede Stunde. Es mag Ihrem Ohr nicht viel Gutes tun, aber es kann nicht schaden, und ich glaube an harmlose Dinge, die gut gemacht sind", oder: „Wickeln Sie einen Schal um sich und seien Sie mein Modell", oder: „Ich könnte Ihnen meinen großen grauen Mantel leihen. Soll ich ihn dir bringen?" Gott bewahre, dachte ich. Meine Eitelkeit verbot es, mich ihm mit schiefem Gesicht zu zeigen, aber da ich mich zu wohl fühlte, um die Zeit von Muttis Besuch mit dem Sitzen in einem dunklen Bettwanzenzimmer zu vergeuden, planten wir Ausflüge an Orte, an denen Stratil wahrscheinlich nicht auftauchen würde. Als er dann mit einer Gruppe von Männern das Restaurant des Presseklubs betrat, wollte ich mich unter dem Tisch verstecken. Er nickte mir taktvoll nur kurz zu und ersparte mir weitere Peinlichkeiten, indem er sich mit dem Rücken zu unserem Tisch platzierte. Mutti fand, dass sein Rücken sehr beeindruckend aussah.

Zu Hause betrachtete ich mein Gesicht im Spiegel und fragte mich, ob die Zeit gekommen sei, in der ich es wagen könnte, Mutti die Freude zu bereiten, Stratil kennenzulernen. Gerade da kam ein weiterer Brief, in dem er mir mitteilte, wie erfreut er sei, mich wieder so gut aussehen zu sehen, und ob ich ihm die Ehre erweisen würde, mit der Dame, die sicher meine Mutter sein müsse, zum Abendessen zu kommen? Wie immer beendete er seinen Brief mit besten Grüßen an meine Freundin Gerda, die er sehr sympathisch fand. Wir kamen überein, Muttis letzten Abend in Prag im Ambassador mit ihm zu feiern.

Nicht viele Tage, nachdem Mutti abgereist war, kam ein weiterer Brief an, in dem er mich immer noch siezte, mich aber mit meinem Vornamen anredete. Er bat um die Chance auf einen letzten Abend, bevor er nach Italien abreisen musste.

Skizze Außencafé (Karl Stratil)

Wir saßen an seinem üblichen Tisch, aßen, tranken und redeten lange; die letzte Straßenbahn war längst gefahren. Wir sprachen nicht über Kunst, sondern über Goethe, besonders über Goethes „Faust". Ich wollte testen, wie sehr Stratil ein echter Freund war, und Goethe war immer mein Maßstab. Da er älter war als ich, konnte ich natürlich keinen jugendlichen Enthusiasmus erwarten, aber ich fand seine Zurückhaltung und Andeutungen von Herablassung eher enttäuschend. Als ich die Sorge äußerte, unser vergnügtes Studentenleben sei meine Walpurgisnacht, lachte er laut auf: „Mein liebes Kind, wie wenig Sie doch von Orgien wissen! Sie führen ein normales, harmloses Studentenleben, das leider vorbei sein wird, wenn Sie erwachsen sind."

„Ich frage mich, wie ich jemals erwachsen werden kann, wenn ich keinen Orientierungssinn habe", seufzte ich.

„Liebes Kind, haben Sie Geduld", lächelte er. „Ein Gefühl für die Richtung wird kommen. Bis dahin ist die Hauptsache, dass man überlebt." Und er fuhr fort, von legitimen Doppelstandards zu sprechen, die innere Integrität mit äußeren Kompromissen verbanden. Es war fast so, als würde er mit sich selbst sprechen, vielleicht irgendwie versuchen, seinen eigenen Lebensstil zu entschuldigen, ohne zu erwarten, dass ich das verstehen würde.

Ich schüttelte den Kopf. Das alles war nicht gut genug, ich musste etwas tun, ich konnte nicht einfach aus dem Leben um mich herum aussteigen. Stratil legte seine Hand auf meine und lächelte: „Sie werden einen Weg finden, überstürzen Sie nichts."

In der Morgendämmerung liefen wir zurück zur Herberge. Der Vollmond war noch nicht der Sonne gewichen und der Hradčany sah in einem blauen Licht heiter aus. Ich konnte die Putzfrauen bei der Arbeit hören und wusste, dass ich es schaffen würde, in das Gebäude zu schlüpfen. Herr Stratil küsste mir die Hand.

Am nächsten Tag erhielt ich ein Paket – einen illustrierten Band mit Gedichten über Prag von einem Mann namens Leo Hans Mally. Auf dem Vorsatzblatt stand eine handschriftliche Widmung: „Für Anneli, Stratil". Und im Inneren der Seiten war ein kurzer Brief:

„Meine liebe Anneli, ich danke Ihnen für alles. Ich habe unseren Spaziergang vom Hotel aus so genossen, dass ich im Hochgefühl nach Hause laufen und Gedichte verfassen wollte. Aber es kam eine frühe Straßenbahn, und das schien mir wärmer zu sein. Und die Gedichte sind schon geschrieben. Auf Wiedersehen, meine Liebe."

Opernhaus Wien (Karl Stratil)

Am Nachmittag sah ich ein Telegramm in meinem Regal: „WERDE PLATZEN, WENN ICH DICH NICHT SEHE KOMMA GERDA".

Also eilte ich zu Gerda und sie schleppte mich in den Laden eines Kunsthändlers. Die Wände waren mit Bildern von Stratil bedeckt, und jedes hatte ein Etikett ‚UNVERKÄUFLICH'. Jetzt wussten wir also wirklich, dass er berühmt war.

Dann schickte mir Mutti einen Ausschnitt aus einem Zeitungsartikel mit dem Titel „Zu Ehren von Stratils 50. Geburtstag". Wir waren erstaunt, sein Alter zu erfahren.

Ich habe nie wieder etwas von ihm gehört. Die ergrauten Schläfen sind alles, was ich von seinem Gesicht in Erinnerung habe, aber ich habe nicht vergessen, dass das Leben auch ohne hektische Vergnügungen spannend sein kann.

Verbrüderung mit dem Feind

Ich besitze noch zwei Briefe, die ich von Galja erhalten habe. Den ersten brachte Mutti mit:

„Brief von Galina Pawloska für besonders liebe Menschen. Wie geht es Dir, liebe Anneli? Ich schreibe Dir, obwohl ich selbst nicht weiß, ob Du Russisch lesen kannst, denn ich kann nicht auf Deutsch schreiben. Ich schreibe Dir, meine liebe Anneli, wie ich kann. Es tut mir furchtbar leid zu erfahren, dass Du krank bist und dass Deine Mutter kommen musste. Deshalb sind wir jetzt alle sehr traurig – und ich war sehr bestürzt, als ich erfuhr, dass Du krank bist, meine liebe Anneli. Ich denke jeden Tag an dich, weil du so ein gutes Mädchen bist, und alle denken an dich und wir fragen uns, ob Anneli in den Ferien nach Hause kommt. Anneli, ich werde dich fragen, ob du für mich Bücher auf Russisch kaufen kannst. Ich werde dir sagen, welche, vielen Dank, Anneli. Auf Wiedersehen. Galja."

Der andere Brief war in dem Umschlag mit dem Zeitschriftenausschnitt über Stratil:

„Anneli, du hast mir ein Foto gegeben, aber ich habe es jetzt nicht mehr: Lebrun hat es mitgenommen – ich wollte es ihm nicht geben, aber er hat es trotzdem mitgenommen mit dem Befehl ‚Bring sie dazu, es herzugeben!' Und als er erfuhr, dass Sie mir eine Postkarte geschickt haben, kam er, um sie zu lesen und sagte, er würde Ihnen eine Antwort schreiben. Ich fragte ihn, was mit der Frau Inspektorin [d.h. Anni, die Sekretärin] sei, die sagte, er dürfe das nicht – oder? Er antwortete: ‚Lass mich die Antwort schreiben', und dann schrieb er. Anneli, sei mir nicht böse wegen dieser Art zu schreiben, denn ich kann nicht anders schreiben und ich werde schreiben, wie ich kann. Meine liebe Anneli, schreibe mir eine Antwort, denn ich vermisse Dich sehr. Ich grüße Dich ganz herzlich von uns allen und wünsche Dir alles Gute in Deinem jungen Leben. Ich wünsche Dir, dass Du Dein Leben in einer weißen Welt so gut lebst, wie Du kannst. Auf Wiedersehen, ich küsse dich und gebe dir meine rechte Hand zum Schütteln mit Hilfe dieses weißen Papiers. Auf Wiedersehen, Anneli. Galja. Ich küsse dich tausendmal."

Als ich in den Weihnachtsferien nach Hause kam, stürzte Vitja auf mich zu und rief „Mama, Mama!" Er nannte andere Frauen nicht mehr bei diesem Namen, und ich fasste den Entschluss, Wolodja nach dem Krieg zu heiraten, ob er es wollte oder nicht.

Vitja hatte ein besonderes Lied, das mich bis heute verfolgt: *«Notschi tschornaja, ja bajatsa, ja bajatsa, pravazhat mnje, o moy slodka...»* Ich kann immer noch den Klang seiner Stimme hören. Jemand sagte mir, dass die Worte bedeuten: „Die Nacht ist dunkel, ich habe Angst – begleite mich, meine Süße..."

Armer kleiner Vitja, und immer noch so voller Lachen. Im Frühling gingen wir spazieren; es gab wieder Leberblümchen. In der Ferne hörten wir das Rumpeln der Schlacht und gelegentliches scharfes Klatschen. Vitja gab babyhafte Gurrgeräusche von sich, wenn er die leuchtend blauen Blüten streichelte, während der Dackel Biene weiter im Wald interessante Löcher erkundete. „Der Wald gehört ganz mir!" Vitja seufzte glücklich und umrundete die kleine Lichtung mit seinen Armen.

Aber Galja ließ mir keine Zeit, um mit Vitja zu schmusen. Sie zerrte an meinem Ärmel, flüsterte „Dringend!" und kam in mein Zimmer, angeblich, um mir beim Auspacken zu helfen. Sie erzählte mir, dass die Wache und einige Fremde das Zimmer der russischen Gefangenen durchsucht und sogar die Matratze von Nicolay aufgeschnitten hätten. Sie hatten ihn gefragt, ob er irgendwelche Bücher habe, was er verneinte. Dann wollten sie wissen, ob er mit einem deutschen Zivilisten konspiriert habe, um Bücher zu bekommen, was Nicolay ebenfalls verneinte. Dann hatten die Männer trotz der Hinweise meines Vaters, dass dies illegal sei, Katjas und Galjas Zimmer durchsucht und Lermontow und Puschkin gefunden.

„Wir sagten, wir wüssten nicht, wo die her waren. Wir haben euch nicht verraten", sagte Galja immer wieder.

„Das hätten Sie nicht sagen müssen; es ist nichts Illegales daran, dass ich Ihnen und Katja Bücher schenke. Aber trotzdem vielen Dank."

„Aber sie sagten, sie würden zurückkommen, wenn ihr zu Hause seid, und euch befragen. Ich glaube, sie haben uns nicht geglaubt", antwortete Galja kläglich.

Ich war froh, eine Vorwarnung zu haben, aber auch sehr verwirrt. Jemand muss sich beschwert haben, höchstwahrscheinlich über mich. Ich erinnerte mich, vor langer Zeit ein Gespräch zwischen dem Wachmann und unserem Vorarbeiter belauscht zu haben, so etwas wie: „Das zeigt nur, was Geld bewirken kann; eine geringere Person wäre geschoren und geteert worden...", was ich damals ein wenig unheimlich gefunden hatte, auch wenn ich die „nicht geringere" Person nicht mit mir in Verbindung brachte. Jetzt wunderte ich mich. Es war schade, dass Galja meinen Anteil an der Beschaffung von Lermontow und Puschkin geleugnet hatte: Ich würde jetzt sagen müssen, dass ich diese Bücher in der Küche liegen gelassen habe oder so etwas in der Art.

Aber als die Beamten kamen, erwähnten sie diese beiden Bücher nicht einmal. Stattdessen wollten sie etwas über eine Liste mit subversiver Sowjetliteratur wissen. Ich konnte mir nicht vorstellen, wovon sie sprachen; dann erinnerte ich mich plötzlich daran, dass ich dem Tschechen im Slawischen Institut eine Liste gegeben hatte, dass er angemerkt hatte, dass die Schrift anders sei als die von Galja – was ich natürlich gar nicht bemerkt hatte – und dass er mir die Liste nie zurückgegeben hatte, weil er offenbar Zeit brauchte, um sie zu beschaffen. War es so? Mein Verdacht war schrecklich, und ich brauchte Zeit zum Nachdenken. Ich fragte, was mit subversiven Büchern gemeint sei.

„Naja, das weiß jeder Student sehr gut", antwortete einer der Männer. „Vielleicht möchten Sie sogar so tun, als hätten Sie noch nie etwas von Gorki gehört?"

„Nein", sagte ich. Ich erinnerte mich daran, dass Tante Anne diesen Namen einmal erwähnt hatte, aber ich hatte nicht die Absicht, sie da hineinzuziehen. Meine Erfahrung im Arbeitsdienst hatte mich zumindest so viel gelehrt. „Aber ich denke nicht viel über Namen nach, wenn mir jemand Bücher empfiehlt, um Russisch zu lernen."

„Ah, jetzt kommen wir der Sache schon näher. Sie hatten also doch eine Liste mit russischen Büchern!"

„Sicherlich."

„Und wer hat sie Ihnen gegeben?"

„Ich bin mir nicht ganz sicher, aber ich glaube, es war ein Student am Slawischen Institut in Prag", antwortete ich.

„Erinnern Sie sich an seinen Namen?"

Inzwischen war ich so wütend, dass ich frech wurde. „Ich glaube, er hieß Nicholas."

Jetzt waren es die Männer, die von meiner halbherzigen Offenheit überrascht waren, und ich genoss ihren Gesichtsausdruck. Nach einigem Zögern sagte der Mann, den ich für den Hauptbefrager hielt: „Sie wissen schon, dass es eine Straftat ist, Russen mit Büchern zu versorgen?"

„Steht das im Gesetz?" fragte ich unschuldig. Ich fühlte, dass ich gewonnen hatte.

„Ja sicher", war die Antwort.

„Es scheint mir nicht sehr natürlich zu sein, Gefangene zu zwingen, über Unfug nachzudenken, der vielleicht unserem Land zu schadet, anstatt ihren Geist mit Gedichten und Romanen abzulenken." Ich fühlte mich großartig. So oft fielen mir die richtigen Worte erst lange nach dem Ende einer Auseinandersetzung ein; aber jetzt, in meiner Wut, kam jeder Satz auf wundersame Weise genauso heraus, wie ich es wollte.

Die Männer sagten immer wieder „hm"; so verhalf ich ihnen zu einer gesichtswahrenden Antwort, denn ich war bestrebt, unser Treffen zu einem Ende zu bringen: „Sie wollen sagen, dass gewöhnliche Menschen wie wir nicht beurteilen können, welche Gesetze auf einer höheren Ebene notwendig sind?" Wenn ihr das schluckt, seid ihr wirklich Narren, dachte ich.

„Genau", der Mann sah mich dankbar an.

„Ich darf also niemals russische Bücher achtlos herumliegen lassen? Und immer nach offiziellen Ansichten fragen, bevor ich Studienratschläge von Fremden annehme?"

„Ich bin so froh, dass Sie das verstehen, so froh. Wenn Sie das nicht täten, könnten Sie in ernsthafte Schwierigkeiten geraten."

Als die Männer gegangen waren, sagte ich Galja, dass alles in Ordnung sei, aber dass es knapp gewesen sei; es sei nun unmöglich, erneut zu versuchen, russische Bücher zu bekommen. Aber ich würde gerne etwas über Gorki lernen. Nach einer längeren Pause, in der keine Verbrüderung stattfand, hielt mir Nicolay einen Vortrag über sowjetische Literatur. Aber das war in den nächsten Ferien, denn die Weihnachtsferien waren sehr kurz.

Wieder Prag

Bei meiner Rückkehr nach Prag fand ich Edith sehr aufgeregt vor: Das gesellschaftliche Leben war über sie hereingebrochen. Sie war verliebt in einen Ausbilder an einer Kadettenschule in der Nähe. Sie nannte ihn Göring, wegen seiner Statur und all der Orden auf seiner Brust. Dieser Mann vermittelte mir einen Partner für einen großen Ball in der Schule, und ich klebte später das beeindruckende Menü in mein Tagebuch:

    Crème Ragout
    Italienische Eier
    Gegrillter Fisch und Kartoffelsalat
    Rinderfilet à la nature, Kartoffeln, Gemüsevariationen
    Wildbret mit Semmelknödeln
    Kaffee-Mousse mit Sahne
    Eistorten und Waffeln
    Frische Erdbeeren
    Kaffee

Die ganze Nacht hindurch wurden Champagner, drei verschiedene Weine, diverse Liköre und Knabbereien angeboten. Zwei große Orchester spielten abwechselnd Walzer, Tango und Foxtrott. Ich hatte kaum Zeit, zwischen den Tänzen an meinem Glas zu nippen.

Einmal stolperte ich und spürte einen stechenden Schmerz in meinem Knöchel, aber ein paar Augenblicke später konnte ich wieder tanzen. Erst am nächsten Tag, als ich versuchte, aus dem Bett aufzustehen und mein Bein nachgab, bemerkte ich die Schwellung. Der Schmerz war stark und hartnäckig. Ich humpelte auf einem Bein in Ediths Zimmer und sie rief ein Taxi, das uns ins Krankenhaus von Vyšehrad brachte, wo ihr Schwager als Oberarzt arbeitete.

Ich hatte mir anscheinend einen schweren Bänderriss zugezogen, und mein Fuß wurde in Gips gelegt. Der einzige Schuh, den ich an diesem Fuß tragen konnte, war ein schöner Pantoffel, den mir ein russischer Häftling auf unseren Feldern geflochten hatte. So humpelte ich zu Vorlesungen und Seminaren, bei schönem Wetter, Regen oder Schnee. Ich humpelte zu Tänzen im Presseklub, auf der Insel, und auch in der Kadettenschule.

Und ich humpelte zum Reitunterricht, weil unser Ausbilder, Oberst Nehring, sagte, ich könne auch ohne Steigbügel gut reiten. In der Tat, das konnte jeder Narr auf den gut trainierten Pferden der Reitschule. Sie gehorchten bereitwillig den Befehlen des Reitlehrers, ohne dass unsere Waden belastet wurden, obwohl wir, um vom Linksgalopp in den Rechtsgalopp zu wechseln, das Gewicht unseres Körpers auf dem Sattel auf die andere Seite verlagern mussten.

„Im Arbeitstempo ga-a-llop", ließ die Tiere einen Galopp hinlegen wie Soldaten, die auf den Befehl ihres Offiziers reagieren. Und sie wussten, dass die scharfe Aussprache von „Gallop" ihnen befahl, richtig zu galoppieren, dass das Wort „T-r-r-r-ab" einen Trab erforderte... immer auf dicken Schichten von Sägemehl, damit wir im unwahrscheinlichen Fall eines Sturzes weich fielen. Wir machten Witze über „Zirkuspferde", aber tief im Innern wusste ich, dass sie gut für mich waren, weil sie mir Selbstvertrauen gaben, was mir half, besser zu reiten, als ich es in der Freiheit unseres Hofes jemals hätte wagen sollen.

„Arsch rein, Brust raus!" Unser Oberst war absichtlich grob in seiner Sprache, mit dem Ziel, ein joviales, kumpelhaftes Verhältnis zu seinen Schülern aufzubauen und uns Vertrauen zu geben.

Dann, als mein Fuß noch in Gips war, machte mich der Oberst wirklich stolz: Er präsentierte mir sein eigenes Pferd, ‚Mikosh', auf dem ich reiten sollte. Ich schrieb an Claus, um ihn an meinem Stolz teilhaben zu lassen, eine Starschülerin zu sein, wenn auch unter widrigen Bedingungen. Claus glaubte an meine Fähigkeiten, was wirklich sehr lustig war.

Mein schöner, farbenfroher Hausschuh hat den Kurs überstanden, aber nur knapp. Er begann traurig und schmuddelig auszusehen und sich feucht anzufühlen. Widerwillig warf ich ihn in den Mülleimer, als der Gips weg war. Aber den rechten Pantoffel bewahrte ich im Schrank auf, für den Tag, an dem ich mir vielleicht den anderen Fuß verletzen würde, oder zumindest als Souvenir, das mich nach dem Krieg an die Russen erinnern sollte.

Dramatische Szenen und Angst gab es nach Ostern in unserer Unterkunft in Prag: Der „Messerstecher" war unterwegs. Er trieb sich jede Nacht irgendwo in der Umgebung herum, überfiel und verletzte Mädchen, die allein nach Hause gingen, und er tat dies offenbar trotz verstärkter polizeilicher Überwachung. Die Mädchen erzählten flüsternd und unter Tränen von ihm. Warnschüsse des tschechischen Widerstands? Die Aufforderung an deutsche Studenten, in ihr Land zurückzukehren? Der Messerstecher tötete nicht; es war, als wüsste er, wie er tödliche Stellen vermeiden konnte, wenn er auf seine Opfer einstach.

Uns wurde gesagt, dass wir nach Einbruch der Dunkelheit niemals allein nach Hause gehen sollten. Aber ich ignorierte diesen Befehl, denn perverserweise gab mir der Messerstecher Hoffnung. « Aux armes, citoyens ! », pfiff ich vor mich hin und wünschte mir, dass Gisela mich hören würde. Gemeinsam würden wir uns etwas einfallen lassen; irgendwie Teil einer Gruppe werden, die die einen „Terroristen" und die anderen „Freiheitskämpfer" nannten. Der romantische Reiz eines Lebens, das ein Ziel hatte... Dieser Mann da draußen, der nachts umherstreift, könnte der Schlüssel zu diesem Traum sein. Vielleicht würde er mein Pfeifen verstehen?

Nicht, dass ich mir tatsächlich vorstellte, jemanden mit einem Messer anzugreifen! Bei der Vorstellung von Blut in unmittelbarer Nähe wurde mir schlecht. Er würde das wissen und mir vielleicht die Aufgabe geben, einen Zug entgleisen zu lassen oder vielleicht sogar aus der Ferne Granaten auf SS-Männer zu werfen – so etwas in der Art.

Ich fühlte mich absolut sicher, dass ich selbst nicht erstochen werden würde, dass der Mann sogar im Dunkeln die freundliche Absicht in meinem Gesicht sehen würde. Aber ich sagte es weder Edith noch Gerda, in der Hoffnung, dass jede von ihnen glauben würde, dass ich bei der anderen übernachtete, während ich mich herumtrieb. Sie hätten mich naiv gefunden und versucht, mich aufzuhalten.

Ich ging den Polizisten aus dem Weg und bewies, wie einfach es war, unsichtbar zu werden. Aber der Messerstecher wich mir anscheinend aus. Es war frustrierend, und ich fand es schwer, die Hoffnung aufrechtzuerhalten.

Abschied von Prag

Ich war zu Gerda gegangen und freute mich auf die Abwechslung, die eine Nacht außerhalb der Herberge mit sich brachte. Plötzlich hörte ich schreckliche Schreie.

„Geh nicht auf den Flur, sonst nehmen sie dich auch mit", flüsterte Gerda.

Wovon hat sie gesprochen?

„Es ist schon einmal passiert; es passiert immer nachts. Diesmal muss es die hübsche Kleine sein", erklärte Gerda.

„Wie kannst du nur! Wie kannst du das akzeptieren?" Ich schrie vor Wut.

Gerda legte mir die Hand auf den Mund. „Pst! Es ist gefährlich. Wie können nichts machen? Es sind viele Männer, ich habe sie einmal gesehen…"

„Du hast mir das nie gesagt", murmelte ich, inzwischen selbst völlig verängstigt.

„Ich kann nicht, es ist zu schrecklich. Willibald weiß es, und er wird mit einer süßen Mehlspeise zum Frühstück kommen und uns aufheitern."

„Eine süße Mehlspeise?" Das klang so absurd, dass ich anfing, hysterisch zu lachen.

„Ssh, ssh! Bitte, bitte!"

Es war jetzt still auf dem Flur. Wir hörten, wie draußen eine Autotür zuschlug und der Motor ansprang. Dann saßen wir einfach so da, ohne zu reden, und saßen immer noch so, als Willibald kam. Aber ich konnte die süße Mehlspeise einfach nicht essen.

Plötzlich erinnerte ich mich an den letzten Brief von Mutti. Sie hatte ganz normal über die Arbeit auf dem Hof geschrieben, über Gartenarbeit, über Katja und Galja und darüber, wie fließend Vitjas Deutsch geworden war. Und dann hatte sie ganz beiläufig einige Adressen ans Ende ihres Briefes gesetzt und mich gebeten, sie gut aufzubewahren, „falls wir getrennt werden". In meiner Beschäftigung mit dem Messerstecher hatte ich diese Worte nicht wahrgenommen; jetzt begriff ich ihre Bedeutung.

„Ich gehe nach Hause", sagte ich zu Gerda und Willibald und fügte dramatisch hinzu: „Ich glaube, der Vorhang für den letzten Akt ist aufgegangen".

„Feigling", antwortete Gerda wie so oft, aber etwas halbherziger als bei früheren Gelegenheiten.

„Du wirst deiner Mutter große Sorgen bereiten", warnte Willibald. Er war zu Weihnachten in Mikalbude gewesen und wusste, dass Mutti leicht in Panik geriet; dass sie diese Adressen geschickt hatte, wusste er nicht. „Außerdem haben wir Karten für Zarah Leander in *Der Weg ins Freie*", fügte er hinzu. Das brachte mich wirklich zum Lachen. Der Weg ins Freie, in der Tat! Britische Sträflinge, die nach Australien gehen. Ich wollte doch nach Hause.

Ich musste meinen Pass in der Herberge holen und nahm auch mein Postsparbuch mit. Edith war nicht da. Sie lebte auf Wolke sieben, denn sie war verlobt und verbrachte viele Nächte mit ihrem Verlobten in der Wohnung ihrer Schwester in Vyšehrad. Plötzlich dachte ich an Ediths kleine Nichte, deren Po nach jedem Bad gepudert wurde, so wie man das heutzutage bei Babys machte. Mutti wäre völlig schockiert darüber gewesen, dass die Leute die Poren der Haut ihrer Babys verstopfen. Was würde mit dem armen kleinen Würmchen passieren? Würden sie alle in Prag bleiben und die Ereignisse abwarten? Aber es blieb keine Zeit zum Nachdenken, wenn ich den letzten Direktzug nach Königsberg erwischen wollte. Ich schrieb einen Zettel für Edith und schob ihn unter der Tür ihres Zimmers durch: „Fahre für immer nach Hause. Vielleicht komme ich eines Tages zurück, um meine Sachen zu holen."

Ich lief durch die Stadt. Aus einem Impuls heraus schaute ich im kleinen Laden von M. Pommeret vorbei. Madame schüttelte mir die Hand, würdevoll wie immer, aber als der kleine Mann « *Adieu et bonne chance* » sagte, versagte seine Stimme, und ich brach in Tränen aus und umarmte ihn. Dann rannte ich weiter zum Bahnhof, ohne zurückzuschauen.

JAHR DES VERSTÄNDNISSES: 1944–1945

Nie war es zu Hause so schön wie in diesem letzten Sommer.

Dann zerstörte eine furchtbare Aufgeregtheit die schöne Stimmung. Der Wächter kam ins Haus gestürmt und schrie meine Mutter an: „Ich habe es Ihnen doch gesagt. Sie wollten mir nicht glauben. Jetzt sind Sie schuld: Nicolay ist geflohen!"

„Vielleicht sitzt er auf der Toilette", meinte mein Vater.

„Das verbitte ich mir", rief der Wachmann wütend, weil er nervös war: „Ich habe überall nachgesehen."

„Ich meinte unsere Toilette. Der Mann könnte es eilig gehabt haben", sagte Väti. Aber natürlich war Nicolay nicht dort. Seit einigen Tagen hatte ich irgendwie gewusst, dass dies geschehen würde, aber ich hatte den Gedanken nicht einmal mir selbst gegenüber zugegeben. Nun wurde die Armee gerufen, um die Umgebung des Hofes zu durchsuchen, bis es zu dunkel war, um weiterzumachen. Galja kam in mein Zimmer und zitterte vor Angst.

„Um Himmels willen, geh' in dein eigenes Zimmer und reiß dich zusammen, wenn du nicht der Mittäterschaft verdächtigt werden willst."

„Aber ich bin so unruhig", wimmerte sie kläglich. „Sie werden merken, dass ich etwas weiß, da bin ich mir sicher."

„Hör' sofort auf, so zu reden! Sicherlich werden sie merken, dass du verärgert bist. Wer wäre das nicht, wenn er von einem Liebhaber verlassen wird – verstehst du? VERLASSEN VON EINEM LIEBHABER!"

Galja lächelte unter ihren Tränen. „Sie sind Nicolay ganz ähnlich, er hat mir genau die gleichen Worte gesagt."

„Galja, bitte, sag' so etwas nicht einmal zu mir! Überzeuge dich, ja, dich selbst, dass Nicolaj dir vorher nichts gesagt hat, dass er dich einfach verlassen hat. Und geh auf dein Zimmer."

Galja ging. Die Soldaten setzten ihre Suche am nächsten Tag fort, weiter weg, bis in den Wald hinein, aber ohne Erfolg.

Dann hörte man plötzlich ängstliche Schreie aus dem Kornspeicher: Sie kamen von dem alten Schwarz, dem Schweinehirten. Er hatte sich heimlich hineingeschlichen, um ein paar Extra-Rationen für seine geliebten Schweine zu stehlen und bekam den Schreck seines Lebens, als er einen schweißgebadeten, mit Kleie bedeckten Mann im Getreidehaufen liegen sah.

Nicolay wurde weggebracht, wir wussten nicht wohin. Wir hatten Angst um ihn und waren nur ein wenig erleichtert, dass wir seine Bestrafung nicht miterleben mussten. Galja weinte tagelang. Der Plan war so gut gewesen: Nicolay würde sich verstecken, bis die Suche abgebrochen wurde, hoffentlich bevor neue Rationen im Kornspeicher abgewogen wurden. Galja hätte ihm vielleicht etwas zu essen gebracht, aber das war kein so wichtiger Teil des Plans, denn Nicolay konnte ja auch von Getreide leben. Dann wären sie beide abgehauen. Die Rote Armee konnte nicht weit weg sein. Wer hätte ahnen können, was der alte Schwarz vorhatte?

Nicolay kam zurück. Er sah blass und körperlich angeschlagen aus, sprach aber nie darüber, was man ihm angetan hatte. Seine Tage als Gärtner waren vorbei, aber Mutti fand, dass sie sich trotz der jüngsten Ereignisse gelohnt hatten. Galja ging nun auch zur Feldarbeit, wo sie sich gelegentlich ansehen, ein paar Worte flüstern und sich mit den Händen berühren konnten, wenn sie dieselbe Reihe von Rübenpflanzen hackten oder dieselbe Ähre mit einem gedrehten Strang umwickelten.

Schlachtgeräusche

> Herr: es ist Zeit. Der Sommer war sehr groß.
> Leg deinen Schatten auf die Sonnenuhren,
> und auf den Fluren laß die Winde los.
> Befiehl den letzten Früchten voll zu sein;
> gib ihnen noch zwei südlichere Tage,
> dränge sie zur Vollendung hin und jage
> die letzte Süße in den schweren Wein. [1]

Gisela nickte. Wir standen kurz vor der Frühlingsblüte, aber es fühlte sich an wie Herbst. Am Horizont war ein Rumpeln zu hören, noch weit weg und stoßweise. Es kam aus dem nordöstlichen Himmel.

„Papa will, dass Mama zu mir nach Königsberg kommt und in meiner Wohnung wohnt", sagte Gisela.

Schon? War da nicht noch Zeit für die letzten Früchte, für zwei weitere südliche Tage, für einen großen Sommer? Wer wusste das schon? Es konnte alles sehr plötzlich enden, und in unsere Traurigkeit floss ein wenig Erleichterung.

Die gewöhnliche Arbeit ging mit außergewöhnlicher Intensität weiter. Manchmal stieg mein Vater von seinem Pferd, schnappte sich ein Werkzeug und mischte sich unter die Arbeiter.

Gisela nahm ihr Studium wieder auf. Ich half auf den Feldern; ich musste nicht: Offiziell war ich ja noch an der Uni. Die körperliche Anstrengung löste die Anspannung.

Die Belgier scherzten: „Die Scheunen und Keller für die Rote Armee auffüllen?" Die deutschen Arbeiter grinsten, zogen Grimassen. Die Russen zeigten ihre Gefühle nicht. Sie hofften, nach Hause fahren zu können, und für mich war es Ordnung, dass diese Hoffnung hatten.

Aber Katja, die einst die optimistischere der beiden Mädchen gewesen war, war nun seltsam skeptisch. Warum sind wir nicht alle in irgendein Versteck geflüchtet,

---

[1] Rilke

bis die wichtigen Leute Papiere unterschrieben hatten, die das Schießen beendeten? Sie wollte bald ihre Mama sehen und nicht von Dingen getötet werden, die Tag und Nacht dröhnten. Alle Gefangenen hatten die Geräusche des Kampfes schon erlebt; nur wir Deutschen waren noch ahnungslos.

Als wir schon das gelegentliche Rattern eines Maschinengewehrs hören konnten, wurden uns noch zwei weitere Zwangsarbeiter zugeteilt. Sie waren Ukrainer. Der junge hochgeschossene Mann hieß Wolodja Golubow. Er war stark und fröhlich, und wir nannten ihn den großen Wolodja, um den Unterschied zwischen ihm und dem jetzt umbenannten kleinen Wolodja herauszustellen. Die blonde Maruscha brachte wenige Wochen nach ihrer Ankunft auf dem Hof die kleine Vera zur Welt. Es passierte nachts, im neuen Getreidespeicher über dem Kutscherhaus, wo sich das Paar niedergelassen hatte. Der große Wolodja teilte uns am Morgen stolz mit, dass er nun Vater eines Mädchens sei. Mein Vater war so beeindruckt, dass er ihnen zur Feier des Tages eine Kuh schenkte.

Bei den sowjetischen Militärgefangenen waren die Neuankömmlinge nicht willkommen. Sie behandelten sie mit offener Verachtung, und obwohl niemand das Wort „Deserteur" benutzte, zumindest nicht vor uns, hörten wir sarkastische Bemerkungen über „arbeitsfähige Männer, die ohne die Uniform der Roten Armee kommen". Es war sowieso egal, denn obwohl ich eine gewisse irrationale Abneigung gegen Deserteure hatte, sagte mir meine Vernunft, dass es sinnvoll war, vor Armeen, egal welcher Art, wegzulaufen. Außerdem war der große Wolodja gutaussehend, sehr lustig und, sehr zum Leidwesen von Maruscha, ein großer Charmeur.

Freier

Väti schrieb an ‚Koch's Erben', unsere Weinfirma am Rhein, und bat um eine frühe Lieferung wegen der verschiedenen Regimenter, die vorbeikamen und auf dem Hof einquartiert waren. Wir tranken und tanzten auf eine verhaltende, sanfte Art.

Ich ahnte, dass meine Eltern es gerne gesehen hätten, wenn ich Hermann geheiratet hätte, einen Leutnant, der länger als die meisten in unserem Haus wohnte. Ab und zu dachte ich auch daran, nicht weil er große Ländereien besaß (darunter eine Zuckerfabrik nahe der holländischen Grenze), auch nicht, weil er ein „Dr. Agr." war und mir eine gebundene Ausgabe seiner Doktorarbeit schenkte, obwohl es wahrscheinlich diese Dinge waren, die ihn zu dem starken, selbstbewussten und praktischen Menschen machten, der er war. Ich fühlte mich bei ihm sicher, für meinen Geschmack ein wenig zu sicher. Er nutzte nicht die Stimmung der „letzten Süße" aus; ein großzügiger, freundlicher und liebevoller Gentleman, der entschlossen war, in Zeiten der Unsicherheit keine Verpflichtungen einzugehen. Ich wünschte mir oft, er würde seine Skrupel vergessen, aber mein Schutzengel bewahrte mich offensichtlich davor, in den Nachkriegsjahren die Frau eines reichen Industriellen und Bauern zu werden. Edith konnte unsere Zurückhaltung nicht verstehen, als wir beide sie für zwei Tage in Prag besuchten. Ich hatte beschlossen, meine Habseligkeiten zurückzuholen, hatte aber Angst, allein dorthin zu fahren.

„Halte dich an ihn", drängte mich Edith, „er ist der beeindruckendste Mann, den ich je getroffen habe."

Hermann

„Du hast Karl-Heinz noch nicht kennengelernt", antwortete ich, und sie stöhnte auf, als sie hörte, dass mein anderer „Interessent" ein Dichter war. Edith hatte ein schweres Leben mit einer äußerst künstlerischen Mutter und einem Stiefvater, der ebenfalls Künstler war.

Karl-Heinz war im selben Regiment wie Hermann. Er war leidenschaftlich, ungestüm, aufregend, aber weder stark, noch sicher, was seine Zukunftspläne anging: Er wusste nur, dass er mich wollte. Er hatte einen Sinn für Humor. Einmal, als er neben mir auf dem Sofa saß und den Arm um meine Schultern gelegt hatte, öffnete sich die Tür zu schnell, als dass er den Arm ganz hätte wegnehmen können; und so sagte er, den Arm halb in die Luft gestreckt, prompt „Heil Hitler", als Väti und Claus hereinkamen.

Irgendein romantisches Geheimnis umwehte das Leben von Karl-Heinz. Vielleicht war er unehelich, oder seine Mutter war geschieden, oder sie war Witwe. Karl-Heinz erwähnte nie einen Vater, und ich wagte nicht nachzufragen, damit die Fakten meine vorgefasste Meinung nicht zerstören. Auf der Grundlage solcher Vorstellungen entwickelte ich die Idee, dass ich, und nur ich, dem Dichter einen Grund geben könnte, leben zu wollen. Als er uns also alle mit der Bekanntgabe unserer Verlobung überraschte, protestierte ich nicht. Was spielte das jetzt für eine Rolle?

Karl-Heinz

Wie Rilke geschrieben hatte: „Herr: es ist Zeit…" Das gleiche Gedicht endete so:

>Wer jetzt kein Haus hat, baut sich keines mehr.
>Wer jetzt allein ist, wird es lange bleiben,
>wird wachen, lesen, lange Briefe schreiben
>und wird in den Alleen hin und her
>unruhig wandern, wenn die Blätter treiben.

Im Jahr 1944 hatte Rilke Goethe abgelöst.

Das Attentat vom 20. Juli

Niemand konnte jetzt Hitler ersetzen. Es war zu spät.

Fast zehn Jahre zuvor waren zwei Drittel unserer Hauptstraße asphaltiert worden, ein Drittel blieb als „Sommerstraße", die den Pferdehufen guttat. Wir hatten uns damals sehr über unsere Chaussée gefreut, auf der das Postauto zweimal am Tag problemlos verkehren konnte. Seit jenen frühen Tagen hatte der Verkehr stark zugenommen, da Militärfahrzeuge in einen fernen Krieg zogen; unsere Birkenallee, die zwischen dem Bauernhof und dem Bauernfriedhof auf dem anderen Hügel verlief, war nun zu einer Trennlinie geworden.

Nie zuvor waren die Heerestransporte jedoch so alarmierend zahlreich wie ab dem 20. Juli.

Die Straße führte zu Hitlers Hauptquartier, irgendwo in der Gegend von Rastenburg, vielleicht auch in der Nähe von Angerburg, so hatte man lange gemunkelt. Wir wussten also, dass etwas Außergewöhnliches geschehen war, noch bevor das Radio verkündete, dass Gott den Führer wieder einmal vor der Bombe verräterischer Schurken bewahrt hatte.

„Er hat das Glück des Teufels", murmelte Gisela. „Wenn doch nur ein Priester käme, der die Macht des Exorzismus hätte!"

Wir hatten nun ganz konkrete Sorgen: Auf den Kopf eines entfernten angeheirateten Verwandten von uns, Tante Annes Cousin Dr. Carl Goerdeler, war eine Belohnung von einer Million Mark ausgesetzt. Ich begann mir Lösungen zu überlegen, so wie ich sie in den besten Kriminal- und Spionagegeschichten gelesen hatte. Sicherlich würde er zu uns kommen, gerade weil wir nicht in seiner Nähe waren. Wir hatten eine Abstellkammer voller alter Betten, Kleiderschränke mit Urgroßelternsachen, hässliche Gartenfiguren aus Gips, ein perfektes Versteck. Ich sah mich schon mit Essen für den Gejagten in diesen Raum schleichen. Dreiundzwanzig Tage lang hatte ich die aufregendsten Träume. Dann wurde Goerdeler auf dem Bahnhof Marienwerder von einem einfachen und einfältigen Luftwaffenmädchen erkannt. Es ging diesem Mädchen mehr um die Sensation als um die Million Mark, als sie den Flüchtigen verriet; und die Familie Goerdeler hegte laut Tante Anne keinen Groll gegen das Mädchen.

Wir waren zu fassungslos – und zu verängstigt – um über das Attentat des 20. Juli zu sprechen, am wenigsten mit unserem Nachbarn, dem Hauptmann der Reserve, der im vergangenen Jahr immer wieder recht lang abwesend gewesen war. Er war ein enger Freund von Carl Goerdelers Bruder, dem Bürgermeister[1] von Königsberg.

Göring hatte den traditionellen Armeegruß als Zeichen der Treue, der Loyalität und des Respekts vor dem Führer verändert; und als Folge des gescheiterten Attentats berührten Soldaten und Offiziere nicht mehr ihre Mützen oder Helme, sondern hoben einen ausgestreckten Arm und sagten „Sieg Heil!"

Der Sieg war nun in Sicht; es gab wohl nur wenige, die nicht sicher waren, wer siegen würde, und kaum jemand freute sich nicht auf das Ende des Gemetzels.

Gisela war pessimistisch, was das Überleben anging, aber ich selbst hatte keine Zweifel. Es schien mir nur recht und billig, ein neues Leben zu beginnen, jetzt, wo ich einundzwanzig war. Ich hatte die romantische Vorstellung, ganz neu zu beginnen, wie eine Zigeunerin oder eine Bettlerin.

Aber meine Eltern waren entschlossen, alles zu tun, damit sie nicht von Almosen abhängig wurden. Heimlich, in bestimmten Abständen, schickten sie Pakete in den Westen, offiziell zur Unterstützung von Freunden, die unter Luftangriffen litten und denen es im Allgemeinen schlechter ging als uns: Familiensilber, kostbares

---

[1] Eigentlich Stadtkämmerer; vorher ist er Bürgermeister von Marienwerder gewesen

Glas und Porzellan mit der Aufschrift „alte Kleider, Salami, Schinken, selbstgemachter Apfelsaft", und beteten, dass kein Zensor die Pakete öffnen würde. Solche Kisten gingen nach Dresden, nach Wien, Celle, Berlin, Hamburg; das Risiko wurde somit verteilt, wobei sie am ehesten glaubten, in Dresden zu landen.

Ich sehnte mich nach gekochten Schattenmorellen mit fetter Sahne, aber wir trauten uns nicht mehr, Sahne aus unserer Molkerei zu stehlen. Die Kontrollen wurden immer strenger. Außerdem hatten die gemütlichen Familienabende mit dem Strom der vorbeiziehenden Regimenter aufgehört, und die Offiziere der Armee, so angenehm sie auch sein mochten, schmälerten die Lust auf illegale Festessen. Das blieb so bis zu unserem allerletzten Abend zu Hause; da schmeckten die Schattenmorellen sauer, und der Anblick von Sahne drehte mir den Magen um; eine Schwere und ein Gefühl von Leere machten sich in mir breit. Nur der Wein schmeckte gut, und wir tranken reichlich.

Weglaufen – aber wovor?

Karl-Heinz war schon einige Wochen vorher in die Schützengräben gezogen. Als ich ihn dort einmal besuchte, konnte ich Solveigs Lied auf einer Gitarre hören und wusste, dass er mich erwartete. Die Musik führte mich in seinen privaten Bunker, ein heiterer unterirdischer Raum mit hellen Decken; bunte Zeitschriftenbilder bedeckten die Erdwände. Sein Bursche servierte ein Essen auf einem kleinen Klapptisch und Wein aus richtigen Gläsern. Geschliffenes Glas, kein Kristall, aber ein Luxus, den ich nicht erwartet hatte.

„Wir werden für Mickelau kämpfen und es für euch sicher halten", sagte Karl-Heinz, während er sein Glas erhob. Es war eine absurde Aussage, wenn man bedenkt, dass die Schützengräben jenseits von Kowarren lagen, mindestens fünf Meilen weiter von der russischen Grenze entfernt als unser Gut. Ich erwiderte: „Mikalbude, nicht Mickelau", was ebenso absurd war: Die Ortsnamen waren geändert und die neuen Namen fast sechs Jahre, bevor Karl-Heinz kam, eingeführt worden. Ich war wohl die Einzige, die sich noch an die alten Namen erinnerte und daran festhielt.

Die Ernte und ein Teil der Pflügarbeiten war abgeschlossen, aber das Dreschen noch nicht. Das Rattern der Maschinengewehre hatte sich nun endgültig zu dem Donnern und Dröhnen der schweren Artillerie gesellt, und in der Nacht sahen wir die Fackeln am östlichen Horizont näherkommen.

Als Karl-Heinz am 20. Oktober 1944 mit dem Fahrrad in den Hof eilte und meinem Vater erzählte, dass die Russen die deutschen Linien durchbrochen hätten, zuckte Väti mit den Schultern. Das war doch klar, oder nicht?

„Sie müssen doch jetzt gehen." Karl-Heinz' Stimme war eindringlich.

„Ist das ein militärischer Befehl?", fragte mein Vater den jungen Leutnant spöttisch.

Den ganzen Tag über hatte unser Telefon in kurzen Abständen geklingelt: gehen, oder als Freunde des Feindes erschossen werden; dann bleiben und Gabeln, Sensen und Hämmer in die Hand nehmen, oder als Deserteure verhaftet werden. Die Befehle waren widersprüchlich, und änderten sich von Stunde zu Stunde.

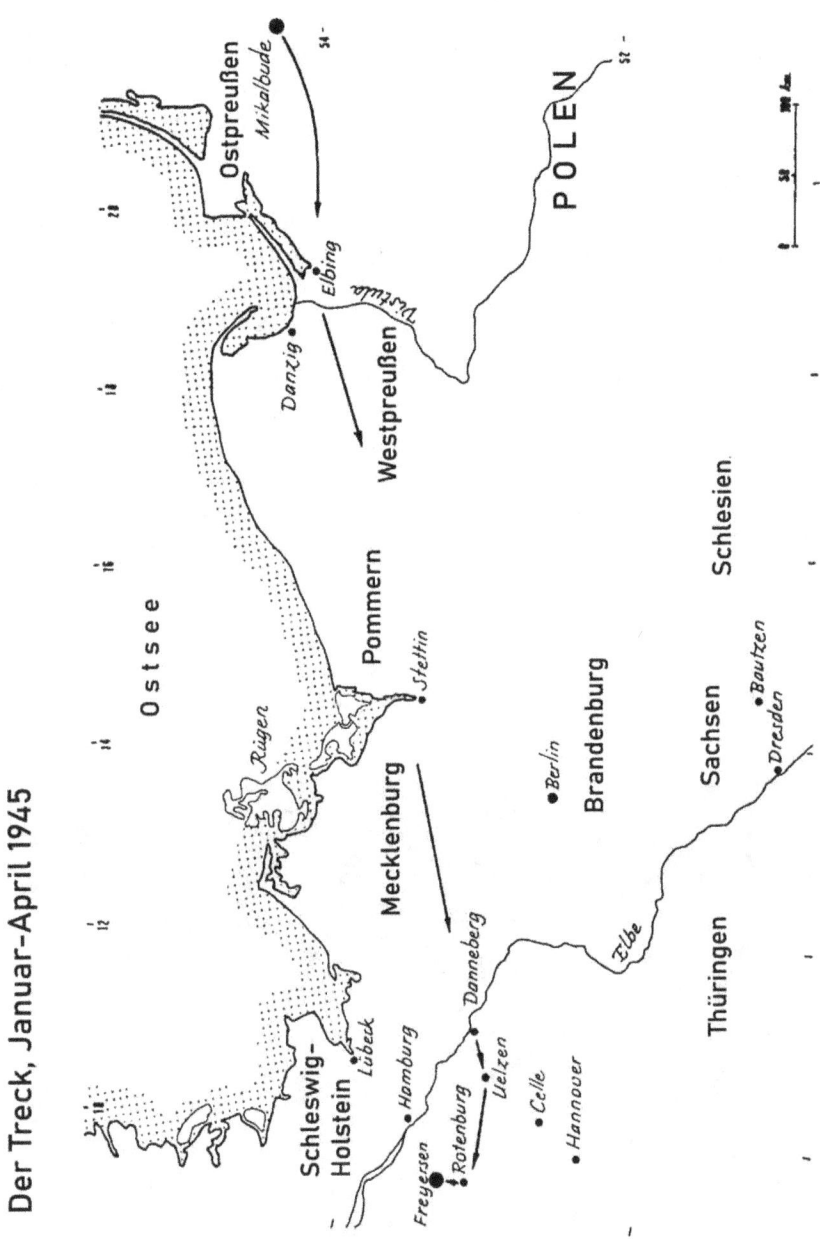

Der Treck, Januar–April 1945

„Was soll das, wisst Ihr denn nicht, dass Ostpreußen verloren ist?" hatte Väti ins Telefon geschrien, und noch bevor er die Schimpfkanonade über Strafen für defätistische Äußerungen zu Ende gehört hatte, knallte er den Hörer hin und befahl, die Wagen für eine Abfahrt im Morgengrauen zu beladen. Nun bemerkte Karl-Heinz, dass Vorbereitungen auf dem Hof im Gange waren.

Mutti schob das nicht verzehrte Essen in den Schweinesud und stapelte das Geschirr in der Küche. Die Mägde waren bei ihren eigenen Familien; nur der Koch, der Inspektor, die Auszubildende und Anni halfen uns. Wir wollten unser Haus in einem aufgeräumten Zustand verlassen. Auf dem Wohnzimmertisch standen etwa ein Dutzend Weinflaschen und Gläser, von denen einige nicht ganz leer waren. Ich schaute mich im Zimmer um, drückte einen Korken in eine halbvolle Flasche, ordnete einige Gläser neu und war zufrieden mit der lässigen, zurückhaltenden Eleganz, die der Raum ausstrahlte. Die Rote Armee könnte problemlos an das gute geordnete Leben anknüpfen, das wir hinterlassen würden. Sie würden nichts von dem Chaos, das in letzter Minute in der Birkenallee ausbrach, erfahren.

Väti nahm die Zügel unseres Wagens und ließ die Peitsche knallen. Die Leute kletterten ohne weitere Streitereien auf die anderen Waggons. Der große Wolodja saß neben Väti, Maruscha und Veruschka hinten bei Mutti, Marlene und mir. Vitja saß mit seinem Vater und Großvater auf dem kleinen Panje-Wagen, und sie waren die ersten, die in den Graben sprangen, als plötzlich Flugzeuge über uns hinwegflogen. Wir starrten staunend zu ihnen hinauf, denn wir hatten noch nie Flugzeuge gesehen, außer natürlich Gustav Klaudats auf dem Bauch landende Maschinen.

„Legt euch hin, legt euch flach hin", rief uns der kleine Wolodja verzweifelt zu.

Die Golubows und einige andere Leute taten, was Wolodja ihnen befahl; andere blieben auf den Fahrzeugen und beobachteten gebannt monströse große Vögel, die anmutige Tiefflüge und Kurven in der Luft machten, scheinbar schwerelos, um uns herum gleitend. Ich sah rote Sterne und dachte, ich hätte einen Piloten gesehen, der uns zuwinkte, aber das könnte auch reine Einbildung gewesen sein. Sie verschwanden so plötzlich, wie sie gekommen waren, und wir eilten im Galopp weiter, bis wir den Wald erreichten.

Der Treck beginnt

Wir fuhren nach Süden, in die Richtung von Hitlers Hauptquartier. Die Vorstellung, dass Hitler den Gruß von endlosen Kolonnen elender Flüchtlinge entgegennimmt, hatte einen gewissen Reiz für mich; aber bei Kowarren bogen wir nach Westen ab; wir wurden dort Teil einer Kolonne anderer Flüchtlinge.

Als sich ein Auto zwischen unsere Kutsche und den vorausfahrenden Flüchtlingswagen zwängte, wussten wir, dass die telefonische Drohung keine leere Drohung gewesen war. Wir waren uns auch plötzlich der Entlassung meines Vaters als Landwirt und des bevorstehenden Abbüßens von Sünden bewusst, über die hinweggesehen worden war, als er unentbehrlich war. Doch der offizielle Vorwurf lautete „Defätismus".

„Du hast jetzt das Sagen, meine große Tochter, denn du kannst es", rief Väti über seine Schulter, als die Männer ihn von uns wegführten; „und vergiss Rudi nicht."

Dresden, dachte ich: Er will, dass wir nach Dresden fahren. Ich saß da, benommen und betäubt, und es war Mutti, die das Kommando übernahm. Sie lief den Männern hinterher und erkundigte sich, wo wir anrufen oder wohin wir schreiben könnten, um den Aufenthaltsort meines Vaters zu erfahren. „An das Parteibüro in Angerapp", war die Antwort. Wir waren verblüfft, denn Angerapp/Darkehmen lag selbst in der Luftlinie etwa 12 km näher an der Sowjetunion als unser Hof. Woher sollte denn die Rote Armee kommen?

Aber vielleicht kam sie gar nicht. Nach einer zweitägigen Fahrt konnten wir keine Kampfgeräusche mehr hören. Der lange Flüchtlingstreck passte nicht zu den friedlichen Straßen, auf denen wir gemächlich dahinfuhren und vorsichtig die Herbstsonne genossen. Wir machten tagsüber Picknick-Pausen und machten an Bauernhöfen Halt, wenn es Abend wurde. Mutti, Marlene und ich, Vitja umklammernd, pirschten uns in großen herrschaftlichen Eingangshallen vorsichtig an schlafende Körper heran. Wir bekamen besondere Gästezimmer zugewiesen, manchmal, weil wir die Bauern kannten, manchmal nur, weil Muttis Haltung einen gewissen sozialen Status ausdrückte.

Bei Kerzenschein in unserem Nachtquartier sitzend, wollten wir die Ansichtskarten der Villa nutzen, die die Besitzer üblicherweise für ihre Gäste auf die Schreibtische legen. Es schien ein wenig verfrüht, nach Dresden zu schreiben, um unsere bevorstehende Ankunft anzukündigen. Also schrieb Mutti an Väti, bei Parteibüro, Angerapp. Ich schrieb drei Karten. Eine war an Gisela in Königsberg, auf der stand: „Carpe diem, wir sind Richtung Süden unterwegs". Auf meine zweite Karte schrieb ich „Stimmung gut, wahrscheinlich kommen wir nicht bis zum Rhein" und adressierte sie an Hermanns Feldpostnummer. Auf meiner dritten Karte schwelgte ich in romantischen Formulierungen: „Kerzenschein, Solveigs Lied und Du" und unterschrieb sie nicht einmal. Es war zwar kein Lied zu hören, aber ich fand, die Worte klangen genau richtig für Karl-Heinz.

Wir brauchten Omi nicht zu schreiben, denn es war immer noch möglich, sie anzurufen. Der Klang ihrer lieben Stimme ließ mich warm und traurig werden. Ich betete zu Gott, dass sie nicht gezwungen sei, ihr geliebtes Alischken zu verlassen. Offenbar waren Onkel Arnold und Familie mit ihrem Treck von ihrem eigenen Hof im Kreis Gumbinnen dorthin gekommen. Es kursierten Gerüchte über ein schreckliches Massaker in einem Ort namens Nemmersdorf bei Gumbinnen, die später durch Zeitungsbilder so grausam untermauert wurden, dass ich zum ersten Mal Angst vor der Roten Armee bekam. Gleichzeitig schürten die Zeitungen Hoffnungen auf die Rückkehr in unsere Heimat, indem sie beredt darüber berichteten, wie Nemmersdorf von der neu formierten deutschen Armee zurückerobert worden war. In den Zeitungen gab es Hinweise auf eine neue, furchtbare Waffe, die Rache und den deutschen Sieg bringen würde. Gott helfe uns!

Kurze Rückkehr

Als wir das kleine Dorf Ebersbach erreichten, war die russische Oktoberoffensive zum Stillstand gekommen und wir durften nicht mehr weiterfahren. Ich war froh: Obwohl diese südöstliche Gegend ganz anders war als unsere Heimat, war es immer noch Ostpreußen, und solange wir auf der östlichen Seite der Weichsel blieben, waren wir immer noch in unserem Land. Und die beiden Zimmer, die uns Bauer Podlech überließ, waren sehr gemütlich.

Mutti erfuhr, dass Vätis Prozess in Trempen stattfinden sollte; und während sie und Marlene dorthin fuhren, blieb ich in Ebersbach, um nach unseren Leuten und Tieren zu schauen. Väti wurde der Fahnenflucht für schuldig befunden, aber nicht ins Gefängnis, sondern in den Volkssturm auf Bewährung gesteckt. Ich hielt es für einen gemeinen Trick, ihn in eine Armee von zivilen Kämpfern mit Nazi-Armbinden statt in Gefangenenkleidung zu stecken, was ihm vielleicht eine Chance gegeben hätte, nach dem Krieg zu überleben; aber für meine Mutter war es eine Erleichterung, nicht das Stigma des Gefängnisses in der Familie zu haben. Sie und Marlene eilten zurück zu uns nach Ebersbach, ohne zu erkunden, ob Mikalbude noch erreichbar war.

Niemand war sich über die tatsächlichen Grenzlinien zwischen den beiden Armeen sicher, aber da die offiziellen Berichte über einen russischen Rückzug durch inoffizielle Versionen untermauert wurden, dachte ich, dass es gut möglich war, einige unserer Habseligkeiten von zu Hause zurückzuholen. Zumindest war das der Grund, den ich meiner Familie für meine Heimreise gab.

Es hieß, die Züge würden mindestens bis Insterburg fahren. Die Reise dauerte den ganzen Tag, einschließlich einer langen Wartezeit auf dem Königsberger Bahnhof inmitten wechselnder Gerüchte über abfahrende oder nicht abfahrende Züge nach Insterburg. Es war Nacht, als ich den einst so vertrauten Bahnhof der einst so verhassten Stadt erreichte. Jetzt fühlte ich mich dort fast wie zu Hause, trotz einiger Bombenschäden. Ich sehnte mich plötzlich danach, Omi zu besuchen, aber da es nicht einmal möglich war, sie anzurufen, gab ich die Idee auf und suchte nach Möglichkeiten, nach Mikalbude weiterzufahren. Glücklicherweise bot mir ein Armeelaster eine Mitfahrgelegenheit bis nach Trempen an.

„Das ist Niemandsland", grinste der Soldat, als ich vom Laster stieg. Ich wusste nicht, ob er scherzte, und es hätte mich auch nicht weniger interessieren können. Mein Heimkehrinstinkt hatte die Oberhand gewonnen, und ich konnte nicht schnell genug laufen. Die Gehöfte auf dem Weg waren vertraut, wenn auch verlassen und seltsam still und dunkel im Vollmond, der die dünne Schneedecke auf den Feldern beleuchtete.

Zuerst nahm ich keine Notiz von gewissen großen Höckern, aber plötzlich sah ich einen in der Nähe und erkannte, dass es der aufgeblähte Kadaver einer Kuh war. Natürlich, dachte ich, hatte man sie freigelassen und sie waren gestorben, als niemand da war, um ihre vollen Euter zu entlasten. Würde ich unseren eigenen Hof voller solcher Kadaver vorfinden? Plötzlich sehnte ich mich zurück nach Ebersbach, aber da ich schon so weit gekommen war und immer noch ein wenig neugierig war, lief ich weiter, jetzt langsamer, mit schwerem Herzen.

Mikalbude war so still, so ganz anders als sonst. Selbst die Kampfgeräusche waren viel weiter entfernt als in den Monaten davor. Aber die dritte Stufe der Verandatreppe knarrte, wie sie es immer getan hatte; ich schreckte zusammen. Ich tastete nicht nach der Kerze auf dem Dielentisch, sondern schlich die Treppe hinauf und legte mich in meinem eigenen Bett schlafen.

Ich hatte schöne Träume: Männer fütterten Tiere; die Hofpumpe musste geölt werden; es klang schrecklich; es klang schön; es klang echt! Ich sprang aus dem Bett und hauchte gegen die beschlagenen Fensterscheiben. Dann sah ich durch mein kleines Guckloch Männer an der Pumpe. Weder konnte ich sie deutlich sehen, noch konnte ich ihr Gespräch verstehen, aber es klang fast wie Russisch. Einen kurzen Moment lang sank mein Herz. Dann erinnerte ich mich daran, dass unsere russischen Gefangenen zurückgeblieben waren, als wir im Oktober abreisten, und ich eilte hinaus, um sie zu begrüßen.

Sie waren weniger überrascht, mich zu sehen, als vielmehr, mich allein zu sehen. Mein Vater war bereits auf dem Hof gewesen und hatte ihnen gesagt, dass ein Dreschtrupp aus Ebersbach zurückgeschickt werden würde, um Lebensmittel für die Armee zu bergen. Alle unsere verbliebenen belgischen Gefangenen, Katja, Galja und einige deutsche Männer waren bereits auf dem Rückweg nach Mikalbude, als ich mit Lebensmitteln beladen nach Ebersbach zurückkehrte. Auch einige der Bäuerinnen waren auf den Wagen zurückgefahren, nicht um zu bleiben und zu dreschen, sondern um weitere Habseligkeiten und Lebensmittel zu einzusammeln.

Wir alle verbrachten ein letztes Weihnachten zu Hause. Sogar Claus, der ein Jahr zuvor zur militärischen Ausbildung einberufen worden war, hatte Urlaub, und auch Väti wurde freigestellt und konnte bei uns sein. Nur die Mosins und die Golubows hatten keine Lust, noch einmal in den Osten zu fahren, und einige der sehr alten Leute konnten die mühsame Reise nicht auf sich nehmen, also blieben sie in Ebersbach.

Die Telefonzentrale in Kowarren war über Weihnachten besetzt, und wir sprachen mit Omi und Onkel Arnold und stellten sicher, dass sie alle unsere westlichen Adressen hatten. Die Kowalewskis waren bereits von Insterburg nach Sachsen evakuiert worden und wohnten anscheinend bei Annchen Korn, geb. Klaudat, früher aus Osznagorren. Sie schrieben an unsere Ebersbacher Adresse und boten ein Zuhause für Marlene an, damit sie wieder zur Schule gehen konnte. Meine Eltern hielten das für eine gute Idee, und so machte sich Mutti eines Morgens Anfang Januar 1945 mit Marlene auf den Weg nach Bautzen in Sachsen.

Gräben

Mir wurde aufgetragen, noch einmal nach Mikalbude zurückkehren, um ein letztes Bündel von Besitztümern zu holen, bevor meine Mutter zu uns nach Ebersbach zurückkehrte. Das „Besorgen" war für mich nur ein Vorwand, um noch einmal die Felder und den Wald zu genießen, die ich liebte. Ich sprang auf die Entwässerungsgräben, um das Eis zu testen, so wie wir es oft getan hatten, oder ich überraschte ein Reh, das auf einer Waldlichtung nach Grashalmen suchte. Wenn der Schnee tief war, würde ich die Skier wachsen, die auf unserem Treppenabsatz standen, und dann würde ich gleiten und gleiten, Licht und Frieden um mich herum...

Frau Podlech unterbrach meine Träume: „Sie können nicht zu Ihrem Gut zurück", rief sie durch die Tür. „Wir haben Gerüchte über eine neue russische Offensive gehört." Den ausländischen Rundfunk erwähnte sie nicht, aber ich wusste es, und so glaubte ich den ‚Gerüchten'. Ich setzte meine Träume in der Vergangenheitsform fort.

Es wurde mir plötzlich sehr wichtig, mich auf eine einzige Erinnerung zu konzentrieren und sie fest in mein Gedächtnis einzupflanzen. Aber ich konnte mich nicht auf einen bestimmten Tag festlegen. Einundzwanzig Jahre meines Lebens stürmten auf mich ein: kuschelige Bernhardinerwelpen in einer hölzernen Puppenbadewanne; matschiger Schlamm zwischen den Zehen auf dem Weg zur Dorfschule; geheimnisvolle Schatten im Pakrausch, meinem zweiten Zuhause; Gerüche von frisch gepflügten Feldern und frisch gemähtem Heu und von einer Wagenladung Fasanenaugen-Narzissen für die Frauengenossenschaft, warme Düfte von Suppen...

Die Podlechs kochten gerade Kartoffelsuppe mit Schweinefleisch und Zwiebeln; sie luden Vitja und mich zum Essen ein. „Die Zeit ist gekommen, in der wir nicht mehr heimlichtun müssen", verkündete Herr Podlech kühn, nachdem ich Vitja ins Bett gebracht hatte. Er legte das Monopoly-Brett auf den Tisch. Wir ordneten unsere Figuren und versuchten, Sechser zu würfeln.

Aber als wir Schritte hörten, war unser kühner Gastgeber erstaunlich schnell dabei, Brett, Würfel und alles in die Tischdecke einzupacken. Er hatte es unter das Sofa gelegt, noch bevor es an der Tür klopfte.

Keine respektable deutsche Familie hatte einen Tisch ohne Tischdecke, aber wir saßen, allem Anschein nach einem geselligen Abend, an einem völlig kahlen Tisch. Gerdas unterdrücktes Lachen kam prustend heraus; ich kicherte und mir sträubten sich die Haare.

„Sieg Heil!", rief der Mann in brauner Uniform mit Volkssturmarmbinde aus dem Türrahmen. Auch wir hoben zur Antwort die Arme, aber nur Herr Podlech stand auf. Er entschuldigte sich für unsere kaum verhohlene Heiterkeit: „Junge Leute, die bei den dümmsten Witzen kichern".

„Es ist das Lachen der Jugend, um das wir kämpfen", erwiderte der Fremde mit gutmütigem Pomp, was in meiner Kehle ein Geräusch auslöste, das einem Jodler so ähnlich war, wie ich es nie zuvor geschafft hatte.

Aber der Mann war mit einem ernsten Anliegen gekommen: Er wollte wissen, wie viele Flüchtlinge auf dem Podlech-Hof lebten und wie viele Spaten, Schaufeln und Spitzhacken vorhanden waren.

„Dieses Mädchen", sagte Herr Podlech und zeigte auf mich, „und ein Kind von drei Jahren, das in unserem Haus lebt, vier Erwachsene und ein Baby in der Hütte, zehn weitere Erwachsene in der Scheune."

„Fünfzehn arbeitsfähige Personen", schloss der Mann vom Volkssturm und kritzelte etwas in sein Notizbuch. „Sagen Sie allen, sie sollen im Morgengrauen, sagen wir um 7 Uhr, auf den Platz kommen und Werkzeug mitbringen. Natürlich wäre auch die Hilfe der anderen jungen Dame" – er deutete auf die Podlechs-Tochter Gerda – „willkommen, obwohl sie vielleicht besser bei der Mittagsverpflegung helfen könnte. Ein Lastwagen wird die anderen auf ein Feld bringen, wo dann Gräben ausgehoben werden." Als er unser Erstaunen sah, fügte er hinzu: „Natürlich nur eine Vorsichtsmaßnahme, falls ein vorübergehender Rückzug unserer Truppen aus taktischen Gründen für notwendig erachtet wird."

Dann schlug er noch einmal schneidig die Hacken zusammen, hob den Arm und machte sich siegessicher auf den Weg nach draußen.

Vitja klapperte mit den Zähnen, als ich ihn früh anzog, ohne vorher den Ofen anzuzünden. Ich sagte ihm, dass er den Tag mit Frau Podlech in der Küche verbringen könne.

„Warum?", wollte er wissen.

„Weil ich Schützengräben ausheben werde, und dein Papa und Dyeda auch."

„Was sind Schützengräben?"

„Lange Löcher im Boden."

„Um Menschen zu begraben?"

Die Frage ließ mich zusammenzucken. An wie viel von seiner tragischen Vergangenheit erinnerte sich dieses Kind? Und wie recht er doch haben könnte... Aber ich sagte ihm, dass die Löcher nur zum Verstecken da sind.

Vitja liebte Versteckspiele und bat darum, mitkommen zu dürfen. Unser Wachmann mochte die Vorstellung eines Dreijährigen mit einer Schaufel nicht, ließ es aber zu.

Mehrere Uniformierte steckten die Linien ab. Zwei Meter pro Person sollten unser Ziel für den Tag sein, 1,50 Meter tief, 1 Meter breit. Für die Männer, die mit Spitzhacken den gefrorenen Oberboden bearbeiteten, bedeutete das mehr als die doppelte Länge an der Oberfläche.

Ich fand die Arbeit belebend und recht angenehm, außer dass meine Finger kalt und steif wurden, weil ich einen Spaten einfach nicht mit Fäustlingen anfassen konnte. Ich war froh, als die Feldversorgung kam und ich meine Hände um einen Becher mit heißer Suppe legen konnte.

Am Nachmittag begannen unsere scheinbar unmöglichen Ziele in Reichweite zu liegen. Es war einfach zu kalt, um langsam zu arbeiten.

Plötzlich kam ein Armeewagen und ein Offizier begann, unsere Aufseher vom Volkssturm anzuschreien. Offenbar erwartete man die Russen von der Ostsee und vom Frischen Haff, nicht von der Landseite, und unsere Gräben lagen auf der falschen Seite des Hügels. „Lasst sie wieder zuschütten und sofort neue anlegen."

Ich weiß nicht, wer damit angefangen hat, aber die Arbeit wurde eingestellt und der Trupp der Ausgräber brach in ein Lied aus: „Es pfeift von allen Dächern...", ein bekanntes Nazi-Lied über das Elend der 20er Jahre, über Trillerpfeifen, die von den Dächern pfiffen, um das Ende der Arbeit zu signalisieren, über Hunger und Armut, die die Arbeiter zu Hause erwarteten… jede Strophe endete in einem Crescendo-Refrain: „Geduld, verratene Brüder, der Thron des Judas steht kurz vor dem Zusammenbruch!" Schadenfreude, Schmerz und bittere, triumphierende Wut dröhnten über die harten Felder und in den kalten, klaren Abendhimmel. Die Männer in Braun standen schweigend da, nicht sicher, wie sie reagieren sollten. Ihre Hilflosigkeit amüsierte die Ausgräber und regte ihre Lust auf Musik an.

Ich war verwirrt über ihre nächste Liedwahl, aber da es Spaß machte, in der Menge zu singen, stimmte ich mit Begeisterung ein: „Brüder in Zechen und Gruben…", bis die Person neben mir mich anstupste und flüsterte: „Nicht den Text, nur summen oder la-la-la singen." Er erklärte nicht, dass es sich ursprünglich um ein sozialdemokratisches Lied auf den Text von „Brüder der Freiheit und Sonne" handelte.

Das Hochgefühl hielt bis in die Nacht hinein an. Ich konnte Gesang aus vielen Häusern hören, als ich um die Ställe herumging, um ein letztes Mal nach unseren Pferden zu sehen.

Zum ersten Mal, seit Mutti und Marlene gegangen waren, fühlte ich mich sehr allein. Vitja schlief tief und fest, und die Podlechs polterten, mit was weiß ich was beschäftigt, auf ihrer Treppe herum.

Es klopfte an meiner Tür, und bevor ich antwortete, trat der große Wolodja ein. Er lächelte sein übliches halb schüchternes, halb freches Lächeln und nahm mich plötzlich in die Arme, hielt mich unangenehm fest, küsste mich heftig und verzweifelt und stammelte zwischen den Küssen „Ich bin so einsam". Dann, ebenso plötzlich, stand er still und ließ den Kopf hängen.

„Was ist denn passiert?" fragte ich.

„Maruscha…", begann er und grinste dann wieder hilflos.

„Oh, um Himmels willen, wie kannst du das nur ernst nehmen?" Die hysterischen Ausbrüche von Wolodjas eifersüchtiger Frau waren in den letzten sechs Monaten zum Thema bei unseren Unterhaltungen geworden.

Wir setzten uns auf die Bank neben dem Ofen, wärmten uns den Rücken, und ich musste einige Zeit warten, bevor Wolodja antwortete: „Maruscha glaubt, dass morgen die Rote Armee kommt. Maruscha hat eine Rasierklinge. Maruscha will, dass ich ihr und unserem Baby die Pulsadern aufschneide. Maruscha meint es diesmal ernst, ist nicht eifersüchtig."

„Aber Wolodja, das sind deine eigenen Leute, sie werden dich befreien. Wie kann sie Angst haben?"

Wolodja grinste verlegen. Ich ahnte die Antwort auf meine Frage, zögerte aber immer noch, sie zu akzeptieren. Wie oft ich mir auch sagte, dass Fahnenflucht der einzige Weg für Kriegsdienstverweigerer in Staaten war, die keine Rücksicht auf das Gewissen nahmen, das Wort „Feigheit" bereitete mir Unbehagen, zumal ich die Vermutung hatte, dass dieser starke Mann weniger gegen das Töten als gegen das Getötetwerden war. Er wollte um seines winzigen Babys willen am Leben bleiben, das versuchte ich mir einzureden. Wolodja sagte nichts.

Also zog ich die Kiste mit Koch's Erben Wein unter dem Bett hervor und öffnete eine Flasche.

„Ein Toast auf die Zukunft", sagte ich. Unsere Gläser berührten sich und erzeugten ein hartes, metallisches Geräusch.

„Leg deine Hand weiter unten an den Stiel, ganz unten", sagte ich zu Wolodja.

Ein wunderschönes musikalisches Glockenspiel erklang aus dem Kristall, und Wolodja keuchte „Oh!".

„Das ist besser", lachte ich, „und sprich nochmal mit Maruscha."

Der nächste Tag verlief ganz normal. Sogar der Postbote kam wie immer und brachte mir eine Karte von Gisela, aus Königsberg: „Bist du noch am Leben? Mit freundlichen Grüßen, Gila." Das war das letzte Mal, dass ich von ihr hörte. Sie muss es kurz vor ihrer Deportation in die Sowjetunion geschrieben haben, wo sie dann umgebracht wurde.

Letzte Tage in Ebersbach

Die Zimmer der Podlechs sahen kahl aus, wenn man von den Koffern, Kisten, einigen Möbeln und dem Monopoly-Spiel auf dem Tisch einmal absah. Wir spielten den ganzen Tag und Vitja würfelte für mich. Es wurde nicht gegraben; der Volkssturm war verschwunden.

Das Telefon klingelte. Es war für mich, sagte Frau Podlech.

„Meine große Tochter?", fragte die Stimme meines Vaters.

„Ja, ich bin's, wo bist du?"

„Ich kann es dir nicht sagen, aber hör zu, schnell. Du musst Ostpreußen jetzt verlassen. Du musst jetzt meinen Platz einnehmen. Kümmere dich um Mutti, Marlene…" Das Telefon war dann tot.

Ich sprach immer wieder ins Telefon, sagte ihm, dass meine Mutter und meine Schwester in Sicherheit seien, dass wir uns alle in Dresden treffen würden und dass es auch unseren Pferden gut ginge. Allerlei belangloses, fröhliches Gerede, bis meine Stimme mir nicht mehr gehorchen wollte. Dann begann ich zu packen.

Frau Podlech schlug mir vor, ein Telegramm an Mutti zu schicken, damit sie nicht, wie geplant, die Rückreise zu uns antrat.

„Sicherlich wird sie es schon wissen", antwortete ich.

„Erwarten Sie ernsthaft, dass der deutsche Rundfunk ihr mitteilt, dass Ostpreußen verloren ist? Oder erwarten Sie, dass ein gesetzestreuer Mensch wie Ihre Mutter ausländische Sendungen hört?"

Frau Podlech hatte recht. Also habe ich ein Telegramm nach Sachsen geschickt.

Am Morgen war der offizielle Evakuierungsbefehl für das Dorf gekommen. Armee-LKWs würden die Evakuierten zum Bahnhof bringen, die dann die letzten Züge in den Westen nehmen sollten. Wir wurden gewarnt, unser Glück nicht auf der Straße zu versuchen.

Unsere ehemaligen Arbeiter begannen, ihre Habseligkeiten von den zuvor gepackten Bauernkarren abzuladen und zu den Armeefahrzeugen zu bringen. Die meisten Pferde waren bereits angeschirrt, und der große Wolodja war dabei, Illyrier, unserem Hengst, den Sattel aufzusetzen. Die Pferde scharrten ungeduldig mit den Hufen.

Ich sah, wie einer meiner persönlichen Koffer von Kowalies getragen wurde, einem Mann, der nur einen Arm hatte; die Regierung hatte uns verpflichtet, ihn als Arbeiter zu beschäftigen. Ich versuchte, meine Gedanken auf das zu richten, was er tat, und erst als ich die Hand von Frau Schalonka spürte, die meine packte, ergriff ich die Initiative.

„Lassen Sie meinen Koffer", rief ich Kowalies zu, „ich lasse die Pferde nicht im Stich."

„Das tust du schon", sagte Frau Schalonka bestimmt und ihr Griff wurde fester. „Ich habe deinen Eltern gedient, bevor du geboren wurdest, also bist du auch mein Baby, und ich werde dich sicher zu deiner Mutti bringen."

„Ich bin kein Baby", protestierte ich, „und ich komme nicht mit dir mit." Ich setzte mich auf den Boden, aber sie ließ meine Hand nicht los. Frau Schalonka war eine gute Frau, und sie war stark und entschlossen. Sie zerrte mich durch den Schnee, und ich lachte. Vitja lief mit; für ihn war es ein Spiel, bei dem er mitmachen wollte.

„In Ordnung", sagte ich, „zuerst heben wir dich auf den Lastwagen, dann rufe ich Papa und Dyeda zu dir."

„Und dann hebt Frau Schalonka dich hoch?"

„Ja", log ich. Frau Schalonka war genauso erfreut wie Vitja und ließ meine Hand los. „Aber zuerst muss ich die Pferde losbinden", fügte ich hinzu.

Ich hatte die Absicht, die meisten Tiere hinten an unseren Wagen zu binden und dann allein loszuziehen. Ich rief den Golubows und Mosins zu, dass sie sich zu den Lastwagen begeben sollten, und begann, die Pferde am Kastenwagen auszuspannen, bis auf ihre Halfter, an denen ich die Leine befestigte. Diese schlang ich um die Stange des Rücksitzes des Wagens, betont sorglos und beiläufig, als ob es sich um ein Provisorium handelte, knüpfte aber heimlich einen festen Knoten. Doch bevor ich den Leiterwagen erreichte, sah ich den Großen Wolodja, der eine schluchzende Frau mit Baby zu mir brachte; hinter ihnen lief ein gleichgültig aussehender Kleiner Wolodja mit Vitja. Ausländern war es nicht erlaubt, auf dem Lkw mitzufahren.

Erst da bemerkte ich, dass Dyeda die ganze Zeit bei seinem eigenen Wagen gestanden hatte. Der Glaube des ehemaligen Landpfarrers war fest, reif und von kindlichem Aberglauben geprägt. Er glaubte, dass Gott Vitja zu einem besonderen Zweck auserwählt hatte, als er ihn vor dem Schicksal seiner Geschwister bewahrte, und dass das robuste Pony, das bescheidene Geschöpf der Steppe, das sie den ganzen Weg von Moskau getragen hatte, Teil von Gottes Plan war. Sie sollten zusammenbleiben und in Sicherheit sein, so wie alle, die sich um sie kümmerten. Dyeda war nicht überrascht, seinen Sohn und Enkel zurückkommen zu sehen.

Die Armeefahrer wollten nicht warten, und auch Frau Schalonka konnte sie nicht aufhalten. Sie rief meinen Namen, und die Angst in ihrer Stimme verursachte einen Kloß in meinem Hals. Ich brachte kein Wort heraus und konnte deshalb nicht antworten, aber als der Lastwagen wegfuhr, winkte ich ihr zu. Ich bezweifle, dass sie mich gesehen hat. Ihr Mann hielt sie fest im Arm, und der fallende Schnee zog einen Vorhang zwischen uns.

Sechs Russen, ein Deutscher: Der erste Tag

„Folgt nicht dem Lastwagen", befahl ich meinen russischen Freunden. „Lasst uns die kleine Straße nach Westen nehmen."

„Und wie sagen wir es dem Westen?" rief der kleine Wolodja durch den Schneesturm zurück.

„Mit der Sonne, natürlich." Alle lachten wir hysterisch.

Maruscha, Veruschka und Vitja waren warm eingepackt in die großen Schafsfelldecken, die unter dem Rücksitz des Wagens angebracht waren und um ihre Beine herum und fast bis zum Hals reichten. Wolodja knöpfte sorgfältig die lederne Plane zu, die das Fell an seinem Platz hielt. Ich kletterte auf den Kutschbock und hörte die Schreie von Maruscha, die wollte, dass ihr Mann die Zügel übernahm; ich sollte Illyrier reiten. Als ob ich ein gut ausgeruhtes Pferd von dieser Stärke kontrollieren könnte! Ich schrie sie zurück: „Halt die Klappe oder du fliegst raus!" Sie beruhigte sich, als sie merkte, dass der große Wolodja den Hengst ganz nah an unserer Kutsche ritt.

Vor uns war der kleine Wolodja, der den Vierspänner fuhr, der an den Leiterwagen angehängt war. Er saß hoch auf den Heuballen, und Hafersäcke stützten seinen Rücken. Hinter ihm türmten sich viele weitere Säcke und Taschen und Kisten mit Bettzeug, Besteck, Töpfen, Schinken, Speck, Käse, ein ganzes Reh, das Hermann bei seinem kurzen Besuch in Ebersbach geschossen hatte, gut gekühlt bei Minusgraden, ein Hirschbraten, isoliert gegen den Frost durch Lagen von Kleidern und Decken – alles lag übereinander. Bis auf einen waren alle meine Goethe-Bände in einer Kiste; Band zwei, Goethes „Faust", der mir am wertvollsten war, hatte ich längst in den Westen geschickt. Ganz vorne, an der Spitze unseres Zuges, fuhr Dyeda in dem kleinen Wagen, der von Cony, seinem Pony, rasend schnell gezogen wurde.

Da waren wir, elf Pferde, ein Pony, ein deutsches Mädchen und sechs Russen, alle, aus Gründen, die ich nicht verstehen konnte, auf der Flucht vor der Roten Armee. Es gab keine Zeit zum Nachdenken. Ich lauschte dem Knirschen der Räder und war zufrieden.

Ein diffuses Grau umgab uns, und wir konnten nur schemenhaft die Umrisse der Baumstämme, die im Schatten des Windes dunkel blieben, sehen.

Der große Wolodja war der erste, der eine menschliche Gestalt bemerkte, die auf uns zu taumelte. Er wusste Bescheid. „Eine Frau", sagte er. „Die gehen zurück, um zu suchen, was sie verloren haben; Männer laufen vorwärts, wenn sie die Nerven verloren haben."

„Wir haben viel Platz; wir können der armen Kreatur eine Mitfahrgelegenheit anbieten", antwortete ich.

„Die kommen nicht. Keine Sorge, es ist alles in Ordnung, die haben keine Gefühle mehr; die bleiben einfach auf der Strecke."

Aber ich gehorchte Wolodjas nicht, zügelte die Pferde und wartete. Dann hörte ich eine schöne, vertraute Stimme fröhlich rufen: „Endlich habe ich dich gefunden!"

Meine liebe, liebe Mutter. Ich wollte vom Kutschersitz springen und sie umarmen. Aber bevor ich sie erreichte, hatte ich plötzlich eine riesige Wut im Bauch und ich zog mich aus Muttis ausgestreckten Armen zurück.

„Wie konntest du nur?" schrie ich. „Wie konntet ihr das tun? Es war reiner Zufall, dass wir diesen Weg genommen haben; du hättest uns möglicherweise nie getroffen..."

„Aber du hast diesen Weg genommen, und wir haben uns getroffen", antwortete sie glücklich.

„Kannst du dir vorstellen, was hätte passieren können?" beharrte ich.

„Wieso soll ich mir das vorstellen?"

Wütend knöpfte ich die Plane auf und schob meine Mutter auf den Rücksitz, neben Maruscha und die Kinder. Als ich wieder nach vorne kletterte, flehte Mutti: „Können wir nicht schnell zu den Podlechs zurückfahren und uns für ihre Gastfreundschaft zu bedanken?" Anstatt zu antworten, schlug ich die Pferde mit der Peitsche, alle vier nacheinander.

Bald kamen wir auf eine Hauptstraße, die nach Elbing führte. Sie war voller Flüchtlingstrecks. Unser Vorreiter Wolodja behielt die Nerven, bekam keine Wutausbrüche und schaffte es, unsere drei Fahrzeuge zusammenzuhalten und in den Strom einzugliedern.

Es hatte aufgehört zu schneien, als wir die Stadt erreichten. Plötzlich ertönte Geschrei von hinten: „Russische Panzer!" Ohne mich umzusehen, ließ ich die Peitsche knallen, zog den Wagen nach links und rief dem kleinen Wolodja und Dyeda zu, mir zu folgen; ich überholte die Panzer und bog in die nächste Seitenstraße ein. Dyeda entging nur knapp einem Zusammenstoß mit einem Panzer, wie er uns später erzählte.

Eine Zeit lang hielten wir nicht an und redeten nicht. Mutti hatte zurückgeschaut und wusste, dass die anderen hinter uns waren; wir hielten die Pferde im Galopp. Lächerliche Erinnerungen an haarsträubende Kutschfahrten nach Hause im Anschluss an Sekt- und Krebspartys in Darkehmen blitzten in meinem Kopf auf. Das kleine Steppenpony konnte gut mit unseren Trakehner-Rössern mithalten. Wir fuhren in den vermeintlichen Sonnenuntergang hinein und wussten, dass wir uns in die richtige Richtung bewegten. Als die Stadt weit hinter uns lag, wagten wir es, langsamer zu fahren und uns in der eisigen Ruhe, die uns umgab, zu entspannen. Mutti drängte mich, nach einem Rastplatz und einem Unterstellplatz für die Pferde zu suchen.

Die erste Nacht

Der kleine Bauernhof an der Straße war für die Aufnahme von Flüchtlingen oder von Männern der Roten Armee vorbereitet. Die ganze Familie war in ein Schlafzimmer eingezogen, so dass zwei angrenzende Zimmer im Obergeschoss mit drei Betten für uns übrigblieben. „Und wenn ihr wollt, gibt es einen warmen Schuppen, wo der Russe schlafen kann", sagte uns die Frau des Hauses mit einem Blick auf Dyeda. Die beiden Wolodjas und Maruscha schwiegen, aber Mutti meinte, dass der alte Mann bei uns ganz gut aufgehoben wäre. Vitja plauderte in seinem breiten ostpreußischen Akzent fröhlich über das Essen.

Meine Mutter ging zum Wagen und brachte einige ihrer Pakete in die Küche, wo uns eine dicke Erbsensuppe mit Schweinefleischstückchen serviert wurde. Mutti holte auch vier Kerzenstummel hervor und zündete sie an, bevor sie Vitja die Pakete reichte. Dyeda lächelte glücklich und nickte mit dem Kopf; er hatte nicht vergessen, dass es der Geburtstag seines Enkels war. Wolodja und ich sahen uns an, dunkelrot vor Scham. Vitja selbst strahlte vor Aufregung, spielte mit kleinen billigen Schmuckstücken, einige davon von Marlene, konzentrierte sich aber vor allem auf die essbaren Dinge. Er kaute immer noch an einem Apfel herum und sang zwischen den Bissen, als er schon auf dem Kissen des Mosin-Familienbettes saß, zwischen Papa und Dyeda, die bereits schnarchten.

Mutti war beeindruckt von unseren Gastgebern. „So einfache Leute, und sie geben uns so sauberes Bettzeug." Ich kuschelte mich dicht an sie, um den Trost zu finden, den ich fast zwanzig Jahre lang abgelehnt hatte. Beim Schein einer Kerze auf ihrem Nachttisch beendete meine Mutter einen Brief an Marlene, den sie auf der Zugfahrt begonnen hatte.

„Waren die Kowalewskis alle zusammen in Bautzen?" Ich unterbrach Mutti beim Schreiben.

„Ja, alle."

„Sogar Lore?"

„Ja, natürlich."

„Dann bin ich wirklich froh, dass ich nicht dabei bin. Sie ist schlimmer als Onkel Egon, wenn das überhaupt möglich ist."

„Du solltest nicht so einen Blödsinn reden, wo sie doch so nett zu Marlene sind", warf mir Mutti wütend vor und schrieb weiter.

„Weißt du, dass Lore einmal eine Fliege getötet, sie in eine Streichholzschachtel gesteckt und dann Claus gebeten hat, sie zu Walter zu bringen?"

„Warum in aller Welt hätte sie so etwas tun sollen? Welcher Walter überhaupt?"

„Einer von diesen Hitlerjungen aus Danzig, die 1938 zum Arbeiten kamen, glaube ich. Lore war wohl in ihn verliebt und wollte ihm ein Geschenk schicken."

Mutti wurde daraufhin wütend. „Deine Fantasie geht wieder einmal mit dir durch. Lore war damals erst vierzehn und konnte unmöglich verliebt gewesen sein, und dann diese verrückte Geschichte mit der toten Fliege! Du musst sehr erschöpft sein, du hattest heute furchtbar viel Verantwortung. Geh jetzt schlafen, dann hast du morgen wieder einen klaren Kopf."

Sie hatte Unrecht. Die Absurdität dieser Fliegengeschichte hatte mich jahrelang verfolgt, und Lore verursachte bei mir eine Gänsehaut. Ich hätte damit rechnen müssen, dass meine Mutter meine Erinnerungen nicht ernst nehmen würde, trotzdem schmollte ich. Sie war entweder nicht bereit, Ereignisse und Gedanken zu akzeptieren, die außerhalb des ordentlichen, sauberen, geradlinigen Musters ihres Lebens lagen, oder sie war tatsächlich nicht in der Lage, sie zu sehen.

Vitja hatte aufgehört zu essen, die Männer schnarchten immer noch, Muttis Bleistift machte regelmäßige Kratzgeräusche, und ab und zu gab Veruschka ein kleines

Quieken von sich, das ihrer Mutter ein schläfriges, beruhigendes Murmeln entlockte, gefolgt von kräftigen Saug- und Schnaufgeräuschen. Dann war eine Zeit lang alles still.

Ich fragte mich, was die Kosaken mit Maruschas Brüsten machen würden. Omi hatte mir erzählt, dass sie sie im Ersten Weltkrieg den Frauen abschnitten und mit ihnen Fußball spielten. Es war beruhigend zu wissen, dass meine kaum die Begehrlichkeiten eines Tischtennisspielers wecken würden. Aber was waren meine Überlegungen? Die Kosaken waren jetzt auf Hitlers Seite, also gab es von der Roten Armee nichts zu befürchten. Warum fuhren wir dann nach Westen ins Nirgendwo? Die Besitzer dieses kleinen Hofes meinten, wir sollten bleiben. Wovor liefen wir weg und, vielleicht noch wichtiger, wo wollten wir hin?

Zwischen Dösen und Schlafen und Träumen beschäftigte ich mich mit diesen Fragen, und meine Schlussfolgerungen änderten sich immer wieder.

Der zweite Tag

Wir brachen am nächsten Tag auf, als die Sterne noch zu sehen waren, und als die Sonne hinter uns aufging, waren wir wieder in einen langen Treck von Flüchtlingskarren eingegliedert. Wie immer überblickte der große Wolodja die Szene auf Illyriers Rücken. Plötzlich rief er „Adam! Adam!" und trabte ein kurzes Stück voraus. Er winkte ein paar Fahrzeuge vor uns heran, um zwei bestimmte Planwagen zu überholen, von denen uns ein vertrautes Grinsen begrüßte.

Wir konnten auf der überfüllten Straße nicht anhalten und verließen uns meist auf unseren Vorreiter, der Nachrichten hin und her trug, und auf Katja, die sich uns anschloss. Galja war wohl zurückgeblieben, um für den Volkssturm zu kochen, aber Katja hatte es vorgezogen, mit den beiden Leiterwagen der Dreschgruppe zu fliehen; den einen führte Adam, der weißrussische Zivilarbeiter, den anderen Fernand, ein belgischer Kriegsgefangener, der aus irgendeinem Grund eine Sonderbehandlung durch die Wache erhalten hatte. Die anderen Belgier waren mit einer Militäreskorte irgendwohin gebracht worden. Aber Fernand hatte vier seiner Landsleute auf der Straße aufgesammelt. Sie waren zu Fuß geflohen, von irgendwelchen Orten, in denen sie in den letzten Jahren gewesen waren. Ich freute mich und erwartete, dass mit dem Klang der französischen Sprache ein Hauch von Eleganz in unser Leben treten würde.

Katja ließ sich auf dem Vordersitz neben mir nieder, und als der Kutschersitz meinen Schoß auf die Höhe ihrer Schultern hob, legte sie liebevoll ihren Kopf auf meinen Oberschenkel: „Wie weit sind wir jetzt noch von der Ukraine entfernt?", fragte sie und fügte dann in einem ängstlichen Flüsterton hinzu: „Oder fahren wir weiter weg?" Es war so viel passiert seit jenen frühen Tagen, als dasselbe kleine verwirrte Mädchen mich angefleht hatte, ihr zu sagen, wann sie nach Hause zu ihrer „Mamaso" geschickt würde; es hatte viel Enttäuschung, ja sogar Hass auf Seiten von Katja gegeben. Aber jetzt schaute sie mich an, um sich zu beruhigen, doch ich hatte nicht die geringste Ahnung von geografischen Entfernungen. „Wir fahren auf das Ende des Krieges zu und kommen ihm rasch näher", antwortete ich ausweichend.

„Ich will es in Kilometern wissen", zischte Katja.

„Wir sind jetzt fünfzig Kilometer näher, als du es in Mickelau warst", sagte ich fest, obwohl es mir weh tat, Mikalbude nicht bei seinem alten Namen zu nennen. Katja war zufrieden.

Zur Mittagszeit wärmte die Sonne fast ein bisschen, und die meisten Flüchtlinge hielten am Straßenrand an, um sich auszuruhen. Wir hatten noch viel Proviant in unseren Fahrzeugen, und die Hoffahrzeuge waren sogar schwer beladen mit Lebensmitteln. Das alles würde uns wochenlang am Leben halten, dachte ich.

Belgische Kriegsgefangene und Polen auf dem Treck

Mutti liebte es, an Hühnerknochen zu nagen, aber der Gedanke, Fleisch vom Wildbret der Gemeinde zu kauen, ekelte sie an. Also schnitten wir ein gutes Stück für sie ab, bevor wir den Knochen herumreichten.

Mein eigenes Feingefühl wurde verletzt durch die Art und Weise, wie Menschen hinter Büschen verschwanden, die keine Blätter hatten. Ich beschloss, bis zum Einbruch der Nacht durchzuhalten, und dann bis zum Morgen, denn die Nacht war eisig und beängstigend. Der Schnee fiel heftig, und ein beißender Wind drückte ihn uns ins Gesicht und in den Nacken, wie gut wir unsere Fellkragen auch befestigten. Wir mussten uns darauf verlassen, dass die Pferde den Kontakt zum vorausfahrenden Fahrzeug hielten, denn wir konnten es nicht sehen. Wir konnten auch nicht zwischen der Straße und dem unterscheiden, was am Rande der Straße lag. Es gab keine Anzeichen von Bäumen.

„Wir müssen in den Sümpfen des Nogat-Weichsel-Deltas sein", rief mir Mutti zu, „pass auf, dass die Kutsche nicht ins Moor rutscht."

Das war leichter gesagt als getan, dachte ich, aber bei diesem Frost war das Moor sicher nicht gefährlich.

„Torfmoor – wenn es das ist – friert lange nicht zu", unterbrach Mutti meine Gedanken. Ich wünschte, mein Vater könnte hören, wie seine bescheidene, sanfte Frau das Kommando übernahm, während seine forsche große Tochter ganz hilflos geworden war.

Meine Mutter rief dem großen Wolodja zu, er solle Kontakt mit den anderen Fahrzeugen aufnehmen und sie dazu bringen, ihre Stalllaternen anzuzünden, während wir unsere Wagenlampen anzündeten. Aber auch das war leichter gesagt als getan. Katja und ich kauerten unter der Plane und verbrauchten mindestens eine halbe Schachtel Streichhölzer, bevor wir die Kerzen zum Brennen brachten. Auf den Wagen war es noch schwieriger, aber schließlich konnten wir flackernde Lichter sehen, die an und aus gingen, wie die Irrlichter im Torfmoor zu Hause an einem Sommertag. Es war ein wenig beruhigend, aber es half uns nicht, den Rand dessen zu sehen, was wir möglicherweise ein Deich war. Wir hatten den Kontakt zu anderen Treckern völlig verloren.

Der große Wolodja beschloss, unseren müden Hengst hinten an einen Wagen zu binden und unserem Konvoi zu Fuß vorauszugehen, wobei er mit der harten Seite der Peitsche seitlich in den Schnee stieß. Trotzdem rutschte einer der Wagen über die Kante und es dauerte lange, bis wir ihn wieder auf ebenem Boden schieben und ziehen konnten. Die Anstrengung belebte meine mentalen Energien ein wenig, aber nur kurz.

Zeitweise zog ich ernsthaft die Möglichkeit in Betracht, dass wir alle bereits tot waren und einfach als Geister durch den Schneesturm trieben. Ich muss eingeschlafen sein, als Mutti mir in den Rücken stieß und rief, sie sei sich sicher, dass sie Bäume sehen könne.

Sie muss auch träumen, dachte ich schläfrig, aber gleichzeitig wurde mir vage bewusst, dass ich das gleiche träumte. Bald sahen wir Schatten von Häusern und zahlreiche flackernde Lichter.

Der dritte Tag

Wir hatten einen sehr großen Bauernhof erreicht. Eine lange Reihe von Flüchtlingswagen stand auf dem Hof, in der Richtung, aus der wir kamen. Sie waren mit Bündeln und Menschen beladen, schienen aber auf noch mehr Bündel und Menschen zu warten. Mutti bat die Leute auf unseren Wagen zu warten, während wir mit unserer Kutsche zum Herrenhaus hinauffuhren. Der große Wolodja stand neben dem Hengst und hielt leicht die Zügel der Kutschenpferde. Alle unsere Tiere waren zu müde, um uns Schwierigkeiten zu machen.

Mutti wollte mich mitnehmen und nach den Besitzern des Anwesens suchen. Als wir die breite Marmortreppe hinaufgingen, erkannten wir deutlich die Gutsherrin unter einer Reihe von Frauen, die aus dem Haus herunterkamen. Sie war erstaunt zu hören, dass wir hofften, den Tag und möglicherweise eine Nacht an diesem Ort zu verbringen. „Ist Ihnen nicht klar, dass wir fast völlig eingekesselt sind und dass es auf jede Minute ankommt, wenn wir hier lebend herauskommen wollen?", fragte sie.

„Wir wussten das nicht, und das ändert auch nichts", antwortete Mutti traurig, „unsere Pferde sind am Ende ihrer Kräfte."

Man sagte uns, wir sollten es uns gemütlich machen, essen, trinken, alles verzehren, was übrig war; und wenn wir die Energie hätten, einige Kühe von ihrer Milch zu befreien und sie später freizulassen…; und wenn wir noch mehr Energie hätten, könnten wir vielleicht etwas vom Familiensilber in dem Loch vergraben, das in der Nähe des Stierverschlags vorbereitet war?

„Ja, natürlich machen wir das." Mutti quoll über vor Mitleid.

„Und wenn zufällig – es ist nicht wahrscheinlich, da er in der Armee ist – aber wenn mein Mann auftauchen sollte, sagen Sie ihm, dass wir die vereinbarte Adresse in der Nähe von Stettin anpeilen. Er wird es wissen... Vielen Dank, und viel Glück." Damit drehte sich die Dame abrupt um und stieg in ihren Schlitten. Bald war niemand mehr da, außer unserem Treck und den Bauernhoftieren.

Adam und Maruscha melkten die Kühe, denn sie waren die einzigen, die das konnten. Veruschka blieb während des Melkens auf dem Schoß ihrer Mutter. Es war nicht möglich, fast 200 Rinder gründlich zu melken, aber sie versuchten, etwas Spannung aus allen Eutern zu nehmen. Die russischen Männer, Fernand und die versprengten Belgier kümmerten sich um die Pferde.

Ich half Mutti mit dem Silber, wobei ich das Zeug innerlich verfluchte. Katja schnaubte, war voller Verachtung und verschwand, um sich in einem großen Sessel im Salon zu entspannen. „Die undankbare Kuh, nach allem, was wir für sie getan haben, mehr als von uns erwartet wurde, mehr sogar, als wir eigentlich tun durften..." Mutti murrte, wie sie schon oft wegen Katja gemurrt hatte. Meine Mutter glaubte wirklich, dass das ukrainische Mädchen, das im Alter von fünfzehn Jahren deportiert worden war, uns etwas schuldig war, und diesmal wollte ich nicht mit ihr streiten. Ich packte das Silber ohne nachzudenken zusammen, fast wie in Trance.

Aber als Mutti und Maruscha zu kochen begannen, wurde ich wieder lebendig und beschloss, den Tisch wie für eine Essensgesellschaft zu decken. Selbst das gewöhnliche Besteck dieses Hauses glänzte im Licht des Kronleuchters, eines elektrischen Kronleuchters, wie echtes Silber. Die Gläser funkelten als wären sie aus Kristall, was natürlich nicht der Fall war, wie Mutti mir mitteilte. Und mit dem Wein aus dem Keller und der Konversation auf Französisch an meinem Tischende fühlte ich mich luxuriös und unbeschwert.

Dyeda saß abseits, auf einer Fensterbank. Er trank einen Schluck Wasser, verweigerte aber jede Nahrung. Der alte Priester begann, durch sein Fasten mit Gott zu verhandeln.

Als ich zu ihm hinwankte und „Carpe diem" kicherte, sah er langsam zu mir auf und ich senkte langsam mein erhobenes Weinglas unter seinem Blick. Seine traurige, milde Missbilligung war beunruhigend, und ich bemerkte zum ersten Mal, dass die Augen des alten Mannes klein und hellblau waren, ganz und gar nicht wie die dunklen, runden Augen seines Enkels.

„Rezessiv", kommentierte ich. Dyeda antwortete nicht.

„Ich meine Ihre Augen", beharrte ich. „Jetzt weiß ich, dass Ihre Frau dunkle Augen hatte."

„Wenn die Leute nichts zu sagen haben, reden sie zu viel", sagte er leise. Ich verstand nicht so viel Russisch und schaute verwirrt. Katja übersetzte mit Vergnügen, oder vielleicht dachte sie sich nur etwas aus, weil sie Spaß an abfälligen Bemerkungen hatte, die an mich gerichtet waren. Jedenfalls hatte sie zu viel getrunken, genau wie ich.

Vitja war in einem weichen Sessel eingeschlafen, und als wir alle beschlossen, ins Bett zu gehen, trug Wolodja ihn nach oben.

Mutti sorgte dafür, dass der Kronleuchter ausgeschaltet wurde. Wir waren alle erstaunt über die elektrische Helligkeit dieser Villa, die Omis kleinen Generator im Nachhinein schäbig aussehen ließ. Sogar das Wasser schien in diesem Haus mit Strom erwärmt zu werden, und diese enorme Stromverschwendung beunruhigte Mutti sehr. Also suchten wir nach einem Schalter, der ihn abstellte, und als einer der Belgier ihn fand, beschloss Mutti, das bereits erhitzte Wasser für ein Bad zu nutzen. Meine eigene Sehnsucht nach einem zivilisierten Leben konzentrierte sich auf den Versuch, auf Französisch zu träumen, aber ich fand keine Zeit, einen Traum zu formulieren, bevor ich fest eingeschlafen war. Nur Dyeda blieb wach. Sein Glaube sagte ihm, dass er wachsam sein müsse, um das Zeichen zu sehen, das Gott zur Rettung Vitjas geben würde. Und so lief der alte Mann draußen herum, schaute zum Himmel und auf die gelegentlichen Fackeln am Horizont, die die Kampflinien anzeigten.

Der vierte Tag

Es war gut zu wissen, dass Dyeda Wache hielt, aber ich nahm seine von Gott inspirierte Rauheit gar nicht richtig wahr, als er mich noch in der Dunkelheit wachrüttelte. „Es gibt eine Lücke in der Umzingelung", rief er, „wir müssen jetzt los."

„Ich bin gern in diesem Haus", gähnte ich.

„Du lässt zu, dass Vitja dich Mama nennt? Komm zur Vernunft."

Und ich kam zur Vernunft. Wir beeilten uns alle, um uns auf die Abreise vorzubereiten.

Ich hörte Maruscha unten schreien und Katja kam laut lachend hochgerannt. „Wolodja prügelt auf Maruscha ein", prustete sie.

„Ich finde das nicht lustig", warf ich ihr vor.

„Aber es ist lustig." Tränen liefen ihr über das Gesicht: „Er verprügelt sie, weil sie einen Kamm gestohlen hat! Nur einen ganz kleinen Kamm!"

„Sie finden es einfach schön, sich gegenseitig zu schlagen", kommentierte der kleine Wolodja lakonisch.

Aber ganz so einfach war es nicht. Der große Wolodja, der Atheist war, hatte Angst vor Gottes Zorn gegenüber Dieben bekommen und war ernsthaft besorgt, dass seine Familie ihre Überlebenschancen wegen eines Kamms aufs Spiel setzen könnte. Es war eine Sache, Essen und Wein aus diesem Haus zu nehmen, die vom Besitzer angeboten worden waren, aber eine ganz andere, einen Kamm zu nehmen, der das nicht war. Maruscha konnte ihn zwar benutzen, aber nicht mitnehmen.

Nachdem das geklärt war, brachen wir auf. Wir hörten das Rumpeln des Krieges, so wie wir es zu Hause während der Sommermonate gehört hatten, aber nicht schlimmer.

Später am Tag sahen wir ein einsames Gasthaus am Straßenrand und beschlossen, nach Toiletten zu suchen. Das Gebäude war menschenleer. Die Leute hatten es in der gleichen Stimmung – ganz bewusst – verlassen wie wir unsere Umgebung verlassen hatten, also mitten in der Erledigung alltäglicher Dinge, die nicht beendet werden konnten. Auf dem Bartresen und auf einigen Tischen standen halbleere Gläser. Auf einem Tisch stand eine dicke, klobige Kaffeetasse mit leuchtend blauen und gelben Streifen und der Aufschrift „trinkt Kathreiner und ihr bleibt gesund" zwischen den Streifen: eine Werbung für ein Getränk auf Getreidebasis, eher wie ein entkoffeinierter Kaffeeersatz. Plötzlich wollte ich diese Tasse unbedingt besitzen, und nachdem ich mich vergewissert hatte, dass der große Wolodja nicht in Sichtweite war, steckte ich sie in meine Tasche. Die Untertasse ließ ich stehen.

trinkt Kathreiner

Auf dem Hof hatte man uns gesagt, dass wir nur fünf Kilometer von einem Ort namens Tiegenhof entfernt seien, wo wir die Weichsel überqueren könnten. Wir suchten vergeblich nach einem solchen Wegweiser und gerieten bald in einen weiteren Strom von Flüchtlingsfahrzeugen; zum Teil waren es Handkarren, die von Fußgängern gezogen wurden. Einige trugen Uniformen von Soldaten. Eine solche Gruppe rief uns Grüße zu, wobei die Leute beide Arme in die Höhe streckten. Dann hob einer von ihnen nur den rechten Arm und lachte: „Das haben sie uns beigebracht, das ist die erste Hälfte", und er hob den zweiten Arm: Das war das internationale Zeichen für Kapitulation. Mutti war ein wenig schockiert. Wir wussten von unserem Nachbarn, dass die Armee sich darüber ärgerte, ihre traditionelle Form des Grußes durch die Naziversion ersetzen zu müssen, aber wir hatten bisher gedacht, dass sich der Unmut auf die Offiziersklasse beschränkt hätte.

Später kam ein Soldat der anderen Art auf uns zu. Er prahlte nicht mit seiner Fahnenflucht, im Gegenteil: Er sprang auf die Trittstufe unseres Wagens, grüßte meine Mutter mit einem forschen „Sieg Heil" und teilte ihr mit, dass er im Namen des Kommandos der deutschen Armee das Reitpferd und den Sattel beschlagnahmen werde Er deutete auf Illyrier, und mein Herz sank bei dem Gedanken, diesen wenn auch widerspenstigen Teil der Heimat zu verlieren. Aber ich hatte nicht den Mut, Einspruch zu erheben.

„Nicht so schnell", rief Mutti, als der Mann sich dem Hengst näherte, „wir brauchen einen ordnungsgemäßen Anforderungsschein."

Der Mann holte zuvorkommend ein schmuddeliges Notizbuch aus seiner Tasche und kritzelte darauf: „Ein Pferd und Sattel an die deutsche Armee", gefolgt von einem unleserlichen Gekritzel, das seinen Namen, Rang und Einheit darstellen sollte.

Dann beanstandete Mutti noch das Wort „Pferd". „Ersetzen Sie das durch: ‚1 reinrassiger Trakehner Hengst'", beharrte sie. Daraufhin strich der Mann das beanstandete Wort durch und schrieb die richtige Bezeichnung darüber. Meine Mutter gab mit einem Seufzer auf. Wenigstens hatte sie ihre Würde bewahrt. Als Illyrier zu einem Galopp ansetzte, der offensichtlich nicht im Sinne seines neuen Reiters war, empfanden wir eine gewisse Genugtuung und waren überzeugt, dass der Soldat bald abgeworfen werden würde.

An den Ufern der Weichsel

Die Fahrzeugkette vor uns war sehr lang, und an diesem klaren, frostigen Tag konnten wir sehr weit sehen. Der Treck bewegte sich langsam und kam schließlich zum Stillstand. Es sprach sich herum, dass wir auf die Reparatur der Fähre warten müssten. Welche Fähre? Die, die über die Weichsel fährt, gleich hinter dem Horizont. Das war zunächst eine wunderbare Nachricht: Die Überfahrt, die uns aus dem ostpreußischen Schlachtfeld herausführen sollte, stand kurz bevor.

„Und wie viel näher an der Ukraine sind wir dann?" Katja blieb bei ihrer täglichen Frage.

„Das kann ich nicht genau sagen", gab ich zu, aber sie fand sich nicht damit ab.

„Du bist doch intelligent, oder? Du gehst zur Universität, oder? Und wozu? Zeichne mir eine Karte", forderte sie.

Ich malte Linien in den Schnee, so etwas wie ein rechtwinkliges Dreieck, wobei unsere Heimat und die Ukraine Punkte auf der Hypotenuse waren und die Weichselfähre der Scheitelpunkt. Katja maß die Entfernung mit der Hand und war zufrieden, dass sie ihrer Heimat näherkommen würde.

Drei, vier, fünf, dachte ich; drei hoch zwei plus vier hoch zwei ist fünf hoch zwei. Wie haben wir den Satz des Pythagoras bewiesen? Ich begann, mit meinen Fingern in dem glatten Schnee zu arbeiten.

„Aber denk daran, Katja, dass wir vielleicht nicht in einer geraden Linie reisen können", und deutete auf die Linie, die die Vier darstellte. „Wir müssen vielleicht so gehen", und ich zeichnete eine Linie parallel zur Hypotenuse. Katja nickte gleichgültig, aber ich begann, Spaß mit dem Satz von Pythagoras zu haben.

„Kannst du das beweisen?" rief ich dem kleinen Wolodja zu, dem ehemaligen Schulmeister.

„Natürlich", sagte er und setzte sich neben mich in den Schnee. „Nun, das ist seltsam, mein Gedächtnis ist irgendwo zwischen der Schule und dem Weichseldeich stecken geblieben", fügte er nach einer Weile hinzu. Wir lachten beide etwas frustriert, waren aber wild entschlossen, das Problem zu lösen. Ab und zu schaute ich ängstlich auf, falls sich der Treck bewegen würde, bevor wir fertig waren.

Vitja lief mit, um zu sehen, was wir machten, und trat versehentlich auf unsere Zeichnungen.

„Hey, störe meine Kreise nicht", scherzte Wolodja.

„Sollen das Kreise sein?" Vitja lachte.

„Dreiecke, Kreise… Das kommt mir alles ein bisschen griechisch vor", antwortete sein Vater.

„Was ist Griechisch?" wollte Vitja wissen.

Das Leben begann spannend zu werden, und ich war hin- und hergerissen zwischen Pythagoras und dem Trojanischen Pferd. „Gleich werde ich dir von den Griechen erzählen", versprach ich Vitja, „ein paar wirklich wunderbare Geschichten."

Der kleine Junge klatschte erwartungsvoll in die Hände. Er drängte mich nicht, die Geschichten jetzt zu erzählen: Für den geduldigen Vitja war „gleich" in Ordnung.

Ich liebte den kalten, pastellfarbenen Sonnenuntergang über dem Sumpfgebiet und die klaren Sterne, die kurz danach zu sehen waren. Doch die Schaffelle konnten nicht verhindern, dass uns minus 30 Grad Celsius sehr zusetzten. Wir mussten herumlaufen, um den Kreislauf anzuregen, „aber nie weiter als fünf Minuten vom Wagen entfernt…", darauf bestand Mutti. Zu Beginn unserer ersten Nacht auf dem Deich dachten wir, dass sich der Treck jeden Moment in Bewegung setzen könnte. Bis auf Adam hatten wir alle Angst, zurückgelassen zu werden.

Der alte Weißrusse wanderte über die Sümpfe auf die Häuser in der Ferne zu. Er kam zurück und brachte einen Sack mit Briketts, Streichhölzern, Zeitungen, eine Papiertüte mit getrocknetem Klee, sogar einen Kochtopf mit, weil er nicht wusste, dass wir reichlich Töpfe im Gepäck hatten. Die Pferde standen still, mit Sackleinen auf dem Rücken. Es war nicht nötig, sie anzubinden oder sie zu bewachen, und ich fühlte mich schuldbewusst, weil ich erleichtert war, dass Illyrier nicht mehr da war.

Auf dem Gelände unterhalb unserer Kutsche saßen wir auf Drahtbügeln um Adams Feuer. Ich rauchte die erste Zigarette meines Lebens, nach russischer Art – getrockneter Klee, eingewickelt in ein Stück Zeitung.

Katja fror und wollte meinen Pelzmantel. Der Mantel meines Vaters lag in der Kutsche, aber nein, sie wollte meinen, einen schicker aussehenden Außenpelz. Für mich war das in Ordnung, und ich zog den schweren, langen Pelzmantel für Innenräume meines Vaters an. Aber Mutti konnte ihre Verärgerung nicht verbergen. Dachte dieses Mädchen, wir schulden ihr etwas von unserem Luxus? War das nicht so? Diese Frage stellte ich mir. War es, wie Mutti jetzt dachte – sie hatte den Gedanken vorher nicht geäußert – die Schuld von Katja und Galja, dass sie dem Aufruf gefolgt waren, sich beim deutschen Arbeitsamt in der Ukraine arbeitsfähig zu melden? War es nur ein Missverständnis aufgrund von Sprachschwierigkeiten, dass die Arbeit eine lange Reise – weit weg von ihrer Heimat – mit sich brachte, und es keine Kontaktmöglichkeit zu ihren Familien gab? War ihr Einsatz jemals als kurzfristige Hilfe bei einer Ernte gedacht? War es die Schuld der Sowjetunion, dass sie nicht die Dienste des Internationalen Roten Kreuzes in Anspruch nehmen konnten?

„Wenn Galja bei uns wäre, würde sie sich nicht wie Katja verhalten", sagte Mutti. Sie hatte natürlich recht. Die immer dankbare, immer liebevolle und immer so schüchterne Galja würde nichts anderes tun, als zu versuchen, uns zu helfen, auch hier. Und ich fragte mich, wo sie jetzt wohl war, vielleicht schon in der Heimat?

Einige Zeit zuvor hatte sich Mutti über diese schrecklichen Beamten beschwert, über diese übereifrigen Nazis, die zwei junge Mädchen ganz gegen Hitlers Anweisungen entführt hatten; ich hatte heftig mit ihr gestritten. Ich hatte ihr gesagt, sie sei absichtlich blind und selbstgefällig. Aber als ich sie jetzt sah, als ich diesen fernen Blick in ihren Augen sah und all die unausgesprochene Sorge um das Schicksal all derer, die sie so sehr liebte, hatte ich keine Lust zu streiten. Mit gefühllosen Fingern schrieb Mutti auch hier Briefe, die sie abschicken wollte, sobald wir die Weichsel überquert hatten.

Adam schenkte heißen Johannisbeersaft mit einem Schuss Rum aus. Ich wickelte Vitja mit noch mehr Heu ein und erzählte ihm vom Hölzernen Pferd und von Helena von Troja. Mutti lächelte uns an.

Die Golubows präsentierten uns eine friedliche Krippenszene auf der anderen Seite des Feuers. Wir dösten, während Adam die Flammen am Brennen hielt, bis auch er eindöste.

Am Morgen war das Feuer aus, und wir wurden von einer Schneedecke warmgehalten, die uns während der Nacht bedeckt hatte. Den ganzen Tag über schneite es weiter.

Es kam die Nachricht, dass Fußgänger in kleinen Booten über den Fluss gebracht werden konnten, und unsere versprengten Belgier machten sich auf den Weg. Nach und nach beschlossen viele andere Menschen, die Hoffnung auf eine Überquerung mit Kutschen oder Karren aufzugeben. Sie schirrten ihre Pferde ab, beluden sich mit so viel, wie sie zu Fuß tragen konnten, und einige kippten netterweise die Fahrzeuge den Deich hinunter, damit sie keinen zusätzlichen Stau verursachen würden. Mutti bat mich, eine Entscheidung zu treffen, und war erleichtert zu hören, dass ich nicht die Absicht hatte, unsere Pferde im Stich zu lassen.

Viele Männer folgten Adams Beispiel, und bald brannte eine Reihe von Feuern auf einer Seite des Deichs. Irgendwo sang eine fröhliche Frau „Lustig ist das Zigeunerleben", was Mutti zu Tränen rührte. Es war die erste Melodie, die ich auf dem Akkordeon spielen konnte, und mir fiel plötzlich ein, dass mein Instrument auf dem Planwagen lag.

Der Treck kommt zum Stillstand

Bald brannte unser Feuer lustig vor sich hin und lockte Leute an, die fröhliche und auch traurige Lieder sangen. Die Leute steuerten Brennmaterial, Getränke und ihre Stimmen bei. Wir sangen von Abschied und Liebe, von der Freude über die Ernte und von Lehrlingen, die auf Wanderschaft waren. Mehr, bitte, mehr! Und ich spielte, bis meine Finger steif und taub vor Kälte wurden. Dann hat der kleine Wolodja übernommen. Russische Volkslieder mit Melodien, die so nostalgisch waren wie unsere und noch trauriger und wilder in ihren Rhythmen. Katja tanzte allein um das Feuer, bis sich der große Wolodja zu ihr gesellte.

„Was sieht es mit dir aus?" rief mir der kleine Wolodja zu, und als ich den Kopf schüttelte, fügte er hinzu: „Marlene kann das."

„Natürlich", lachte ich, „sie ist sportlicher als ich." Ich fühlte mich so frei, viel freier als je zuvor, aber noch nicht frei genug, um mich lächerlich zu machen. Später, vielleicht…

Weinten wir um das reale Leben, das wir verloren hatten, um all die Mühsal oder um verlorene Träume? Ich wollte um Wien und das Studentenleben und die Bälle unter den Lüstern des Festsaals im Schloss Schönbrunn weinen, die ich in Wirklichkeit nie erlebt hatte. Aber die fröhliche Melancholie des Akkordeons kam der Zartheit der Wiener Geigen nicht gleich, und meine Strauss- und Lehár-Walzer klangen nicht ganz echt. Dennoch tanzten die Leute zum *Donauwalzer* oder zum *Gold und Silber-Walzer* und verlangten nach immer mehr.

Wir kannten unsere neuen Freunde nicht beim Namen, sondern nannten sie „Nachbarn von nebenan" oder „die Familie hinter dem ersten Leerstand". Im Laufe der Tage wuchsen die Leerstände, aber in dieser Phase unseres Trecks wurde nicht gestohlen. Es gab keine Notwendigkeit dafür. Jeder hatte so viel gefrorene Lebensmittel, wie ein leerstehendes Fahrzeug bieten konnte. Außerdem holte Adam konservierte Lebensmittel und Getränke aus den Häusern auf der anderen Seite des Sumpfes.

Es wäre absurd, so zu tun, als ob meine Mutter unser Leben im Freien genossen hätte, schon gar nicht unsere primitiven Toiletten. Aber es amüsierte sie, zu Fuß auf Besichtigungstour zu gehen, um Nachbarn zu sehen, wie wir es nie zuvor tun konnten.

Ein Mann hatte ein Fernglas und konnte rote Sterne auf Panzern hinter uns am Horizont sehen. Sie hatten angehalten und etwa ein Dutzend Menschen kletterten herunter und liefen nun mit ihren Bündeln auf uns zu, während ihr Fahrzeug umkehrte. Neugierig liefen wir ihnen entgegen und wollten ihre Geschichte hören. Sie waren zu Hause geblieben, um auf die Rote Armee zu warten. Ein Mann hatte seinen Mitgliedsausweis der Kommunistischen Partei hervorgeholt, den er schon lange versteckt hatte; er wartete auf den Tag, an dem das wieder legal sein würde. Aber einer der russischen Offiziere brüllte nur vor Lachen, als der Mann das Dokument vorzeigte. „Schöner Bolschewik war das!", brummte der Mann, als er uns das erzählte.

Schließlich hatte es diese Vorhut der Roten Armee geschafft, die Dorfbewohner davon zu überzeugen, dass es in ihrer Armee niemanden gab, der nicht während der deutschen Besatzung den grausamen Verlust von mindestens einem Familienmitglied, meist sogar von mehreren, erlitten hatte. Sie waren auf Rache aus, und die Befehle des Oberkommandos sahen vor, dass die aufgestaute Wut der einfachen Soldaten sich Luft machen durfte. Es war also klug, eine Mitfahrgelegenheit aus dem Kriegsgebiet zu akzeptieren, solange dies möglich war. Vor einiger Zeit hatte ich eine ähnliche Geschichte von einer Frau und einem Kind gehört, die in der Nähe von Darkehmen zwischen gegnerische Armeen geraten waren. Ich hatte sie nicht geglaubt.

Wir gewöhnten uns an das Leben auf dem Deich und verloren das Zeitgefühl. Tatsächlich, als ich später unsere Tage und Nächte dort berechnete, fand ich heraus, ich, dass wir nicht mehr als vier Tage dort verbracht hatten, bevor unser Treck weiterzog.

Ich hatte erwartet, dass mein Herz stillstehen würde, als wir aus unserer Heimatprovinz in die Sicherheit des westlichen Weichselufers hinüberfuhren; aber in der

Dunkelheit und eingepfercht zwischen anderen Fahrzeugen bemerkte ich die Überquerung überhaupt nicht; nachdem wir schon einige Zeit auf der anderen Seite gefahren waren, wurde mir erst klar, wo wir jetzt waren.

Danzig

Wir reisten in den ehemaligen Freistaat Danzig/Gdansk. Von der Front wehte uns ein schrecklicher Geruch entgegen, so wie ich ihn noch nie erlebt hatte. Der große Wolodja, der nicht an Gott glaubte, bekreuzigte sich und murmelte: *«Bozhe moy!»*

Kannte er den Gestank? „Hunger", flüsterte er und bekreuzigte sich noch einmal.

„Sagen Sie es auf Russisch, bitte." Ich konnte nicht glauben, dass er das richtige Wort gewählt hatte. Das Russische für Hunger hatte ich in den letzten Jahren nur zu gut gelernt. Wolodja hielt die Zügel fest umklammert, als ob er erwartete, dass sie ihn stützen würden. Sein Gesicht sah so schrecklich aus, dass ich ihm anbot, das Fahren zu übernehmen. Er schüttelte nur den Kopf und deutete mit der Peitsche nach vorn. Vorwärts und an die Seiten unserer Straße.

Ich sah die Haufen, die menschliche Körper waren, aufgedunsen wie die Kühe, die ich auf meinem Heimweg von Trempen gesehen hatte. Sie waren teilweise vom Schnee bedeckt, aber man konnte gestreifte Kleidung und einige Davidsterne auf schwarzem Stoff aufgenäht sehen. Doch sie waren gefroren, und der Geruch ging deshalb nicht von ihnen aus. Die Gerüche wurden jedoch stärker und beängstigender, je weiter wir vorankamen.

Taumelnd auf der linken Seite unserer Straße sahen wir nun Hunderte, vielleicht Tausende von Gestalten, die diesen Leichen ähnelten, nur viel dünner und wohl offensichtlich noch am Leben. Männer in schweren langen Mänteln stießen diejenigen, die stolperten, mit ihren Gewehrkolben.

Die leeren schwarzen Augen einer Frau erinnerten mich an eine andere, die ich vor langer Zeit auf einer Bank in dem kleinen Park vor unserer Schule in Insterburg gesehen hatte. Jene andere hatte ein Baby auf dem Schoß; diese hielt die Hand eines stolpernden Kindes. Damals war ich vor Angst weggelaufen und mit dem ersten Zug nach Hause gefahren. Ich war ein Feigling gewesen. Diesmal fühlte ich mich mutig und entschlossen, etwas zu tun. Wie hypnotisiert starrte ich in die Augen der Frau, während meine Hände unter dem Schafspelz nach Brot tasteten.

Ich warf ihr das halbe Brot zu, und als die Frau ihre freie Hand ausstreckte, um es zu fangen, schlug ihr ein Wachmann auf den Rücken. „Hör auf zu betteln, du verdammtes Luder!", schrie er und hob das Brot für sich selbst auf.

Ich sprang von der fahrenden Kutsche herunter und schrie vor Wut: „Du mieser, verdammter Bastard, gib das Brot zurück! Sie hat nicht gebettelt. Schlag mich, wenn du willst und wenn du dich traust. Ich habe es heruntergeworfen, es war meine Idee, nicht ihre!"

„Temperament, Temperament", grinste der Wächter und gab mir meinen halben Laib zurück. Ich wollte ihm ins Gesicht spucken, als ich spürte, wie ich von hinten gepackt und auf den Wagen gehoben wurde. Wolodja sprang schnell wieder hinter mir her, hielt den Kopf gesenkt und murmelte in einem wütenden Flüsterton:

„Wage es nicht, so etwas noch einmal zu tun, sonst werden wir alle so enden wie diese Schurken."

„Du meinst, ich werde von dir eine Tracht Prügel beziehen wie Maruscha", zischte ich ihm zurück. Aber ich war zu erschüttert, um noch einmal nach der Frau zu suchen.

„Halt die Klappe, du kleiner Dummkopf", antwortete Wolodja. Dass ein junger Mann wie er so etwas sagte, war wirklich ein starkes Stück. Mutti bat uns, Ruhe zu bewahren und forderte Wolodja auf, die erste Abzweigung rechts zu nehmen, egal welche Straße das war.

Wie im November 1938 wollte ich das Elend um mich herum nicht mehr sehen.

Abseits der verstopften Straße kamen wir eine Zeit lang schnell voran, auch durch große Schneeverwehungen. Die Wege wurden fast unpassierbar und sie waren sehr steil. Die Nacht zog um uns herum ein. Die Wälder auf beiden Seiten boten etwas Schutz vor dem Schneesturm, aber selbst Dyeda konnte nicht sagen, welche Fahrwege nach Westen führten und welche wir nehmen sollten, wenn wir an einen der vielen Abzweigungen kamen. Wieder einmal waren wir verloren und bewegten uns langsam, in der Hoffnung auf eine Pause am Morgen.

Plötzlich sahen wir die Umrisse von Gebäuden. Wir klopften an verriegelte Türen und verschlossene Fenster. Wir konnten schwaches Licht durch einen Fensterladen sehen: Da mussten ganz sicher Menschen sein, und so riefen wir: „Bitte, bitte, gebt uns irgendeine Unterkunft. Wir sind Flüchtlinge mit kleinen Kindern."

Endlich hielt eine Frau eine Laterne aus einem Fenster im Obergeschoss. Ich schob Maruscha mit Baby Vera in den Lichtkegel und Vitja daneben. Es schien zu funktionieren.

Als wir hineingelassen wurden, machte sich Vitja auf den Weg in Richtung der Kinderstimmen, aber eine der Frauen nahm seine Hand und führte uns alle in einen großen Raum. Sie begann, Möbel an die Wände zu schieben, und winkte uns zu ihr: Wir sollten mithelfen. Es war unmöglich, das Alter der verschiedenen Frauen (oder Mädchen?) zu bestimmen, denn sie trugen alle lange dunkle Gewänder und blasse Kopftücher, die unter dem Kinn zusammengebunden waren. Die Stalllaternen beleuchteten ihre Gesichtszüge nur schwach.

Während wir mit dem Zimmer beschäftigt waren, führten andere Frauen die Männer in einen Schuppen für die Pferde und zeigten ihnen eine Pumpe. Dann sollten sie Strohballen für unser Bettzeug holen.

Unsere Gastgeber sprachen eine seltsame Sprache. War es Polnisch? Ich fragte den kleinen Wolodja, als die Frauen den Raum verlassen hatten. Er zuckte mit den Schultern: „Könnte sein; vielleicht ein besonderer Dialekt. Einige Wörter sind erkennbar polnisch, aber nur wenige klingen so, wie ich die Sprache in der Schule gelernt habe."

„Sie halten uns für Diebe", flüsterte Mutti in solcher Not, dass ich meine Arme tröstend um ihren Hals warf: „Ach Mamuschka, Mamuschka!" So hatte ich sie seit Jahren nicht mehr genannt, denn es war mir peinlich vorgekommen, seit die russischen Gefangenen auf dem Gut waren. „Ist das wichtig, Mamuschka?"

„Dass wir so tief gesunken sein sollen?" Mutti hatte beobachtet, wie eine Frau schnell ein paar Gegenstände von einer Anrichte nahm, bevor sie uns verließ.

„Das liegt daran, dass wir keinen Schuster bei uns haben", versuchte ich zu scherzen und hielt ihr die Öffnung meines rechten Stiefels vor das Gesicht.

„O mein Gott, wie lange ist deine Sohle denn schon so kaputt? Deine Füße müssen durchnässt sein, du wirst dich erkälten. Hast du keine anderen Schuhe?"

„Da sind noch meine Lacklederpumps in einer Schachtel", lachte ich.

Wolodja sagte, er habe einmal über ein altes Volk slawischer Herkunft oder so etwas Ähnliches gelesen, das in der Gegend von Danzig lebte.

„Hast du gehört, wie sie den Schlüssel gedreht haben? Sie haben uns eingeschlossen", sagte der große Wolodja plötzlich. „Vielleicht werden sie uns gefangen halten, bis..."

„Halt die Klappe", unterbrach ich seine Spekulationen.

„Wie lassen sich die Fensterläden öffnen? Können wir durch die Fenster entkommen?"

„Ich wage zu behaupten, dass wir das könnten, vor allem, wenn du nicht das Stroh in der Nähe der Laterne oder beim Ofen liegenlässt."

„Wenn sie ein alter Stamm sind, könnten sie russische Verwandte haben."

„Halt die Klappe."

„Wenn du aufhören würdest, Katja anzuschauen, würde dir vielleicht etwas einfallen, was wir tun können", schrie Maruscha ihren Mann an.

Katja saß bequem im Stroh, nur mit einem dünnen Unterrock bekleidet, und bewegte ihre nackten Füße in der Nähe des Ofens. Es war wirklich heiß in dem Raum, und das nicht nur im Vergleich zu den vorherigen Nächten auf dem Deich. Auch ich begann mich zu entkleiden und bewegte meine Füße, um Mutti zu gefallen. Sie rieb sie für mich und tat so, als spüre sie nicht, dass sie schon warm waren. Es gefiel mir, eine Zeit lang bemuttert zu werden.

Nur die Männer behielten ihre dicken Mäntel, Hüte und Stiefel an. So hatten sie auch im Schneesturm draußen geschlafen. Als wir den Docht umdrehten, um die Laterne zu löschen, bemerkten wir in einer Ecke, auf einem schmalen Sims unter einem Kruzifix ein schwaches Licht.

Pommern

Bei der Einreise nach Pommern hatten wir auf eine bessere Organisation der Flüchtlingstrecks gehofft, und dieser Wunsch wurde mehr als erfüllt. Auf keinen Fall konnten wir uns nun wieder in irgendeiner Wildnis verirren oder absichtlich von einer vorgeschriebenen Route abweichen, um bei irgendwelchen Verwandten oder Freunden unterzukommen, die in Muttis Plänen vorkamen. Änderungen der Reiseroute teilte sie Marlene jetzt in regelmäßigen Briefen mit, die sie in Briefkästen warf, von denen immer mal einer zu sehen war. Wie groß die Chance war, dass die Post abgeholt wurde, konnten wir nicht sagen.

Die Bewohner Pommerns begannen, sich unseren Trecks in Richtung Westen anzuschließen. Wir konnten die Neuankömmlinge auf der Straße an den größeren Gepäckstapeln auf ihren Wagen erkennen. Ganze Schweine, eilig geschlachtet, hingen in Laken gebündelt von den Rückseiten der Fahrzeuge, gut gekühlt in der Luft.

Die Temperaturen lagen, wie uns gesagt wurde, zwischen 20 und 30 Grad unter Null.

Der Boden war so hart, dass diejenigen, die auf dem Weg starben, nicht beerdigt werden konnten. Wir sahen Leichen am Straßenrand, die notdürftig mit Zweigen bedeckt waren. Frommere Familien nahmen ihre Toten für eine spätere Beerdigung im Frühling mit. Doch wir trafen auch eine Familie, deren Hoffnungen auf ein Frühlingsbegräbnis von Dieben zunichte gemacht wurden: Ihre tote Großmutter, die wie die Schweine anderer Leute in ein Laken gehängt worden war, verschwand über Nacht. Katja brach in schamloses Gelächter aus, während ich schamhaft versuchte, meine pietätlose Belustigung zurückzuhalten. Ich erstickte fast, so anstrengend war das. Mutti hatte jedoch tief empfundenes Mitleid und schluchzte. „Wie können Menschen in einer Zeit wie dieser stehlen?", stammelte sie und machte mir ein schlechtes Gewissen wegen meines pietätlosen Humors und wegen meines blau-gelben koffeinfreien Geheimnisses.

Die Hoffnung auf eine Übernachtungsmöglichkeit in Pommern erfüllte sich nicht, was mich wegen Mutti beunruhigte. Für mich waren die Nächte im Freien, mal in Schuppen, mal in Ställen, ein romantisches Vergnügen.

An einer Straßensperre in einem der ersten pommerschen Dörfer hatten wir unseren Treck offiziell angemeldet: Heimatbasis des Trecks; Anzahl der Fahrzeuge; Anzahl der Pferde und der Personen, aufgeteilt in die Kategorien Männer, Frauen, Kinder; Name des Treckleiters, für den Mutti meinen eintragen lassen wollte.

Wir bekamen dann ein Duplikat des Formulars mit Feldern für offizielle Wegbeschreibungen zu unserem nächsten Ziel und Spalten zum Ankreuzen unserer Nachtquartiere durch die Aufseher, sowie eine Spalte für Zahlen, die täglich um die Mittagszeit eingetragen wurden und die Anzahl der Speisen angaben, die wir von der Feldküche erhielten. Wir bekamen heiße – oder fast heiße – gekochte Kohlrouladen, die von Frauen der Winterhilfe ausgegeben wurden, die versuchten, uns auf Abstand zu halten und unsere Tassen in eine sterilisierende Flüssigkeit tauchten, sobald wir die Mahlzeit beendet hatten. Das wiederum empörte Mutti. Wie konnte man nur von davon ausgehen, dass wir Infektionskrankheiten hatten! Auch ich fand das Verhalten der Damen ärgerlich und beschloss, ihren Erwartungen gerecht zu werden, indem ich mich kräftig am Kopf kratzte, wenn ich darauf wartete, dass ich bei der Essensausgabe an der Reihe war, und manchmal sogar meine Hand in den Kragen steckte, um mich an den Schultern zu kratzen. Mutti fand mein Verhalten schrecklich, vor allem dann, wenn Katja mitspielte. Aber sie ließ uns gewähren.

Schwedenkraut für Menschen fand ich überhaupt nicht gut. Wir hatten es zu Hause benutzt, um daraus im Winter kleine Stücke für die Lämmer zu schneiden. Trotzdem war es angenehm, die Wärme der dicken Suppe in mir zu spüren.

Manchmal wies man uns nur ein Feld für die Nacht an, oder einen Platz in einer Stadt; gelegentlich entzündeten wir ein Lagerfeuer. Aber jeden Abend, egal ob wir draußen waren, in Scheunen, Schuppen, Schulen, gab es Anfragen nach „dem Mädchen mit dem Akkordeon". Es freute meine Mutter, zu sehen, wie sich mein Ruhm verbreitete und zu hören, wie viel Freude ich anderen mit meinen dilettantischen Bemühungen bereiten konnte.

Ich war viel glücklicher, als ich es Mutti hätte sagen können. Wie traurig wäre es ihr vorgekommen, dass ich die Freiheit genoss, nicht mehr die Tochter des reichsten Steuerzahlers des Bezirks zu sein! Frei zu sein von irgendwelchen Stützpfeilern! Ich war jetzt ein Niemand und gleichzeitig ein Jemand, der sich seiner Verantwortung für das Wohlergehen von so vielen bewusst war.

Als wir eines Tages auf unserer Zickzack-Reise die Ostseeküste erreichten, lief ich am Sandstrand entlang und hätte vor Freude schreien können. Irgendwo, ein ganzes Stück zu meiner Rechten, berührte dieses Wasser Cranz, Rossitten und die Ferien der Kindheit. Geradeaus konnte ich Schweden erahnen und eine weite, geheimnisvolle, fremde Welt. Das Wasser versprach ein Abenteuer, das meine Haut vor Aufregung kribbeln ließ.

„Bernsteinsuche... Sandburgen bauen... in einem Gewitter einem Elch begegnen... Erinnerst du dich?" fragte Mutti mit einem Seufzer.

„Oh ja, das alles und die ganze Vergangenheit und auch so viel Zukunft."

Wo wollten wir hin? Vermutlich in den Westen, aber wo begann der Westen?

„In Belgien", sagte Fernand.

„In Amerika", sagte der große Wolodja, und Maruscha nickte begeistert.

„In England", sagte ich, „in einem Herrenhaus, mit einem offenen Kamin, einer Bulldogge und einem Butler, der einen Plumpudding in der Hand hat."

„Ich dachte, du magst keine englischen Sachen."

„Wir haben nicht darüber gesprochen, was wir mögen, sondern wo der Westen beginnt. Willst du in den Westen, Wolodja?" fragte ich Vitjas Vater. Als er nur mit den Schultern zuckte und lächelte, antwortete Mutti für ihn mit einem klaren „Nein!"

Aber wir hatten keine Wahl. Wir schlängelten uns an Pommern heran und durch Pommern hindurch in Richtung Mecklenburg. „Vorläufig..."

Berlin war nicht mehr weit, aber fast schon hinter uns. Gerüchte sprachen davon, dass die Stadt von russischer Artillerie bombardiert würde. Wir hörten keine Kampfgeräusche und sahen keine Flugzeuge. Ortsnamen hatten keine Bedeutung, außer für Mutti, die akribisch Buch führte und die Reisepläne immer wieder änderte, wenn sie neue Erkenntnisse hatte. Manchmal erwog sie, unseren Treck zu verlassen und es mit der Eisenbahn zu versuchen, um Marlene zu finden, aber sie konnte sich nicht dazu durchringen, mich mit all diesen Fremden in unserem Konvoi allein zu lassen. Warum trafen wir nie einen unserer alten Freunde auf der Straße? Sie hätten, genau wie wir, alle unterwegs sein müssen.

Dann, eines Abends, als Wolodja in der Nähe eines Lagerfeuers Akkordeon spielte, stürmte ein massiger Mann durch die Menge und warf den kleinen Wolodja mit einer großen Bärenumarmung fast um. „Mischa! Bist du es wirklich, Mischa?" Es war Wolodjas Cousin, den man für tot gehalten hatte, als deutsche Soldaten ihn vor mehr als drei Jahren abgeführt hatten. Er war deportiert worden, um bei einem Kleinbauern in einer Gegend von Westpreußen zu arbeiten, die auf unserer Seite der Weichsel lag. „Ich bin jetzt hier bei ihnen", sagte er auf Russisch, und dann, nachdem er uns allen vorgestellt worden war, nahm er Mutti und mich mit, um uns „Mama und Papa Seefeldt" vorzustellen.

Papa war ein kleiner, dünner Mann und Mama eine enorm dicke Frau, deren großer Busen sich hob, und die nach Atem rang, als Mischa sie zu uns zog. Sie war ganz anders als alle alten Freunde von Mutti, eher wie eine Wäscherin, wie Frau Schalonka. Aber Mutti freute sich aufrichtig, solche Gesellschaft zu finden, und bei unserem nächsten Halt machten wir es offiziell, dass die Seefeldts Teil unseres Trecks waren.

Eigentlich blieb ich die Anführerin, in der Praxis übernahm aber Frau Seefeldt mit großer Entschlossenheit das Kommando. Sie duldete keinen Unfug, und so mussten wir alle erst einmal mit einer Flasche Schnaps feiern, die die Seefeldts ursprünglich für Siegesfeiern versteckt hatten. „Auf die Freundschaft und die Wiedervereinigung der Familie", sagte die Frau und hob ihr Glas. Sie freute sich so sehr, dass die beiden russischen Cousins sich gefunden hatten: Das war sicher ein gutes Omen für uns alle.

Die Seefeldts waren in einer unübersichtlichen Situation von ihrer Tochter getrennt worden, als sich Rotarmisten und deutsche Flüchtlinge vermischt hatten.

Mutti wischte den Flaschenhals ab, bevor sie einen Schluck nahm, was ihr sofort einen Schluckauf bescherte. „Nehmen Sie einen größeren Schluck", befahl Frau Seefeldt. Mutti gehorchte, und der Schluckauf hörte auf.

Eines Nachts wurde uns eine Unterkunft in einer Schule angeboten. Wir konnten die Hitze in den beiden mit Stroh gedeckten Klassenzimmern spüren, als wir in der kleinen Eingangshalle standen und beschlossen, uns gegenseitig den Schnee aus dem Kragen herauszuholen, bevor er schmelzen und unsere Kleidung durchtränken würde. Mutti war so kitzlig, dass sie wie ein Schulmädchen kicherte, als ich den Schnee aus ihrem Rücken ausgrub.

Nachdem das erledigt war, öffnete ich die Tür zum Klassenzimmer. Dyeda stand neben mir, Vitja hielt sich an uns beiden fest. Kaum waren wir eingetreten, sprang ein großer Mann aus dem Stroh auf und schrie mich an: „Russenhäuptling raus!" Ich wollte etwas erwidern, aber noch während ich nach Luft schnappte, um mich von der Überraschung zu erholen, fühlte ich mich fest von hinten gezogen und hörte Frau Seefeldts Stimme in meinem Ohr: „Keine Widerrede, er hat einen Revolver und er meint es ernst."

Also zogen wir uns alle in die Eingangshalle zurück. Aber der Mann, der immer noch frech – oder wütend? – das Parteiabzeichen an seinem Revers zur Schau stellte, folgte uns nach draußen und rief: „Und nicht in den anderen Klassenraum; für Leute wie euch ist nur der Schweinestall geeignet."

„Er hat keine Ahnung, wie süß ein Schweinestall im Vergleich zu einem Schafstall ist", versuchte ich zu scherzen; aber ich war erschüttert, und meine Worte klangen nicht natürlich, obwohl sie wahr waren. Wir hatten eine Vielzahl von Unterkünften überlebt, aber dort, wo sich Schafskot mit dem Geruch von Wolle verband, hatten wir es unerträglich gefunden.

Vitja klammerte sich fester denn je an meine Hand, stellte aber keine Fragen, wofür ich dankbar war.

Wir fanden einen Kuhstall, einen schmalen Gang zwischen den Rücken von Kühen. Es war etwas gefährlich. Einer von uns musste immer wach bleiben, um die Schläfer zu warnen, wenn eine Kuh begann, ihren Schwanz zu heben. Aber es war warm, und die Nacht verlief ereignislos.

Am Morgen wusch ich mich gründlich mit eiskaltem Wasser. Das tat ich nicht aus Gründen der Sauberkeit, sondern weil ich moralischen Auftrieb brauchte; ich wollte einen bestimmten Zivilisationsstandard gegen alle Widrigkeiten aufrechterhalten. Manchmal gab es Wasser aus einem Wasserhahn, manchmal auch eine Pumpe und recht oft begnügte ich mich mit Schnee. Egal, wie schlecht das Wetter war, ich zog mich bis zur Hüfte aus, legte Schuhe und Socken ab, krempelte die Hosenbeine hoch und genoss das selbst auferlegte Ritual.

„Du bist nur noch dreieinhalb Wochen von der Ukraine entfernt, und wage es nicht, auf Kilometern zu bestehen", antwortete ich auf Katjas Frage, die ebenso zu ihrem Ritual geworden war wie das Waschen zu meinem.

„Dann gibt es bei mir zu Hause Osterpudding mit vielen Mandeln und Zucker, und du bekommst wieder gekochtes Schwedenkraut", antwortete sie bösartig.

Und ich werde für immer so schlank bleiben, wie ich jetzt geworden bin, während du fett und hässlich wirst, dachte ich, sagte es aber nicht laut.

Wochen später sahen wir wieder „diesen Mann", der immer noch das Parteiabzeichen trug und dieses Mal versuchte, ein Pferd von Flüchtlingen zu konfiszieren, die ein Ersatzpferd hatten. Aber dieses Mal entkamen wir, bevor er uns sehen konnte. Es war nicht so, dass wir viele Ersatzpferde übriggehabt hätten; als sie schwächer wurden, hatten wir sie eines nach dem anderen auf Bauernhöfen auf dem Weg zurücklassen müssen, wobei wir uns weinend verabschiedeten und so taten, als würden wir sie eines Tages auf dem Heimweg holen.

(Noch einige Monate später, als ich für die kanadische Militärregierung arbeitete, kam genau dieser Mann ins Büro, um eine Entschädigung „als Opfer der Verfolgung durch die Nazis" zu fordern).

Mecklenburg

Inzwischen waren wir auf dem Weg nach Mecklenburg. Unsere Pferde waren müde, und wir kamen nur langsam voran. Die Straßen waren jetzt weniger eisig, die Schneefälle seltener, aber der Frühling schien noch weit entfernt zu sein. Seit wir Illyrier verloren hatten, fuhr der große Wolodja in der Kutsche, und Katja hatte sich zu dem kleinen Wolodja auf den Leiterwagen gesetzt. Er war freundlich, fast väterlich zu ihr, aber er war nicht sehr lustig. Wann immer wir anhielten, kam Katja, um mit dem Großen Wolodja zu scherzen und, ja, sie machte ihm schöne Augen. Ich habe nicht viel davon mitbekommen, aber Maruscha war sich ganz sicher.

Eines Tages, als wir ein Feuer für eine Mittagsrast angezündet hatten, fand ich Katja im Schneidersitz daneben sitzen, mit der kleinen Vera auf dem Schoß. Sie hielt das Baby auf eine unbeholfene Art, sah leicht verängstigt aus und kicherte: „O je, o je, *o bozhe moy*, ich habe ein Baby! Meine Mama wird mir auf den Hintern hauen, wenn sie es sieht." Maruscha hatte ihre Tochter mit den Worten „Nimmst du meinen Mann, nimmst du auch mein Baby" abserviert und war dann in den Wald gelaufen. Der Vater des Babys stand nur da und schaute verlegen.

Frau Seefeldt übernahm das Kommando: „Stehen Sie nicht so herum, Sie großer Trampel, gehen Sie zu Ihrer Frau – im Eiltempo!"

Der große Wolodja verhandelte nicht mit der furchterregenden Frau. Die Beine gespreizt und die Hände in die Hüften gestemmt, hatte sie sich vor ihn hingepflanzt. Er drehte sich um und lief in die Richtung, wo Maruscha war.

„Diese Frau ist hysterisch und mag dramatische Szenen; sie wird sowieso bald zurückkommen", versuchte ich zu intervenieren.

„Jetzt reicht es mir aber", knurrte Frau Seefeldt mich an, „Sie haben das Kind eigentlich genau so am Hals wie Katja."

Mir war nicht klar, dass ich mit Wolodja geschäkert hatte, aber Katja fing die Bemerkung schnell auf und schob Veruschka in meine Arme. Das arme Baby schrie aus vollem Halse.

„Ein bisschen Schreien schadet ihr nicht. Es stärkt die Lunge", meinte Frau Seefeldt, bevor sie sich entfernte. Aber Veruschka begnügte sich nicht mit „ein bisschen": Sie schrie und schrie und muss kilometerweit zu hören gewesen sein. Der kleine Wolodja fügte sich wohlmeinend mit einem Wiegenlied auf dem Akkordeon in den Streit ein. Die Eltern ließen uns einfach mit dem Baby im Arm zurück, während sie eine lange Versöhnung an einem ganz privaten Ort genossen.

Vitja hielt sich die Ohren zu und lief zu Mutti, die im Wagen einen Brief schrieb. Ich hatte ihr nicht von den Gerüchten erzählt, dass die Menschen aus Schlesien und Sachsen begonnen hatten, sich dem allgemeinen Aufbruch anzuschließen.

Die Mecklenburger schienen, wie die Pommern, ausschließlich Schwedenkraut, und das in großen Mengen, zu verzehren, bis sich eines Tages am Rande einer kleinen Stadt herumsprach, dass ein Bäcker Brot backte. Frau Seefeldt und ich liefen mit Leuten, die zu wissen schienen, wohin sie gingen, mit, während die Fahrzeuge auf der Straße warteten. Bald rochen wir den Duft von frischem Backwerk, und das Wasser lief mir im Mund zusammen.

Ich hatte unsere Papiere dabei, und Mutti hatte mir durch irgendeine Eingebung ihren Geldbeutel zugeworfen, als ich losfuhr. Der Bäcker verkaufte tatsächlich Brot gegen Geld, rationierte es aber nach der Anzahl der Leute, die auf unseren Papieren vermerkt war. Frau Seefeldt stand in der Schlange direkt vor mir, und ich errötete vor Verlegenheit, als ich sie argumentieren hörte, dass sie die Anführerin eines Trecks mit vierzehn Personen sei, darunter zwei kleine Kinder, und dass ein Laib nicht genug sei, und dass man ihr mit ihrem schlimmen Asthma auch nicht zumuten könne, für die Papiere zurückzulaufen. Sie schnaufte und keuchte so überzeugend, dass ich mich vor Scham versteckte und mehrere Leute vorließ.

Für meine Papiere nahm ich den einen Laib an, den man mir gab, und bezahlte den Preis, den der Bäcker verlangte. Einige Leute murrten über die Schwarzmarktpreise, aber das interessierte mich überhaupt nicht, selbst wenn ich den Preis für Brot gekannt hätte. Überglücklich umklammerte ich den warmen Laib und lief zurück zum Treck.

Genau dann wurde ein Konvoi von amerikanischen Kriegsgefangenen auf unserer Straße vorbeigeführt.

„Brot, Brot!", riefen sie flehend.

Ohne nachzudenken warf ich ihnen mein Brot zu, und als ich es durch die Luft fliegen sah, stöhnte ich auf: „So ein Mist, das wollte ich eigentlich nicht!" Es war zu spät. Einen Moment lang fühlte ich mich schuldig und erbärmlich: Das Brot hatte nicht mir gehört. Und dann flogen alle möglichen Dinge auf mich zu: Schokolade, Nescafé, Kondensmilch, Lucky-Strike-Zigaretten…

So ein Glück! Frau Seefeldt kam mit mehreren Broten, die sie unter ihrem Mantel versteckt hatte, zurück. Sie hatte sich mehr als einmal in die Schlange eingereiht, jedes Mal mit einer anderen Geschichte. „Erkämpft und bezahlt mit gutem Geld", sagte sie.

Wir rissen Stücke von ihrem Brot ab – oh, war das gut!

Vitja beäugte die Schokolade misstrauisch und verzog das Gesicht, als er sie probierte, aber dann schien die Erinnerung an den Geschmack zurückzukommen und er genoss die seltene Leckerei, während die Männer und ich uns eine Lucky Strike anzündeten. Aber wir wussten nicht, was wir mit den Dosen machen sollten, also legten wir sie unter den Sitz des Kutschers.

Am Abend schlug das Glück wieder zu. Uns wurde ein Feld in der Nähe eines Bauernhofs zugewiesen und wir bekamen die Erlaubnis, ein Feuer zu machen. Um den Fehler mit dem weggeworfenen Brot wieder gutzumachen, ging ich zum Bauernhaus und fragte, ob wir einen Dosenöffner und vielleicht einen Kessel mit Wasser leihen könnten, als Gegenleistung für echten Kaffee, allerdings nur Instantkaffee. Ich erzählte der Frau des Bauern meine Geschichte.

Sie war sehr freundlich und bot uns die Nutzung ihrer Küche an. Sie hatte keine Angst, dass wir Ungeziefer mitbringen könnten, und wir wurden alle eingeladen. Wir bekamen ein richtiges Essen – damit meine ich, dass es kein Schwedenkraut gab – und Apfelkompott zum Nachtisch. Wer hat je von Nachtisch gehört, außer an Geburtstagen und Sonntagen?

„Heute ist Sonntag", lachte unsere Gastgeberin. Wir steuerten unsere Kondensmilch bei. Keiner von uns hatte sie je zuvor gekostet, und wir alle liebten sie. Dann – einfach herrlich, das primitive Leben für eine Nacht gegen ein gutes einzutauschen! – wurden die Kinder gebadet, und Vitja bekam ein Feldbett für sich, während sich der Rest von uns die anderen fünf Betten teilte, die uns angeboten wurden. Wir saßen bis tief in die Nacht bei der Bauernfamilie, tranken Nescafé und rauchten Lucky Strike.

„Wann werden wir jemals wieder so ein Festmahl haben?" grübelte Mutti, als wir im Bett lagen.

„Ach das", antwortete ich achtlos. „Das waren nur die Hors d'œuvres vor dem Dinner mit dem englischen Lord, den ich erwähnt habe."

„Wohl eher ein russischer Kommissar", scherzte jemand. „Die fangen an, uns an der Elbe den Weg abzuschneiden, wurde mir gesagt."

„Was für ein Blödsinn", sagte ich fest, bevor Maruscha zu schreien begann.

Aber war es wirklich Unsinn? Und wenn nicht, wo würden wir Marlene finden, wenn wir es auf die andere Seite schafften? Durch unsere belgischen Freunde natürlich, und alles wäre gut, selbst wenn das gesamte ehemalige Deutschland umbenannt und in eine Republik der Sowjetunion verwandelt würde. Was spielten Namen schon für eine Rolle?

Goebbels dachte anders, oder zumindest sagte er andere Dinge. Ein paar Tage später hörten wir seine Stimme über den Marktplatz der kleinen Stadt schallen, in der wir im Freien übernachteten. Hatte sich jemand einen Scherz erlaubt, als er diese Lautsprecher auf uns richtete? Um uns mit einer letzten Beleidigung zu verhöhnen? Oder wollte Goebbels uns trösten, während wir uns unter Schafsfellen zusammenkauerten und versuchten, etwas Schlaf zu bekommen?

Es müssen an die hundert Flüchtlinge gewesen sein, Wagen, die nebeneinander gepfercht waren, müde Pferde, die auf dem Boden Heu mümmelten, Männer, die herumstanden und getrockneten Klee rauchten, und ab und zu ein wimmerndes Kind, das Goebbels nicht wahrnahm.

„… Unsere tapferen Truppen…" – Ich erinnerte mich an die Soldaten auf dem Deich, an die, die die Waffen erhoben, und an den, der Illyrier mitnahm. „Endsieg… die neuen V2-Waffen sind im Begriff, die kapitalistischen Länder, die die Bolschewiki unterstützen, zu vernichten… die Bolschewiki selbst sind bereits in Aufruhr, demoralisiert, verzweifelt… die großen russischen Ebenen öffnen sich dem Geist und den Energien des deutschen Unternehmertums und der Zivilisation…" Weiter und weiter kam die Stimme auf den Radiowellen aus sicherer Entfernung.

Sicher vor den explosiven Spannungen hier auf dem Marktplatz, jedenfalls. Aber wirklich sicher? Und doch konnte ich auch hier, inmitten von hartem Gelächter und sarkastischem Schnauben, einige fröhliche Ausrufe hören: „Das heißt, wir werden bald nach Hause fahren."

„Warum spricht denn Hitler heute nicht zu uns? Hat er inzwischen seine Stimme verloren?", rief jemand über den Platz. Vielleicht wären Goebbels' Worte aus dem Mund des Führers selbst wirkungsvoller gewesen, aber zum ersten Mal kam mir jetzt der Gedanke, dass selbst eine äußerst mitreißende Stimme nichts bewirkt ohne einen Propagandaminister, der für die richtige Verpackung sorgt. Karla hatte im Arbeitsdienst solche Gedanken geäußert, und ich hatte ihr damals nicht geglaubt. Ich fragte mich, welche Strafe sie bekommen hatte.

Die erschreckende Macht der Propagandamaschine war immer noch am Werk. Ich erinnerte mich an den Professor für Zeitungswissenschaft, der von „denen, die Radiowellen und Zeitungen besitzen" gesprochen hatte. Es wiederholte sich in der Geschichte immer wieder, sagte er, lange bevor das Wort „Propaganda" erfunden wurde, um den Prozess zu beschreiben; es galt in Demokratien genauso wie in Diktaturen, oder fast genauso. Es hatte mit der Verfügbarkeit von finanziellen Mitteln zu tun, denn sie waren es, die unsere Köpfe kontrollierten.

Ich hörte Goebbels nicht mehr zu, auch nicht seinem Publikum, sondern erfand Aufsätze, um mich auf die Rückkehr an die Universität vorzubereiten. Ein schöner Traum von der Zukunft; aber das war leider eine Sache, die sicherlich vom Geld abhing. Meine neugewonnene Freiheit vom Eigentum begann ein wenig bitter zu schmecken. Vielleicht hatte Muttis Sehnsucht nach der Vergangenheit ein solideres Fundament als meine Hoffnungen für die Zukunft?

Die beiden Nationalhymnen schallten uns aus den Lautsprechern entgegen. Goebbels schien fertig zu sein. Dann sah ich, wie viele Menschen in ihren Wagen aufstanden und den rechten Arm hoben; und ich war mir sicher, dass nostalgisches Schwelgen in der Vergangenheit fehl am Platze war, was auch immer die Zukunft bringen würde. Auch andere Flüchtlinge wussten das und blieben während der Hymnen sitzen oder liegen.

„Was würde Onkel Egon jetzt sagen?" fragte sich Mutti.

Als wir bei unserem nächsten Halt weiter nach Süden verwiesen wurden, sahen sich die Behörden mit Widerstand konfrontiert. Dieser kam nicht von uns, denn Marlene wohnte in einem südlichen Teil, und auch nicht von vielen der anderen Flüchtlingen, denen es einfach egal war. Aber viele Ostpreußen sehnten sich nach einer ähnlichen Landschaft wie der, die sie hinter sich gelassen hatten, und man hatte ihnen weisgemacht, ein solches Land in Schleswig-Holstein zu finden. So peitschten sie auf ihre müden Pferde ein; sie verließen einfach die vorgeschriebene Route und fuhren nach Norden.

Wir sahen ein Schild mit der Aufschrift Hannover; wo diese Stadt lag, wusste ich trotz meines lückenhaften geographischen Wissens ungefähr.

Westlich der Elbe

Wir überquerten die Elbe bei Dannenberg, aber wieder einmal löste eine wichtige Überquerung bei mir nicht das Hochgefühl aus, das ich erwartet hatte.

Plötzlich hörten wir ein lautes, unheimliches Geräusch, eine Mischung aus einem Schrei, einem Stöhnen und einem Quietschen.

„Luftschutzsirenen", rief jemand.

Der große Wolodja sprang von seinem Sitz auf und warf seine Mütze in die Luft. „Hurra, hurra! Wir müssen im Westen sein!"

Aber Dyeda drängte uns, uns flach in einen Straßengraben zu legen und die Ereignisse abzuwarten.

So war es: Die Elbe hatte einen sauberen, klaren Einschnitt zwischen Ost und West, zwischen Vergangenheit und Zukunft geschaffen. Wir befanden uns in der Vorhölle, losgelöst vom alten Leben und unfähig, uns eine neue Existenz in den dichten Nebeln vor uns vorzustellen, irgendwo jenseits der Träume.

Wir scherzten natürlich über jagende Gentlemen in England und über Philosophen in Frankreich, über das Leben im Hollywood-Stil in der Neuen Welt oder über das Leben bei den Schafen in Australien. Aber wir wollten eigentlich nichts von alledem, und auch nichts anderes.

„Wie weit sind wir jetzt von der Ukraine entfernt?" Katja begann, mich zu ärgern, und ich antwortete hämisch: „Hunderte und Aberhunderte von Kilometern."

Falls ich erwartet hatte, dass sie in Tränen ausbrechen würde, hatte ich mich geirrt. Ihre Frage war nicht mehr als ein tägliches Ritual, und selbst als der kleine Wolodja versuchte, sie zu trösten, zuckte sie nur schnaubend mit den Schultern. Ob es Tage, Wochen oder Monate dauerte, bis sie ihre Mutter in Odessa oder Kiew umarmen würde, war nicht mehr wichtig, und sie wusste, dass es keinen der anderen ehemaligen Bürger der Sowjetunion im Geringsten interessierte. Keiner von ihnen wollte zurück an die Schauplätze ihrer traumatischen Vergangenheit, und Katja war nun auch ganz auf sich selbst gestellt. Aber ich bewunderte das Feuer der Hoffnung und der Rache in ihren Augen.

Unser Treck bewegte sich in die Richtung, die man uns genannt hatte, und bald sahen wir ein Straßenschild, was nach Uelzen wies. Mutti erwachte zum Leben und rief uns zu, dass wir in diese Richtung abbiegen sollten.

„Das können Sie nicht", sagte der Beamte an der Kreuzung, „Sie fahren nach Rotenburg an der Wümme."

„Vielleicht machen wir das später", antwortete Mutti fest entschlossen, „aber erst fahren wir zu meinem Sohn, der in Celle Soldat ist."

Zu meiner Überraschung erlaubte uns der Mann, umzudrehen. Mein Herz pochte. Es war mehr als acht Wochen her, dass wir das letzte Mal etwas von Claus gehört hatten, und ich versuchte, Mutti zu warnen, dass er jetzt vielleicht schon an die Front geschickt worden war.

„Sei nicht albern", tadelte mich Mutti fest überzeugt, „man schickt keine jungen Burschen in die Schlacht, wenn sie gerade erst ihre Ausbildung begonnen haben."

Sie hatte recht, und Claus freute sich, uns zu sehen. Er streichelte die überlebenden Pferde, verfluchte den Soldaten, der Illyrier mitgenommen hatte, aber er ging nicht auf die traurigen Umstände unseres Wiedersehens ein. Auch erzählte er uns nicht, dass er den Befehl hatte, sich am folgenden Tag einem Kampfbataillon anzuschließen. Es gab ein gemeinsames Festessen, und wir schliefen in richtigen Betten in einem Hotel.

Freyersen

Am nächsten Tag brachen wir wieder in Richtung Norden auf, aber als wir Rotenburg erreichten, fanden wir die kleine Stadt überfüllt vor und wurden angewiesen, noch weiter nach Norden zu fahren. Mutti wies uns auf eines der Wunder des Dritten Reiches hin, als wir die Autobahn Hamburg-Bremen überquerten. Ich fragte mich, ob eine so breite Autobahn jemals voller Verkehr sein würde. Unsere eigene Straße war immer noch sehr dicht befahren, allerdings weniger dicht als noch vor ein paar Wochen. Ich lenkte unseren Wagen, der vor den anderen Fahrzeugen fuhr und folgte den Anweisungen, die an verschiedenen Kreuzungen gegeben wurden.

Es war schon dunkel, als sich zwei riesige Scheunentore öffneten und uns verschluckten. Von dem Dorf, dessen Name Freyersen war, hatte ich nicht viel sehen können; aber im Inneren dieser Scheune oder was auch immer es war, hingen zwei Stalllaternen von der Decke. Ich konnte sehen, dass in der Mitte, wo wir angehalten hatten, mehrere Bauernkarren standen. Zu unserer Linken waren die Rücken einiger Kühe, zu unserer Rechten zwei Pferde, und ich hörte einen Mann sagen, dass neben ihnen Platz für unsere vier Pferde sei. Während der große Wolodja die Pferde abzäumte und sie an ihren Plätzen festband, wurden wir anderen von einer großen, freundlichen Frau, die sich als Mimi Brinkmann vorstellte, lange und gefühlvoll umarmt. Sie war voller Mitleid, besonders für unsere Kleinen, Vitja und Veruschka. Ich begann mich zu fragen, wohin der Rest unseres Trecks verschwunden war, aber es blieb eine Weile keine Zeit, Fragen zu stellen.

Mimi – die wir alle lieber ‚Frau Brinkmann' nannten – zeigte uns die Pumpe hinter einer Trennwand. Dort stand eine Reihe von Eimern und Besen, eine große Waschwanne und eine kleine Schüssel auf einem Hocker. Es war der Familienwaschraum. Uns wurde gesagt, dass wir die Familienseife an diesem Abend benutzen könnten; am nächsten Tag sollten wir dann in Ruhe auspacken. Wir lächelten über die Illusionen, die diese Frau in Bezug auf unsere Hygieneausstattung zu haben schien, klärten sie aber nicht auf.

Sie öffnete eine kleine Tür, die in die große Küche führte. Uns wurde gesagt, dass wir eine Ersatzplatte auf ihrem Herd benutzen könnten; wir würden auch einen eisernen Ofen in unserem Zimmer vorfinden, den wir im Sommer aber vielleicht nicht nutzen wollten.

Von der Küche aus gingen wir in die geräumige Eingangshalle. Das Zimmer der Golubows war auf der linken Seite. Es war gerade groß genug für ein Doppelbett und einen Nachttisch, der sich daneben quetschte, und einen einzelnen Stuhl am anderen Ende.

Gegenüber befand sich die „gute Stube" der Bauern, die jetzt mit einem Bett sowie dem Sofa, Tisch und Stühlen eingerichtet war, die schon dort gestanden haben müssen, bevor die Flüchtlinge erwartet wurden. Als wir die Tür öffneten, sahen wir mehrere Mäuse aus dem Zimmer huschen. Ein unfreiwilliges Quieksen entwich aus Muttis Mund. Die Bäuerin lächelte und entschuldigte sich für den Schreck. Sie klopfte Mutti beruhigend auf die Schultern: „Sie werden sich an die Mäuse gewöhnen. Leider können wir nichts dagegen tun; wir müssen entlang der Dielen einen Spalt zur Belüftung lassen, um den Hausschwamm zu verhindern."

„Natürlich, natürlich", antwortete unsere tapfere, damenhafte Mutter, „ich verstehe das sehr gut. Es war nur die unerwartete Bewegung, die mich zusammenzucken ließ." Ich wagte nicht, mich nach Wolodja umzusehen, der einen Hustenanfall zu haben schien.

Muttis würdevolle Selbstbeherrschung verblüffte mich. Als sie dann noch ihre Bewunderung für die Gestaltung des Hofes zum Ausdruck brachte, war ich mir gar nicht sicher, ob sie es wirklich ernst meinte. Sie klang absolut aufrichtig. Vielleicht war es eine gute Idee, alles unter einem Dach zu haben, die Tiere, die Scheune, den Heuboden, den Kornspeicher, alles außer den Schweinen und der Familientoilette, die sich in einem Gebäude befanden, das im rechten Winkel an das Hauptgebäude angeschlossen war, in der Nähe der Tür zum Waschraum.

Es gab noch ein weiteres, abgetrenntes Gebäude, das gegenüber unseren Fenstern stand, auf halbem Weg zwischen den Höfen der Familien Brinkmann und Heinz. Es war der gemeinsame Brotbackofen der beiden Familien, etwa drei Meter lang und einen Meter hoch, aus Backstein mit einem runden Dach und einem kleinen Schornstein.

Später am Abend entdeckten wir, dass die Seefeldts, ihr Mischa und die beiden Mosins nebenan einquartiert worden waren. Ich fragte den kleinen Wolodja, wo Vitja schlafen sollte und war froh, als er antwortete, dass der beste Platz bei seiner Mama sei.

Muttis Höflichkeit wurde auf eine harte Probe gestellt, als wir zum Abendessen bei der Bauernfamilie eingeladen wurden. Wir wurden dem Rest der Familie vorgestellt, vier Jungen, einer von ihnen etwa in Vitjas Alter, und ein fröhliches, adrett gekleidetes Mädchen namens Marianne. Sie saßen alle an einem Esstisch in der Nähe der Küchenfenster. An beiden Enden stand eine gemeinsame Schüssel mit Eintopf, und jeder tauchte mit seinem eigenen Löffel ein und stillte seinen Appetit. Wolodja warf mir einen Blick zu, und ich schaute schnell weg, um mir das Lachen über die tapferen Versuche meiner Mutter, ihren Ekel zu unterdrücken, zu verkneifen. Ich machte ihren fehlenden Appetit mehr als wett, und Frau Brinkmann tätschelte mich anerkennend.

„Gott sei Dank können wir morgen für uns selbst kochen", sagte Mutti, als wir allein in unserem Zimmer waren, „ich konnte bei jedem Löffel die Spucke der anderen schmecken." Die köstlichen Gerüche aus der Küche der Brinkmanns machten sie nie neidisch.

Mit leichten Vorbehalten gegenüber Mäusen und den Schwierigkeiten, unsere wenigen Kleider und mageren Rationen vor ihrer Gier zu schützen, war ich dankbar für ein wohlwollendes Schicksal, das uns nach Freyersen geführt hatte.

Das Dorf war nicht größer als ein kleiner Weiler; es war durch einen Bach, Heide und Wald vom größeren Weertzen getrennt. Mit einer Ausnahme lagen alle Höfe unter einem Dach, auch der der Brinkmanns, allerdings hatten zwei Familien für den späteren Ruhestand Zweizimmerhäuschen errichtet. Diese wurden nun von Flüchtlingen bewohnt.

In einem davon lebte ein ausgebombtes Ehepaar aus Hamburg, eine geschiedene junge Frau und ihr Bruder, ein Künstler. Sie bildeten den Kontakt der Dorfbewohner zum Hamburger Schwarzmarkt. Wir hatten natürlich keine Lebensmittel zum Tauschen, waren aber manchmal auf der Empfängerseite, denn die beiden jungen Leute schienen mich zu mögen und luden mich oft zu ihren böhmischen Partys ein. Ich fand ihre exzentrische Kultiviertheit ganz interessant und die leckeren Geschenke, die ich Mutti und Vitja mitbringen durfte, noch interessanter.

Auf die Bewohner des anderen Austragshäuschens – am anderen Ende des Dorfes, im Wald – wurden wir am Tag nach unserer Ankunft aufmerksam. Da wohnte „dieser Mann", wie Katja berichtete. Ich wollte kein Risiko mehr eingehen, auch wenn Katja schwor, dass er sein Parteiabzeichen nicht mehr trug. Er erwartete wohl auch er die Ankunft der alliierten Truppen. Ich hoffte und betete, dass wir nicht mehr lange warten mussten.

Mutti lernte die Frau beim Besorgen von Bezugsscheinen kennen und nahm eine Einladung zum Kaffee an – allerdings erst, nachdem Marlene in Freyersen angekommen war und sie sich entspannter fühlte.

Mutti fuhr jeden Tag zum Rotenburger Postamt, um Nachrichten von meiner kleinen Schwester zu abzuholen. Endlich kam ein Brief, postlagernd, in dem stand, dass sie es alle geschafft hatten, Bautzen vor dem Eintreffen der sowjetischen Truppen zu verlassen und nun irgendwo in Thüringen waren. Es schien durchaus möglich, dass auch ihr Gebiet bald von der Roten Armee besetzt werden würde, also war keine Zeit zu verlieren. Mutti machte sich sofort auf die lange Reise, kämpfte mit Zugverspätungen und Staus auf den Bahnhöfen, aber sie hielt durch und brachte Marlene schließlich nach Freyersen.

Während der Abwesenheit meiner Mutter besuchte ich für einen Tag meine Arbeitsdienstfreundin Rita in Hamburg. Vitja kam mit mir und konnte das Gedränge in den Zügen und auf den Bahnsteigen nicht begreifen. „So viele Menschen! So viele Menschen!", rief er immer wieder, und die Leute schauten sich um und lächelten über „den süßen kleinen ostpreußischen Flüchtling". Hatte er sein russisches Aussehen verloren?

Rita sah das nicht so. Sie fand Vitja viel niedlicher als jedes deutsche Kind und führte uns zu verschiedenen Freunden, die möglicherweise ausrangierte Kleidung für den kleinen Jungen hatten; aber erst, als sie mich in einem ihrer alten Kleider und richtigen Sandalen ansehnlich gemacht hatte!

Ritas Vater, ein Amateur-Fotograf, hatte mit Vitja in seiner neuen Kleidung ein willkommenes Modell. Er stellte eine Reihe von Spielsachen zur Verfügung, die die Aufmerksamkeit des kleinen Jungen erregen sollten, während die Kamera klickte und klickte.

Währenddessen zauberte Ritas Mutter eine ebenso aufregende Mahlzeit. Alle Zutaten stammten von den Patienten des Vaters, der Homöopath war und sich mit Lebensmitteln bezahlen ließ, von denen man mehr hatte als von Geld. Zwischen den Bissen, mit dem Mund voller leckerem Essen, sang Vitja immer wieder sein Lieblingslied: „Butter, Butter, Butter, Butter…", abwechselnd zu den Melodien deutscher und russischer Kinderreime.

Eine Luftschutznacht in Hamburg haben wir nicht riskiert, und Versteckspiele zwischen bedenklich schiefen Ruinen hätte ich auch zu gefährlich gefunden. Aber auf dem Weg zum Bahnhof gab es große Flächen mit Häusern, die dem Erdboden gleichgemacht worden waren; dort konnte Vitja auf den Steinen herumspringen und sich hinter Trümmerhaufen ducken.

Bei meiner Rückkehr ins Dorf ließ mir Frau Brinkmann kaum Zeit, Vitja ins Bett zu bringen; sie wollte dringend mit mir sprechen. Die Frau des Lebensmittelhändlers im großen Dorf – eine Rivalin einer von Frau Brinkmanns Schwestern, die das zweite Lebensmittelgeschäft besaß – war die Leiterin des örtlichen Nazi-Frauenbundes. „Machen Sie keinen Fehler, sie ist eine Fanatikerin", erklärte Frau Brinkmann. „Sie betet jeden Morgen und jeden Abend auf Knien vor Hitlers Bild! Jetzt wissen Sie also, wie gefährlich sie ist."

Diese Frau hatte sich bei den Leuten in ihrem Geschäft über mich und einen russischen Jungen beschwert und gesagt, dass etwas unternommen werden müsse. Sie hatte an ihre Vorgesetzten geschrieben.

„Und was kann ich jetzt tun?" fragte ich.

„Nun, wir wollen das arme kleine Würmchen nicht aus dem Haus werfen, aber ich sehe nicht recht, wie wir ernsthafte Schwierigkeiten vermeiden können. Könnten wir sagen, dass er bei Maruscha und Wolodja wohnt? Würden sie bei dieser Lüge mitmachen?

Ich war mir sicher, dass sie es tun würden, aber weit weniger sicher, dass Vitja es tun würde oder tun sollte. Nachdem wir in der Not gewisse Standards aufrechterhalten hatten, durften wir jetzt eigentlich nicht nachgeben und einem Vierjährigen das Lügen beibringen.

„Du sagst einfach, du weißt nicht, wo Vitja schläft. Du hast ihn doch noch nie im Bett gesehen, oder? Was mich betrifft, so muss ich einfach das Beste hoffen…" Und auf die Ankunft der Alliierten hoffen und beten, dachte ich. Ich war nicht so mutig, wie ich versuchte, zu klingen.

Wo waren die Briten oder die Amerikaner? Wir hörten von Brückenköpfen hier und da, aber es gab keine klaren Auskünfte. Beeilt euch, kommt und macht diesem Krieg ein Ende, wer auch immer ihr seid! Ich schrieb Claussins belgische Adresse auf mehrere Zettel und verteilte sie auf verschiedene Schubladen und Kleidertaschen in dem großen Kleiderschrank in der Eingangshalle.

Der letzte Monat

April 1945, und noch immer keine Spur von der Besatzungsarmee.

Es war Vamir, der Brasilianer, der zuerst kam. Er und Rita waren zu Fuß aus Hamburg gekommen und klopften im Morgengrauen an unser Fenster. Warum ausgerechnet jetzt? Ich hatte Vamir noch nicht kennengelernt, aber Rita hatte mir von ihrem Freund erzählt, einem brasilianischen Studenten an der Universität. Seit der Kriegserklärung seines Landes an Deutschland hatte der junge Mann natürlich den Kontakt zu seiner Familie verloren, und das war seine einzige Restriktion gewesen. In Deutschland gab es keinen Internierungsplan, zumindest hatte es keinen gegeben.

„Aber jetzt hat Himmler das Sagen in Hamburg und die Ausländer sind in Gefahr", erklärte Rita. „Wir müssen Vamir verstecken."

„Wie willst das anstellen?"

„In deinem Zimmer?"

„Aber Rita, es kommen immer wieder Leute, die tagsüber nicht einmal an die Tür klopfen. Und wenn Vamir sich flach unter das Sofa legen würde, würde Vitja es für ein gutes Versteckspiel halten. Ich höre ihn schon fröhlich rufen: ‚Da ist er!', wenn ein Außenstehender den Raum betritt."

„Wir könnten so tun, als hätte er eine deutsche Abstammung", schlug Mutti vor.

„Er sieht aber aus, als sei er Spanier!" Ich zweifelte, aber das schien die einzige Möglichkeit zu sein, vorausgesetzt, dass die Alliierten bald eintrafen… und natürlich vorausgesetzt, dass niemand kam, der etwas gegen meine Beziehung zu einem russischen Kind zu unternahm. Ich hatte weder Mutti noch Marlene von dieser speziellen Bedrohung erzählt.

Wieder befand ich mich in einer Situation, in der es ebenso gut schien, für ein Schaf wie für ein Lamm gehängt zu werden. Rita war meine Freundin.

Zum Glück schluckten unsere Bauern die Geschichte mit der deutschen Abstammung, so dass die erste Hürde überwunden war. Die zweite erwies sich als schwieriger und gefährlicher. Jeder Neuankömmling – Besucher, Evakuierter oder Flüchtling – musste sich nach den ersten drei Tagen beim örtlichen Bürgermeister registrieren lassen. Diese Tage vergingen gleichzeitig zu schnell und auch zu langsam. Wir warteten vergeblich auf eine fremde Armee, die uns retten sollte.

Rita und Vamir schliefen unter dem Tisch in unserem Zimmer. Marlene und ich hatten zunächst großzügig angeboten, auf dem Heuboden zu schlafen. Schließlich waren wir inzwischen an Mäuse gewöhnt und nahmen kaum noch Notiz davon, wenn sie über unsere Daunendecken huschten. Also kletterten wir auf die Leiter, legten uns ins Heu, lauschten und redeten und hofften, dass das die Viecher verschreckte. Wir redeten und redeten und waren so verängstigt, dass wir kaum Schlaf fanden. Die Dinger, die auf dem Heuboden herumliefen, klangen schwerer als Mäuse, ihr Quietschen war lauter. So zogen Marlene und ich kleinlaut das Angebot, unsere Flüchtlingsunterkunft zur Verfügung zu stellen, zurück.

Zum Glück wohnte der Bürgermeister am anderen Ende des großen Dorfes, in der Nähe des Waldes und einer kleinen Fußgängerbrücke, die über den Bach führte. So wanderten wir auf dem Weg zur Anmeldung von Rita und Vamir über Wald- und Heidewege. Tatsächlich kannten wir den Bürgermeister persönlich und hätten ihm vertrauen können, aber wir wollten ihn in dieser Phase des Krieges nicht in

Schwierigkeiten bringen. Also verschwand Vamir kurzerhand im Dickicht, während ich Rita bis zum Rand des Baches begleitete. Dann meldete sie sich als unsere Besucherin an, wobei die Dauer des Besuchs nach der Luftschutzlage in Hamburg entschieden werden sollte.

Wir verhielten uns so, als hätte Vamir dasselbe getan und lauschten besorgter denn je auf Anzeichen einer Schlacht. Wir lauschten vergeblich und waren völlig überrumpelt, als britische Panzer auf der schlammigen Hauptstraße unseres Dorfes auftauchten.

Vamir meldete sich sofort beim befehlshabenden Offizier – und wurde verhaftet. Für die Briten schien es unvorstellbar, dass ein Ausländer frei und unbehelligt leben konnte, es sei denn, er war ein Kollaborateur. Es dauerte jedoch nicht lange, bis sie den wahren Sachverhalt herausfanden. Vamir und seine Verlobte Rita erhielten die Erlaubnis, in unserem Flüchtlingszimmer zu bleiben, während wir in den Hühnerstall der Dietmars umziehen mussten: Mutti, Marlene, Vitja, ich – und auch Wolodja und Dyeda.

Es war urkomisch. Sogar Mutti musste kichern, als wir unsere Betten auf den Ablageflächen aufschlugen, drei nebeneinander, wobei sich unsere Füße in der Mitte in die Quere kamen. Der Hühnerstall veränderte unsere Perspektive. Wir hatten einen Tunnelblick durch Löcher, aus denen die Äste des Holzes herausgefallen waren, und erkannten Freund oder Feind an der Form der Beine, die an unseren bodentiefen Fenstern vorbeigingen; später, als durch meine Liebe zur Häuslichkeit aus Resten alter karierter Kissenbezüge Vorhänge entstanden waren, waren wir Meister darin geworden, Menschen an der Größe ihrer Füße zu erkennen.

Das Wetter war schön, und wir genossen die Mahlzeiten am offenen Feuer vor unserer Tür. Katja stolzierte, sehr zum Verdruss von Mutti, in dem Pelzmantel herum, den ich ihr während unseres Aufenthalts auf dem Weichseldeich geschenkt hatte. „Geliehen, nicht geschenkt", bemühte sich Mutti, mir zu erklären, aber Katja war offensichtlich anderer Meinung, und ich hatte den Mantel im Geiste bereits abgeschrieben. Das junge ukrainische Mädchen sah sehr attraktiv aus, wenn ihre Zöpfe hüpften und ihre Augen funkelten, aber aus irgendeinem seltsamen Grund nahmen nur wenige britische Soldaten davon Notiz.

Rita hingegen kam bei der Truppe hervorragend an, vor allem, weil sie so viele englische und amerikanische Popsongs kannte. Ich spielte sie auf meinem Akkordeon und sie schallten durch die ruhige Nachtluft des Dorfes. Vitja versuchte, sein „Butter, butter" in den Melodien unterzubringen, was allerdings nicht sehr gut klappte.

Wir blieben nur eine Woche im Hühnerstall, aber es kam uns wie viele Monate vor. Ein holländischer Offizier, der in der britischen Armee diente, besuchte uns. Er war peinlich berührt, denn er fühlte sich irgendwie persönlich verantwortlich für die Art und Weise, wie wir lebten, und sagte, dass wir etwas Besseres verdient hätten.

„Warum?" wollte ich wissen.

„Weil Sie ein russisches Kind adoptiert haben." Seine Antwort schockierte mich. Wollte er damit andeuten, dass es auch unter Zivilisten unterschiedliche Standards für verschiedene Nationalitäten geben sollte? Er verstand meinen Standpunkt und entschuldigte sich. Aber würden wir wenigstens ein paar Armeerationen mit Corned Beef, Schokolade und Kaffee akzeptieren?

Ja, das würden wir! Wir bedankten uns für die Schätze.

Ich fragte mich, warum er mit mir Englisch sprach, wo doch sein Deutsch perfekt war, sicherlich perfekter als mein fast nicht vorhandenes Englisch.

„Lange Dinger in Wäldern mit Blättern", war meine Beschreibung von Bäumen, als ich mir das Wort nicht merken konnte. Der Holländer brüllte vor Lachen und fragte, ob ich mich um einen Job als Dolmetscherin bemühen wolle.

„Oh ja", grinste ich.

Aber es war ihm ernst. Die Militärregierung suchte händeringend nach Dolmetschern, die politisch einwandfrei waren, und es war unwahrscheinlich, dass ich den Entnazifizierungstest nicht bestehen würde.

„Aber muss ich keinen Sprachtest machen?"

„Sie sind gut genug", antwortete er. „Ich habe Sie getestet."

Mit meiner Erlaubnis schrieb er einen Brief an den Militärgouverneur in Bremervörde.

Wir zogen zurück in unser Zimmer, als die Truppen das Dorf verließen; Vamir ging mit ihnen. Rita stellte eine Flasche Whisky für eine Feier bereit; andere feierten mit illegal gebrautem Alkohol.

Wolodja erzählte mir, dass er auf dem Bauernhof gegenüber, Gerüche von heimlichen Hausschlachtungen wahrgenommen hatte. Er hatte dort an die Küchentür geklopft, die normalerweise nicht verschlossen war. „Kaffee und Zigaretten", hatte er durch die Tür gerufen.

„Pssst!", warnte die Bäuerin, als sie einen Schlitz öffnete, „die Flüchtlinge nebenan können dich hören."

„Kümmere dich nicht um sie", antwortete Wolodja. „Ich will kein Fleisch, nur Rüben, und die Flüchtlinge haben mir schon eine ganze Menge gegeben."

„Wie das? Sie haben keine Felder, keine Rüben…"

„Willst du sie etwa wegen Diebstahls anzeigen?" Wolodja hatte ihnen zugelächelt und sie hatten ihm alle Rüben gegeben, die er zur Herstellung seines Schnapses benötigte. Das Rote Kreuz versorgte nun ehemalige Häftlinge und Zwangsarbeiter gleichermaßen mit Essen, Kaffee und Zigaretten, aber nicht mit alkoholischen Getränken.

«Na zdorovye!» sagte Wolodja, als er uns ein Glas anbot. Das Zeug schmeckte furchtbar.

„Viel Glück", sagte er, als er mir nachschenkte. An diesem Morgen hatte ich einen Brief vom Vertreter der Militärregierung in Zeven erhalten, in dem stand, dass er zusätzlich zu dem Bericht des holländischen Offiziers meinen Namen unter den Parteidokumenten gefunden hatte, die mich wegen undeutscher Aktivitäten anprangerten. Könnte ich am nächsten Morgen in seinem Büro vorstellig werden?

Der Brief war von einem Soldaten in einem Privatwagen zugestellt worden.

8. Mai 1945

Hitler war in Berlin gestorben, „im Kampf gefallen an der Seite seiner Soldaten", hatte der deutsche Rundfunk verkündet; „Selbstmord", erklärten die Briten. Für mich war es egal, welche Version wahr war, solange es den Tag der deutschen Kapitulation beschleunigte. Ich hatte oft gescherzt, dass der Krieg an meinem Geburtstag enden würde, und es schien ein gutes Omen zu sein, dass meine Ernennung bei der Militärregierung genau an dem Tag stattfand, an dem ich zweiundzwanzig Jahre alt wurde – am 8. Mai.

Am Morgen gab es immer noch keine Nachricht über ein offizielles Ende der Kriegshandlungen, aber Rita und ich fuhren in optimistischer Stimmung nach Zeven. Wir hatten einen langen sonnigen Tag vor uns, und die besten Nachrichten würden vor dem Abend kommen – davon war ich überzeugt. Rita wartete vor dem Büro auf mich, während ich hineinging.

Der weißhaarige Mann hinter dem Schreibtisch hatte die hellsten blauen Augen, die ich je gesehen hatte, oder vielleicht war es die Art, wie sie lächelten, die mich so denken ließ. Er erhob sich, um mir einen Platz anzubieten. Ich bemerkte, dass er groß und dünn war und dass seine Uniform locker um seinen Körper hing. Seine Haut war fahl, die Zähne waren gelb, aber all das verblasste zur Bedeutungslosigkeit hinter dem Glanz seiner Augen und der beruhigenden Sanftheit seiner Stimme. Wenn nur seine Aussprache verständlicher gewesen wäre!

„Mein Englisch ist nicht gut", erklärte ich, „ich kann Sie nicht verstehen."

„Es ist mein Akzent: Ich bin ein Kanadier", sagte er sehr langsam und lächelte mich an. „Ich werde versuchen, langsam zu sprechen, und Sie werden sich bald daran gewöhnen. Können Sie mir Ihre genaue Adresse geben, damit ich Sie morgen zur Arbeit abholen kann?"

Hatte ich geträumt? Er hatte so sorgfältig gesprochen, dass ich es nicht falsch verstanden haben konnte.

„Tatsächlich?"

Er nickte, als er aufstand, gab mir die Hand und öffnete die Tür.

„Oh Rita, Rita, Rita!" Wir tanzten vor Freude auf der Straße. Aber fünf Meilen sind eine ziemlich lange Strecke an einem heißen Tag; wir hatten sie ja auch schon vorher abgelaufen. Ich konnte mein Geburtstagsessen kaum erwarten und wollte Mutti unbedingt meine guten Neuigkeiten mitteilen. Also versuchten wir, die Aufmerksamkeit der vorbeifahrenden Militärfahrzeuge auf uns zu lenken, allerdings nicht gerade, indem wir sie heranwinkten; vielmehr versuchten wir, mal sie, mal ich, unseren weiblichen Charme einzusetzen, machten einen auf müde Wanderer und hofften auf Mitleid.

Ich weiß nicht, mit welcher Taktik es dann gelang, einen Lastwagen zum Anhalten zu bringen. Der Kumpel des Fahrers kam nach hinten, setzte sich zu uns und fragte uns über unser gegenwärtiges Leben und unsere Zukunftswünsche aus. Als ich meine journalistischen Ambitionen erwähnte, sagte er, er sei gerade in Lübeck gewesen, um Zeitungsbüros und Druckereien im Hinblick auf einen möglichen Umzug seiner Armeezeitung, die derzeit in Bonn produziert wurde, zu inspizieren. Die Vorbereitungen könnten ein paar Monate dauern, aber schließlich würde er gerne einige deutsche Reporter einstellen. Könnte ich ihm vielleicht meinen Namen und meine Adresse geben?

Rita und ich sahen uns an. Keine von uns glaubte ein Wort von dem, was der Soldat sagte, aber was konnte es schaden, ihm zu geben, was er verlangte? Nach dem wundersamen Gespräch im Büro der Militärregierung schien so ziemlich alles möglich. Zur Sicherheit fügte ich Ediths Adresse in der Nähe von Bonn hinzu.

Die Soldaten bogen von der Hauptstraße ab und brachten uns direkt vor unsere Haustür. Also luden wir sie zu einer Tasse Kaffee-Ersatz ein. Als mein kleiner russischer Vitja auf mich zulief und mich „Mama" nannte, war der Mann, der mit uns gesprochen hatte, enorm beeindruckt.

Er erklärte, dass er Mitglied der britischen kommunistischen Partei sei und nicht nur Stalin, sondern auch Rosa Luxemburg sehr bewundere. Mutti zuckte bei diesem Namen zusammen, behielt aber ihre damenhafte Gelassenheit, während ich in Gelächter ausbrach. Falls er versuchte, mich mit dieser Frau zu vergleichen, nur weil ich mich um ein kleines russisches Kind kümmerte, musste er sich das noch einmal überlegen. Der Mann war verletzt und begann eine hitzige Auseinandersetzung, die genauso lustig hätte sein können, wie es solche Auseinandersetzungen mit M. Claussin gewesen waren; dieser Soldat, der zweifellos sehr intelligent war, schien jedoch irgendwie beeinträchtigt von völlig irrationalen, unreifen, fast Dostojewski-artigen Obsessionen.

Lange nachdem die Soldatenreporter abgereist waren, wartete ich immer noch auf mein schönstes Geburtstagsgeschenk. Es gab Gerüchte über eine Kapitulation, aber erst spät am Abend kam die offizielle Bestätigung. Wir gingen nach draußen, um zu feiern. In der Ferne sahen wir Fackeln, die wie Feuerwerkskörper aussahen: Die deutsche Armee sprengte ihre letzte Munition. Der Krieg in Europa war endlich zu Ende. Jetzt konnten wir für die Zukunft planen.

Der kleine Wolodja und ich ignorierten die Ausgangssperre und gingen in der Heide spazieren. Wir ließen uns in der Nähe eines Wacholderbusches nieder und er küsste mich ganz sanft und vorsichtig. Ich erwiderte den Kuss auf die gleiche zärtliche Weise.

Vitja würde entscheiden, wo wir wohnen sollten.

Vitja

Die Krähen schrei'n
Und ziehen schwirren Flugs zur Stadt:
Bald wird es schnei'n –
Weh dem, der keine Heimat hat!

       Nietzsche

APPENDIX I: Ein Brief von Anna

Eine der Personen, denen ich oft Briefe aus Prag schrieb, war meine Freundin Anna, eine polnische Deportierte, die auf Omis Hof in Alischken arbeitete. Nach ihren Antworten zu urteilen, muss ich in meinem Eifer, sie aufzuheitern, eine Menge schwülstigen Unsinn geschrieben haben. Ich habe einen ihrer langen Briefe übersetzt, ursprünglich in fast perfektem Deutsch geschrieben:
"Gestern erhielt ich Deinen Brief. Wie erfreut war ich! Ich wollte springen, lachen, weinen, singen, aber zum Glück bin ich alt genug, um es besser zu wissen. Im Ernst: Singen und Lachen geht noch, aber Springen wäre für eine 26-Jährige etwas seltsam, vor allem, wenn Herr Herzberg [Omis Inspektor] zusieht. Er weiß nicht, dass Du mir geschrieben hast, auch Gerda [die Tochter des Dorfförsters] nicht, und Du kannst versichert sein, dass niemand Deine lieben Briefe liest. Diesen hier habe ich oft gelesen und nachher sehr viel darüber nachgedacht. Anneli, vielleicht hast Du recht, vielleicht sollte ich nicht sagen, dass das Glück blind ist, wie Du sagst. Ich bin nicht mehr ganz so pessimistisch wie bei meinem letzten Brief an Dich. Damals hat mich die Sehnsucht nach der Heimat zerfressen – eine so große Sehnsucht, dass ich fast verrückt geworden bin.

„Ich weiß nicht, ob es etwas damit zu tun hat, dass ich zu Hause nicht gearbeitet habe, außer akademisch, und dass ich nie eine Anstellung hatte. Aber diese Veränderungen sind für mich nicht so schlimm wie das Heimweh. Die Sehnsucht kommt plötzlich, und dann sehe ich die Welt ganz grau; die Sonne verdunkelt sich; vor meinen Augen sehe ich arme Dörfer, graue Häuser, aber alle so viel lieber als die schönsten Schlösser. Es dauert nicht lange, vielleicht einen Tag, oder nur ein paar Stunden bei einem Spaziergang, und dann bin ich wieder ruhig. Mein alter Professor pflegte zu sagen: „Anna ist wie ein Vogel, immer fröhlich, immer freundlich," und das ist so. Tief in meinem Inneren tobt ein Kampf, das Blut steigt mir in den Kopf, aber Augen und Mund lachen und alle denken: ‚Anna ist fröhlich und glücklich.' Sie wissen nicht, dass fröhlich sein nicht heißt, glücklich zu sein.

„Jetzt ist es schon Frühling. Im Park, im Garten. Tausende von Blumen, süße kleine Veilchen, weiße Anemonen und andere Blumen. Hier und da zeigen die Bäume ein wenig junges Grün. Der Park ist so schön, ich darf nicht jammern, dass die Welt grau ist. O nein! Anneli, in Omis – Frau Hahns – Garten, oder besser gesagt im Park, habe ich ein wunderbares Eckchen entdeckt, und abends, wenn die Sonne schlafen geht, und wenn ich die Frühbeete für die Nacht abdecken muss, gehe ich immer in mein Eckchen. Dort sitze ich dann lange, wie in einem Traum. Wie glücklich bin ich in diesen Stunden, oder vielleicht Minuten! Die Welt ist wunderschön! In der Luft liegt der Duft des Frühlings; Stille, Ruhe. Der Fluss Droje murmelt leise vor sich hin, die Bäume flüstern irgendeine phantastische Nachricht, von Leid, Leiden. Ein Schrei durchschneidet die Abendstille, vielleicht ein unbekannter Vogel. Ich bin weit weg mit meinen Gedanken und vielleicht denke ich gar nicht? Mein Herz ist voll von Glück. Ohne Verlangen, ohne Sorge, ohne Sehnsucht schaue ich mich um und mein Mund flüstert: „Wie schön ist diese Welt! In diesen Momenten gibt es kein Zuhause, keine Eltern, nur die Schönheit des abendlichen Reiches.

„Aber dann muss ich zurückgehen. ‚Anna, wo bist du?' Wie scharf der Klang einer menschlichen Stimme. Ich gehe langsam zurück und sehe wohl ernst aus, denn Gerda fragt: ‚Anna, woran denkst du? An deinen Verlobten?' Ha, hm, hm, hm, lächerliche Gerda, ein gutes, aber sehr naives Mädchen; ich muss lachen. Sie stellt so viele Fragen, und ich gebe so viele dumme Antworten... Jetzt bin ich froh, dass wir bald mehr im Garten statt in der Küche zu tun haben werden.

„Mit jedem Tag entdecke ich mehr Liebe zu Deiner Omi. Anneli, wie dankbar bin ich, sie ist so gut, sie tut nie etwas, was meine Gefühle verletzen könnte...

„Du sagst, das Leben fängt gerade erst an. Ja, aber manchmal habe ich Angst vor diesem Tag und vor den Tagen, die noch kommen. Diese Angst ist keine Angst um meine Person. Nein! Ich will nur ein Mensch sein, ein guter Mensch, für alte Menschen arbeiten, meinem Volk helfen, überall dort sein, wo harte Arbeit nötig ist. Anneli, Anneli, ich fühle mich so stark, ich möchte jetzt anfangen, meinem Land zu dienen! Früher hab' ich an einen Beruf gedacht, an ruhige Tage und Stunden. Früher habe ich an ein einfaches, ruhiges Leben gedacht. Aber zu anderen Zeiten träume ich davon, ein armes Mädchen zu sein – in materialistischer Hinsicht – und ein hartes Leben wie ein Soldat zu führen. Wie wunderbar muss es sein, um jeden Krümel Brot zu kämpfen, wie wunderbar muss der Geschmack eines solchen Brotes sein!

„Du musst wissen, Anneli, für ein Philosophiestudium ist es jetzt zu spät für mich. Aber es gibt andere sinnvolle Berufe. Vielleicht werde ich Bibliothekarin, vielleicht Lehrerin. Ich weiß es noch nicht, aber eine gute Hausfrau werde ich sicher nicht sein!

„Du schreibst, dass Leiden den Menschen adelt. Ja, Du hast Recht. Wie der lateinische Philosoph sagte: ‚Per aspera ad astra'. Ja, es ist wahr. Jeder Mensch wächst durch harte Erfahrungen, selbst die Erde ist nach einem Gewitter frischer und schöner. Der Mensch ist wie ein Baum, und manchmal wird ein Baum vom Wind gebrochen, weil er nicht stark genug ist. Auch wir sind nicht stark genug, wir haben nicht genug Kraft und nicht genug Mut, was noch schlimmer ist. Anneli, ich bin heute so aufgeregt, ich weiß nicht, warum. Ich möchte Dir über alles schreiben.

„Ich bin ein böses Mädchen. Vielleicht glaubst Du es nicht? Frag Deine Omi! Manchmal bin ich so launisch, ich muss überfröhlich sein und dann bin ich ganz unten und schaue in mich hinein und weine wie ein kleines Kind. Ich bin nicht glücklich, Anneli: Wenn man die Abendstunden nicht mitzählt, kann ich nicht richtig glücklich sein. Vielleicht ist mein persönliches Glück nicht so weit von mir entfernt; aber, um Himmels willen, denke nicht an einen Mann! Und doch sehe ich mein Volk, so verloren, so arm, und mein Herz schmerzt... Das verstehst Du doch, nicht wahr? Aber wir müssen das Beste hoffen. Vielleicht werden wir wieder ruhig leben, unsere Dörfer voller Menschen, und die Häuser sauber, die Kinder gesund. Ich denke immer wieder, dass alles gut wird, dass das deutsche Volk uns helfen wird. Was denkst Du, Anneli? Dann wäre ich wirklich glücklich. Anneli, heute kann ich nicht sagen, dass ich unglücklich bin. Nein! Wie viele Menschen müssen leiden, so viel leiden, dass mein Leben hell ist im Vergleich zu diesen Armen. Meine Landsmännin hier im Dorf hat ein schweres Leben. Sie glaubt nicht mehr daran, dass man glücklich sein kann, glücklich sein darf. Sie steht ganz allein in dieser großen Welt. Ihre Eltern sind tot und sie hat keine Schwester. Schon als Kind hatte sie traurige Tage. Sie ist nie fröhlich, sie weiß nicht, wie man lacht. Was würde ich geben, um sie glücklich zu machen, nur für eine Stunde! Aber wie?

„Ich wollte Dir so viel schreiben, aber ich muss aufhören, bevor ich noch mehr und noch dümmere Sachen sage. Letztes Jahr hat deine Omi gesagt, dass der 8. Mai (oder ist es der 9.?) Annelis Geburtstag ist. Und das ist bald, bald. Ich möchte Dir frohe Stunden, Gesundheit und alles Gute wünschen, was Du Dir wünschst. Zwischen diesen Seiten findest Du ein Veilchen, gepflückt im Garten von Alischken; kein großes Geschenk; es muss so sein; andere Dinge kann ich nicht schicken. Die kleine Blume von zu Hause, das ist es.

„Liebes, gutes Anneli! Sei glücklich, so glücklich wie in der Kindheit, so glücklich wie ich in der Stille der Abende unter der großen Tanne in Omis Park. Du bist des großen Glücks würdig. Und lach nicht darüber, ich mag keine Komplimente, ich sage nur, was ich denke, und manchmal ist solche Offenheit nicht gut... Muss ich immer so verrückte Briefe schreiben? Ich wollte mich zusammenreißen....

„Tausend Grüße von Deiner Anna.

„P.S.: Bitte sage mir, wie viele Fehler ich gemacht habe und lache nicht über meinen Brief."

APPENDIX II: Geänderte Ortsnamen seit 1938

Wie auf Seite 93 erwähnt, wurden viele Namen von Höfen, Dörfern und sogar Städten von den Nazi-Behörden 1938 geändert. Karten, die 1939 herausgegeben wurden, zeigten natürlich nur die neuen Namen. Die für dieses Buch relevantesten sind unten aufgelistet und auf der Karte auf Seite 4 dargestellt. Nach dem Krieg wurden die Namen erneut geändert, dieses Mal von den sowjetischen Behörden. Zwischen 1939 und dem Beginn von Glasnost in den späten 1980er Jahren gab es im Westen keine großflächigen Karten des Gebiets, aber Satellitenbilder und On-line-Kartendienste haben es jetzt viel einfacher gemacht, alte und neue Ortsnamen zu lokalisieren. Es gibt inzwischen auch recht umfangreiche Listen im Internet, zum Beispiel bei gov.genealogy.net.

Altpreußisch	Neu Deutsch	Neu Russisch	Romanisiert
Alischken	Walddorf	Карпово	Karpovo
Angerapp	Klein-Angerapp	Рапа	Rapa
Aussicht	- –	Октябрьское	Oktyabr'skoe
Beynuhnen	Beinuhnen	Чернышевка	Tschernyschewka
Darkehmen	Angerapp	Озёрск	Ozyorsk
Gumbinnen	- –	Гусев	Gusev
Insterburg	- –	Черняхо́вск	Tschernjachowsk
Königsberg	- –	Калининград	Kaliningrad
Kowarren	Friedeck	Заозёрное	Zaozyornoe
Lenkehlischken	Gutbergen	Гоголевское	Gogolyevskoe
Mikalbude	Mickelau	Сучково	Suchkovo
Osznagorren	Adlermark	Отпор	Otpor
Rossitten	- –	Рыба́чий	Rybachy
Skirlack	- –	Опоченское	Opochenskoe
Trempen	- –	Новостроево	Novostroevo

APPENDIX III: Karl Stratil

Stratils Name (siehe „Begegnung mit einem Künstler", S. 160) taucht in einer Reihe von Nachschlagewerken zur deutschen Kunstgeschichte auf. Geboren 1894 im mährischen Olmütz (Olomouc, in der heutigen Tschechoslowakei), musste er sein Architekturstudium in Wien wegen des Ersten Weltkriegs aufgeben. Er kämpfte gegen die Bolschewiken, geriet in Gefangenschaft, gelangte irgendwie nach China und fand schließlich zurück nach Leipzig, wo er 1920 an der Kunstakademie studierte. Bald machte er sich einen Namen als Lithograf, Radierer und Holzschnitzer und verdiente seinen Lebensunterhalt hauptsächlich mit der Illustration von Büchern und Zeitschriften. Nach dem Zweiten Weltkrieg veröffentlichte er auch einige Aquarelle. Er starb 1958 in Leipzig. Seine Tochter Dorothée, 1931 in Leipzig geboren, wurde ebenfalls Künstlerin.

Zu den von Stratil illustrierten Büchern gehören Werke von Hartmann von der Aue, Emil Karl Berndt, John Cleland, Charles de Coster, Wolfgang Fikentscher, Gustav Freytag, Arthur Comte de Gobineau, Nikolai Gogol, Ricarda Huch, Erwin Kolbenheyer, Louize Labé, Rainer Maria Rilke, Heinz Rusch, Rosemarie Schuder, Robert Louis Stevenson, Adalbert Stifter, Karl Toth, Aleksei Nikolaevich Tolstoy und Viktor Wendel.

Zu den Sammlungen seiner Arbeiten gehören:
Erinnerungen an China (6 Holzstiche, 1924)
Prag (20 Zeichnungen, 1943)
Mensch und Werk (16 Holzstiche und Lithografien, 1950/52)
Berühmte Funde aus der Wikingerzeit (Holzstiche)
Ostseebilder – Der Mensch und die Landschaft (20 Aquarelle, Berlin 1953)

APPENDIX IV: Weiterführende Literatur und Filme

(Verschiedene (Verschiedene Online-Links – teilweise in englischer Sprache – können Sie unter http://j.mp/OvalMirror u. http://ozaru.net einsehen.)

Schlittschuhlaufen am Waldrand
Marlene Yeo (geb. Wiemer: Annelis Schwester)
Siehe ‚Andere Publikationen' unten: auch auf Englisch erhältlich

Adlig Gut Alischken
Hrsg. Wulf Dietrich Wagner
Beilage zu „Ostpreußisches Bauen", August 1994, Karlsruhe

Kindheitserinnerungen aus Ostpreußen
Bettina von Arnim / Husum Druck 1987

Menschen, Pferde, weites Land
Hans Graf von Lehndorff / Beck C. H. 2001

Ein Land so weit
Petra Reski / List Taschenbuch 2002

Die große Flucht: Das Schicksal der Vertriebenen
Guido Knopp / Econ 2002

In langer Reihe über das Haff
Patricia Clough / Deutsche Verlags-Anstalt 2004

Namen die keiner mehr nennt
Marion Gräfin Dönhoff / Diederichs Eugen 2004

Weit ist der Weg nach Westen
Tatjana Gräfin Dönhoff / Nicolai'sche Verlagsbuchhandlung 2004

Als die Deutschen weg waren
Adrian von Arburg, Wlodzimierz Borodziej, Jurij Kostjaschow
Rowohlt Taschenbuch 2007

Filme:

Arno Surminski: *Jokehnen* (1986)

Heidi Sämann: *Die letzten Königsberger in Kaliningrad* (2002), *Im Galopp nach Ostpreußen* (2003), *Abenteuer Ostpreußen* (2006), *Neue Heimat Ostpreußen* (2008), usw.

Eva Berthold/Jost Morr: *Flucht und Vertreibung* (2005)

Polar Film: *Sturm über Ostpreußen* (2005)

Kai Wessel: *Die Flucht* (2007)

Hermann Pölking: *Ostpreußen* (2014)

Werke in englischer Sprache:

Skating at the Edge of the Wood
Marlene Yeo (geb. Wiemer: Annelis Schwester)
Siehe ‚Andere Publikationen' unten: auch auf Deutsch erhältlich

East Prussian Diary – a journal of faith, 1945–1947
Graf Hans von Lehndorff / Wolff 1963

Flight of the East Prussian Horses
Daphne Machin Goodall / David & Charles PLC 1973

Ursula – my other life
Pat Skinner / Malvern 1986

The Past is Myself
Christabel Bielenberg / Corgi 1988

Before the Storm: Memories of My Youth in Old Prussia
Marion Gräfin Dönhoff, übersetzt von Jean Steinberg
Alfred Knopf 1990

When I Was a German: An Englishwoman in Nazi Germany 1934–1945
Christabel Bielenberg / University of Nebraska Press 1998

From East Prussia to North Yorkshire
Hans-Dieter Hundsdoerfer / Old Hall Publishing 2006

Forgotten Land: Journeys Among the Ghosts of East Prussia
Max Egremont / Picador 2011

Andere Publikationen

Ōzaru Ōzaru Books ist ein kleiner Verlag mit Sitz im Dorf St Nicholas-at-Wade in Ost-Kent – dem Teil Großbritanniens, der Europa am nächsten liegt. Wir konzentrieren uns in erster Linie auf Bücher mit lokalem Bezug: kreativen Werken von Autoren/-innen aus Ost-Kent bis hin zu (gelegentlich nischenhaften) wissenschaftlichen Werken über die Geschichte Kents. Wir haben aber auch ein Fokus auf „den Osten" im Allgemeinen, sei es Ost-Kent, Ostpreußen, Ostafrika oder der Ferne Osten: Wir haben Kriegserinnerungen aus Ostpreußen herausgegeben, sowohl als Bücher über modernes Japan oder Übersetzungen aus dem Japanischen, und mit einem Teil unserer Gewinne unterstützen wir Wohltätigkeitsorganisationen für Berggorillas in Ostafrika, daher auch der Name Ōzaru („Großer Affe") und unser Logo.

Unser erstes Buch war *Reflections in an Oval Mirror: Memories of East Prussia, 1923–45* von Anneli Jones (geb. Anneliese Wiemer), und dieses Buch ist eine deutsche Übersetzung davon. Wir arbeiten auch schon seit einiger Zeit an der Fortsetzung *Carpe Diem*. Später veröffentlichten wir *Skating at the Edge of the Wood* von Annelis Schwester Marlene. Wenn Ihnen dieses Buch gefallen hat, hoffen wir, dass Sie auch *Skating at the Edge of the Wood* lesen – die Originalversion auf Englisch, oder die deutsche Übersetzung davon, *Schlittschuhlaufen am Waldrand*: siehe unten.

Nachstehend finden Sie Beschreibungen unserer englischsprachigen Bücher für diejenigen, die gerne in dieser Sprache lesen. Viele sind auch als eBooks erhältlich, die bei Bedarf auch einen schnellen Zugriff auf ein Wörterbuch ermöglichen. Alle unsere Publikationen sind in Buchhandlungen auf der ganzen Welt sowie bei Online-Händlern erhältlich. Sollten Sie Schwierigkeiten bei der Beschaffung haben, können Sie uns gerne direkt kontaktieren.

Schlittschuhlaufen am Waldrand
Erinnerungen an Ostpreußen, 1931–1945... 1993
Marlene Yeo (geb. Wiemer)
Übertragung aus dem Englischen von Irmi und Jürgen Oltmanns

In ihrem Buch beschreibt Marlene ihre unbeschwerte Kindheit als ostpreußische Bauerntochter, bis zu ihrer Flucht 1944 vor der Roten Armee im Alter von 13 Jahren. Ihre Cousine Jutta blieb hinter dem Eisernen Vorhang zurück, was die familiären Bande zerschnitt, die die beiden so eng verbunden hatten.

Nachdem sie in diametral entgegengesetzten Gesellschaften aufwuchsen und lebten, können Marlene und Jutta nach fast fünfzig Jahren, mit dem Aufkommen der Perestroika, endlich den Ort ihrer Kindheit wieder besuchen. Das letzte Kapitel des Buches erzählt von dem, was die beiden dort vorfinden.

Obwohl Marlene Wiemers Buch dieselbe Zeit und dieselben Umstände schildert wie „*Vor dem ovalen Spiegel*" und dessen Fortsetzung „*Carpe Diem*" – beides sind Berichte von Marlenes älterer Schwester Anneli – ist dieses Werk vollkommen anders. Dies ist auf den Altersunterschied der beiden Mädchen zurückzuführen, aber vor allem auch auf die Tatsache, dass sich die Charaktere der Schwestern sehr stark unterschieden.

Deutsche Aufgabe: ISBN 978-1-915174-01-7

Skating at the Edge of the Wood
Memories of East Prussia, 1931–1945...1993
Marlene Yeo

Erste (Englische) Originalaufgabe vom Buch oben
ISBN: 978-0-9931587-2-8 Buch auf englische Sprache
Auch auf Kindle erhältlich

Reflections in an Oval Mirror
Memories of East Prussia, 1923–45
Anneli Jones

Erste (Englische) Originaledition von diesem Buch
ISBN: 978-0-9559219-0-2
Auch auf Kindle erhältlich

Carpe Diem
Aufbruch aus Ostpreußen
Anneli Jones

    Diese Fortsetzung von *Reflections in an Oval Mirror* beschreibt Annelis Nachkriegsleben. Die Szene wechselt vom Leben im nördlichen „Westdeutschland" als Flüchtling, Reporterin und Militärdolmetscherin zu Partys mit den russischen Behörden in Berlin, Bootsfahrten im Lake District mit den ursprünglichen „Swallows and Amazons", Wochenenden mit den Astors in Cliveden, dann die Anfänge einer neuen Familie in dem kleinen kentischen Dorf St. Nicholas-at-Wade. Schließlich, nach dem Fall des Eisernen Vorhangs, kann Anneli ihre erste Heimat noch einmal besuchen.
    ISBN: 978-0-9931587-3-5 Buch auf englische Sprache
Noch in Vorbereitung

Discordant Comicals
– The Hooden Horse of East Kent –
George Frampton

Das "Hoodening" ist ein uralter, nur in Ost-Kent vorkommender Kalenderbrauchtum, bei dem ein hölzerner Pferdekopf auf einer Stange von einem Mann getragen wird, der durch einen Sack verdeckt ist. Die früheste verlässliche Aufzeichnung stammt aus dem Jahr 1735, aber abgesehen von Percy Maylams bahnbrechendem Werk *The Hooden Horse*, das 1909 veröffentlicht wurde, gibt es kaum ernsthafte Forschungen zu dieser Tradition.

George Frampton hat dies korrigiert, indem er Dutzende von Zeitungsberichten, Volkszählungsaufzeichnungen und anderen Berichten miteinander verglich, um sich ein umfassendes Bild davon zu machen, wer die Hooeners waren, warum (und wo) sie es taten und wie es mit anderen Volkstraditionen zusammenhing.

Er geht dann über Maylam hinaus, um das „Ende" des Hoodening um 1921 und seine weithin angekündigte „Wiederbelebung" im Jahr 1966 zu untersuchen, und stellt fest, dass diese Darstellung in Wirklichkeit ziemlich irreführend ist, da mehrere Hooden Horses während dieser Zeit noch aktiv waren. Er fügt Beschreibungen der aktuellen Gespanne hinzu und liefert zahlreiche Anhänge mit Einzelheiten zu früheren Teilnehmern, besuchten Orten, gespielten Liedern, Ereignissen auf der Zeitachse des Hoodening und den Pferden selbst.

Vollständige Indizes machen es modernen "Men and Maids of Kent" leicht, zu überprüfen, ob ihre Vorfahren daran beteiligt gewesen sein könnten, und detaillierte Verweise machen dieses Buch auch für Sozialhistoriker zu einer unschätzbaren Quelle.

Das Buch enthält über 70 Farbabbildungen.

ISBN: 978-0-9559219-7-3 Buch auf englische Sprache

Ichigensan – The Newcomer
David Zoppetti
Übersetzt aus dem Japanischen ins Englische von Takuma Sminkey

Ichigensan ist ein Roman, der auf vielen Ebenen genossen werden kann – als zarte, sinnliche Liebesgeschichte, als Darstellung der feinen Gesellschaft in Japans Kulturhauptstadt Kyoto und als Erkundung der Themen Entfremdung und Vorurteile, die vielen Milieus gemeinsam sind, unabhängig von den Grenzen von Zeit und Ort.

Ungewöhnlich ist, dass sie Japan sowohl aus der Sicht eines Außenseiters als auch eines „internen" Ausgestoßenen zeigt, und noch ungewöhnlicher ist, dass sie dies ursprünglich durch sinnliche Prosa erreichte, die von einem Nicht-Muttersprachler des Japanischen sorgfältig ausgearbeitet wurde. Die Tatsache, dass diese Bestseller-Novelle dann den Subaru-Preis, einen der wichtigsten Literaturpreise Japans, gewann und auch für den Akutagawa-Preis nominiert wurde, zeugt von ihrer einzigartigen erzählerischen Kraft.

Die Geschichte ist jedoch keineswegs an Japan gekettet, und diese neue Übersetzung von Takuma Sminkey wird es Lesern weltweit ermöglichen, die Vielzahl von Empfindungen zu genießen, die das Leben und die Liebe in einer fremden Kultur hervorrufen.

ISBN: 978-0-9559219-4-0 Buch auf englische Sprache
Auch auf Kindle erhältlich

Sunflowers – Le Soleil
Shimako Murai
Ein Theaterstück in einem Akt
Übersetzt aus dem Japanischen ins Englische von Ben Jones

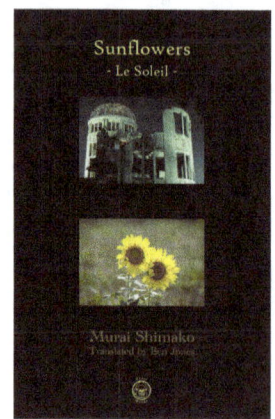

Hiroshima ist ein Synonym für den ersten feindlichen Einsatz einer Atombombe. Viele Menschen denken bei diesem Ereignis an ein schreckliches Ereignis in der Vergangenheit, das aus Geschichtsbüchern studiert wird.

Shimako Murai und andere „Frauen von Hiroshima" sehen das anders: Für sie hatte die Bombe Nachwirkungen, die zahllose Menschen jahrzehntelang beeinträchtigten, Auswirkungen, die umso bedrohlicher waren, als sie nicht vorhersehbar waren – und oft auch unsichtbar.

Dies ist die Geschichte zweier solcher Menschen: Oberflächlich betrachtet erfolgreiche, moderne Frauen, doch jede trägt darunter verborgene Narben, die so schrecklich sind wie die Keloide, die die Hibakusha in den Tagen nach der Bombe entstellten.

ISBN: 978-0-9559219-3-3 Buch auf englische Sprache
Auch auf Kindle und Google Books erhältlich

The Body as a Vessel
Approaching the Methodology of Hijikata Tatsumi's Ankoku Butō
MIKAMI Kayo
Eine Analyse der modernen Tanzform
Übersetzt aus dem Japanischen ins Englische von Rosa van Hensbergen

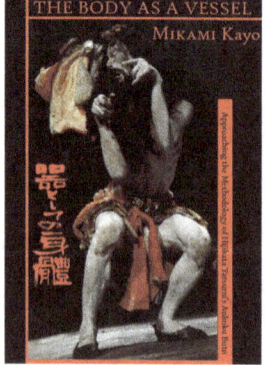

Als 1959 Hijikata Tatsumis „Butō" erschien, revolutionierte es nicht nur den japanischen Tanz, sondern auch den Begriff der Performancekunst weltweit. Es hat sich jedoch als notorisch schwierig erwiesen, es zu definieren oder festzulegen. Mikami war drei Jahre lang Schülerin von Hijikata. In diesem Buch, das teilweise auf ihren Diplom- und Doktorarbeiten basiert, kombiniert sie Erkenntnisse aus diesen Jahren mit früheren Aufzeichnungen anderer Tänzer, um die Ideen und Prozesse hinter dem Butō zu entschlüsseln.

ISBN: 978-0-9931587-4-2 Buch auf englische Sprache

Turner's Margate Through Contemporary Eyes
– The Viney Letters –
Stephen Channing

Margate war im frühen 19. Jahrhundert eine aufregende Stadt, in der Schmuggler und „Präventivleute" darum kämpften, sich gegenseitig zu überlisten, während Künstler wie JMW Turner kamen, um die herrlichen Sonnenuntergänge über dem Meer zu malen. Einer der jungen Männer, die in dieser Umgebung aufwuchsen, beschloss, nach Australien aufzubrechen, um im Goldrausch von Bendigo sein Glück zu machen.

Ein halbes Jahrhundert später, nachdem er zu einer Säule der Gemeinde geworden war, begann er, eine Reihe von Briefen und Artikel für *Keble's Gazette* zu schreiben, eine Publikation mit Sitz in seiner Heimatstadt. Darin beschrieb er Margate mit großer Vertrautheit (und ungeheurem Erinnerungsvermögen), während er gleichzeitig seine englischen Leser in die „latitudinäre Demokratie" eines neuen, „jungen Britanniens" einführte.

Vineys Interessen deckten eine riesige Bandbreite an Themen ab, von Thanet-Volksbräuchen wie dem Hoodening über Hetzreden zu die Gefahren, Hunden Intelligenz zuzuschreiben, bis hin zu geologischen Theorien einschließlich Vorschlägen für die Beseitigung von Sandbänken vor der englischen Küste „im Gehorsam gegenüber dem souveränen Willen und der Intelligenz des Menschen".

Sein Schreiben ist eindeutig das eines gebildeten Mannes, wenn auch mit gewissen viktorianischen Vorurteilen über die Kolonien, die diejenigen mit modernen Sensibilitäten vielleicht ein wenig zusammenzucken lassen. Doch vor allem ist es interessant, weil es ein Licht auf das Leben in einer britischen Küstenstadt vor rund 180 Jahren wirft.

Dieses Buch enthält auch zahlreiche zeitgenössische Abbildungen.

ISBN: 978-0-9559219-2-6 Buch auf englische Sprache

The Margate Tales
Stephen Channing

Chaucers *Canterbury Tales* ist zweifellos eine der besten Möglichkeiten, um ein Gefühl dafür zu bekommen, wie die Menschen im England des Mittelalters waren. In der modernen Welt könnte man stattdessen versuchen, aus dem Fernsehen oder dem Internet zu lernen, wie sich andere Menschen verhalten und denken.

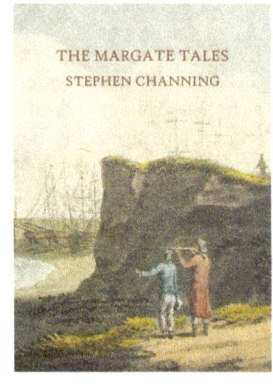

Um jedoch ein Gefühl dafür zu bekommen, wie es war, in Margate zu leben, als es sich allmählich von einem kleinen Fischerdorf in einen der beliebtesten Ferienorte Großbritanniens verwandelte, muss man zeitgenössische Quellen wie Zeitungsberichte und Tagebücher untersuchen.

Stephen Channing hat uns diese Arbeit erspart, indem er Tausende solcher Dokumente durchforstet hat, um die aufschlussreichsten und unterhaltsamsten Berichte über Thanet im 18. und frühen bis mittleren 19. Jahrhunderts auszuwählen.

Mit einem Inhalt, der von wütenden Schlachten in den Briefseiten bis hin zu urkomischen Pastiches, witzigen Gedichten und erstaunlichen Tatsachenberichten reicht und mit über 70 Zeichnungen aus der Zeit illustriert ist, erweckt *The Margate Tales* die Gesellschaft jener Zeit zum Leben und zeigt, wie bei Chaucer, dass sich in vielen Bereichen erstaunlich wenig geändert hat.

ISBN: 978-0-9559219-5-7 Buch auf englische Sprache

A Victorian Cyclist
– Rambling through Kent in 1886 –
Stephen & Shirley Channing

Heutzutage sind Fahrräder so sehr Teil des Alltags, dass es erstaunlich sein kann, zu erkennen, dass für die späten Viktorianer diese "Velocipedes" eine Neuheit waren, die als ungesund und unsicher verunglimpft wurde – und dass in der Tat Dreiräder eine Zeit lang als das erfolgversprechendere Format angesehen wurden.

Einige Leute jedoch nahmen die neumodischen Geräte mit Begeisterung an und begaben sich auf abenteuerliche Touren durch die Landschaft. Einer von ihnen dokumentierte seine „Streifzüge" durch Ost-Kent so detailliert, dass es noch heute möglich ist, seinen Routen auf modernen Fahrrädern zu folgen und die Fauna und Flora (und die Pubs!) mit denen zu vergleichen, die er anschaulich beschrieb.

Dieses faszinierende Buch bietet nicht nur den heutigen Radfahrern neue historische Routen, die es zu erkunden gilt, und sowohl Naturforschern als auch Sozialhistorikern reichlich Material für ihre Forschungen, sondern enthält auch ein spezielles Kapitel über Radfahrerinnen in der Ära vor der Emanzipation der Frau und einen unfreiwillig humorvollen Abschnitt, in dem jungen Herren gezeigt wird, wie sie ihr Fahrrad bauen und dann damit fahren.

A Victorian Cyclist enthält über 200 Abbildungen und wird durch eine vollständig aktualisierte Website ergänzt.

ISBN: 978-0-9559219-7-1 Buch auf englische Sprache
Auch auf Kindle erhältlich

Bicycle Beginnings
The Advent of the Bicycle or Velocipede... and what people of the 19th century were really saying about it
Stephen Channing

Radfahren ist heute für Millionen von Menschen rund um den Globus eine so selbstverständliche Aktivität, dass es schwer vorstellbar ist, dass es vor etwas mehr als einem Jahrhundert von vielen als verwerflich, abstoßend oder gar revolutionär angesehen wurde. Der beste Weg, ein Gefühl dafür zu bekommen, was die frühen „Velozipedisten" erlebten, ist, die Worte der Zeit zu lesen, und dieses Buch versammelt in einem Band die aufschlussreichsten, unterhaltsamsten und außergewöhnlichsten Erkenntnisse aus zeitgenössischen Quellen.

Dieses Mammutwerk (über 190.000 Wörter, das den Zeitraum von 1779 bis 1912 abdeckt) enthält Rennberichte, rechtliche Entwicklungen, technische Innovationen und Erfindungen, Rekorde, Werbung, Akrobatik, Kleidung, Gedichte, Argumente für und gegen die neumodischen Fahrzeuge, Abhandlungen über Radfahrerinnen und einen langen Reisebericht *Mit dem Fahrrad von Berlin nach Budapest*, der die Aufregung eines vergessenen Zeitalters des Abenteuers auf zwei Rädern krönt.

Doch nicht alle Erfindungen waren zweirädrig. Das Buch zeigt auch die zahlreichen Varianten, die entstanden, bevor sich die Hersteller auf die heute üblichen Formen einigten: Dreiräder, Eisfahrräder, Steckenpferde mit Wasserpaddel... Sie werden mit Hilfe zahlreicher Illustrationen erläutert, die von Cartoons über technische Zeichnungen bis hin zu Fotos reichen. Auch die Rennberichte zeigen eine weitaus größere Vielfalt, als wir es gewohnt sind: „normale" (Hochräder) versus „Sicherheitsfahrräder" versus Tandems, Einräder, Zwergräder, Dreiräder, Doppeldreiräder, vierrädrige Velozipede, Pferde, Eisläufer, Dampfschiffe...

Es handelt sich nicht um eine einzige Erzählung, die man in einem Rutsch durchlesen kann, sondern um eine Anthologie faszinierender Einblicke in das „goldene Zeitalter" des Radsports, die dem Leser ein neues Verständnis für eine vergangene Epoche der Erfahrung und des Vergnügens vermittelt, wann immer er in sie eintaucht.

ISBN: 978-1-5210-8632-2 Buch auf englische Sprache
Auch auf Kindle erhältlich

The Call of Cairnmor
Book One of the Cairnmor Trilogy
Sally Aviss

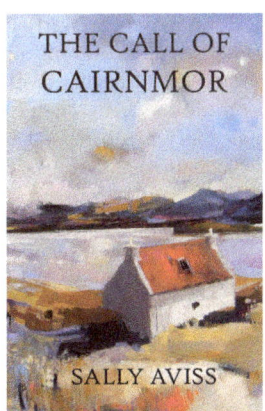

Die schottische Insel Cairnmor ist ein Ort von großer Schönheit und unberührter Wildnis, ein Zufluchtsort für wilde Tiere, ein Land mit weißen Sandstränden und fruchtbaren Ebenen im Landesinneren, ein Land, in dem atemberaubende Berge steil ins Meer abfallen.

Auf diese abgelegene Insel kommt ein Fremder, Alexander Stewart, der das mysteriöse Verschwinden zweier Menschen und ihres ungeborenen Kindes aufklären will. Er nimmt die Hilfe der örtlichen Lehrerin Katherine MacDonald in Anspruch, und gemeinsam suchen sie nach Antworten auf dieses Rätsel: eine zutiefst persönliche Reise, die sie von Cairnmor in die historische Pracht Londons und das industrielle Herz Glasgows führt.

The Call of Cairnmor spielt in den Jahren 1936 bis 1937 und ist voller Farben und Details aus dieser Zeit. Es geht um unerwartete Entdeckungen und tiefe Verbundenheit, die von einem sanften Anfang an allmählich an Schwung und Komplexität gewinnt, bis sich alle Stränge zu lebensverändernden Enthüllungen zusammenfügen.

ISBN: 978-0-9559219-9-5 Buch auf englische Sprache
Auch auf Kindle erhältlich

Changing Tides, Changing Times
Book Two of the Cairnmor Trilogy
Sally Aviss

Im dichten Dschungel von Malaya im Jahr 1942 stößt die Ärztin Rachel Curtis auf einen mysteriösen, nicht identifizierbaren Fremden, der schwer verletzt und dem Tod nahe ist.

Vier Jahre zuvor, 1938 in London, geraten Katherine Stewart und ihr Mann Alex mit ihren unterschiedlichen Bedürfnissen in Konflikt, während Alex' Vater Alastair weiß, dass er seine tiefen Gefühle vor der Frau, die er liebt, verbergen muss; einer Frau, der er niemals das ganze Ausmaß dieser Liebe offenbaren darf.

Changing Times, Changing Tides ist ein breit gefächertes und sorgfältig recherchiertes Buch, das die Reise bekannter Figuren aus The Call of Cairnmor fortsetzt und neue Persönlichkeiten einführt. Es ist eine einzigartige Kombination aus Roman und Geschichte, die eine Geschichte von Liebe, Verlust, Freundschaft und Heldentum erzählt und den Leser in das Leben der Figuren einbezieht, das durch die Ereignisse vor, während und nach dem Zweiten Weltkrieg geprägt und verändert wird.

ISBN: 978-0-9931587-0-4 Buch auf englische Sprache
Auch auf Kindle erhältlich

Where Gloom and Brightness Meet
Book Three of the Cairnmor Trilogy
Sally Aviss

Als Anna Stewart eine Beziehung mit dem Journalisten Marcus Kendrick beginnt, sind die Auswirkungen von New York bis über den Atlantik auf die abgelegene und wunderschöne schottische Insel Cairnmor zu spüren, wo ihre Familie lebt. Doch selbst als sie und Marcus sich näherkommen, kann Anna ihren entfremdeten Ehemann nicht vergessen, den sie seit vielen Jahren nicht mehr gesehen hat.

Wenn eine Tragödie zuschlägt, wird Cairnmor für die einen zu einem Zufluchtsort, zu einem Ort des Trostes, um den geplagten Geist zu beruhigen und der schmerzhaften Realität zu entfliehen; für die anderen wird es zu einem Ort des Unternehmungsgeistes und des Abenteuers – ein Ort, an dem man von einer ungehinderten Zukunft träumen kann.

Dieses dritte Buch der Cairnmor-Trilogie führt die Handlung in die späten sechziger Jahre und lässt das Leben vertrauter Charaktere aus den dazwischen liegenden Jahren wieder aufleben. *Where Gloom and Brightness Meet* ist eine Geschichte von Herzschmerz und erlösender Liebe; von längst verstorbener Leidenschaft, die in der Isolation wiedererinnert und bewahrt wird; von unbeugsamer Loyalität und unerschütterlicher Hingabe. Es ist eine Geschichte, die das Alte und das Neue nebeneinanderstellt; eine Geschichte, die die widersprüchlichen Haltungen, Probleme und Freuden einer befreienden Ära widerspiegelt.

ISBN: 978-0-9931587-1-1 Buch auf englische Sprache
Auch auf Kindle erhältlich

Message from Captivity
Sally Aviss

Als die Diplomatentochter Sophie Langley auf die Kanalinsel St. Nicolas geschickt wird, um sich um ihre beiden alten Tanten zu kümmern, findet sie sich nach der deutschen Invasion in einer wenig beneidenswerten Lage wieder.

In der Schlacht um Frankreich gerät der Linguist und Dichter Robert Anderson, Leutnant der Royal Welch Fusiliers, in eine unmögliche militärische Situation, aus der es keinen Ausweg zu geben scheint.

Von den wunderschönen Kanalinseln bis ins Herz des von den Nazis besetzten Europas verwebt *Message from Captivity* faktische Authentizität mit einer Geschichte, in der die Irrungen und Wirrungen der Gefangenschaft, der Freiheit und der gefährlichen Verfolgung unvorhersehbare Folgen haben; in der Roberts Integrität bis an die Grenzen getestet wird und in der Sophie all ihre innere Stärke braucht, um die Entscheidungen und Herausforderungen zu meistern, denen sie sich stellen muss.

ISBN: 978-0-9931587-5-9　Buch auf englische Sprache
Auch auf Kindle erhältlich

The Girl in Jack's Portrait
Sally Aviss

Als die erfolglose Anwältin Callie Martin bei einem Festakt in der Nähe der Horse Guards Parade dem Soldaten Jamie Rutherford begegnet, verändert sich ihr Leben für immer. Als Edie Paigntons Ex-Mann ihr den Unterhalt vorenthält, bietet sie ihr liebevoll restauriertes viktorianisches Haus zum Verkauf an, und ein zufälliges Treffen mit dem Architekten Ben Rutherford, Jamies Vater, verändert ihr Leben. Als der erfolgreiche Geschäftsmann Erik van der Waals einen unbekannten Namen und eine Telefonnummer auf einem Zettel entdeckt, beschließt er, den Eigentümer zu treffen. Und als die Krankenschwester Sarah Adhabi sich auf eine gefährliche neue Beziehung einlässt, entdeckt sie, dass sie dem neuen Mann in ihrem Leben mehr als ebenbürtig ist.

Sechs Menschen, die ihrer Vergangenheit entfliehen wollen; sechs Menschen, die in der Gegenwart Erlösung suchen; sechs Menschen, deren Leben miteinander verwoben sind und deren Geheimnisse wieder ans Licht kommen.

Aber wer ist das Mädchen in Jacks Porträt?

ISBN: 978-0-9931587-6-6　Buch auf englische Sprache
Auch auf Kindle erhältlich

Courtly Feasts to Kremlin Banquets
A History of Celebration and Hospitality: Echoes of Russia's cuisine
Oksana Zakharova und Sergey Pushkaryov
Übersetzt aus dem Russischen ins Englische & angepasst von Marina George

Dies ist ein Buch nicht nur für Liebhaber des Essens, sondern auch für diejenigen, die Appetit auf Abenteuer und den Durst nach der Entdeckung aufregender gastronomischer Genüsse haben.

Die russische Geschichte bietet uns ein reichhaltiges Bild extravaganter Zeremonien, die nicht nur durch die großartige Pracht einzelner höfischer Feste gekennzeichnet sind, sondern auch durch aufeinanderfolgende Generationen von Adligen, die miteinander wetteifern, um die von ihren Vorgängern geschaffene Pracht zu übertreffen. Die russische Gastfreundschaft war schon immer von einer besonderen Vitalität und einem Sinn für warmherzige Geselligkeit geprägt. Im alten Russland gab es auch eine wichtige Verbindung zwischen der Gastfreundschaft und den Lehren der orthodoxen Kirche.

Die politische und soziale Geschichte Russlands hat einige sehr gewaltsame Veränderungen erlebt. Je schockierender die politischen Ereignisse eines Landes sind, desto brutaler können die kulturellen Veränderungen ausfallen. Manchmal sind die Unterschiede zwischen der Vergangenheit und der Gegenwart so extrem, dass man mit völlig unterschiedlichen Welten konfrontiert wird. Trotz drastischer und oft herzzerreißender Umwälzungen haben wir sicherlich die Pflicht, uns an die fernen Wurzeln zu erinnern, aus denen sich die Gegenwart speist.

„Die moderne Gesellschaft verachtet und verhöhnt die frühere Lebensweise und unterbricht absichtlich jede Verbindung mit der Vergangenheit, die man damals für so wertvoll hielt". Diese Worte des Schriftstellers, Historikers und Theaterkritikers Jewgeni Opotschinin wurden 1909 vor dem vollen Schrecken des revolutionären Umbruchs veröffentlicht. Die Relevanz solcher Bemerkungen ist sicherlich heute noch genauso gültig wie damals.

Im Laufe der Geschichte waren besondere Ereignisse ein wichtiges Mittel, um Traditionen von einer Generation zur anderen weiterzugeben, und symbolische Bedeutungen lassen sich immer noch finden, wenn man die Geschichten aus der Vergangenheit kennt. Man muss nur wissen, wo man suchen muss.

Es ist also an der Zeit, auf vergangene Bräuche und Traditionen anzustoßen und die große, warmherzige Großzügigkeit des russischen Volkes zu feiern!

ISBN 978-0-9931587-8-0 Buch auf englische Sprache

Misadventures at Margate
A Legend of Jarvis's Jetty
Thomas Ingoldsby, illustriert von Ernest M Jessop
mit Anmerkungen von Ben Jones

Richard Harris Barham (1788-1845) wurde in East Kent geboren, machte eine Ausbildung zum Anwalt und wurde dann Landpfarrer. Unter dem Pseudonym „Thomas Ingoldsby" verfasste er regelmäßig humoristische Gedichte für satirische Zeitschriften, und sein bekanntestes Werk war *The Ingoldsby Legends*, zu dem auch die vorliegende Geschichte gehört.

Viele Ausgaben wurden mit Illustrationen von berühmten Künstlern wie Cruikshank, Tenniel und Rackham versehen, aber die hier gezeigten, von Ernest Maurice Jessop (1851-1909) geschaffenen Illustrationen schienen besonders humorvoll und einer Wiederauferstehung in einer Faksimile-Ausgabe würdig.

Die Geschichte erzählt eine heitere Fabel, in der freundliche DFLs (Besucher 'down from London') vor den Gefahren der örtlichen „vulgären Jungs" in Margate gewarnt werden. Sowohl der Text als auch die Bilder geben die Menschen, die Trachten, den Dialekt und die Szenen im Thanet des frühen 19. Es stammt aus der gleichen Zeit wie die Viney-Briefe (in *Turner's Margate through Contemporary Eyes*) und die verschiedenen Ereignisse, die in *The Margate Tales* (beide erhältlich bei Ozaru Books) beschrieben werden, so dass man sich fragen muss, ob Viney oder sogar JMW Turner selbst – der ein enger Zeitgenosse von Barham war – ähnliche Begegnungen gehabt hätten.

Diese Ausgabe enthält auch den vollständigen Text mit Anmerkungen zur Klärung unbekannter Wörter und sonstiger obskurer Verweise.

ISBN 978-0-9931587-9-7 Buch auf englische Sprache

Watch and Ward
A History of Margate Borough Police 1858 to 1943
Nigel Cruttenden

Eine umfassende Geschichte der Margate Borough Police von ihren Anfängen im Jahr 1858 bis zu ihrem Zusammenschluss mit der Kent County Constabulary im Jahr 1943. Sie umfasst die Ursprünge der modernen Polizei und beschreibt den Einfluss von Gemeinderäten, Richtern, Anwälten und Freimaurern sowie der Zentralregierung und von Weltereignissen wie dem Burenkrieg und den beiden folgenden Weltkriegen.

Neben dem neuen Wohlstand hatte der aufstrebende viktorianische Badeort auch eine Schattenseite, die von den Jungs in Blau überwacht wurde. Die Einwohner und Besucher des Bezirks hatten mit ähnlichen Problemen zu kämpfen wie heute, von lästigen Hunden und zu schnell fahrenden Autos bis hin zu psychischer Gesundheit, Alkoholmissbrauch, häuslicher Gewalt und Übergriffen – und sogar gelegentlichem Mord. Dieses Buch dient daher auch als Sozialgeschichte von Ost-Kent und bietet Lokal-, Sozial- und Polizeihistorikern reichlich Material für ihre Forschungen. Wann immer sich in Margate ein Vorfall ereignete, lauerte ein Polizist in der Nähe: ein Polizist, in der Tat, da es bis nach der Zusammenlegung keine weiblichen Polizeibeamten mit entsprechender Berechtigung gab. Frauen spielten jedoch auch bei der Polizei von Margate eine wichtige Rolle, wie das Buch zeigt.

Es ist auch ein unschätzbares Nachschlagewerk für Ahnenforscher und andere Liebhaber, die in und um Thanet nach der Familiengeschichte forschen. Familienstammbäume sind zwar schön und gut, aber sie bringen kein Fleisch auf die Knochen, und auch die Internetrecherche ist recht begrenzt. Vollständige Indizes machen es modernen Margatonianern und Thanetianern leicht zu überprüfen, ob ihre Vorfahren möglicherweise mit der Polizei „zu tun hatten" – auf welcher Seite auch immer!

ISBN 978-1-915174-03-1 Buch auf englische Sprache

Curling Wisps & Whispers of History
Vol. 1: Thanet to Tasmania
LucyAnn Curling

Wenn es in der Familiengeschichte darum geht, so viele Vorfahren wie möglich zu sammeln, dann versagt dieses Buch kläglich: Es konzentriert sich auf nur drei Generationen väterlicherseits des Autors, zwischen 1780 und 1826. Zunächst rührt sich nichts im stillen Wasser der jahrhundertealten bäuerlichen Tradition von East Kent. Die Männer kümmern sich um die Gemeindeangelegenheiten, die Frauen gehen ihrer häuslichen Routine nach, die Jungen besuchen ein Internat in Ramsgate, und nur die Großmutter scheint an Geselligkeit oder Reisen interessiert zu sein. Warum hat Thomas Oakley Curling dann alles entwurzelt und sich mit seiner Familie auf eine fünfmonatige Marathonreise nach Van-Diemens-Land begeben? Warum ließ er ein Kind zurück? Und was hat Sir Charles James Napier damit zu tun?

Die genealogische Suche beginnt natürlich mit einem Familienerbstück, aber schon bald tauchen tangentiale Fragen auf, die verfolgt werden wollen, während mehrere Fäden zusammengeführt und zu einer Geschichte verwoben werden. Vorfahren aus der Zeit des Georgianischen und des Regency-Regimes klingen manchmal weit weg von unserer Realität, aber die Briefe der einzelnen Personen ziehen uns in ihre Welt hinein, und zahlreiche Illustrationen untermalen den Text, indem sie die Umgebung, in der sie lebten, beleben. Für Suchende gibt es außerdem zahlreiche Indizes, Verweise und Listen von Archiven.

ISBN 978-1-915174-02-4 Buch auf englische Sprache

www.ingramcontent.com/pod-product-compliance
Lightning Source LLC
Chambersburg PA
CBHW070050230426
43661CB00005B/838